생명과
자유는

어떻게

서로를
반대
하는가

생명과 자유는 어떻게 서로를 반대하는가
임신중절의 윤리적 논쟁

2024년 11월 13일 초판 1쇄 찍음
2024년 11월 27일 초판 1쇄 펴냄

지은이 김상득
편집 한소영·이근영
디자인 김진운
마케팅 유명원

펴낸이 윤철호
펴낸곳 ㈜사회평론아카데미
등록번호 2013-000247(2013년 8월 23일)
전화 02-326-1545
팩스 02-326-1626
주소 03993 서울특별시 마포구 월드컵북로6길 56
이메일 academy@sapyoung.com
홈페이지 www.sapyoung.com

ISBN 979-11-6707-167-5 93190

임신중절의
윤리적
논쟁

김상득 지음

생명과
자유는

어떻게

서로를

반대

하는가

사회평론아카데미

"법은 도덕의 최소한이다."라는 금언은 맞는 말이면서도 틀리다. 전문적으로 도덕과 윤리를 구분하기도 하지만, 일상적으로 우리는 동일한 의미로 이해하기 때문에 필자 역시 여기서 두 개념을 섞어서 사용하고자 한다. 우선 일부 법은 도덕과 아예 무관하므로 앞선 금언은 틀렸다. 안전벨트 착용을 의무화하고 있는 도로교통법을 예로 들어 보자. 누군가가 안전벨트를 착용하지 않았다고 해서 우리가 그 사람을 도덕적으로 나쁘다고 할 수 있을까? 그렇지 않다. 하지만 도덕 가운데 인간이 지켜야 할 최소한을 법으로 규정하고 있다는 점에서 이 금언은 맞다. 실제로 법은 살인죄나 사기죄를 형법으로 규정하는데, 살인과 사기는 도덕적으로 그른 행위이다.

한 걸음 더 나아가면, 법의 규정이 곧 도덕을 담보하지 않는다는 사실을 알 수 있다. 예를 들어, 1990년대 중후반까지만 해도 육군사관학교를 비롯하여 모든 사관학교는 남성만 입학할 수 있었다. 그러면 이러한 법 규정은 도덕적으로 옳을까? 오늘날 공정 내지 정의의 관점에서 보면 이러한 법은 성 차별이므로 분명 잘못되었다. 다시 말해, 법 가운데 정의롭지 못한 법이 존재한다는 사실은 곧 도덕적으로 옳지 않은 법이 존재할 수 있다는 뜻이다. 법은 인간이 만든 것인데, 인간은 언제나 오류를 범할 수 있는 존재이므로 법에도 오류가 발생할 수 있다.

이는 개별 법률에만 해당하는 것이 아니라 헌법재판소의 판결은 물론 헌법 자체에도 적용된다. 2019년 헌법재판소가 낙태죄에 관해 헌법불합치 판결을 내렸지만, 임신중절의 물음이 오늘날에도 여전히 '뜨거운 감자'로 언론의 화두가 되는 이유도 바로 여기에 있다. 인간은 법적인 존재이기 이전에 윤리적인 존재이다. 이로 인해 법의 판결에 대해서도 우리는 윤리적인 성찰을 한다. 이것이 인간 실존의 방식이다. 우리에게 낙태로 알려진 임신중절의 물음에 대해서도 우리는 끊임없는 성찰을 요구한다.

이 책은 임신중절의 윤리에 관한 필자의 35년 넘은 연구의 결과물이다. 필자가 임신중절에 처음 눈을 뜬 것은 1985년 대학원 석사과정에 입학하여 윤리학 서적을 접하면서이다. 곧장 임신중절에 관한 학위 논문을 준비하고자 하였는데, 관련된 여러 글을 읽으면서 도덕 문제를 해결하기 위해서는 윤리학 전반에 관한 이론적 지식, 특히 규범윤리학에 관한 이론이 필요하다는 것을 알게 되었다. 그래서 대표적인 규범 이론인 존 스튜어트 밀(J. S. Mill)의 공리주의를 공부하고 이를 주제로 석사학위를 받았다. 그 후 박사과정에서 본격적으로 임신중절의 윤리적 물음을 공부하였다. 그래서 처음 의도한 박사학위 논문의 제목은 '임신중절의 도덕성에 관한 연구'였다. 하지만 1990년대 후반은 한국 철학계가 응용윤리학에 별로 관심을 기울이지 않던 때였다. 심지어 필자의 주변에서는 윤리학의 전통적인 주제와 거리가 먼 임신중절의 물음으로 학위를 받아서는 취업이 안 될 거라고 걱정하기도 하였다. 그래서 논문 주제를 구체적인 도덕 문제를 다루는 '응용윤리학 방법론 연구'로 바꾸었다. 박사 학위를 받고 교수가 된 후에도 응용윤리학 연구를 계속하였다. 40여 편의 논문을 발표하면서, 임신중절의 윤리 물음을 페미니즘, 성경적 세계관, 존 롤스(J. Rawls), 로널드 드워킨(R. Dworkin) 등의 관점으로 연구하면서 꾸준히 논문을 발표하였다.

이 책은 임신중절에 관한 필자의 지속된 관심과 연구로 얻어진 작은 열매이다. 그 근본 뼈대는 필자의 박사학위 논문이다. 즉, 「응용윤리학 방법론 연구」로 1996년에 학위를 받았는데, 그 부제가 '반성적 평형의 방법과 임신중절의 도덕성'이다. 부제가 말해주듯이, 필자는 학위 논문에서 응용윤리학의 방법론 가운데 태아의 생명권에서 출발하는 하향적 접근법과 산모인 여성의 입장에서 출발하는 상향적 접근법을 비판하면서 그 대안으로 롤스의 반성적 평형의 방법을 철학적으로 옹호하고자 하였다. 방법론이 합당성을 얻자면 이론적 정합성을 가져야 할 뿐만 아니라 실천적 적용 가능성도 갖추어야 한다. 그래서 필자는 응용윤리학의 대표적인 물음인 임신중절의 문제에 반성적 평형의 방법을 실질적으로 어떻게 적용할 수 있는지를 논문에서 철학적으로 천착하였는데, 이 책은 바로 학위 논문을 기본 뼈대로 출발하여 후속 연구를 통해 수정 보완을 거쳐 통합적으로 발전시킨 것이다.

이 책은 임신중절의 윤리에 관한 철학적 논쟁을 개괄적으로 이해하기 위해 그 대표적인 입장으로 여성의 자율권을 강조하는 자유주의 입장(1장)과 태아의 생명권을 강조하는 보수주의 입장(2장)을 논의의 출발점으로 삼았다. 그리고 임신중절은 태아의 죽음을 야기하기에 '죽음이 왜 악인가?'(4장)의 물음과 의학의 발달(8장)이 임신중절에 미치는 함의가 무엇인지도 다루었다. 도덕적 지위(3장), 자아동일성(5장) 그리고 정당방위(7장)와 관련된 부분도 오랫동안 매진한 윤리학 연구를 토대로 한다. 가치 논변(6장)과 페미니즘 논변(9장)은 임신중절의 도덕성에 관한 미진한 부분을 보완하고자 교수로 부임한 후 연구한 내용이다. 그리고 맺는말에서 필자는 '왜 여성이 임신중절을 하고자 하는가?'의 물음에 초점을 맞추어, 우리의 의식과 문화, 그리고 사회제도나 정책이 여성으로 하여금 임신중절을 하도록 강요하고 있음을 인정하고, '사회적 임신중절'이라는 개념을 도입하여 임신과 출산에서의 양성평등 내지 재생산적 정의가 실현되도록 의식과 문화의 변화는 물론 국가적 차원에서 법률이나 제도의 정비가 선행되어야 한다고 주장하였다.

철학은 분석과 종합의 변증법적 통합을 강조한다. 임신중절의 물음에 대해서도 필자는 지금까지 다분히 '분석의 학'에 초점을 맞춰 연구하였는데, 이 책은 필자가 주장하는 '신보수주의' 입장을 옹호하기 위해 '종합의 학'에 무게중심을 두고 분석의 학을 통합하고자 시도하였다. 분석보다 통합의 어려움을 고백하지 않을 수 없다.

인간은 더불어 살아가는 존재이다. 그러므로 우리는 이 땅의 문화를 도외시할 수 없다. '임신중절의 윤리적 논쟁'이라는 책의 부제목이 말해주듯이, 이 연구는 임신중절의 물음을 윤리학적 혹은 철학적인 관점에서 논의하고 있어, 인간의 실존적 현실에서 피부로 느끼는 법적인 물음을 다루지 않는 한계를 지닌다. 다만, 부록에 수록된 글에서 후자의 한계를 조금이나마 해소하고자 하였다. 특히 이 작업은 학제적 연구를 갈망하는 필자의 오래된 숙제였다. 즉 헌법재판소의 판결을 윤리학적 관점에서 재조명하는 '윤리 법정'으로 마무리함으로써 비로소 이 책이 빛을 보게 되었다.

이 책이 나오기까지, 필자로 하여금 윤리학과 임신중절 물음을 연구하도록 멘토 역할에 노고를 아끼지 않으신 서울대학교 황경식 지도교수님께 감사의 마음을 먼저 드리고 싶다. 그리고 책의 내용을 처음부터 끝까지 정독하는 등 윤문과 교정, 그리고 편집에 열과 성을 다한 전북대학교 철학과 박유정 대학원생의 도움을 잊을 수 없다. 끝으로 이 책이 세상에 빛을 볼 수 있도록 출판을 허락해 준 사회평론아카데미의 윤철호 사장님의 배려와 한소영 편집자의 애씀과 헌신에 깊은 감사의 마음을 전한다. 열심히 한다고 하였지만 이 책은 여전히 2%, 아니 그 이상 부족하다. 잘못된 부분에 대한 질타는 겸허히 받아들인다. 다만 임신중절의 윤리를 공부하는 데 작게나마 보탬이 된다면, 임신중절의 윤리에 관한 필자의 35년 연구가 헛되지 않았다는 자부심으로 만족하고자 한다.

2024년 10월
김상득

차례

들어가는 말

임신중절, 왜 도덕 문제인가

임신중절에 관한 연구는 다양한 관점에서 이뤄질 수 있다. 가장 현실감 있는 연구는 오늘날 임신중절이 얼마나 많이, 그리고 어떻게 일어나고 있는지에 관한 현상적 분석이다. 임신중절에 관한 통계학적 분석은 그 대표적인 사례이다. 이러한 사회학적 연구에는 임신의 당사자인 여성이 중절로 인해 혹은 중절하지 못해 겪고 있는 현실적인 고통에 관한 연구는 물론 임신중절의 찬반에 관한 설문조사 연구도 포함된다. 둘째는 임신중절이 사회에 미치는 영향을 평가하는 연구이다. 임신중절이 출산율에 어떤 영향을 미치는가, 임신중절이 성적 타락을 가져오는가 등의 연구가 이에 해당한다. 이는 다분히 결과론적 관점의 연구라 할 수 있다. 셋째는 임신중절의 원인에 관한 연구이다. 왜 임신중절이 일어나고 있는가? 이에 대해 일부에서는 가치관의 부재, 즉 생명을 경시하기 때문이라고 진단한다. 하지만 다른 한편에서는 피임 교육의 부재 내지는 성 윤리가 붕괴한 데에서 그 원인을 찾기도 한다. 이러한 원인의 연구는 국가 차원에서 임신중절 예방 정책을 입안하는 데 필수적이다. 넷째는 임신중절에 관한 법학적 연구이다. 우리나라는 형법과 모자보건법이 임신중절을 형사상의 '낙태죄'로 다루고 있는데, 이것이 과연 합당한지가 문제시되고 있다. 즉, 여성의 낙태 권리가 헌법상의 기본권에 속하는지를 학자들은 묻고 있다. 이에 관해 우리나라 헌법재판소는 이미 2019년 형법의 낙태죄 조항에 대한 헌법불합치 판결을 내렸다. 물론 이러한 네 차원의 연구에는 국가 간 혹은 집단 간의 비교 연구도 포함된다. 예를 들어, 임신중절의 원인은 국가에 따라 혹은 사회에 따라 다를 수 있는데 이를 우리는 비교 연구할 수 있다.

윤리를 묻는 이유

이렇게 보면 임신중절 연구는 네 가지 범주—현황, 결과, 원인 그리고 제도—로 대별된다. 하지만 이 외에도 임신중절은 의학의 관점에서도 연구가 필요하다. 임신중절에 어떤 의술이 사용되고, 그것이 건강에 어떤 영향을 미치는지 등에 관한 의학적 연구도 의학자에게는 매우 중대한 물음이다. 또 모든 주제가 그러하듯이, 임신중절 역시 역사학적 연구나 종교학적 연구가 필요하다. 특히 기독교나 불교 등의 종교가 임신중절에 대해 어떠한 입장을 견지하고, 그러한 입장을 견지하는 교리가 무엇인가의 물음은 해당 종교인에게는 실천적으로 매우 중요한 물음이다. 의학, 역사학, 종교학 등의 연구를 앞선 네 범주 중 어디에 귀속시키느냐의 물음은 답하기 곤란한 질문이다. 왜냐하면 이러한 연구는 적어도 두세 범주와 연관되어 있기 때문이다. 물론 이러한 연구들은 임신중절에 관한 물음을 온전히 해명하는 데 꼭 필요한 연구이다.

철학은 여기에 한 가지를 더 묻는다. 즉, 임신중절은 도덕적으로 허용될 수 있는가? 이 물음은 임신중절 자체를 묻는다는 점에서 다른 연구와 구별된다. 그러니까 다른 연구는 '임신중절과 관련된 연구'인 반면에, 윤리학적 탐구는 다른 물음들과 연관성을 지니지만 그 성격이 근본적으로 다른 '임신중절 자체에 관한 연구'이다. 물론 우리의 피부에 와닿는 물음은 법률이다. 즉, 법적으로 임신중절이 범죄에 해당하는가에 대해 우리는 일차적 관심을 갖는다. 하지만 법률적 결론이 윤리적 결론을 보장하지는 않는다. 그리고 임신중절에 관한 설문조사 역시 임신중절의 윤리를 보장하지 않는다. 실제로 미국에서 여성은 임신중절 권리가 법으로 보장되어 있다. 그럼에도 불구하고 대통령 후보자에게 기자들은 임신중절에 대해 어떻게 생각하느냐고 묻는다. 이 물음에 법이 임신중절의 권리를 보장한다고 답한다면 이는 동문서답이다. 기자들은 법이 아니라 윤리를 묻고 있기 때문이다. 법은 도덕의 최소한일 따름이지 도덕의 전부가 아니다. 더 정확하게 말하면, 도덕을 준거점으로 보면 법은 도덕과 교집합을 이루는 내용이 많지만, 도덕적이지만 법으로 제정되지 않은 것도 있고, 도덕과 무관한 내용도 많이 포함하고 있다. 윤리나 도덕은 설문조사의 문제도 아니다. 이를 철학에서는 존재와 당위의 구분, 사실과 가치의 구분이라고 말한다. 이것이 임신중절에 관한 윤리적 물음이 갖는 독특성이다. 이런 이유로 인해 임신중절에 관한 윤리적 물음은 헌법재판소의 판결이나 설문조사의 결과와 상관없이 오늘날에도 여전히 살아 있는 화두이다.

임신중절이란

윤리학적 논의에 앞서 개념부터 정리하자. 임신중절을 우리 사회에서는 일상적으로 낙태(落胎)라 부른다. 실제로 우리나라 법률은 서로 다른 이름을 사용하여 일반인들을 혼란스럽게 만들고 있다. 우리나라 형법은 269조와 270조에서 '낙태'라는 용어를 사용하는 반면에, 모자보건법 제14조는 '인공 임신중절'이라는 용어를 사용하고 있다. 그런데 낙태라는 용어는 『위키백과』에 따르면 "다른 말로 유산(流産)이라고도 하며 이는 자연 분만기에 앞서서 자궁 내의 태아나 배가 자연적 혹은 인위적으로 모체 밖으로 배출 혹은 모체 내에서 사망한 것"을 의미한다고 규정하고 있다. 이 정의에서 알 수 있듯이, 낙태는 자연유산을 포함하는 광의의 개념이다. 즉, 낙태는 자연유산과 인공유산 모두를 포함하고 있다. 무엇보다 낙태란 개념은 사전적으로 '태아를 떨어뜨리다'라는 의미를 지니기에 도덕적으로 부정적 뉘앙스가 강하다. 지금 우리는 인위적인 낙태의 윤리를 철학적으로 천착하는 작업을 하고 있기에 이러한 부정적 뉘앙스는 학문적 토론의 걸림돌이 될 수 있다. 그래서 윤리학에서는 학문적 중립성을 이유로 '임신중절'이라는 개념을 일반적으로 사용하고 있다. 여기서도 필자는 독자들의 선입견을 배제하고자 가치중립적인 용어인 '인공 임신중절'을 뜻하는 용어로 간단히 임신중절이라는 개념을 사용하고자 한다.

임신중절에 관한 다양한 학제적 연구는 모두 임신중절을 그 학문적 대상으로 한다. 따라서 윤리학적 논의에 앞서 임신중절이 무엇인지에 대한 정확한 이해가 선행되어야 한다. 인간에게 임신이라는 문제는 성적으로 성숙한 인간종의 구성원—적어도 지금까지는 성인 여자—과 미성숙한 구성원—태어나지 않은 '아이'—사이의 특별한 관계에 놓여 있다. 이 '아이'는 여자의 신체 내에 거주하고, 그 생명은 그녀의 신체에 의존하고 있다. 사람의 경우 임신 기간은 약 280일인데, 통상적으로 이를 석 달씩 3기로 나눈다. 의학적으로 엄밀히 말하면, 태아(fetus)는 임신 8주부터 출생 시까지를 말하고, 임신 순간부터 3주까지는 수정란(zygote), 4주부터 7주까지는 배아(embryo)라고 하나, 여기서는 필요한 경우에만 이 셋을 구분하고 그 외에는 모두 태아라 부르고자 한다. 물론 인공수정이나 체외수정의 경우 남성은 성관계 없이 '익명으로' 정자만 제공할 따름이고, 또 아직 도덕적으로 용인되고 있지는 않지만 체세포 핵이식을 통한 인간 복제의 경우에는 아예 정자마저도 임신에 필수적이지도 않다. 하지만 이러한 체외수정이나 인간 복제와 같은 특수한 경우를 제외하면 임신에는 정자가 필수적이기에 남성이 관련되어 있음이 사실이다. 이를 근거로 일부에서는 남성의 권리를 주장하기도 하지만 여기서는 남성과 관련된 문제는 일단 배제하고자 한다.[1] 이렇게 보면 임신은 결국 산모와 태아 사이의 관계라고 말할 수 있으므로, 임신중절의 윤리는 이 둘 사이의 관계에 관한 윤리로 규정할 수 있다.

임신중절 물음의 특수성: 그 어디에도 없는 충돌

이 관계는 임신 순간부터 시작되어 출산과 더불어 끝난다. 이 관계의 중단이 곧 임신중절(abortion)이다. 이러한 임신중절은 임신 중단의 원인이 무엇이냐에 따라 자연적인 임신중절(spontaneous abortion)과 인위적인 임신중절(induced abortion)로 구분한다. 전자는 자연적인 원인에 의해 임신이 중단되는 것으로 흔히 '자연유산'이라 부르고, 후자는 태아가 체외생존가능성(viability)을 지니기 이전에 인간의 의도적 개입이 원인이 되어 임신이 중단되는 것으로 '인공 임신중절'이라고 부른다. 여기서 체외생존가능성이란 태아가 자궁 밖에서 생존할 수 있는 능력을 말한다. 태아는 대개 임신 6개월 이전까지 여성 자궁 밖에서의 생존율이 낮으나 그 이후부터 출산까지는 점점 증가한다. 이는 일종의 통계적 개념으로 인큐베이터와 같은 의술의 발달로 그 시점이 점점 앞당겨지고 있다. 또한 사산(stillbirth)이나 조기 출산(premature birth)과는 분명 구분되지만, 현실에서는 그 구분이 어려운 경계점이 존재할 수도 있다.[2] 체외생존

....

1   남성의 권리와 관련된 임신중절의 윤리 물음은 W. Teo, "Abortion and the Husband's Constitutional Right", *Ethics*, vol. 85, no. 4, 1975, pp. 337-342 및 L. M. Purdy, "Abortion and the Husband's Right", *Ethics*, vol. 86, no. 3, 1976, pp. 247-251을 참조하라.

가능성 시점은 정확하게 규정하기 어려운 점이 있지만, 일단 체외 생존가능성 개념을 받아들이면, 이 시점 이전에 인위적으로 임신을 중단하면 태아는 죽음에 이르게 된다. 여기서 임신중절은 특별한 경우를 제외하고는 이러한 인공 임신중절을 말한다. 그래서 낸시 데이비스(N. A. Davis)는 임신중절을 "임신 후 출생 전에 자궁 내 태아의 생명을 의도적으로 종식시키는 일"(the intentional termination of in utero fatal life after conception and before birth)로 정의한다.[3] 여기서 필자도 일단 자연유산이 아닌 인간의 의도적인, 그리고 태아의 죽음을 내포하는 실천적 의미로 임신중절이라는 용어를 사용하고자 한다.

이처럼 체외생존가능성을 지니기 이전의 임신중절은 태아가 그동안 의지해 온 생명 유지 체계를 빼앗으므로 태아는 죽게 된다. 하지만 체외생존가능성 이전의 임신중절이 태아의 죽음을 필연적으로 함의하지는 않는다. 왜냐하면 다른 생명 유지 체계로 대치될 수 있기 때문이다. 한 예로, 우리는 태아 이식을 생각해 볼 수 있다. 체외생존가능성을 지니기 이전의 태아를 생물학적인 자연 모에서 다른 여성, 즉 대리모의 자궁이나 인공 태반에 이식시켜 태아를 자라게 할 수도 있다. 실제로 뒤에서 논의하겠지만 인공자궁의 개발은 상당한 진척을 이루고 있다. 이러한 인공자궁 의술이 발달하여 여

....

2   L. W. Sumner, *Abortion and Moral Theory*(New Jersey: Princeton University Press, 1981), p. 6 참조.

3   N. A. Davis, "Abortion", L.C. Becker & C.B. Becker, eds., *Encyclopedia of Ethics*, vol. 2. 2nd ed.(New York & London, Routledge: 2001), p. 2.

성의 자궁 밖에서 태아의 생명을 보존하는 것이 가능해지면, 임신중절은 논리적으로 태아의 죽음을 필연적으로 초래하지는 않는다. 그러므로 '임신중절은 임신을 중단시키는 것'이라는 명제는 참이나, '임신중절은 태아의 죽음을 필연적으로 가져온다'라는 명제는 참이 아니다. 따라서 임신중절과 태아의 죽음과의 관계는 논리적인 관계가 아니라 사실적인 인과적 관계라 말할 수 있다.[4] 그럼에도 불구하고 현재 널리 시행되고 있는 확장 소파술(dilation and curettage), 진공 흡인(vacuum aspiration), 식염수 주사(saline injection) 등의 임신중절 의술은 물론이거니와 소제왕절개술도 대부분 태아의 죽음을 야기한다. 따라서 인큐베이터나 인공자궁과 같이 태아를 생존하게 하는 의술이 발달하기 이전에는, 임신중절 행위는 태아의 죽음을 결과하기 때문에 여전히 우리에게 도덕적 갈등을 가져다준다.

이렇게 보면, 임신중절 문제는 산모와 태아의 갈등이라고 표현할 수 있다. 이때 태아에게 중요한 가치는 생명이고, 산모에게 중요한 가치는 자율성 내지 자기 결정권—자신의 신체에 대한 통제권—이다. 물론 포유류에 있어서 임신은 종족 번식의 필요불가결

....

4 L. W. Sumner, *Abortion and Moral Theory*, p. 8. 그리고 이에 관해 스티븐 로스(S. L. Ross)는 임신중절을 논리적으로 분리 가능한 두 가지 행동 사이의 불행한 타협으로 보고 있다. 즉, 임신중절은 (1) 태아가 산모에 대해 지니는 물리적 의존 관계를 끝냄으로써 임신을 중단하고, (2) 유기체로서 기능함과 더 복잡한 구조로의 계속적인 발달을 끝냄으로써 태아를 죽인다. (논리적으로) 태아가 살아 있게 하지 않고서는 임신을 계속할 수 없기 때문에 (2)의 실행은 어떤 상태하에서는 (1)을 보증할 것이다. 그리고 현재의 의술 발달 단계에서 우리는 (2)를 시행하지 않고서는 (1)을 수행할 수가 없다. 그러나 이는 논리의 문제가 아니라 사실의 문제라고 하면서 로스는 임신중절을 세 가지로 구분하고 그 각각에 대해서 논의하고 있다. S. L. Ross, "Abortion and the Death of the Fetus", *Philosophy & Public Affairs*, vol. 11, 1982, pp. 232-245.

한 수단임에 분명하지만, 이로 인해 여자는 신체적 온전성이 침해받을 뿐만 아니라 많은 부작용도 겪게 된다. 게다가 임신중절을 원하는데 이를 금하는 것은 임신의 대가를 산모에게 강요하는 것이나 다름없다. 더 중요한 것은 태아를 살리기 위해 임신을 지속하라고 강요하게 되면, 자기 신체에 대한 여성의 통제력이 침해된다는 점이다. 즉, 태아의 생명이 여성의 신체적 자율권 내지 자기 결정권과 충돌하게 되는데, 현재의 의료기술로는 어느 한쪽이 희생되어야 한다는 것이 임신중절의 도덕적 딜레마이다. 따라서 우리에게는 여성의 신체적 자율권과 태아의 생명권 간의 충돌을 해결해 줄 도덕 원리가 필요하다.

　물론 일상적인 경우, 신체적 자율성에 비해 생명의 가치가 도덕적으로 우선한다. 하지만 임신의 경우는 그렇게 간단하지 않아 이러한 상충을 해결할 도덕 원리를 찾아내기가 쉽지 않다. 왜냐하면 임신중절의 도덕적 딜레마는 다른 갈등과 구별되는 독특한 두 특성을 지니기 때문이다. 하나는 태아와 산모의 관계가 독특하다는 사실이다. 즉, 산모와 태아의 관계는 비대칭적일 뿐 아니라, 더 진솔하게 말하면 기생적인 관계이다. 산모는 태아의 노폐물을 제거해 줄 뿐만 아니라, 실질적으로 태아에게 영양분을 제공해 줌으로써 태아의 생명을 유지시켜 준다. 태아는 그 생존을 산모에게 전적으로 의존하면서도, 이에 상응하는 그 어떤 대가도 산모에게 제공하지 못한다. 다른 인간사의 경우에는, 어떤 사람의 생명을 구하기 위해 상당 기간 다른 사람의 신체가 필요한 경우란 거의 없다. 그것도 특정 누군가에게만 의존하는 경우는 더더욱 찾아보기 어렵다. 그래서 우리는 임신중절에 관한 도덕적 반성(reflection)을 안내해 줄 혹은 모델로 삼을 만한 유사한 예를 찾아볼 수가 없다.

일부에서는 태아와 산모의 관계를 신장이식 수술에서 환자와 신장 기증자의 관계에 비유하기도 하나 이는 설득력이 없다. 왜냐하면 신장이식 수술의 경우 기증자에게 가해지는 짐은 대부분 그 기간이 짧고, 기증자가 자발적으로 지는 것이며 그리고 그 짐은 다른 사람이 대신 질 수도 있으나, 임신의 경우 산모가 겪어야 하는 부담은 그렇지 않을 뿐만 아니라, 그 태아를 임신한 바로 그 산모 외에는 그 어느 누구도 이를 감당할 수 없기 때문이다. 또 어떤 이는 임신을 환자의 간호 활동에 비유하기도 하나 이 역시 잘못이다. 왜냐하면 어떤 환자를 돌보는 간호사 A는 그 직책을 간호사 B에게 일임할 수 있으나, 임신의 경우에는 그렇지 않기 때문이다. 무엇보다 일반적인 환자의 돌봄은 우리 몸의 활용을 통한 봉사이지만, 임신의 경우 산모는 자기 몸, 그것도 여성 고유의 생식 능력 자체를 희생하여 봉사한다. 따라서 일상적인 인간관계에 근거해 임신중절의 도덕 문제를 해결하고자 하는 시도는 이론적 난점을 지닐 수밖에 없다.

다른 하나는 태아의 존재론적 독특성을 들 수가 있다. 대부분의 윤리적인 갈등은 개인 상호 간의 갈등이다. 여기서 개인의 전형은 성인이다. 그러나 태아와 산모의 갈등에서 산모는 이 전형에 적합하나 태아는 그렇지 않다. '태아'(胎兒)라는 용어로 인해 우리는 태아를 쉽게 '아기', 즉 인간으로 간주하고 싶은 유혹을 느끼지만, 분명한 것은 태아는 이미 출생하여 살아가고 있는 인간과 여러 면에서 다르다. 그렇다고 태아를 아예 인간이 아닌 사물이나 동물로 볼 수도 없다. 왜냐하면 산모 자궁 속의 태아는 자연적으로 발달하여 출생하면 분명 한 인간이 되기 때문이다. 그리고 태아만이 인간으로 발달할 수 있다. 태아의 존재론적 특성을 무엇이라고 한 마디로 규정하기 어렵기 때문에, 산모와 태아의 갈등은 그만큼 해결하기가 쉽지 않다. 사실 태아의 존재론적 지위에 관한 물음은 임신중절의 도덕성 논의에서 기저(基底)를 이루는 문제로, 여기서 바로 그 답을 찾을 수는 없다. 따라서 여기서는 태아의 존재론적 지위가 애매함으로 말미암아 산모와 태아의 관계가 독특하다는 점을 인정하는 것으로 일단 만족하고, 이에 관한 더 깊은 논의는 도덕적 지위를 다루는 3장에서 다루고자 한다.

개인적 문제와 정치적 문제

임신중절의 이러한 문제는 두 차원에서 전개된다. 첫째, 우리는 한 개인으로서 산모가 임신중절을 할 것인가 아닌가를 결정하는 맥락을 생각해 볼 수 있다. 여기서 초점은 임신중절 자체의 도덕적 위상에 놓여 있다. 그래서 이 맥락에서는 다음과 같은 물음이 제기된다. 임신중절은 어떤 도덕적 범주에 속하는가? 임신중절을 하는 것은 도덕적으로 허용 가능한가 아니면 부도덕한 것인가? 임신중절은 피임 및 유아 살해와는 어떻게 비교되는가? 원하지 않는 임신을 계속 유지할 의무를 산모는 지니는가? 임신중절은 태아의 권리를 침해하는가? 둘째, 사회가 임신중절에 관한 정책을 결정하는 맥락을 생각해 볼 수 있다. 이 맥락에서는 다음과 같은 질문이 제기된다. 모든 혹은 일부의 임신중절을 금지할 것인가? 혹은 임신중절을 전적으로 개인의 자유의사에 맡길 것인가? 가난하여 임신중절하기 어려운 자에게 정부의 의료기금을 보조할 것인가? 레너드 섬너(L. W. Sumner)는 전자의 문제들을 임신중절의 '개인적인 문제'(personal problem)라 부르고 후자를 임신중절의 '정치적 문제'(political problem)라 부른다.[5] 이와 유사하게 조엘 파인버그(J. Feinberg) 역시 전자는 어떤 조건에서 임신중절이 도덕적으로 정당화되는가의 물음이므로 '개인적 양심의 문제'이며, 후자는 임신중절의 기회를 증진 내지 규제하기 위해 어떤 정책이 제정되어야 하는가의 물음이므로 '공공 정책의 문제'로 구분한다.[6]

그리고 앨리슨 재거(A. M. Jaggar)도 도덕철학이 개인 윤리에 초점을 맞춘 윤리학과 제도 내지 공공 정책의 윤리를 다루는 정치철학으로 구분된다는 점에 착안하여, 임신중절의 도덕성에 관한 물음을 크게 임신중절의 도덕적 허용 가능성을 묻는 개인 윤리 차원의 물음과 공공 정책 내지 제도와 관련된 정치철학 차원의 물음으로 구분한다. 하지만 그녀는 이 두 물음의 토대 역할을 하는 새로운 차원의 물음을 임신중절에 관한 물음에 추가하고 있다. 그것은 바로 태아의 도덕적 지위에 관한 존재론적 차원의 물음이다.[7] 즉, 그녀

....

5   L. W. Sumner, *Abortion and Moral Theory*, p. ll.
6   J. Feinberg, "Abortion", Regan, T., ed., *Matters of Life and Death: New Introductory Essays on Moral Philosophy*(New York: Random House, 1980), p. 183.
7   A. M. Jaggar, "Abortion Rights and Gender Justice Worldwide: An Essay in Political Philosophy", M. Tooley et al., eds., *Abortion: Three Perspectives*(New York, NY: Ox-

는 임신중절의 도덕성을 존재론적 물음, 개인 윤리의 물음, 그리고 정치철학의 물음, 셋으로 구분하여 설명하고 있다. 앞서 지적했듯이, 태아의 지위에 관한 물음은 앞의 두 윤리의 근본 바탕이 된다는 의미에서 '토대에 관한 물음'이라고 말할 수 있다.

일단 이 토대에 관한 물음은 괄호치고, 임신중절의 도덕성에 관한 논쟁에서 개인 윤리 차원과 정치철학 차원이 어떻게 연관되어 있는지를 살펴보자. 이 두 문제는, 비록 상호 연관되어 있지만, 논리적 함축 관계에 있는 것이 아니기 때문에 구분하여 고찰해야 혼란을 피할 수 있을 것이다.[8] 개인적 문제의 경우에는 임신중절 자체가 도덕적 평가의 대상이 되는 반면에, 정치적 문제의 경우에는 임신중절에 관한 법률이나 제도 등의 정책이 평가의 대상이 된다. 대체로 임신중절이 어떤 종류의 행위인가에 따라서 임신중절 정책이 결정되므로 개인적인 문제가 정치적인 문제보다 일차적이라고 말할 수 있다. 예를 들어, 임신중절을 살인으로, 인간 생명에 대한 중대한 도덕적 악으로 간주한다면, 임신중절을 금지 내지 규제하는 법률이나 정책이 제정될 것이다. 반면에 임신중절을 단지 몸속의 혹이나 종양을 제거하는 시술로 간주하고 태아를 보호하여 얻는 국가적 이익이 그리 크지 않다고 여긴다면, 우리는 임신중절 여부를 개인의 자율적 결정에 맡기는 법률이나 정책을 채택할 것이다. 대개 우리는 이처럼 개인적인 문제와 정치적 문제가 밀접하게 상호 얽혀있다

....

    ford University Press, 2009), pp. 122-124.

8   B. H. Baumrin, "Toward Unraveling the Abortion", 김일순·N. 포션, 『의료윤리: 삶과 죽음, 그 영원한 숙제』(서울: 연세대학교출판부, 1982), p. 167.

고 보고 정합적인 한 쌍의 해결책을 제시한다. 즉, 정치적 차원에서 임신중절 규제를 옹호하는 자들은 개인적 차원에서 임신중절이 부도덕하다는 입장을 취하고, 그 반대편에 서 있는 사람들은 임신중절을 도덕적으로 중립적이라고 주장한다.

그러나 이 두 문제의 관계는 그렇게 간단하지도 일방적이지도 않다. 법과 도덕의 일반적 관계는 "법은 도덕의 최소한이다."라는 금언에 잘 나타나 있다. 이 금언은 도덕 가운데 법의 강제가 필요한 최소한만을 법으로 규제한다는 뜻이다. 따라서 도덕적으로 옳지 않다고 해서 모두 법으로 규제하지는 않는다. 모든 도덕을 법으로 강제한다면 도덕은 사라지고 말 것이다. 법으로 강제하기보다는 개인의 자율에 맡기는 것이 더 유익한 도덕이 존재한다. 최근에 폐지된 간통죄는 그 좋은 예이다. 비록 간통이 도덕적으로 옳지 않다고 해도 이는 개인의 사적 도덕 영역에 속한다는 것이 헌법재판소의 판결이다. 부부간의 정절을 법적 의무가 아닌 도덕적 의무로 전환하는 것에 대해 가정 파괴를 야기한다는 우려의 목소리가 컸지만, 큰 사회적 혼란은 일어나지 않는 사실을 미루어 짐작건대, 우리 국민들의 도덕의식이 상당히 발달하였음을 알 수 있다. 도덕은 자율적이지만 법은 강제성을 띠기 때문에 불필요한 '도덕의 입법'(legalization of moral)은 인간의 자율성 상실을 가져온다는 점에서 바람직하지 않다. "법은 법이고 도덕은 도덕이다." 반대로 법이 규제하는 모든 항목이 도덕적으로 옳지 않은 것도 아니다. 안전벨트 착용을 의무화한 도로교통법이 그 좋은 예이다. 안전벨트를 착용하지 않는다고 해서 그 사람을 부도덕하다고 말할 수 없지 않은가? 사회적 공익에 필요할 경우, 도덕과 무관한 것에 대해서도 국가는 법으로 규제할 수 있다. 이러한 법과 도덕의 관계를 임신중절의 맥락에 적용하면, 개인적 문제와 정치적 문제가 반드시 하나의 쌍을 이루지 않음을 알 수 있다. 그러니까 임신중절이 도덕적으로 중립적이어도 법으로 규제할 수 있고, 반대로 임신중절이 도덕적으로 옳지 않아도 법은 규제하지 않을 수 있다. 임신중절의 도덕성은 법적 규제의 필요조건도 충분조건도 아니다. 임신중절의 법적 규제에 관한 물음과 도덕성에 관한 물음은 밀접한 연관성을 지니지만, 논리적으로 말해 서로 다른 독립된 물음이다. 이 책에서는 대부분 개인 차원의 도덕성에 관한 물음에 한정하여 논의하고자 한다.

임신중절이라는 도덕 문제를 해결하는 데 이 책은 방법론적으로 일단 분석윤리학에 충실하고자 한다. 물론 임신중절은 응용윤리학의 주요 주제이고, 응용윤리학은 분석윤리학과 달리 실제적인 도덕 문제의 해결에 초점을 둔다. 그렇다고 응용윤리학이 분석윤리학의 철학적 방법론 자체를 무시하지는 않는다. 응용윤리학은 문제해결에 궁극적 목표를 두지만, '문제의 명료화' 과정을 적극 수용한다. 문제의 명료화에는 분석윤리학의 방법이 절대적으로 요구된다. 왜냐하면 분석윤리학은 도덕적 언어의 의미와 논증의 타당성을 비판적으로 분석하기 때문이다. 필자 역시 이러한 분석윤리학의 방법을 원용하여, 먼저 임신중절의 도덕성에 관한 주요 입장들이 무엇인지 개괄적으로 밝힌 다음, 이러한 입장들에 함의된 도덕적 언어 내지 개념을 밝혀내어, 이러한 개념을 비판적으로 고찰하고, 한 걸음 더 나아가 이러한 입장들이 사용하고 있는 논증의 구조를 철학적으로 분석하고자 한다. 따라서 이러한 '문제의 명료화' 및 '논변의 구조 분석' 작업에 충실하자면 우리는 먼저 임신중절에 관한 기존의 입장들이 무엇인지 알아야 한다.

세 가지 입장

임신중절의 윤리에 관한 입장은 크게 셋으로 나뉜다. 첫째는 임신중절은 도덕적으로 그르다고 주장하는 보수주의 입장(conservative view)이다. 이 입장은 태아 생명을 옹호한다고 해서 생명옹호론(pro-life)으로 불린다. 둘째는 임신중절은 도덕적으로 그르지 않기에 개인의 자유에 맡겨야 한다고 주장하는 자유주의 입장(liberal view)이다. 이 입장은 산모의 선택권에 우선성을 둔다고 해서 선택옹호론(pro-choice)으로 불린다. 그리고 마지막 셋째는 절충주의 입장(moderate view)이다. 이 입장은 보수주의와 자유주의를 절충한 입장으로 태아 발달의 어느 한 시점—수정과 출생 사이의 한 지점—을 기준으로 정하여 그 이전에는 임신중절이 도덕적으로 그르지 않지만, 그 시점 이후에는 도덕적으로 그르다고 주장한다. 현실에서는 많은 사람들이 절충주의 입장을 따르고 있지만, 윤리학적 논의에서 절충주의는 그 학문적 고유성을 찾아보기 어렵다. 그래서 필자는 자유주의 입장과 보수주의 입장을 논의하면서 절충주의 입장을 간접적으로 반박할 것이다. 이 두 입장을 논의하는 데 임신중절 논쟁에서 전형적으로 사용되고 있는 보수주의적 논변을 출발점으로 삼고자 한다. 칸트주의 윤리설에 근거하여 우리는 보수주의 논변을 다음과 같이 전개할 수 있다.[9] 이를 아래에서 '칸트적 논변'으로 약칭하여 사용하고자 한다.

(1) 무고한 인간 존재를 죽이는 것은 도덕적으로 그르다.

(2) 태아는 무고한 인간 존재이다.

(3) 임신중절은 태아를 죽인다.

....

따라서 임신중절은 도덕적으로 그르다.

이 논변은 일종의 복합 삼단논법으로, 전제 (1)~(3)을 받아들일 경우, "임신중절은 도덕적으로 그르다."라는 결론이 논리적으로 자연스럽게 얻어진다. 이 논증은 타당하기 때문에, 결론의 정당성은 전제의 진위에 달려 있다. 전제 (1)은 부인할 수 없는 우리들의 숙고된 도덕 판단이자 모든 도덕 이론이 인정하는 하나의 도덕 원칙이다. 따라서 임신중절의 논쟁의 핵심은 전제 (2)와 (3)이다. 실제로 해리 젠슬러(H. J. Gensler)는 이 논변을 제시한 다음 곧바로 이 두 전제에 대해 세 가지 물음을 던진다.

(a) 임신중절은 항상 그른가 아니면 대체로 그른가? 후자라면 난해한 사례들을 어떻게 결정할 것인가?

....

9   H. J. Gensler, "A Kantian Argument Against Abortion", *Philosophical Studies*, vol. 49, 1986, pp. 85-98.

(b) 산모의 생명이나 건강 혹은 사회적 복지를 공격한다면 태아는
   무고한가?

(c) 죽이는 것과 죽도록 내버려 두는 것, 즉 직접적 살인과 간접적
   살인은 도덕적으로 분명하게 구분되는가?

이 세 물음 가운데 (c)의 물음은 죽임 일반에 관한 윤리학적 논란거리이다. 그러니까 일반적으로 윤리학은 일차적으로 행위의 도덕적 옳고 그름을 문제 삼는데, 여기서 행위는 단순히 적극적 행위(action)만을 뜻하지 않고 행하지 않는 무위(inaction) 내지 부작위와 같은 소극적 행위도 포함한다. 특히 이러한 구분은 안락사의 윤리를 논하는 데 중요한 구분으로 작용하고 있다. 즉, 안락사는 적극적 안락사와 소극적 안락사로 구분되는데, 적극적으로 '죽이는 것'(to kill)은 전자에 속하고, '죽도록 내버려 두는 것'(to let it die)은 후자에 속한다. 이러한 구분을 통해 생명윤리학자들은 대개 전자에 대해서는 생명 존중을 이유로 반대하지만 후자에 대해서는 찬성한다. 하지만 행위와 무위의 이러한 구분이 과연 윤리적으로 의미 있는 차이인가에 관해서는 여전히 논쟁 중이기 때문에 뒤에 가서 다시 논의하기로 하고 일단 여기서는 이 세 번째 의문에 대해서는 괄호 치고자 한다. 이렇게 되면 (a)와 (b)의 물음이 남게 되는데, 이는 칸트적 논변의 전제 (2) "태아는 무고한 인간이다."라는 명제에 내재된 물음이다. 그러니까 이 전제는 사실상 두 가지 주장을 동시에 담고 있다. 하나는 태아는 '인간'이라는 명제요, 다른 하나는 태아란 '무고한' 존재라는 명제이다. 이 두 주장 가운데 젠슬러가 제시한

(a)와 (b)의 물음은 두 번째 주장과 연관되어 제기되는 물음이다. 따라서 임신중절 논쟁의 핵심은 크게 보면 칸트적 논변의 전제 (2)에 함의된 다음의 두 물음으로 요약될 수 있다.

첫째, 태아는 인간인가?
둘째, 태아는 무고한가?

물론 이 두 물음에 대해 모두 '예'라고 대답해도, 모든 규칙에는 예외가 존재하기 때문에 다른 물음이 가능하다. 그것은 바로 예외의 허용 및 그 기준에 관한 물음이다. 실제로 살인은 도덕적으로 그르지만 정당방위에 의한 살인이나 정의로운 전쟁에서의 살인은 윤리적으로 정당화되지 않는가? 동일한 논리로 비록 임신중절이 살인에 해당되어도 이와 똑같은 질문을 우리는 던질 수 있다. 이는 임신중절에 관한 윤리학적 논의에서 반드시 대답해야 하는 세 번째 물음이다. 이 물음은 임신중절이 도덕적으로 허용되면 아예 제기되지 않는 물음이지만, 임신중절에 반대하는 입장에서는 해결해야 할 물음이다. 현실에서는 이 물음이 중요하지만, 일반적으로 응용윤리학은 표준적인 물음을 다루고, 이와 같은 예외적인 물음은 '응용윤리학의 응용'으로 또 다른 철학적 논의를 필요로 한다. 방법론적으로 표준적인 사례에서 예외적인 사례로 논의 방향을 옮기는 것이 자연스러울 뿐만 아니라 우리의 일차적 관심은 표준적인 사례이기 때문에, 예외적인 사례의 물음은 뒤에 가서 논의하기로 하고, 여기서는 표준적인 사례에 초점을 맞춰 논의를 전개하고자 한다. 이렇게 되면 임신중절의 윤리는 이 두 물음에 대해 어떤 입장을 취하느냐에 따라 자유주의와 보수주의로 갈라진다. 보수주의자들은 이 두 물음 모두에 대해 '예'라고 주장하는 하나의 논변을 펴면 된다. 하지만 자유주의자들에게는 두 가지 전략이 가능하다. 하나는 태아는 아예 인간이 아니라고 반박하는 전략이요, 다른 하나는 설사 인간이라 할지라도 태아는 무고하지 않다고 반박하는 전략이다.

이 두 입장을 임신중절과 관련된 의학적 사실, 상식적인 도덕적 직관 그리고 도덕적 고려사항에 근거하여 비판적으로 고찰한 필자는 이 책에서 '수정된 보수주의 입장'(the revised conservative view of abortion)을 주장하고자 한다. 이 입장은 사회윤리학자 존 롤스(J. Rawls)가 말한 '반성적 평형의 방법'(the method of reflective equilibrium)에 따른 귀결이다. 반성적 평형의 방법이란 간단히 말해, 주어진 물음과 관련된 숙고된 도덕 판단(considered moral judgement), 배경 이론(background theory), 그리고 도덕 원리(moral principle)가 평형 상태를 이룰 때 그 도덕 원리가 윤리적으로 정당화된다는 방법론을 말한다. 특히 여기서 숙고된 도덕 판단이란 달리 말하면 상식적인 도덕적 직관을 말한다. 이를 임신중절 물음에 적용하면 우리는 일단 임신중절에 대한 숙고된 도덕 판단을 찾아내고, 이와 부합하는 도덕 원리를 추론한 다음, 관련된 배경 이론과 평형 상태를 이루도록 수정과 보완 작업을 계속해 나가 최종적인 입장을 도출해야 한다. 따라서 우리는 먼저 임신중절에 관한 상식적인 도덕적 직관을 찾아내야 한다. 다음의 몇몇 판단들은 임신중절에 관한 일반 사람들의 숙고된 도덕 판단으로 볼 수 있다.

(1) 피임은 도덕적으로 그르지 않고 유아 살해는 도덕적으로 그르며, 임신중절은 그 중간에 위치한다.

(2) 혹을 제거하는 외과수술에 대해서는 도덕적 후회를 하지 않으나 임신중절에 대해서는, 비록 그것이 자연유산인 경우에도, 부모는 도덕적 후회 내지 양심의 가책을 느낀다.

(3) 수정 순간부터 태아는 인간이다.

(4) 일반적으로 임신중절은 도덕적으로 그르다.

(5) 강간이나 근친상간의 경우 임신중절은 도덕적으로 허용된다.

(6) 산모의 생명을 구하기 위해 행하는 임신중절은 도덕적으로 허용된다.

물론 이러한 판단은 입증된 것도 아니고 또 모든 사람이 수용하는 것도 아니다. 하지만 임신중절을 논의하는 잠정적 출발점으로 일단 이를 받아들이자. 그러면 임신중절에 관한 이러한 숙고된 도덕 판단은 어떤 입장을 낳는가? 이러한 판단들은 마지막 두 판단을 예외로 취급하면 임신중절에 관한 보수주의 입장으로 수렴된다. 왜냐하면 보수주의는 모든 임신중절이 도덕적으로 그르다고 보는 입장이기 때문이다. 적어도 상식을 갖춘 인간 대부분이 임신중절을 하나의 도덕 문제로 여기고 있다는 사실만으로도 그들이 태아를 신체의 단순한 한 부분이라고 생각하지 않는다는 것을 알 수 있다. 왜냐하면 태아가 신체에 붙어 있는 하나의 혹에 불과하다면 이러한 도덕 문제 자체가 아예 발생하지 않기 때문이다. 그러나 이렇게 얻어진 보수주의 입장은 협의의 반성적 평형 상태에 지나지 않는다.

따라서 보수주의가 하나의 도덕 원리가 되자면 임신중절과 관련된 배경 이론으로부터 지지를 받아야 한다.

그러면 임신중절에는 어떠한 배경 이론들이 관련되어 있는가? 임신중절에 반대하는 보수주의자의 논변을 비판적으로 살펴봄으로써 임신중절과 관련된 배경 이론을 해명해 보자. 첫째 명제는 태아가 죽임을 당하지 않을 권리, 즉 생명권을 지니느냐의 물음이다. 흔히 태아의 존재론적 지위에 관한 물음으로 알려져 있다. 즉, 앞의 논증에서 "무고한 인간을 죽이는 것은 도덕적으로 그르다."라는 대전제는 인간에게만 적용된다. 그래서 우리는 태아가 인간이냐의 물음을 묻지 않을 수 없다. 그러나 이 물음은 인간은 누구나 그리고 인간만이 생명권을 지닌다는 것을 암묵적으로 전제하기에 인간 중심주의 내지 '종 차별주의'라는 비난을 면하기 어렵다. 따라서 필자는 이 물음을 '태아는 도덕적 지위를 지니는가?'라는 중립적인 물음으로 대치하고자 한다. 즉, 도덕적 권리를 지닌 도덕 공동체의 구성원이 될 자격 내지 속성은 무엇이며, 태아는 이러한 자격을 지니는가? 이 물음을 다루는 것이 바로 환경윤리학과 생명윤리학에서 빈번히 제기되는 도덕적 지위에 관한 이론이다. 반성적 평형의 방법에 의거해서 보수주의 입장을 옹호하려면, 적어도 보수주의 입장이 도덕적 지위에 관한 철학적 이론과 잘 부합해야 한다.

둘째, 임신중절은 태아의 죽음을 야기한다. 따라서 '죽음이 왜 악인가?'라는 물음이 제기된다. 죽음은 죽는 당사자, 즉 죽음의 주체를 상정한다. 죽음의 주체를 규명하지 못할 경우 죽음을 이야기하는 것은 무의미하다. 그런데 죽음의 주체는 자아동일성이 확보된 존재에 대해서만 가능하다. 그러면 태아도 죽음의 주체가 되어, 해악을 입는 당사자가 될 수 있는가? 이는 곧 자아동일성에 관한 입론을 필요로 한다. 즉, 임신중절이 죽음과 관련된 하나의 도덕 문제가 될 수 있으려면, 자아동일성 물음이 선결되어야 한다. 그래서 필자는 두 번째 배경 이론으로 자아동일성에 관한 철학적 입론을 해명하고자 한다. 물론 이러한 배경 이론은 죽음의 악에 관한 이론을 전제로 하고 있기 때문에 우리는 죽음의 악에 관한 배경 이론도 필요하다.

마지막으로, 전제 (2)는 태아는 무고한 존재라는 주장을 함축하고 있다. '무고한'이란 다른 인간 존재에게 해악을 끼치지 않았다는 의미이다. 그래서 우리는 태아가 다른 인간 존재, 특히 산모에게 해악을 끼치는가의 물음을 다루지 않을 수 없다. 이는 태아와 산모의 관계에 관한 물음이다. 앞의 두 이론이 태아의 존재론적 지위와 관련된 배경 이론이라면 이 물음에 관한 이론은 바로 태아와 산모의 관계에 관한 배경 이론이다. 흔히 인간관계에서 어느 한쪽이 다른 쪽에 해악을 입히면, 해악을 당하는 쪽은 이를 방어할 권리를 지닌다. 이 권리는 정당방위의 권리로 알려져 있다. 임신 역시 태아와 산모라는 두 당사자가 관련되어 있다. 따라서 태아가 도덕적 지위를 지닌다 해도, 태아가 산모의 생명을 위협한다면 산모는 정당방위의 권리로 임신중절을 선택할 수 있을 것이다. '정당방위의 권리는 어떠한 경우에 정당화되는가?', '정당방위에 관한 이론이 임신중절의 맥락에 어떻게 관련되는가?' 등의 물음을 우리는 다루지 않을 수 없게 된다. 이것이 바로 세 번째의 배경 이론으로 정당방위에 관한 이론이다.

　이 밖에도 우리는 두 배경 이론을 더 논의할 것이다. 임신중절은 태아와 산모의 관계에 관한 물음이다. 태아와 관련된 도덕적 지위 물음은 생명권과 관련되어 있다. 이미 환경윤리학에서는 동물이나 생명체, 혹은 환경을 보호해야 할 근거로 본래적 가치(intrinsic value)를 주장한다. 이를 임신중절 맥락에 적용하면 태아의 존재론적 지위에 관한 물음은 생명권과 같은 권리 차원과 달리 가치 차원에서 논의할 수 있다. 즉, '태아는 본래적 가치를 지니는가?'의 물음을 우리는 물을 수 있기에 이에 관한 논의가 필요한데, 필자는 이에 관해 로널드 드워킨(R. Dworkin)의 가치 논변을 배경 이론으로 고찰할 것이다. 그리고 이미 여러 번 언급하였듯이 임신중절에는 여성이 관련되어 있다. 여성의 입장을 배제한 임신중절 논의는 사회적 공감대를 얻을 수 없을 것이다. 여성의 입장을 가장 잘 반영하는 이론이 페미니즘이다. 그래서 우리는 페미니즘을 또 하나의 배경 이론으로 논의하지 않을 수 없다. 특히 수정된 보수주의 입장과 달리 페미니즘은 여성의 관점에서 임신중절을 옹호하기에 이에 관한 비판적 논의가 필수적이다.

　필자는 이 책에서 반성적 평형의 방법에 따라 지금까지 언급한 배경 이론을 철학적으로 면밀하고도 비판적으로 천착하여 '수정된 보수주의 입장'을 제안하고자 한다. 이를 우리는 '신보수주의' 내지 '온건 보수주의'라 부를 수도 있다. 이 입장은 임신중절은 도덕적으로 그르기 때문에 산모의 임신중절 권리에 반대하는 점에 있어서 보수적이다. 하지만 이 입장은 도덕적 지위를 얻는 시점을 수정 순간이 아니라 착상 순간이라고 주장한다는 점에 있어서 보수주의에 대한 수정이다. 따라서 이 입장의 기본적인 주장은 보수주의 입장과 동일하나 세 가지 점에 있어서 다르다. 첫째, 수정된 보수주의 입장은 태아가 도덕적 지위를 지니는 시점을 수정 순간이 아니라 착상으로 본다. 둘째, 보수주의 입장은 강간에 의한 임신의 중단이나 산모 생명을 위한 임신중절을 정당화해 주지 못하지만 필자의 입장에서는 이런 특수한 경우에는 임신중절이 허용 가능하다는 것을 정당화할 수 있다. 마지막 셋째는 수정된 보수주의 입장은 최근의 체외수정이나 배아 연구와 같은 의학의 발달과 잘 부합한다는 점이다. 이러한 특성으로 인해 필자는 의학의 발달이 임신중절의 윤리 논쟁에 함의하는 바가 무엇인지도 또 하나의 배경 이론으로 천착할 것이다. 온건 보수주의 입장을 적극 옹호하기에 앞서 임신중절에 관한 자유주의 입장과 보수주의 입장이 주장하는 바가 무엇이며, 이들 입장을 왜 받아들일 수 없는지를 비판적으로 논의해 보자.

1장

자유주의 입장

일단 자유주의자들이 주장하는 바가 정확히 무엇인지를 윤리학
적 개념을 통해 살펴보자.[1] 일반적으로 행위에 대한 윤리학적 술어
는 '도덕적으로 그른'(morally wrong)과 '도덕적으로 옳은'(morally
right)이다. 전자가 도덕적으로 허용 불가능한 행위라면, 후자는 도
덕적으로 허용 가능한 행위라고 말할 수 있다. 예를 들어 거짓말은
전자에 속하고, 약속 이행은 후자에 속한다. 그런데 도덕적으로 허
용 가능한 행위는 다시 크게 셋으로 구분된다. 첫째는 의무적 행위
이고 둘째는 선택적 행위이다. 의무적 행위란 하지 않으면 도덕적
비난을 받는 행위를 말한다. 한 예로 빌린 돈을 갚지 않으면 우리는
도덕적 비난을 받는다. 반면에 선택적 행위란 해도 좋고 하지 않아

....

1   김상득, 『알기쉬운 윤리학』(서울: 철학과 현실사, 2013), pp. 56-57 참조.

40

도 좋은, 그래서 그 어떤 경우에도 도덕적 비난을 받지 않는 행위를 말한다. 대체로 선택적 행위는 도덕과 무관한 행위이다. 예를 들어, 대학생이 머리를 노랗게 염색하는 행위는 바로 이러한 선택적 행위에 속한다. 머리를 노랗게 염색하였다고 해서 그의 도덕이 부도덕하게 물드는 것은 아니다. 윤리학자들은 선택적 행위에는 이 둘과는 성격이 다른 또 다른 범주가 있다고 하면서 이를 'supererogatory action'이라 부른다. 우리말로는 '의무 이상의 행위' 또는 '초 의무'로 번역된다. 이는 의무적이지는 않지만, 행하면 혹은 행하지 않으면 도덕적으로 칭찬을 받는 행위를 말한다. 그 좋은 사례가 기부 행위이다. 기부는 해도 좋고 하지 않아도 좋지만, 하면 사람들로부터 도덕적 칭찬을 받는다.

이러한 도덕의 범주에 따르면, 자유주의자가 주장하는 임신중절은 어떤 범주에 속하는가? 적어도 자유주의자는 임신중절을 도덕적 의무라고 주장하지 않는다. 이렇게 되면 임신중절을 행하지 않는 여성이 도덕적 비난을 받기 때문이다. 이렇게 되면 남은 선택지는 선택적 행위이거나 아니면 의무 이상의 행위이다. 물론 아주 예외적인 경우에 대해서는 자유주의자들도 임신중절을 행하지 않는 것에 대해서 도덕적 칭찬을 하지만 대개 임신중절을 도덕적으로 허용 가능한 선택적 행위로 옹호한다. 그러면 자유주의자는 어떤 근거에서 임신중절을 도덕적으로 옹호하는가? 앞서 말한 도덕적 범주를 사용하여 윤리학자들은 어떤 행위에 대한 도덕적 정당화를 서로 다른 세 의미로 사용한다. 첫째는 도덕적 의무(moral duty)라는 의미, 둘째는 도덕과 무관하다(non-moral)는 의미, 셋째는 도덕과 관련되어 있지만 허용 가능하다(morally permissible)는 의미이다. 이미 지적했듯이 첫째는 제외된다. 그래서 자유주의자는 두 번째와 세 번째의 의미로 도덕적 정당화를 시도한다. 실제로 마이클 툴리(M. Tooley)는 자유주의 입장을 다음과 같이 둘로 구분한다.[2]

> (1) 인간 유기체의 죽음을 결과하는 임신중절은 그 자체로 그르지 않다.
> (2) 임신중절은 모든 상황을 고려할 경우 그르지 않다.

그러니까 전자는 임신중절이 그 자체로 그르지 않음을 주장하는 반면에, 후자는 임신중절이 그 자체로는 그르지만 다른 사항들을 종합적으로 고려할 때 그르지 않다고 주장한다. 이는 임신중절이 도덕적으로 정당화되는 이유와 직접 연관되어 있다. 즉, 임신중절이 도덕적으로 그르지 않은 이유를 자유주의자는 크게 두 가지로 설명한다. 하나는 태아는 인간 생명체가 아니라 단지 산모 신체의 일부분에 지나지 않는다는 논거이고, 다른 하나는 비록 태아가 인간 생명체라 할지라도 태아와 산모의 특수 관계로 인해 산모는 태아의 생명 유지 체계를 계속 유지할 의무가 없다는 논거이다. 전자의 이유에 따르면 임신중절은 아예 도덕과 무관하기에 임신중절이 도덕적으로 허용된다는 결론이 얻어진다. 이러한 추론에 따른 자유주의

....

2   M. Tooley, "Abortion: Why a Liberal View Is Correct", M. Tooley et al., eds., *Abortion: Three Perspectives*(New York, NY: Oxford University press, 2009), pp. 8-9.

입장이 (1)이다. 반면에 (2)는 후자를 이유로 임신중절을 옹호하는 주장이라고 말할 수 있다. 일반적으로 둘 이상의 도덕 원칙 내지 도덕적 고려사항의 상충으로 도덕 문제가 발생하는 경우, 최종적인 도덕적 옳고 그름은 그러한 도덕적 고려사항들을 종합하여 얻어진다. 예를 들어, 거짓말은 도덕적으로 그르지만 괴한의 칼을 피해 도망가는 피해자의 위치에 대해 거짓을 말하는 것은 도덕적으로 허용될 수 있다. 왜냐하면 생명을 구하라는 도덕 원칙이 거짓말하지 말라는 도덕 원칙에 우선하기 때문이다. 이러한 논리에 따라 자유주의 입장은 임신중절이 비록 도덕적으로 그르다 할지라도 도덕적으로 허용 가능하다고 주장한다. 이러한 도덕적 추론에 따르면, 후자의 자유주의자들은 대개 여성의 몸에서 무엇이 일어나고 무엇이 일어나지 말도록 결정하는 자는 여성 자신이기 때문에, 즉 여성은 자기 몸에 대한 자기 결정권을 갖기에 임신중절이 허용된다고 주장한다. 전자는 '강한(강건) 자유주의'(strong liberalism)로, 그리고 후자는 '온건 자유주의'(weak liberalism)로 불린다. 툴리는 후자의 입장은 타당하지 않다고 보면서 전자의 강한 자유주의 입장을 견지한다.

권리 이론의 한계

자유주의자 대부분은 권리 개념에 의거하여 임신중절을 옹호하는 논변을 전개한다. 예를 들어, 로빈 모간(R. Morgan)은 "성생활을 통제할 여성의 권리"에 호소하여, 루신다 시슬러(L. Cisler)는 "자신의 생식을 통제할 권리"에 호소하여 임신중절을 옹호한다.[3] 이처럼 권리를 기본 개념으로 도덕적 논변을 전개하는 이론을 우리는 '권리 이론'이라고 부를 수 있다. 따라서 자유주의 입장을 비판적으로 이해하자면, 권리 이론 내지 권리 개념이 임신중절 논쟁에서 차지하는 역할을 온전하게 파악해야 한다. 권리 이론에서 권리는 자연권이거나 협약적 권리이다. 그런데 협약적 권리는 기본적일 수 없다. 왜냐하면 어떤 도덕 이론도 우리가 왜 협약에 따라야 하는지를 설명할 수 없기 때문이다. 유용성에 근거하여 권리를 옹호할 수도 없다. 이렇게 되면 권리 이외의 다른 개념, 즉 유용성 개념이 더 근본적 개념이 되기 때문이다. 따라서 권리 이론의 유일한 대안은 어떤 권리를 자연권으로 취급하고 이를 기본적인 권리로 간주하는 일이다. 자연권은 계약과 무관하게 개인에게 귀속되는 권리로, 권리 소유자의 본성에 의해 주어지는 권리이다. 이러한 논리에 따라 자유주의자들은 자율권 내지 생명권을 기본적 권리로 간주한다.

또한 권리는 그 내용에 따라 자유권(liberty-right)과 복지권(welfare-right)으로 구분된다.[4] 자유권이란 다른 사람의 간섭 없이 자신의 자율적 의사에 따라 행위할 수 있는 권리를 말한다. 이 권리는 자기 결정권이라는 일반적 권리 중에서 특수한 경우에 해당한다. 자유권은 어떤 것을 행할 수 있는 자유 및 행하지 않을 자유를 포함

········

3   R. Morgan, ed., *Sisterhood is Powerful: An Anthology of Writings from the Women's Liberation Movement*(New York: Vintage Books, 1970), p. 514; L. Cisler, "Unfinished Business: Birth Control and Women's Liberation", *ibid.*, pp. 245-289 참조.
4   J. Feinberg, *Social Philosophy*(Englewood Cliffs: Prentice-Hall, 1973), pp. 59-61 참조.

할 뿐만 아니라, 다른 사람으로부터 간섭받지 않을 자유마저 포함한다. 따라서 우리는 타인의 자유를 간섭하지 말아야 할 도덕적 의무를 지닌다고 말할 수 있다. 이처럼 자유권은 그 당사자에게 강요받지 않을 권리를 뜻하는 반면에, 타인에게는 강요하지 말라는 의무를 뜻한다. 그렇다고 우리가 모든 종류의 행위에 대해 자유권을 갖는 것은 아니다. 권리 이론은 일반적으로 인간 삶을 크게 세 영역, 즉 공적 영역(public sphere), 개인 상호 간의 영역(interpersonal sphere) 그리고 사적 영역(private sphere)으로 구분하고, 사적 영역에서만 자유권을 적용한다. 예를 들어, 공리주의자 존 스튜어트 밀(J. S. Mill)은 행위를 크게 자기 자신에만 관련된 '자기 관계적 행위'(self-regarding actions)와 다른 사람이 관련되어 타자에게 영향을 미치는 '타자 관계적 행위'(other-regarding actions)로 구분하였는데, 자기 관계적 행위가 바로 사적 영역에 해당된다. 밀에 따르면, 전자는 타인에게 영향을 미치지 않고 오직 자기 자신에게만 영향을 미치기에 개인의 절대적 자유가 성립되지만 후자는 타자에게 영향을 미치는 행위로 해악 금지의 원칙에 의해 개인의 자유는 제한받을 수밖에 없다.[5] 이 세 영역의 정확한 구분은 어렵지만 분명한 사실은 자기 관계적 행위의 울타리 내에서만 자유권이 적용되기에, 이 영역에서는 도덕적 의무가 적용되지 않는다는 점이다. 이처럼 도덕적 의무는 타인과 관계되는 개인 상호 간의 영역 내지 공적 영역에

....

5   J. S. Mill, *On Liberty, in Utilitarianism, Liberty and Representative Government*(London & New York: Everyman's Library, 1950), p. 96.

서만 적용된다. 이런 관점에서 자유권은 타인에게 의무를 부과하지 않는다는 점에서 소극적 권리이다. 반면에 복지권은 선(善) 내지 혜택이나 이득을 타인으로부터 받을 적극적 권리로서 자유권을 넘어선다. 이 권리는 인간다운 삶을 살 일반적 권리의 특수한 경우이다. 이 권리는 개인의 복지를 보호하는 권리로 타인에게 적극적인 의무를 부여한다. 예를 들어, 공정한 재판을 받을 권리, 교육을 받을 권리 등은 여기에 속한다. 복지권의 도덕 세계는 상호의존의 세계이다. 생명과 관련하여 복지권을 받아들이면, 타인에게 선을 베푸는 '선한 사마리아인'(a good Samaritan)이 되는 것이 도덕적 의무일 수 있다.

이처럼 자유권과 복지권은 그 내용이 다를 뿐만 아니라, 타인에게 부여하는 의무도 다르다. 이 두 권리의 조합에 따라 권리 이론도 달라진다. 순수형(pure) 권리 이론은 어느 하나만을 인정하는 권리 이론을 말하고, 혼합형(mixed) 권리 이론은 두 권리 모두를 포함하는 권리 이론을 말한다. 그리고 권리의 침해 가능성에 따라 절대적인 권리 이론과 상대적인 권리 이론으로 구분된다. 전자는 권리를 신성불가침한 것으로 간주하여 권리 침해를 허용하지 않지만, 후자는 권리 간의 상충이 발생할 경우 더 큰 권리에 의해 그렇지 않은 권리는 폐기되기도 한다. 후자는 다시 권리 간의 상충 시 이를 해결해 주는 고차원적 원칙을 지니거나 권리들의 축차적 서열이 규정된 서열적인(ordered) 권리 이론과 그렇지 않은 비서열적(im-ordered) 권리 이론으로 구분된다.

이 세 가지의 조합에 따라 권리 이론은 크게 세 유형으로 분류

된다. 첫째는 절대적인 자유권만으로 구성된 순수형으로 자유 지상
주의 권리 이론(libertarian theory)이다. 그 대표자는 로버트 노직(R.
Nozick)이다. 이 이론에서는 복지권이 허용되지 않기에, 두 권리 사
이에 상충하는 물음은 발생하지 않는다. 사적 영역의 경계 안에서
는 모든 권리가 절대적이다. 자유권은 간섭받지 않을 권리이기에
모든 사람의 권리 존중이 가능하다. 둘째는 두 권리를 모두 포함하
면서도 권리의 위계질서를 인정하는 축차적 서열 이론(lexical theo-
ry)이다.[6] 이 이론은 복지권에 대한 자유권의 우선성을 주장한다. 자
유권에 상응하는 의무는 절대적이지만, 복지권에 상응하는 의무는
상대적이다. 상대적인 의무는 상당한 유연성을 지닌다. 복지권 상호
간의 충돌을 해결할 우선성 원칙은 규정되어 있지 않지만, 자유권
이 복지권에 우선하고, 소극적 의무가 적극적 의무에 우선한다. 복
지권은 단지 자유권이 침해받지 않는 범위 내에서 존중받게 된다.
셋째는 두 권리를 모두 포함하지만 권리의 위계질서를 인정하지 않
는 직관주의 이론(intuitionist theory)이다.[7] 이 이론에서는 모든 권
리는 다른 권리에 의해 침해받을 수 있다는 점에 있어서 상대적이
다. 따라서 권리에 상응하는 의무는 조건부적이며, 권리 상호 간의

....

6   '축차적'이란 용어는 롤스가 사용한 개념이다. J. Rawls, *A Theory of Justice*, revised
    ed.(Cambridge, Mass: Harvard University Press, 1999), 황경식 옮김, 「정의론」(서울:
    이학사, 2003), pp. 81-86. 자신이 이러한 이론 옹호자임을 명시적으로 밝힌 윤리학자는
    찾아보기 어렵지만, 뒤에서 소개될 앨런 도너건(A. Donagan)의 이론이 이에 가깝다.
7   여기서 '직관주의'는 권리가 상충할 경우 해결할 상위의 고차적 원칙이 존재하지 않고 직
    관에 호소하여 상충 문제를 해결하는 도덕 이론을 지시할 때 사용되는 개념이다. 따라서
    직관주의 권리 이론은 이의 종개념이라 할 수 있으며, 그 대표자는 파인버그를 들 수 있
    다. J. Feinberg, *Social Philosophy*, 1973 참조.

충돌을 해결해 줄 서열이나 일반적 규칙은 존재하지 않고 직관적 판단에 의해 결정된다.

그러면 자유주의 입장 옹호자는 어떤 권리 이론에 근거하여 임신중절을 옹호하는가? 여성의 절대적인 자율권에 근거하여 임신중절의 허용을 주장하기에 그 이론은 축차적 서열 이론이나 직관주의 이론이 아니라 자유 지상주의 이론일 것이다. 하지만 대부분의 자유주의자들이 자유 지상주의 이론을 받아들인다고 보는 데는 문제가 있다. 왜냐하면 자유주의자들은 임신중절 및 다른 문제에 대해 자유 지상주의 이론과 양립 불가능한 입장을 주장하고 있기 때문이다. 예를 들어, 자유주의자들은 어린아이에 대해서는 생명권을 인정하지만, 태아에 대해서는 생명권을 부인한다. 태아의 생명권에 대해서는 논란의 여지가 있지만, 적어도 성인과 어린아이가 생명권을 지님에는 분명하다. 그리고 이때의 생명권은 대개 자유권이다. 하지만 무능력자, 어린아이 등의 경우 생명권은 자유권을 넘어선다. 즉, 자신의 생명을 보호받을 권리, 영양분을 공급받을 권리 등을 포함하지 않는다면 이들의 생명권은 무의미하기 때문이다. 이는 복지권에 해당된다. 자유권으로서의 생명권만 받아들이면, 어린아이는 도덕적 지위를 지니지 않게 된다. 따라서 자유주의자들은 생명권을 단순히 자유권으로만 이해하지 않고 복지권을 포함하는 포괄적 권리로 받아들이고 있다고 하겠다. 따라서 태아의 경우도 생명권이 인정된다면, 그것은 복지권이다.[8] 이처럼 복지권을 인정할 수밖에

....

8   J. F. Smith, "Right-conflict, Pregnance and Abortion", C. Gould, ed., *Beyond Domi-*

없기에, 자유주의자들은 자유 지상주의 권리 이론과 양립이 불가능하다.

성인은 물론 어린아이나 유아도 생명권을 지닌다는 상식적인 도덕적 직관을 수용하면서 이런 반론을 반박하자면, 자유 지상주의 권리 이론 옹호자는 생명권에 관해 성인의 경우는 자유권으로 해석하는 반면에, 어린아이의 경우에는 복지권으로 해석하면서 태아에게는 생명권 자체를 아예 부인해야 한다. 이는 자유주의 입장의 수정이 아니라 하나의 우호적인 해석이다. 이런 해석이 가능하려면 이들 각각에 생명권이 다르게 부여되는 기준을 자유 지상주의자는 제시해야 한다. 이는 또 하나의 도덕 이론을 필요로 한다. 하지만 자유 지상주의 권리 이론 옹호자들은 이러한 도덕 이론을 구체적으로 제시하지 않고 있다. 이처럼 자유 지상주의자들이 주장하는 권리는 그 어떤 권리 이론에 의해서도 옹호될 수 없다. 그 어떤 권리 이론에 의해서도 태아는 생명권을 지니지 않지만 성인과 어린아이는 생명권을 지닌다는 것을 입증할 수 없다. 이를 보여주자면 자유주의자는 태아의 도덕적 지위에 관한 기준을 제시해야 한다. 그것도 본래적 속성에 근거한 기준을 제시해야 하는데, 자유 지상주의 자체만으로는 이것이 불가능하다.

....

nation(Totowa, NJ: Roman and Allanheld, 1984), 한국여성개발원 옮김, 『지배로부터의 자유』(서울: 한국여성개발원, 1987), p. 272.

1 자유주의 입장 **49**

태아의 도덕적 지위를 부정하는 워런

먼저 강한 자유주의 입장부터 살펴보자. 강한 자유주의는 임신 중절이 도덕과 무관하기에 그 자체로 도덕적으로 그르지 않다고 주장한다. 그 대표적인 철학자가 메리 앤 워런(M. A. Warren)이다. 그녀는 「임신중절의 도덕적 및 법적 지위에 관하여」라는 논문에서 태아는 사람이 아니라고 주장한다.[9] 앞서 보수주의자들이 주장하는 복합 삼단논법은 논리적으로 타당해 보이지만 그렇지 않다는 게 그녀의 지적이다. 대전제 (1)의 '인간 존재'와 (2)의 소전제 '인간 존재'는 그 의미가 다르기에, 이 논변은 타당하지 않다는 것이다. 대전제의 인간은 도덕적 의미로 사용된 반면, 소전제의 인간은 단지 유전적인 생물학적 의미로 사용되고 있다. 다시 말해, 대전제의 인간은 인격체를 뜻하는 반면, 소전제의 인간은 단순히 유전적 인간에 불과하다. 그녀의 말에 따르면 단순히 유전학적 인간이 아니라 '인격체'(personality)만이 도덕 공동체의 구성원이 될 자격을 지닌다. 그녀는 보수주의자들이 '인간 존재'의 이 두 가지 의미를 혼동하기 때문에 임신중절에 반대하는 잘못된 결론에 이르렀다고 본다. 유전적 인간성은 도덕적 인격성의 필요충분조건이 될 수 없다는 점을 밝히기 위해, 그녀는 어떤 존재가 인격성을 지니기 위해 갖추어야 할 기본 조건 다섯 가지를 제시한다.[10]

....

9   M. A. Warren, "On the Moral and Legal Status of Abortion", *The Monist*, vol. 57, no. 1, 1973, p. 144.
10   *ibid.*, p. 150.

(1) 의식: 자기 내면에 대해서는 물론, 외적인 대상과 사건에 대해서도 의식할 수 있는, 특히 고통을 느낄 수 있는 능력.

(2) 추론 능력: 새로운 문제나 비교적 복잡한 문제를 해결할 정도로 발달된 추론 능력.

(3) 자기 동기 부여 활동: 유전적 본능이나 외적인 자극에 의한 수동적 반응을 넘어 비교적 독립적인 동기에 의해 활동할 수 있는 능력.

(4) 의사소통 능력: 그 수단이 무엇이든지 간에 다양한 형태의 메시지를 아주 많이 다른 존재와 주고받을 수 있는 능력. 특히 아주 다양한 주제에 대해 대화할 수 있는 능력.

(5) 자기 개념과 자기의식: 개인적이든 종족적이든 자아 개념을 갖고 자신을 객관화하여 의식할 수 있는 능력.

이 각각의 조건을 우리는 정확하게 정의할 수는 없지만, 이러한 조건들이 의미하는 바가 무엇인지는 알고 있다. 물론 하나의 인격체가 되기 위해 이 모든 조건을 다 갖추어야 한다는 뜻은 아니다. 즉, 이 다섯 조건 모두를 인격성의 필요조건으로 간주하게 되면, 현재 우리가 인격적 존재로 확신하고 있는 많은 사람도 비인격적인 존재로 전락하고 만다. 따라서 다섯 조건 가운데 어느 한둘이, 혹은 하나만으로도 인격성의 충분조건이 될 수 있다. 하지만 태아는 이 다섯 기준 가운데 어느 하나의 조건도 충족시키지 못한다. (1)~(5)는 인격성의 일차적인 기본 조건이기에, 태아는 비록 유전적 의미로 인간이라 할지라도 인격체의 의미로는 인간이 아니기에 도덕 공동체의 구성원이 될 수 없다. 따라서 태아는 도덕적 권리를 지닐 수 없다는 게 워런의 주된 주장이다.

인격성의 이러한 기준을 받아들일 경우, 태아가 인격체가 아니라는 데 우리는 동의하지 않을 수 없을 것이다. 하지만 이렇게 되면 태아는 물론이거니와 갓 태어난 아이, 심지어 몇 개월이 지난 아이도 인격체가 될 수 없게 된다. 이러한 상식적 반대 사례를 염두에 두고 그녀는 자기 입장에 대해 예상되는 다음의 두 가지 반론을 고찰하고 있다.[11] 즉, 정상적인 성인은 이런 인격성 조건을 충족시킨다는 데 우리 모두는 동의한다. 그리고 성인 가운데 이러한 조건을 충족시키지 못하는 인간도 제법 많다는 데 대해서도 우리 모두는 동의한다. 그럼에도 우리는 이런 인간 역시 인격체임이 틀림없다고 확신한다. 인격성의 조건을 충족시키지 않는데 어떻게 인격체가 되는가? 두 가지 이유가 가능하다. 하나는 정상 성인을 닮았다는 이유요, 다른 하나는 정상 성인이 될 잠재성을 지녔다는 이유이다. 이 두 이유는 태아의 인격성에 관해서 두 가지 윤리학적 물음을 던진다.

(1) 태아가 그 본래적 속성에 의해서가 아니라 정상 성인과의 닮음에 의해 생명권을 지니려면 임신 후 어느 정도까지 발달해야 하는가?
(2) 태아가 인격체가 될 잠재성을 지녔다는 사실은 태아의 생명권 획득과 어떤 연관성을 지니는가?

....
11   *ibid.*, pp. 151-152.

이 두 물음에 어떻게 답하느냐에 따라 태아의 도덕적 권리는 달라질 수밖에 없다. 후자 물음부터 역으로 살펴보자. 두 번째 물음에 대해 어떤 실재가 잠재적 인격체라는 사실은 그 실재를 파괴해서는 안 될 조건부적 이유가 된다는 점을 그녀는 일단 인정한다. 하지만 잠재적 인격체가 그 잠재성으로 인해 생명권을 지닌다는 결론은 도출되지 않는다고 그녀는 주장한다. 한 걸음 양보하여 조건부적 생명권을 지닌다고 할지라도, 태아의 이 권리는 산모의 신체적 자율권을 압도할 수는 없다. 왜냐하면 현재적 인간의 권리와 잠재적 인간의 권리가 상충할 경우, 항상 현재적 인간의 권리가 잠재적 인간의 권리에 우선하기 때문이다. 그리고 (1)의 물음에 대해 워런은 강하게 부정한다. 물론 그녀가 말하는 성인과의 닮음은 외형적인 혹은 신체적인 유사성을 뜻하지 않고 인격성에서의 닮음을 뜻한다. 그럼에도 불구하고 그녀는, 태아는 비록 충분히 발달한 단계라 할지라도 성숙한 평균적인 포유동물, 예를 들어, 평균적인 물고기보다도 덜 인격적이라고 주장한다. 따라서 인격체와의 닮음 정도에 근거하고 있는 태아의 생명권은 받아들일 수 없다는 게 그녀의 지적이다.

결국 인격체와의 닮음과 인격체가 될 잠재성은 태아가 생명권을 지닌다는 주장의 근거를 제공하지 못하기 때문에, 워런에 따르면 태아는 인격체가 아니게 된다. 하지만 그녀는 태아가 인간 개체 발달 과정에서 언제 인격체가 되는가의 물음에 대해 구체적인 언급을 하지 않다가, 유아 살해에 관해 자신의 입장을 밝히면서 출생이 그 분수령이라고 답한다. 그리고 후기 논문 「출생의 의미」에서 그녀는 이러한 자신의 입장을 더욱 정치하게 펼치고 있다.[12] 이 입장은 뒤에서 자유주의자들이 인간의 시작점이라고 주장하는 출생에 관한 논의에서 비교적 자세하게 다루고자 한다. 다만 여기서는 이러한 인격체 개념을 사용하면서 워런이 어떻게 유아 살해에 반대하는지 그 이유를 살펴보자. 즉, 그녀는 임신중절의 허용을 주장하지만, 유아 살해에 대해서는 반대하는데, 그 이유로 두 가지 사실을 지적한다.[13] 첫째, 비록 부모가 신생아를 원하지 않는다고 할지라도, 신생아의 죽음으로 인해 상당한 쾌락을 잃게 되는 사람들이 존재하므로 유아 살해는 그르다. 마치 자연 자원을 제멋대로 사용하여 폐기하는 것이 그르듯이, 유아 살해도 마찬가지이다. 둘째, 현재 많은 사람이 유아를 가치 있게 여기며 또 유아가 생존하기를 바라고 있다. 이 두 논거는 사실적 주장으로 참이다. 그러면 동일한 논리를 태아에게는 적용할 수 없는가? 유아와 달리 태아의 경우 동일 논리를 적용하여 임신중절을 금지하면, 산모의 신체적 자율권, 행복추구권, 자기 결정권 등이 침해받기 때문에 태아는 유아와 다르다고 그녀는 분명한 선을 긋고 있다. 결국 출생은 유아가 태아와는 다른 존재론적 차이로 인해 생명권을 갖게 된다는 점을 설명해 주지는 못하지만, 태아 운명을 결정할 산모의 권리를 종식시켜 주는 구획점이 된다고 그녀는 본다.

....

12   M. A. Warren, "The Moral Significance of Birth", *Hypatia*, vol. 4, 1989, pp. 46-65 참조.

13   M. A. Warren, "On the Moral and Legal Status of Abortion", p. 153.

툴리의 주장은 유아 살해까지도 허용한다

다른 한편 툴리는 「임신중절과 유아 살해」라는 논문에서 도덕적 지위에 내포된 생명권 개념에 근거하여 임신중절을 정당화한다. 그는 태아와 유아는 생명권을 지니지 않는다는 것을 보여주기 위해, 어떤 존재가 생명권을 가지려면 어떤 속성을 소유해야 하는가의 문제를 집중적으로 논의하고 있다. 그 역시 워런과 마찬가지로 '인격체'(person)와 '인간 존재'(human being)를 구분한다.[14] 인격체는 도덕적 의미를 지니지만, 인간 존재는 단지 서술적 의미(descriptive meaning)를 지닐 따름이다. 이 두 의미를 혼동하여 상호 교환적으로 사용하게 되면, '태아는 언제 인간이 되는가?'라는 태아의 존재론적 지위에 관한 물음은 생물학적 사실의 물음으로 전락하게 된다. 하지만 이 물음은 그 자체가 도덕적 물음이다. 그래서 그는 물음을 명료화하고자 인간 존재와 구별하여 인격체를 도덕적 의미로 사용하고 있다. 도덕적 의미로 인격체 개념을 사용한다는 말 속에는 'X는 인격체이다.'라는 명제와 'X는 도덕적 생명권을 지닌다.'라는 명제가 동치라는 전제가 깔려 있다.[15]

이렇게 인간 존재와 인격체를 구분하게 되면 태아의 존재론적 지위에 관한 물음은 하나의 물음이 아니라 다음 두 물음의 다발이

....

14 M. Tooley, "Abortion and Infanticide", Singer, P., ed., *Applied Ethics*(Oxford: Oxford University Press, 1986), p. 60.
15 *ibid.*, p. 60; M. Tooley, "A Defense of Abortion and Infanticide", J. Feinberg, *The Problem of Abortion*(Belmont, Calif: Wadsworth Publishing Company, 1973), p. 55.

된다. 하나는 '한 존재가 인격체가 되려면 어떤 속성을 가져야 하는가?'라는 물음이요, 다른 하나는 '인간종의 발달 과정에서 태아 혹은 호모 사피엔스 유기체는 언제 인격체가 되는가?'라는 물음이다. 전자는 윤리적인 물음이지만, 후자는 생물학 내지 의학이 대답해야 할 사실적 물음이다. 임신중절 논쟁에서는 전자의 물음이 후자의 물음보다 우선함은 두말할 나위 없다. 전자의 물음에 답하자면 도덕적 권리 내지 생명권에 대한 윤리 원칙이 필요하다. 그러니까 'X라는 속성을 지닌다면, 그 존재는 생명권을 지닌다.'라는 주장은 사실적 주장이 아니라 일종의 윤리 원칙으로 규범적 주장이다. X를 무엇으로 규정하느냐에 따라 서로 다른 윤리 원칙이 가능하고, 또 그에 따라 태아가 그러한 속성을 지니게 되는 시점도 달라질 것이다. 그러면 툴리는 어떤 윤리 원칙을 주장하는가? 그는 X를 '자의식'(self-consciousness)으로 규정한다. 즉, "한 유기체는 자신의 여러 가지 경험과 다른 정신적인 상태의 지속적인 주체로서 자아 개념을 소유하고, 자신이 실제로 그 지속적인 실재라는 사실을 믿을 때, 비로소 생명권을 지닌다."[16] 이를 우리는 생명권에 관한 '자의식 원칙'이라고 부를 수 있다.

툴리는 자의식 원칙을 단순히 주장하지 않고 입증하는 논변까지 제시하였다. 그의 논변은 세 단계로 구성되어 있다.[17] 첫째는 권리 소유에 자의식이 필수적임을 보여주는 단계이다. 이는 도덕적

....

16   *ibid.*, p. 64.
17   *ibid.*, pp. 63-69.

권리에 관한 일반론이라고 말할 수 있다. 권리는 의무와 상관적이다. 그러니까 어느 개인에게 어떤 권리를 부여하는 것은 다른 개인들로 하여금 특정 방식으로 행동하거나 혹은 행동하지 못하도록 하는 의무를 부과하는 것이나 다름없다. 그런데 이 의무는 절대적이지 않고 '조건부적'이다. '조건부적'이라는 말은 권리 소유자의 욕구에 의해 그 의무가 요구되기도 하고, 그렇지 않을 수도 있다는 뜻이다. 한 예로, 'A가 B에게 10만 원을 받을 권리를 지닌다.'라고 하자. 그러면 B는 A에게 10만 원을 갚을 의무가 생긴다. 그런데 A가 B에게 갚을 필요가 없다고 하면, B의 의무 불이행은 A의 권리를 침해하지 않게 된다. 따라서 'A가 X에 대한 권리를 지닌다.'라는 주장은 'A가 X를 욕구하면, 다른 사람은 그에게서 X를 빼앗는 방식으로 행동하는 것을 자제할 조건부적 의무를 지닌다.'라는 주장과 동치이다.

여기서 툴리는 욕구를 행태주의적으로 해석하지 않고 의식과 연관하여 해석한다. 즉, 행태주의적으로 해석하면, 기계와 같은 의식이 없는 사물도 권리를 지니게 되기 때문이다. 예를 들어, 어떤 기계의 건전지를 재충전하려면 전기가 필요하다는 것을 재충전하려는 욕구의 표현으로 간주하면, 의식이 결여된 기계도 권리를 지니게 된다. 이는 상식과 어긋난다. 하지만 욕구를 의식 상태와 연관 지어 사용하게 되면, 기계는 의식을 지니지 않기에 권리를 지니지 않는다는 결론을 얻게 된다. 그래서 툴리는 'A가 X에 대한 권리를 지닌다.'라는 주장은 '경험과 여러 정신 상태의 주체로서 A는 X를 욕구할 수 있다. 그리고 A가 X를 욕구하면 다른 사람은 그에게서 X를 빼앗는 방식으로 행동하는 것을 자제할 조건부적 의무를 지닌다.'

라는 주장과 동치라고 역설한다.[18]

두 번째 단계는 권리의 일반론을 생명권에 적용하는 일이다. 물론 생명권은 죽임을 당하지 않을 권리를 본질로 하지만, 단순히 생물학적 유기체의 지속만을 의미하지는 않는다. 한 걸음 더 나아가 생명권은 경험과 정신 상태를 그대로 지속시키려는 권리를 핵심으로 한다. 따라서 첫 번째 단계의 권리론을 생명권에 적용시키면 다음과 같은 결론을 얻게 된다. 즉, 'A가 생명권을 지닌다.'라는 주장은 'A는 여러 가지 경험과 다른 정신 상태의 주체이며, A가 그런 실재로서 계속 존재하기를 욕구한다면, 다른 사람들은 그가 그렇게 하는 것을 방해하지 말아야 할 조건부적 의무를 지닌다.'라는 주장과 동치 관계에 있다.

마지막, 세 번째 단계는 경험과 다른 정신의 주체로 계속 존재하고자 하는 욕구를 지니려면 어떤 경우이어야 하는가를 해명하는 일이다. 어떤 실재가 지닐 수 있는 욕구는 그 존재가 지닐 수 있는 개념의 제한을 받는다. 즉, 어떤 명제를 이해하지 못하면 그 명제를 욕구할 수 없다. 그리고 그 명제와 관련된 개념을 가지지 않으면, 그 명제를 이해할 수 없다. 따라서 어떤 것에 대한 개념을 가지지 않으면, 그것을 욕구할 수 없다. 다시 말해, 어떤 것을 욕구하려면, 그에 대한 개념을 갖는 것이 필요불가결하다. 한 마디로 툴리는 어떤 존재가 도덕적 지위를 갖기 위해서는 자의식, 즉 자아 개념의 소유가 필요하다고 주장한다.[19] 이를 생명권에 적용하면 다음과 같다. 한

....

18   *ibid.*, p. 65.

58

실재가 여러 가지 경험과 정신 상태의 주체가 되기를 욕구하려면 먼저 그런 주체에 대한 자아 개념을 가져야 한다. 더 나아가 그 실재가 여러 가지 경험과 정신 상태의 주체로 계속 지속하기를 욕구하려면, 먼저 자신이 바로 그 주체라는 것을 믿어야 한다. 이상의 논의를 전개하면서 툴리는 자기 논증의 핵심을 다음과 같이 요약 정리한다.[20]

> 요약하면 생명권을 갖는다는 것은 여러 가지 경험과 정신 상태의 주체로 계속 존재하려고 욕구할 수 있어야 한다는 것을 전제한다. 이것은 다시 그 존재가 계속 지속하는 실재에 대한 개념을 가져야 하며, 자신이 그러한 실재라는 것을 믿어야 한다는 것을 전제한다. 따라서 정신 상태를 지속하는 주체로서의 자아에 대한 의식을 지니지 않는 실재는 생명권을 지니지 않는다.

그런데 태아는 아직 자의식이나 자아에 대한 개념을 갖지 못한다. 따라서 태아는 호모 사피엔스라는 생물학적 종의 구성원으로서는 인간 존재일지 모르나, 도덕적 의미로는 아직 인격체가 아니며, 그로 인해 생명권을 지닐 수 없다. 그래서 임신중절은 자신의 미래를 욕구할 수 없는 존재를 죽이는 것에 지나지 않기에, 결코 태아의 생명권을 침해한 것이 아니다. 일단 툴리의 논증을 받아들여 태아

....

19   M. Tooley, "A Defense of Abortion and Infanticide", pp. 59-72.
20   *ibid.*, p. 69.

는 이처럼 자아 개념을 갖지 못하기에 인격체가 아니라고 하자. 그러면 인간 개체 발달에서 그가 말하는 자아에 대한 의식은 언제 가능한가? 인간 발달의 점진적 과정을 받아들이면, 이 역시 한순간에 얻어지지 않기에 정확한 경계선을 긋기 어려울 것이다. 그래서 그는 정확한 경계선을 규정하지 않아도 문제가 되지 않는다고 하면서, 적어도 출생 후에 얻어진다고 말한다. 여기서 다시 '출생 후 언제?'라는 물음이 발생하는데, 그는 자신의 입장에 충실하여 자아에 대한 의식을 갖기 이전까지는 유아 살해도 허용될 수 있다고 담대하게 말한다.[21] 그리고 이어지는 논문, 「임신중절과 유아 살해의 옹호」에서 그는 출생 후 일주일 이내에 유아는 욕구를 가진다고 주장한다.[22]

툴리의 이러한 주장은 상당히 도전적일 뿐만 아니라, 우리의 상식적 도덕과 어긋나는 위험한 발상이다. 왜냐하면 이러한 주장은 갓 태어난 유아 살해마저도 허용될 수 있다는 주장을 실천적으로 함의하기 때문이다. 우리의 도덕적 직관과 어긋나는 입장이 설득력 있으려면 그 근거가 확실하고도 충분해야 한다. 그럼에도 그는 도덕적 권리가 자의식 내지 욕구 능력을 전제한다고만 주장하지 더이상 깊이 천착하지 않고 있다. 물론 정상 성인의 경우 이러한 주장은 타당할지 모른다. 하지만 인간의 모든 도덕적 권리가 자의식 내지 욕구를 전제로 하는 것은 아니다. 예를 들어, 복지권은 개인의 복

....

21   *ibid.*, p. 84.
22   *ibid.*, p. 91.

지와 연관된 것이나 욕구와 필연적 관계를 갖지는 않는다. 왜냐하면 욕구의 만족이 그 당사자에게 해를 가져올 수 있고, 또 욕구의 좌절이 이익을 가져다줄 수도 있기 때문이다. 예를 들어, 당뇨병이 있는 성인이 설탕이 다량 함유된 사탕을 욕구하는 경우 이를 만족시키는 것은 오히려 그의 복지를 해롭게 하고, 충치로 인해 고생하면서도 그 고통이 두려워 치과에 가지 않고자 하는 경우에는 그 욕구에 반하여 진료를 받는 것이 복지에 도움이 된다. 또 당사자가 욕구를 지니지 않아도 어떤 것을 획득하게 되면 이득이 되기도 한다. 어떤 것이 당사자에게 선하다는 것이 복지권의 필요조건이지, 욕구가 필요조건인 것은 아니다. 어떤 특정 대상에 대해 권리를 갖느냐의 물음은 그 대상이 얻어지는 절차에 달려 있는 것이지, 그것에 대한 욕구를 필수조건으로 하지 않는다.[23] 이는 재산권의 경우에도 마찬가지이다. 무엇보다 툴리 논증에서 중요한 역할을 차지하는 자아라는 개념은 모호한 개념이다. 그 모호성으로 인해 유아가 언제 자아 개념을 가지는지 정확하게 규정하기 어려울 뿐만 아니라, 대개 유아는 툴리의 주장과는 달리 출생 후 몇 년이 지나야 겨우 자아 개념을 갖는다. 이렇게 되면 너무나 많은 경우의 유아 살해를 임신중절과 동등하게 취급하므로, 그의 자유주의 입장은 상식 도덕의 입장에서는 받아들일 수가 없게 된다.

　　이러한 논의를 통해 알 수 있듯이 자유주의자가 유아와 태아를 구분하고자 출생을 도덕적 지위의 기준으로 정하게 되면 도덕적 자

....

23　R. Nozick, *Anarchy, State, and Utopia*(New York: Basic Books, 1974), ch. 7 참조.

의성이라는 비난으로부터 자유로울 수 없다. 왜냐하면 본래적 속성의 관점에서 볼 때 출생은 태아가 위치하는 장소의 이동 외에는 아무런 변화를 가져다주지 않기 때문이다. 반면에 태아나 유아의 생물학적 속성에 근거한 일반적 기준을 제시하게 되면, 임신중절은 물론 유아 살해마저 허용되어 상식적인 도덕적 직관과 어긋난다는 비판을 받게 된다. 따라서 태아의 도덕적 지위 부인을 통해 자신의 입장을 견지하고자 하는 자유주의자들의 논변은 실패로 끝나고 만다. 그러면 다른 전략은 없는가? 일부 학자들은 이러한 딜레마의 오류에서 벗어나고자 뿔 사이로 피하는 방법을 찾고 있다. 이미 앞서 잠깐 말했듯이, 바로 '태아가 인간이냐?'의 물음에 초점을 맞추는 게 아니라, '태아는 무고한가?'에 초점을 맞추는 전략이다.

임신중절, 무례하지만 부당하지 않다

이러한 전략의 대표자는 주디스 톰슨(J. J. Thomson)이다. 이 전략의 핵심은 태아의 도덕적 지위 인정으로부터 '임신중절은 도덕적으로 그르다.'라는 결론이 도출되지 않음을 입증하는 일이다. 이 전략을 따를 경우, 태아의 도덕적 지위는 논증할 필요가 없고 다만 전제될 따름이다. 즉, 그녀는 모든 태아는 생명권을 지닌다는 보수주의자의 주장을 받아들이지는 않지만, 이를 하나의 작업 가설로 받아들이고 임신중절을 옹호하는 논변을 전개한다.[24] 이렇게 함으로써 우리는 다음 세 가지 문제를 해명하고자 한다.

(1) 자유주의자들의 임신중절 허용은 태아의 도덕적 지위 부정에 어느 정도 근거하고 있는가?

(2) 생명권의 내용은 무엇인가?

(3) 산모와 태아의 관계는 임신중절의 도덕성 물음에 어떤 영향을 주는가?

그녀는 먼저 (1)의 물음에 대해 태아의 도덕적 지위를 태아와 산모의 관계에 초점을 맞춰 임신중절을 옹호하는 논변을 전개하고 있다. 보수주의자들은 산모와 태아를 개인 대 개인의 관계로 전제하고 태아 생명권 인정에서 임신중절 금지의 결론을 도출하고 있다. 하지만 톰슨은 이 전제 자체가 잘못되었다고 본다. 앞서 지적하였듯이, 산모와 태아는 개인 대 개인의 관계가 아니라 일종의 '생물학적 기생 관계'이다. 태아는 생존을 위해 산모의 몸을 이용할 뿐만 아니라 영양공급을 산모에게 전적으로 의존하고 있다. 하지만 산모는 태아에게 의존하고 있지 않기에, 둘은 공생 관계가 아닌 기생 관계에 있다. 이는 부인할 수 없는 생물학적 사실이다. 이러한 기생 관계에 서는 숙주가 기생자에게 생명 유지에 필요한 몸이나 영양을 공급하는 것은 의무 이상의 행위이지 의무는 아니다. 달리 말해, 산모에게 임신의 지속을 강요하는 것은 선한 사마리아인이 되라는 것으로 도덕의 강요에 해당한다. 이러한 논리가 산모와 태아에게 적용되기에,

....

24 J. J. Thomson, "A Defence of Abortion", *Philosophy & Public Affairs*, vol. 1, no. 1, 1971, p. 108.

비록 태아가 생명권을 지녔고, 또 영양공급을 계속하지 않는다면 태아가 죽는다 해도, 산모는 이를 지속할 도덕적 의무가 없다.

이러한 자신의 입장을 옹호하기 위해 톰슨은 (2)의 물음, 즉 생명권 개념을 좀 더 면밀하게 분석한다.[25] 그녀에 따르면 생명권은 두 가지 권리로 해석이 가능하다. 하나는 생명에 필수불가결한 것을 제공받을 권리이고, 다른 하나는 죽임을 당하지 않을 권리이다. 전자는 복지권이며, 후자는 자유권이다. 물론 전자의 권리는 의심스럽지만, 일단 생명권을 전자마저 포함하는 광의의 의미로 받아들이자. 그렇다고 해도 한 사람의 권리가 타인에게 가하는 의무에는 한계가 있다. 그러니까 생명권이 복지권을 내포한다고 해서, 생명권이 생명 유지에 필요한 것에 대해 무조건적인 권리를 뜻하는 것은 아니다. 예를 들어, 내가 굶주림으로 거의 죽게 되었다고 해서 생명권을 이유로 내가 다른 사람이 가진 음식을 요구할 권리를 갖는 것은 아니다. 특히 누군가가 생명 유지를 위해 타자의 신체를 이용할 권리나 신체를 계속 사용할 권리는 타자의 권리에 의해 제한을 받을 수밖에 없다. 예를 들어, 심장 이식 수술을 받지 않고는 생존할 수 없는 심장병 환자 A를 생각해 보자. A가 생명권을 가졌음은 분명하다. 그리고 A의 생존에 제삼자인 B의 심장이 필요하고, 또 의학적으로 적합한 유일한 자가 B이어서 그가 심장을 기증하지 않을 경우 A가 죽는다 하더라도 B는 A에게 심장을 기증할 의무를 지니지는 않는다. 생명권의 이러한 제한은 기생 관계인 경우 더욱 심화된다. 즉,

....

25   *ibid.*, pp. 116-118.

숙주는 자기 신체에 대해 우선적인 자기 소유권을 지니기에 기생자의 필요를 충족시켜야 할 의무가 없다. 이는 정말로 의무 이상의 선한 행위이다. 따라서 숙주인 산모는 기생자인 태아에게 자기 신체를 계속 사용하도록 허용해야 할 도덕적 의무가 없다.

이러한 논리는 생명권을 죽임당하지 않을 권리인 자유권에 국한시켜도 그대로 적용된다. 물론 자유권으로의 생명권은 복지권으로의 생명권보다 요구하는 바가 더 강하다. 즉, 죽임을 당하지 않을 권리는 우리로 하여금 생명권을 지닌 존재를 죽이지 말아야 한다는 의무를 낳는다. 그러나 이 의무 역시 무조건적이지는 않다. 죽임을 당하지 않을 권리를 압도할 만한 다른 도덕적 이유가 있으면 생명권조차도 보장되지 않는다. 그 좋은 사례가 정당방위에 의한 살해이다. 뒤에서 다시 논의하겠지만 일단 여기서는 정당방위를 협의로 해석하여 생명에 위협이 되는 경우에만 한정해서 이야기하자. 누군가가 내 생명을 위협한다면, 비록 그가 죽임을 당하지 않을 권리를 지녔다고 해도 나는 그의 생명을 보호할 의무를 지니지 않는다. 즉, 생명권도 타자의 권리를 침해할 경우 얼마든지 제한받을 수 있다. 생명권의 이러한 제한은 기생 관계의 경우 더욱 확실하다. "생명권을 가지고 있다는 것이 다른 사람의 몸을 사용할 권리를 가지는 것이 아니며, 다른 사람의 몸에 대한 지속적인 사용이 허락되어야 한다는 권리를 가진 것도 아니다."[26] 따라서 기생 관계에 있는 임신 상황에서, 비록 태아가 자유권으로 생명권을 지녀도 산모는 얼마든지

....

26   *ibid.*, p. 118.

자기 몸의 사용을 거절할 권리를 가지기에 임신중절은 허용되어야 한다는 게 톰슨의 지적이다.

톰슨의 논증은 '태아가 생명권을 지닌다.'라는 주장에서 곧바로 '임신중절은 도덕적으로 그르다.'라는 결론이 연역적으로 추론되지 않음을 지적해 준다. 이 논증 자체에 대한 비판은 보수주의 입장을 검토하면서 논의하기로 하고, 여기서는 일단 이 논증이 참이라고 전제하고, 이 논증의 실천적 함의, 즉 이 논증이 어떤 유형의 임신중절을 정당화하는지의 물음만을 살펴보자. 톰슨 논증의 핵심은 태아의 생명권은 무조건적이지 않고 '조건부적'이라는 것이다. 그러면 무엇에 조건부적인가? 그것은 바로 산모가 갖는 권리이다. 실제로 톰슨은 '몸이 허약한데 강간으로 임신이 되어 절망에 빠진 14세 여학생'의 경우 임신중절은 허용된다고 주장한다.[27] 이러한 사례가 우리에게 의미하는 바는 무엇인가? 임신중절의 도덕성은 단순히 태아의 도덕적 지위에 의해 결정되는 것이 아니라 다른 도덕적 고려사항에 의해서도 영향을 받는다는 점을 이 사례는 말해준다. 실제로 다음의 네 가지 도덕적 고려사항이 임신중절의 도덕성에 영향을 미친다.[28]

(a) 어떻게 하여 임신하게 되었는가? (동의성)

(b) 임신이 산모의 생명, 건강, 자유, 복지 등에 가하는 위협은 무엇

....

27 *ibid.*, p. 129.
28 L. W. Sumner, *Abortion and Moral Theory*(New Jersey: Princeton University Press, 1981), p. 69.

이며, 그러한 위협이 발생할 개연성은 어느 정도인가? (임신이 산모에게 부과하는 짐)

(c) 임신을 계속할 경우 태아가 얻게 되는 이득은 무엇인가?

(d) 임신이 경과한 기간은 얼마인가?

톰슨은 이 네 가지 요소들의 결합에 의해 임신중절의 정당성 여부가 결정되어야 한다고 말한다. 특히 그녀는 네 요소 가운데 산모의 짐을 도덕적으로 중요한 요소로 간주한다. 그러니까 태아에게 큰 이득이 되고 산모의 짐이 하찮은 경우에는, 산모가 태아에게 생명 공급을 중단하는 것은 '무례하지'(indecent)만 '부당하지'(unjust)는 않다고 말한다.[29]

하지만 그녀는 자신의 논증이 적용되는 경우와 그렇지 않은 경우를 판별해 줄 기하학의 공리와 같은 기준을 제시하지는 않는다. 즉, 임신중절의 도덕성은 네 요소들을 종합적으로 고려하여 사례별로 결정되어야 한다는 게 그녀의 지적이다. 따라서 강간에 의한 임신, 산모의 생명을 위협하는 임신 등과 같은 몇몇 경우에는 임신중절이 허용되지만, 예외적인 경우가 존재하기에 다양한 요소들을 범주화하여 일반화할 수 있는 기하학적인 방법은 존재하지 않는다.

이처럼 톰슨의 입장에서는 임신중절의 도덕성은 정당방위에 의한 살인의 도덕처럼 꽤 복잡하다. 그러므로 우리는 톰슨의 이러한 논증으로부터 임신중절에 관한 하나의 도덕적 입장을, 나아가 하나

....

29　J. J. Thomson, "A Defence of Abortion", p. 122.

의 법률이나 정책을 이끌어 내기는 어렵다. 이런 면에서 보면 톰슨의 입장은 절충주의에 가깝다고 하겠다.

톰슨 논변의 핵심은 태아의 도덕적 지위 인정으로부터 곧바로 보수주의 입장이 귀결되지 않음을 보여주는 데 있다. 그 이유를 그녀는 두 가지에서 찾는다. 하나는 생명권 개념이고, 다른 하나는 산모와 태아의 독특한 관계이다. 생명권은 절대적 권리가 아니라 조건부적 권리로 상대방이 갖는 권리에 의해 제한받을 수밖에 없다. 산모와 태아의 독특한 관계, 즉 기생 관계는 이러한 제한을 더욱 강화한다. 이러한 톰슨의 비판적 지적은 임신중절의 도덕성 논의에 생산적으로 기여할 것임이 틀림없다. 그래서 산모와 태아의 권리 갈등을 논할 때 이 문제는 다시 논의될 것이다. 하지만 여기서 한 가지 짚고 넘어갈 점은, 그녀는 생명권을 비판적 관점에서 분석하지만, 생명권의 유개념에 해당하는 권리 개념 일반에 관한 포괄적인 철학적 이론을 제시하지 않을 뿐만 아니라, 도덕적 지위의 기준에 대해서도 명확한 입장을 체계적으로 제시하지 않고 있다는 비판으로부터 자유롭지 못하다는 것이다.

도덕적 회의주의: 모든 입장은 그저 하나의 기호다

대체로 임신중절에 관한 정책은 임신중절의 도덕성에 근거하고, 임신중절의 도덕성은 태아의 도덕적 지위에 근거한다. 그러나 다니엘 캘러한(D. Callahan)은 이 가정을 부인하면서 자유주의 입장을 전개하고 있다. 캘러한은 임신중절 정책을 선택하는 정치적 문제와 임신중절의 도덕성을 묻는 개인적인 문제를 구분한다. 하지만 그는 임신중절의 도덕성에 관한 입장이 태아의 도덕적 지위에 관한 입장에 그 토대를 두고 있음을 인정한다. 실제로 그는 수정란이나 초기 배아에 대해서는 도덕적 지위를 부인하는 반면, 발달한 태아에 대해서는 이를 인정하고 있다.[30] 도덕적 지위에 관한 이러한 차별적 적용에 근거하여 그는 초기 임신중절을 하나의 사적인 행위로 간주하여 허용 정책을 주장하지만, 후기 임신중절에 대해서는 법적 규제를 주장한다. 그 기준을 그는 임신의 제1삼분기로 잡고 있다. 즉, 이 기간 내에서는 임신중절을 허용하는 정책을 그는 옹호한다. 이런 점에 있어서 그는 톰슨보다 더 절충주의 입장에 서 있다고 볼 수 있다.

그러나 그가 경계가 되는 기준으로 임신 제1삼분기를 주장하는 이유는 태아의 도덕적 지위와는 직접적인 관련이 없다. 단지 그는 이 기간 내의 임신중절이 안전하다는 이유로 이렇게 주장할 따름이다. 그러니까 임신중절의 정책 선택에서 태아의 도덕적 지위는 분명 고려되어야 할 중요한 요소이지만, 유일한 요소인 것은 아니라고 그는 생각한다. 임신중절의 도덕적 차원과 법적 차원을 구분하면서,[31] 그는 후자의 결정에는 정책의 실행 가능성과 같은 실용적인 요소도 고려해야 한다고 강조한다. 실용적인 관점에서 보면 임신중

....

30   D. Callahan, *Abortion: Law, Choice, and Morality*(London: The Macmillan Compa-
·   ny, 1970), ch. 11 참조.
31   *ibid.*, p. 448.

절 허용 정책이 규제하는 정책보다 낫다는 게 그의 지적이다. 이렇게 되면, 적어도 법적인 차원에서는 태아의 도덕적 지위보다 실용성이 도덕적으로 더 중요한 요소가 되게 된다. 그러나 이러한 그의 주장은 불합리해 보인다. 임신중절이 살인이냐 아니냐의 물음은 태아의 도덕적 지위에 달려 있지, 실용적인 요소에 달려 있지 않기 때문이다. 그가 임신의 제1삼분기 이내의 태아는 도덕적 지위를 갖지 않는다고 간주한다면, 이 기간 내의 임신중절은 이 확신에 근거함이 마땅하다.

도덕적 지위와 그 실행 가능성은 정책적 결정에 고려되어야 할 요소이지만, 이 둘은 그 차원이 전혀 다르다. 즉, 실용적인 요소는 이 근본 토대가 전제된 다음 이차적으로 고려해야 할 요소여야 한다. 임신중절의 정책 결정은 일차적으로 태아의 도덕적 지위에 근거해야지, 그렇지 않으면 대량 학살의 길을 열어주게 된다. 이런 면에서 보면 태아의 도덕적 지위가 아닌 실용적인 이유로 임신중절을 허용해야 한다는 그의 주장은 임신중절이 '비록 살인이라 하더라도 전 사회의 평화, 안전 등과 같은 공동선에 위협이 되지 않는 한 정당화된다'는 점을 실천적으로 함의한다는 비난을 면하기 어렵다. 이는 다분히 공리주의적 논변으로, 그의 논리에 따르면 사회에 해가 되지 않으면, 임신중절을 원하는 산모에게 사회가 그렇게 하지 말라고 요구할 아무런 근거가 없게 된다. 산모의 안전을 그는 최우선으로 고려하고 있다. 그러면 태아의 선은 공동선에 포함되지 않는가? 그의 입장에 따르면 적어도 임신 제1삼분기 이후의 태아는 도덕적 지위를 지니기에 공동선에 포함되어야 하지만, 그는 이를 부인한다. 그 이유는 임신중절이 이미 살고 있는 인간 생명에는 위협이 되지 않기 때문이다. 이러한 그의 주장은 도덕적 지위를 지닌 태아마저도 이미 태어난 인간 생명으로 취급하지 않음을 말해준다. 이렇게 되면 임신중절 논쟁에서 태아의 도덕적 지위는 아무런 역할을 하지 못하게 된다. 이는 자기모순은 아니라 할지라도 하나의 아이러니이다. 즉, 태아의 도덕적 지위를 인정하면서도 임신중절에 관한 정책을 주장할 때는 이를 무시하는 것은 일관성 없는 논증이다.

이런 비정합성에서 벗어나고자 한다면, 캘러한은 태아의 도덕적 지위를 판가름해 줄 수 있는 합리적인 방법이 없다고 주장해야 할 것이다. 합리적인 방법이 없다는 말은 곧 태아의 도덕적 지위에 관한 모든 입장은 하나의 기호에 지나지 않는다는 것을 뜻한다. 이는 도덕에 관한 진리를 부인하는 일종의 도덕적 회의주의이다. 다원주의 사회에서 기호의 다양성이 인정되듯이, 임신중절의 정책을 결정하는 데에도 어느 한 입장이 강요되어서는 안 된다는 것이다. 다시 말해, 캘러한은 개인적인 문제와 정치적인 문제를 구분한 다음, 전자는 주관적인 비합리적인 영역으로 취급하고, 후자는 실용적인 면을 고려하여 임신중절을 허용하는 정책을 채택하고 있다고 하겠다. 이는 태아를 단지 산모 신체의 한 부분으로 간주하여, 임신중절 논쟁을 개인 대 개인의 갈등 문제로 여기지 않는다는 주장이나 다름없다. 그러나 이러한 회의주의에 근거한 자유주의 입장 옹호는 자유주의자에게 큰 후퇴이다. 왜냐하면 이는 임신중절의 도덕성에 관한 자신의 입장이 객관적이고 합리적이지 않다는 고백이나 다름없기 때문이다. 회의주의자는 태아의 도덕적 지위 문제는 이성의 영역 밖이라고 주장한다.

이 주장의 진위에 관한 물음은 도덕적 지위에 관해 고찰하는 데에서 다시 논의하기로 하고, 여기서는 이러한 회의론이 옳다고 가정할 경우 이로부터 어떤 결론이 얻어지는지를 살펴보자. 자유주의자는 이 전제로부터 임신중절에 대한 개인의 자유 및 임신중절을 허용하는 정책이 귀결된다고 주장하는 반면에, 보수주의자는 오히려 규제와 제한 정책이 도출된다고 주장한다. 어느 추론이 타당한가? 물론 캘러한은 자신의 회의론이 존재론적 회의론인지 아니면 인식론적 회의론인지는 밝히지 않고 있지만, 존재론적 회의론으로 받아들이기는 어렵다. 왜냐하면 태아는 도덕적 지위를 지니든지 아니든지 둘 중 하나일 수밖에 없기 때문이다. 따라서 그의 회의론은 인식론적 회의론으로서 아직 우리가 태아의 도덕적 지위를 확실하게 알고 있지 않고 있음을 말할 따름이다. 이런 인식론적 회의론의 상황에서는, 일반적으로 안전한 정책을 채택하는 게 합리적이다.

하나의 사고실험을 해보자. 태아가 도덕적 지위를 지니는지 아닌지를 모르는 A가 있다. 이 경우 그의 선택지는 임신중절 허용 혹은 임신중절 규제 두 가지이다. 그리고 태아의 도덕적 지위에 대해서도 결과는 두 가지이다. 즉 태아는 도덕적 지위를 지닌다, 혹은 지니지 않는다고 판명되게 된다. 물론 이러한 상황에서 경우의 수는 네 가지인데, 최악의 경우는 만약 허용을 선택했는데 실제로 태아가 도덕적 지위를 지니는 것으로 밝혀지는 경우이다. 이렇게 되면 인간 생명 살상이라는 끔찍한 일이 발생한다. 물론 다른 세 가지의 경우에는 아무런 문제가 발생하지 않거나 아니면 산모의 신체적 자율권 신장을 가져올 것이다. 이러한 상황에서 우리는 어떤 경우를 염두에 두고 정책을 결정해야 할까? 롤스의 용어를 빌려 말하면, 이러한 경우 합리적인 인간은 자신에게 유리한 방향으로 '도박'을 하기보다는, '최소극대화 원칙'(maximin principle)[32]에 따라 가장 나쁜 상황을 피하는 선택을 하는 것이 합당하다. 이러한 정책이 합리적이라는 말은, 태아의 도덕적 지위에 관한 회의론이 자유론을 함의하지 않음을 말해 준다.

지금까지 우리는 자유주의 입장을 옹호하는 네 논변을 살펴보았으나, 그 어느 논변도 만족스럽지 못하다는 결론을 얻게 되었다. 이러한 논의를 통해 확실하게 된 점은 자유주의 입장이 지지받으려면 다음 두 전략 중 하나를 따를 수밖에 없다는 것이다. 하나는 산모의 요구와 태아의 요구가 상충할 경우 산모의 요구가 우선한다는 것을 보여주는 방법이요, 다른 하나는 태아의 도덕적 지위를 아예 부인하는 방법이다. 이러한 자유주의자들의 논변에 대해 보수주의자들은 어떻게 자신들의 입장을 옹호하는지를 다음 장에서 살펴보자.

....

32 '최소극대화 원칙'이란 특정 상황에 처한 여러 관계자들 중에서 자신이 누구인지 모른다는 가정하에, 자신이 누구인지 알게 된 후 발생할 수 있는 최악의 손실을 막기 위해 그 상황에서 가장 열악한 위치에 있는 사람에게 가장 유리하도록 결정한다는 원칙을 말한다.

2장

보수주의 입장

임신중절의 도덕적 허용을 주장하는 자유주의자들의 입장에 대해 보수주의자들은 어떻게 자신들의 입장을 옹호하는가? 보수주의자는 자유주의자와 정반대의 주장을 한다. 즉, 보수주의자들은 태아는 인간 존재이고, 모든 인간 존재는 생명권을 지닌다고 여긴다. 이를 받아들이면, 태아의 죽음을 야기하는 임신중절은 태아의 생명권 침해로 도덕적으로 그르게 된다. 그러니까 태아가 인간 존재인가의 물음은 논쟁거리이지만, 적어도 우리는 '인간 존재는 생명권을 지닌다.'라는 도덕 원칙은 아무런 의심 없이 받아들인다. 왜 의심하지 않는가? 일부 학자들은 이를 옹호하는 논거를 제시하곤 하지만, 상식인들 대부분이 이를 자명하다고 여기기 때문이다. 도덕 원칙의 이러한 자명성의 토대는 바로 자연법이다. 이런 면에서 보면 보수주의는 자연법에 그 뿌리를 두고 있다고 말할 수 있다.[1] 따라서 임신중절에 관한 보수주의 입장을 비판적으로 고찰하자면 자연법에 관한 이해가 선행되어야 한다.

자연법과 보수주의

자연법을 옹호하는 학자들마저도 자연법 개념을 서로 다른 의미로 사용하고 있기에 이를 획일적으로 규정하기는 어렵다. 하지만 자연법 이론은 다음의 두 특징을 공유한다고 말할 수 있다. 하나는 내용 및 구조에 관한 요소로, 자연에는 자연법칙이 존재하듯이 인간도 자연의 일부이기에 마땅히 따라야 하는 도덕법칙들이 존재할 뿐만 아니라, 그 법칙들은 우선성 원칙에 의해 질서정연하게 서열화되어 있다는 것이다. 다른 하나는 이러한 도덕법칙과 우선성 원칙의 정당화와 관련되어 있다. 즉, 자연법 주창자들은 도덕법칙을 '발명'(invention)의 대상이 아니라 '발견'(discovery)의 대상으로 간주한다. 발견은 발명과 다르다. 예를 들어, 만유인력의 법칙에 대해 우리는 '발명하였다'가 아니라 '발견하였다'라고 말한다. 만유인력의 법칙은 우리 인간의 인식과는 독립적으로 이미 자연에 존재하여 왔는데 17세기에 뉴턴에 의해서 비로소 발견된 것이다. 이와 동일한 논리로 자연법 이론가들은 도덕법칙이란 인간에 의해 만들어

....

1   L. W. Sumner, *Abortion and Moral Theory*(New Jersey: Princeton University Press, 1981), p. 82.

진 것이 아니라 이미 자연에 내재하고 있으며, 인간은 이를 인식할 수 있는 능력을 지녔기에 발견할 수 있다고 주장한다. 다시 말해, 도덕법칙은 인간의 협약 내지 계약의 산물이 아니라, 사물의 본성에 그 토대를 두고 있다는 게 이들의 주장이다. 이는 도덕적 사실도 자연과학의 사실처럼 실재한다는 일종의 '도덕 실재론'(moral realism)이다. 도덕법칙을 사물의 본성에 근거하여 정당화한다는 점에 있어서, 자연법 이론은 형이상학적 윤리 이론에 속한다고 말할 수 있다. 형이상학적 윤리설이 지닌 근본 물음은 인식론적 물음이다. 감각을 초월하여 존재하는, 사물의 본성에 근거한 도덕법칙을 우리 인간이 어떻게 알 수 있는가? 그리고 사람에 따라 서로 다른 도덕법칙을 주장하는 경우 어느 법칙이 사물의 본성과 일치하는지를 우리 인간이 어떻게 분별할 수 있는가? 일부에서는 인간 이성 내지는 도덕적 직관력 등을 인식의 근거로 제시하지만, 이 역시 또 하나의 형이상학적 주장이다. 이러한 인식론적 물음은 자연법이 안고 있는 근본 문제로 여기서 다룰 수가 없다. 여기서 논의의 초점은 임신중절의 도덕성에 관해 자연법이 함의하는 바가 무엇인지의 물음이기에, 자연법이 무엇에 근거하여 임신중절에 반대하는지의 물음만을 논의하고자 한다. 이는 자연법의 두 특징 가운데 주로 전자, 즉 자연법의 내용 및 구조와 관련되어 있다.

자연법의 핵심 개념은 의무이다. 도덕법칙이 존재한다는 사실적 주장을 넘어서 자연법 주창자들은 그러한 도덕법칙을 준수할 도덕적 의무가 있다는 규범적 주장을 한다. 한마디로 자연법 주창자들은 인간에게는 마땅히 따라야 하는 도덕적 의무가 있다고 주장한다. 의무는 완전한 의무와 불완전한 의무, 정의의 의무와 자비의 의무, 소극적 의무와 적극적 의무 등 다양하게 분류되지만 근본적으로 '하지 말라'(Don't do!)는 의무와 '하라'(Do!)는 의무로 구분된다. 만약 모든 의무가 권리와 상응한다면, 의무의 이러한 구분은 권리의 구분, 즉 자유권과 복지권의 구분과 일치한다. 그러니까 하지 말아야 할 '소극적 의무'는 자유권에 상응하는 반면에 해야만 하는 '적극적 의무'는 복지권과 상응한다. 그런데 자유권과 복지권은 그 성격이 다르다. 자유권은 그 어느 누구도 침해할 수 없는 신성불가침한 절대적 권리이지만, 복지권은 모든 사람에게 의무를 부과하지 않을 뿐만 아니라 다른 권리에 의해 침해당할 수 있는 조건부적 권리이다. 따라서 특별한 예외가 존재할 수 있지만, 일반적으로 자유권이 복지권에 우선한다. 이러한 논리는 자연법의 의무에도 적용된다. 즉, '하지 말라'는 소극적 의무가 일반적으로 '하라'는 적극적 의무에 도덕적으로 우선한다. 이러한 도덕적 우선성을 앨런 도너건(A. Donagan)은 "선을 이루기 위해 악을 행해서는 안 된다."라는 '바울적인 원칙'(Pauline Principle)으로 정식화하고 있다.[2] 이는 선을 행하는 것과 같은 불완전한 의무 수행을 위해 악을 행하지 말라는 것과 같은 완전한 의무를 침해해서는 안 된다는 것을 의미한다. 완전

....

2   A. Donagan, *The Theory of Morality*(Chicago & London: University of Chicago Press, 1977), p. 155. 바울(Paul)은 신약성경에 등장하는 인물로서 로마서, 고린도서 등 여러 서신을 통해 예수의 가르침을 체계적으로 정리한 사도이다. 그는 유대 율법과 헬라 철학에 능통한 자로 4복음서에 언급된 예수의 말씀에 근거하여 기독교 교리를 철학적으로 체계화하였다. 특히 그는 악을 행하지 말아야 할 의무가 선을 행하라는 의무에 앞선다고 주장하였는데, 학자들은 이를 '바울적인 원칙'이라 부른다.

한 의무가 불완전한 의무에 우선한다. 이처럼 자연법은 그 내용에 있어서 소극적 의무와 적극적 의무 구분을, 그리고 우선성 원칙에 있어서 바울적인 원칙을 각각 받아들인다.

그런데 도덕 이론은 그 적용 범위, 즉 사적 영역을 어떻게 다루느냐에 따라 이상적 이론(ideal theory)과 자유재량 이론(discretional theory)으로 구분된다. 앞서 언급한 밀은 『자유론』(*On Liberty*)에서 사적 영역에서는 도덕적 의무가 없다고 주장하는데 이는 자유재량 이론의 전형에 해당한다. 이 이론에 따르면 사적 영역은 개인의 기호 내지 선호의 문제에 불과하게 되지만, 이상적 이론에서는 사적 영역에서조차도 '자기 자신에 대한 의무'(duty to self)가 존재하게 된다. 자유재량 이론에 따르면, 모든 의무는 다른 사람에 관한 것이기에, 자기 자신에게만 관계하는 사적인 행위는 도덕적으로 옳거나 그를 수가 아예 없기 때문이다.[3] 사적 영역의 자유권을 주장하는 이론은 이러한 자유재량 이론에 속한다. 하지만 이상적 이론은 객관적 가치관에 따라 좋은 삶, 선한 목적, 도덕적 이상 등이 존재하며 이러한 목적이나 이상의 추구 역시 의무로 간주한다. 그래서 이상적 이론에 따르면, 사적 영역도 도덕의 외연에 포함되어, 개인은 자기 자신에 대한 의무를 지니게 된다. 이를 단적으로 보여주는 좋은 예가 '자살의 윤리'이다. 즉, 자살은 윤리적으로 허용될 수 있는가? 물론 논란의 소지가 있지만 자유재량 이론에 따르면 이에 반대하기가 어렵다. 현실에 있어서는 누군가가 자살하면 그 가족이나 친지

....

3   R. Nozick, *Anarchy, State, and Utopia*(New York: Basic Books, 1974) 참조.

들이 이루 헤아릴 수 없는 심적 고통을 받지만, 순수 이론적인 차원에서 보면 자살은 타인에게 영향을 주지 않는 자기 관계적 행위이기 때문에 자유재량 이론에 따르면 반대하기가 쉽지 않다.

하지만 이상적 이론에 따르면 자살도 윤리적으로 문제가 된다. 자기 자신에 대한 의무에 어긋나기 때문이다. 실제로 임마누엘 칸트(I. Kant)는 이러한 논리로 자살에 반대할 뿐만 아니라 자기 계발을 게을리하는 것 역시 자신에 대한 의무의 위반으로 간주한다. 이러한 구분을 원용하면, 자연법은 자유재량 이론이 아닌 이상적 이론에 속한다. 이것이 자연법 이론의 내용과 구조를 구성하는 제3의 요소이다. 이상적 이론에 근거하는 자연법은 사적 영역에서도 자유권을 인정하지 않는다. 하지만 이러한 사적 영역에서의 자기 자신에 대한 의무는 다른 사람에 대한 의무와 그 성격이 다르다. 즉, 다른 사람에 대한 의무는 다른 사람이 갖는 권리와 상응하는 반면에, 자기 자신에 대한 의무는 그에 상응하는 권리의 주체가 존재하지 않는다. 권리와 상관하지 않는 의무가 존재한다는 면에 있어서, 자연법에서는 의무가 권리보다 더 기본적이라고 말할 수 있다.

따라서 엄밀히 따지면, 자연법은 권리가 아니라 의무의 관점에서 임신중절 문제에 접근해야 한다. 하지만 보수주의자들은 의무가 아닌 권리, 즉 태아의 태어날 권리 내지 생명권을 이유로 임신중절에 반대한다. 이런 차원에서 보면 임신중절에 반대하는 근거로 자연법 이론을 끌어들이는 것은 부당해 보인다. 그러면 어떤 논리로 보수주의자들은 임신중절에 반대하는 논거로 자연법을 끌어들이는가? 그 근거는 임신중절은 자기 자신에게만 관계하는 사적 영역이 아니라는 사실이다. 자기 자신에 대한 의무와 달리 다른 사람에 대한 의무는 권리를 전제한다. 즉, 타인에 대한 소극적 의무와 적극적 의무 모두 타인의 권리와 상응한다. 예를 들어, 우리가 다른 사람의 행위에 대해 간섭하지 말아야 할 의무는 다른 사람의 자유권과 상응하고, 다른 사람들을 도와야 할 의무는 그 사람의 도움 받을 권리와 상응한다.

　이러한 논리를 임신중절 맥락에 적용하면, 임신중절은 자기 자신과만 관계하는 사적 영역이 아니라 개인 간의 갈등, 즉 산모와 태아의 갈등 관계이기에 자기 자신에 대한 의무는 여기서 아무런 역할을 하지 못한다. 타인에 대한 의무만이 관계하는 상황에서는, 의무는 언제나 그에 상응하는 권리를 전제한다. 저메인 그리세즈(G. Grisez)가 말한 대로, 개인 상호 간의 영역에서는 권리와 의무가 상관적이기 때문에 상호 전환이 가능하다.[4] 따라서 우리는 얼마든지 임신중절에 관한 물음을 권리의 관점에서 접근할 수 있다. 임신중절 맥락에 자연법 이론을 적용하면 두 가지 의무가 관련되는데, 하나는 죽이지 말라는 절대적 의무요, 다른 하나는 생명을 살리라는 조건부적 의무이다. 전자는 죽임을 당하지 않을 신성불가침한 권리와 상응하고, 후자는 생명에 필요한 영양 공급을 요구할 조건부적 권리와 상응한다. 이처럼 자연법 이론은 권리 중심이 아닌 의무 중심의 이론이어도, 태아에게 몇몇 권리를 부여하는 데는 아무런 문

....

4　　G. G. Grisez, *Abortion: The Myths, the Realities and the Arguments*(New York: Corpus Books, 1970), p. 204; L. W. Sumner, *Abortion and Moral Theory*, p. 87 참조.

제가 없다.

임신중절은 태아 죽임을 함의하므로, 절대적인 살인 금지의 의무와 관련되어 있다고 하겠다. 자연법은 "도덕적 본성을 지닌 무고한 존재를 직접 죽이는 것은 도덕적으로 그르다."라는 살인 금지 규칙을 절대적 도덕 규칙으로 받아들인다.[5] 이 규칙을 좀 더 구체적으로 정식화하면 다음과 같다. 즉, 살인은 다음과 같은 세 조건을 충족할 경우 도덕적으로 그르게 된다.

(1) 그 존재가 도덕적 본성을 지녀야 한다.
(2) 그 존재는 무고해야 한다.
(3) 살인이 직접적이어야 한다.

자연법을 적용해 임신중절에 반대하자면, 보수주의자들은 태아는 도덕적 본성을 지닌 무고한 존재이고, 임신중절이 태아를 직접 죽인다는 것을 보여주어야 한다. 뒤에서 자세하게 논의하겠지만, 이 세 조건 가운데 (2)는 정당방위와 관련된 조건이고, (3)은 이중효과 원리와 관련된 조건으로 물론 중요하다. 하지만 이 두 조건은 (1)이 참일 때에만 고려되는 요소이다. 따라서 임신중절에 반대하는 자연법 논변이 타당하려면, 논리적으로 (1)의 조건 충족되어야 한다. 태아가 도덕적 본성을 지니지 않는다면, 자연법의 살인 금지 규칙은 임신중절 맥락에 아예 적용되지 않기 때문이다. 따라서 이러한 자

....

5   L. W. Sumner, *Abortion and Moral Theory*, p. 87.

연법 논변 역시 태아의 도덕적 지위 여부에 따라 그 정당성 여부가 결정된다고 하겠다.

미끄러운 언덕길 논증

보수주의자들이 임신중절에 반대하는 또 다른 논거는 '미끄러운 언덕길 논증'(the slippery slope argument)이다. 자연법이 도덕적 논거라면, 이 논증은 논리적 논거라고 말할 수 있다. 임신중절에 반대하는 미끄러운 언덕길 논증은 다음과 같이 정식화할 수 있다.[6]

(논증 1) 유아 살해는 분명 그르다. 그런데 갓 태어난 신생아와 자궁 밖으로 나오기 직전의 태아 사이에는 도덕적으로 의미 있는 차이가 존재하지 않는다. 태아 발달의 모든 단계에서도, 이 단계와 바로 직전의 단계 사이에도 도덕적으로 의미 있는 차이가 역시 존재하지 않는다. 이렇게 계속 거슬러 올라가면 결국 우리는 갓 수정된 난세포, 즉 수정란에까지 미끄러져 가게 된다.

이러한 미끄러운 언덕길 논증의 결론은 무엇인가? 갓 태어난 신생아와 수정란 사이에는 아무런 도덕적 차이가 없으므로, 신생아

....

6   C. Dore, "Abortion, Some Slippery Slope Arguments and Identity over Time", *Philosophical Studies*, vol. 55, 1989, p. 279.

를 죽이는 것이 도덕적으로 그르다면 일관성의 원리에 따라 수정란을 파기하는 것, 나아가 태아를 죽이는 것도 모두 도덕적으로 그르게 된다. 얼핏 타당해 보이지만, 이 논증은 정반대의 결론을 얻는 데도 사용될 수 있다. 즉, 자유주의자들은 역으로 임신중절의 도덕적 허용 가능성을 옹호하기 위해 이 논증을 다음과 같이 사용한다.[7]

(논증 2) 새롭게 갓 수정된 난세포는 분명 생명권을 지니지 않는다. 그리고 어느 특정 시간에서의 수정란은 바로 다음 단계의 수정란과 도덕적으로 의미 있는 차이가 존재하지 않는다. 유기체의 모든 발달 단계에 대해서도 그 단계와 바로 뒤이은 단계 사이에도 도덕적으로 의미 있는 차이가 역시 존재하지 않는다. 이렇게 계속 거슬러 올라가게 되면 생명의 지속을 욕구할 수 있는 3개월 된 신생아에게까지 우리는 미끄러져 갈 수 있다. 그러므로 3개월 된 아기를 (고통 없이) 죽이는 것도 도덕적으로 허용 가능하다.

(논증 1) 못지않게 (논증 2)도 미끄러운 언덕길 논증의 정당한 사용이다. 그런데 (논증 1)은 임신중절이 도덕적으로 그르다는 보수주의 결론을, (논증 2)는 임신중절이 도덕적으로 허용된다는 자유주의를 그 결론으로 각각 주장한다. 이 두 결론은 서로 반대되는 주장으로 둘 다를 동시에 참으로 받아들일 수는 없다. 그러면 어느 결론을 받아들여야 하는가? 미끄러운 언덕길을 따라 도착한 두 마지막 지

....

7   *ibid.*, p. 282.

점, 즉 "수정란 파괴가 도덕적으로 그르다."라는 결론과 "3개월 된 신생아를 죽이는 것은 도덕적으로 허용 가능하다."라는 결론 가운데 물론 보수주의자들은 후자보다 전자가 상식인의 도덕적 직관과 더 잘 부합하기에 (논증 1)만이 타당하다고 주장할 것이다. 하지만 이는 미끄러운 언덕길 논증에 근거한 옹호가 아니라, 도덕적 직관에 근거한 옹호이다. 이 논변이 합당하려면 그 전제가 되는 '상식인의 도덕적 직관'이 옳다는 것을 입증해야 한다. 하지만 상식인의 도덕적 직관은 세계관 내지 가치관에 속하는 문제로 쉽게 입증할 수 없기 때문에 이러한 논증의 정당성은 확보되기 어렵다. 그래서 우리는 다시 원래 물음으로 되돌아가, 두 결론 가운데 어느 결론을 받아들여야 하는가? 이 물음에 답하자면 미끄러운 언덕길 논증 자체를 비판적으로 고찰해야 한다. 이 논증은 일반적으로 다음과 같이 설명된다. "A를 허용하면, B가 필연적으로 혹은 거의 확실하게 뒤따라 일어난다. 그런데 B는 도덕적으로 허용될 수 없다. 따라서 A 역시 허용되어서는 안 된다."[8] 이를 우리는 아래의 논변 구조로 정식화할 수 있다.

$A \rightarrow B$

B

$\therefore \quad A$

....

8   Wibren van der Burg, "The Slippery Slope Argument", *Ethics*, vol. 102, 1991, p. 42.

이 논증은 형식상 타당해 보이지만, A와 B의 관계에 대해 한 가지 물음을 던진다. 그것은 바로 '필연적으로 혹은 거의 확실하게'를 어떤 의미로 해석하느냐의 물음이다. 여기에는 두 가지 해석이 있다. 하나는 논리적 혹은 개념적 해석(the logical or conceptual version)이요, 다른 하나는 경험적 혹은 심리적 해석(the empirical or psychological version)이다. 전자는 미끄러운 언덕길 논증을 'A를 허용하게 되면, 우리는 논리적으로 B를 허용하는 것을 받아들이지 않을 수 없다.'로 해석하는 반면에 후자는, 'A를 허용하게 되면, 우리는 심리적, 사회적 과정의 결과로 B를 받아들이게 된다.'로 각각 해석한다. 다시 말해, A와 B의 관계를 전자는 논리적 필연의 관계로 파악하는 반면에, 후자는 실천적 필연의 관계로 파악한다. 그러니까 후자로 해석하면 A를 허용해도 B가 일어나지 않을 개연성이 존재하지만, 전자로 해석하면 A를 허용하면 반드시 B가 일어난다. 따라서 논리적 해석이 경험적 해석에 비해 언덕길 논증의 타당성을 더 높여준다.

그런데 논리적 해석은 다시 약한 입장과 강한 입장으로 나뉜다. 약한 입장은 A와 B는 관련된 측면에서 개념적인 차이가 존재하지 않는다고, 혹은 A에 대한 정당화는 B에도 그대로 적용되기에, A의 수용은 B의 수용을 논리적으로 함축한다고 주장한다.[9] 반면에 강한 입장은 A와 B는 관련된 측면에서 차이가 존재하지만, 그 중간 과정

....

9   T. L. Beauchamp & J. F. Childress, *Principles of Biomedical Ethics*, 5th ed.(New York, Oxford: Oxford University Press, 2001), pp. 144-146.

에 있는 A와 m, m과 n, …… y와 z, 그리고 z와 B 각각의 사이에는 차이가 존재하지 않기 때문에, A의 수용은 결국 B의 수용을 함축할 수밖에 없다고 주장한다. 따라서 우리는 미끄러운 언덕길 논증을 크게 셋으로 유형화할 수 있다.

(1) 경험적 입장
(2) 약한 논리적 입장
(3) 강한 논리적 입장

그러면 이 세 입장 가운데 보수주의자들은 어떤 입장에 의거하여 임신중절에 반대하는가? 보수주의자들은 태아를 죽이는 임신중절이 유아 살해를 논리적으로 함의한다고 말하지 않는다. 또 실제로 이들은 피임/임신중절/유아 살해를 도덕적으로 구분한다. 따라서 이들이 의거하고 있는 미끄러운 언덕길 논증은 논리적 입장이 아니라 경험적 입장임이 분명하다. 물론 경험적 입장의 미끄러운 언덕길 논증도 실제적인 도덕 문제 해결에 큰 결함 없이 원용될 수 있지만, 도덕의 근본 원리를 탐구하는 비판적 차원에서는 타당하게 적용되기 어렵다. 경험적으로 혹은 심리적으로 일어날 개연성은 도덕적 정당화의 합리적 근거가 될 수 없기 때문이다. 한 걸음 양보하여, 보수주의의 미끄러운 언덕길 논증을 논리적 입장으로 받아들여도 문제는 여전하다. 보수주의자들은 태아와 신생아를 도덕적으로 구분하기에, 이들의 미끄러운 언덕길 논증은 약한 입장이 아닌 강한 입장일 수밖에 없다. 강한 입장은 A와 B의 차이를 인정하면서 둘을 도덕적으로 동등하게 취급한다. 클리멘트 도르(C. Dore)는 강한 입장을 임신중절에 적용해 다음과 같이 주장한다.[10]

> 보수주의자가 아닌 자들이 유기체 발달의 모든 단계에서 그 유기체를 죽이는 것은 그르지 않다고 단지 단언적으로 주장하는 것은 합리적이지 못하다. 이들은 그 유기체를 죽이는 것이 나쁘지 않은 단계가 '정확히 어느' 단계인지, 그리고 한 걸음 더 나아가 그 단계에서 그 유기체를 죽이는 것이 '왜' 나쁘지 않은지를 반드시 설명해야 한다. 만약 그렇게 할 수 없다면, '모든' 단계에서 임신중절은 도덕적으로 위험하다. 이는 인공피임에도 그대로 적용된다. 그리고 도덕적으로 위험한 것을 반복적으로 행하는 것은 도덕적으로 그른 무엇인가를 하게 된다. … 미래 인간의 존재를 미연에 방지하는 것이 도덕적으로 허용될 수 있는 '그러한 단계'를 규명하려는 시도들, 가장 그럴듯한 시도라 할지라도 실패하게 된다. 그러므로 극단적 보수주의는 입증될 수 있다.

그러나 이는 일종의 논리적 비약의 오류를 범하고 있다. 보수주의자들은 논리에 얽매임으로 말미암아 수정란과 갓 태어난 유아는 그 속성이 다르다는 생물학적 사실을 간과하고 있다. 어느 유형이든지 미끄러운 언덕길 논증은 수적 연속성은 물론 속성의 연속성을 전제한다. A와 B가 수적으로 동일하고 나아가 그 속성마저 연속적

....

10   C. Dore, "Abortion, Some Slippery Slope Arguments and Identity over Time", p. 283.

이라고 해서 A와 B가 동일한 것은 아니다. 왜냐하면 A와 B 사이에 시간성이 개입됨으로 말미암아 의미 있는 도덕적 속성의 차이가 존재할 수 있기 때문이다. 즉, 비록 특정 단계와 바로 그다음 단계 사이의 속성 차이는 도덕적 의미를 부여할 수 없을 정도로 미미하다고 해도, 그러한 작은 차이가 오랜 시간이 경과하면 큰 차이가 될 수 있기 때문이다.

한 예로, 도토리와 도토리나무 사이에는 수적 동일성은 물론 속성의 연속성이 존재하여, 어느 한 단계에서 구획선을 긋는 것은 분명 자의적인 구획이라고 말할 수 있다. 도토리와 도토리나무 사이에는 분명 이러한 '회색 지대 문제'(the gray zone problem)가 존재한다.[11] 즉, t1의 X와 t2의 X는 그 속성에 있어서 도덕적 차이가 발견되지 않는다. t2의 X와 t3의 X도 마찬가지이다. 이를 계속 따라 가게 되면 t99의 X와 t100의 X 사이에도 도덕적으로 의미 있는 차이가 존재하지 않는다. 그러면 t1의 X와 t100의 X 사이에도 도덕적으로 의미 있는 차이가 존재하지 않는가? 그렇지 않다. 각 단계의 차이는 미미할지라도 이들의 총합은 엄청날 수 있기 때문이다.[12] 실제로 도토리와 도토리나무는 분명 그 속성이 다르다. 마찬가지로 수정란과 갓 태어난 유아가 수적 동일성을 유지하고, 그 속성의 발달이 연속적이라 할지라도 우리는 수정란과 유아는 그 속성이 다르다고 주장할 수 있다. 한 걸음 더 나아가 그 중간 단계에 대해서도, 즉 임신 3

....

11   Wibren van der Burg, "The Slippery Slope Argument", p. 45.
12   C. Dore, "Abortion, Some Slippery Slope Arguments and Identity over Time", pp. 282-283.

개월째의 태아는 수정란과는 물론 유아와도 그 속성이 다르다고 우리는 아무런 논리적 모순을 범하지 않고 얼마든지 주장할 수 있다. 실제로 자연유산의 경우 임신중절 옹호자들도 임신 초기의 태아와 임신 후기의 태아에 대해 다른 도덕적 감정을 느끼며, 임신중절 반대자들도 수정란 파괴와 임신 후기의 태아 죽임을 도덕적으로 동등하게 여기지 않는다.

이처럼 미끄러운 언덕길 논증은 비록 수적 동일성과 속성의 연속성이 존재해도, 출발점의 대상과 종착점의 대상은 그 속성에서 도덕적으로 의미 있는 차이가 있음을 간과하고 있다. 한 걸음 더 나아가 미끄러운 언덕길 논증은 '무엇에서 혹은 어디에서 출발하느냐?'의 물음이 갖는 도덕적 중요성을 간과하고 있다. 우리는 이를 '출발점의 문제'(starting-point problem)라 부를 수 있다. 출발점의 문제란 미끄러운 언덕길 논증의 양극단에 있는 A와 B 가운데, 어느 것을 출발점으로 삼느냐에 따라 그 결론이 달라지는 문제를 말한다. 이미 앞서 지적하였듯이, 보수주의자들은 유아 살해를 출발점으로 삼아 시간적으로 거슬러 올라가 수정란이나 태아를 죽이는 것이 도덕적으로 그르다는 결론을 맺고 있다. 반면에 자유주의자들은 수정란에서 출발하여 개체 발달의 순서를 따라가 갓 태어난 유아 살해마저 도덕적으로 정당하다는 결론을 맺고 있다. 이러한 관점에서 보면, 보수주의자와 자유주의자 모두 이미 결론을 염두에 두고 미끄러운 언덕길 논증을 이용하고 있다고 하겠다. 즉, 미끄러운 언덕길 논증은 어느 유형을 취하든지 상관없이 임신중절에 관해 자유주의 입장은 물론이고 보수주의 입장에 대해서도 중립적이다. 따라서 미끄러운 언덕길 논증은 임신중절의 도덕성 물음을 해결해 주지 않는다. 태아의 도덕적 지위에 관한 물음은 해결되지 않고 여전히 우리에게 그대로 남아 있다.

수정은 도덕적으로 왜 중요한가

지금까지 살펴보았듯이 자연법 이론이나 미끄러운 언덕길 논증이 보수주의 입장을 입증하고자 하면 태아가 도덕적 지위를 지닌 존재임을 해명해야 한다. 그러면 태아란 어떤 존재인가? 대체로 자유주의자들은 여성의 몸으로부터 분리되는 출생을, 그리고 보수주의자들은 정자와 난자가 만나는 수정을 각각 도덕적 분수령으로 간주한다. 태아는 바로 이 두 분수령 사이의 생명체를 말한다. 다시 말해, 태아는 수정되기 이전의 정자나 난자와 도덕적으로 구분될 뿐만 아니라, 출생한 신생아와도 도덕적으로 구분된다. 출생의 도덕적 의미에 관해서는 뒤에서 논의하기로 하고, 일단 여기서는 수정의 도덕적 의미에 대해서 살펴보자. 수정이 도덕적으로 왜 중요한가? 정자와 난세포의 결합이 도덕적으로 왜 중요한가? 일부 기독교 신학에서는 정자와 난자가 결합할 때 하나님께서 새로운 영혼을 창조하여 부여하기 때문에 수정이 중요하다고 주장한다. 하지만 이러한 종교적 해석은 경험적 검증을 넘어설 뿐만 아니라 이성적 사유로는 영혼의 존재를 입증할 수 없기 때문에 받아들이기 어렵다.

생물학적인 관점에서 보면, 수정으로 인해 이 세상에 존재하지 않는 새로운 유전자를 지닌 생명체가 생성된다. 정자나 난자는 23개의 염색체를 지니지만, 수정란은 46개의 염색체를 지닌다. 그리고 인간은 분명 세포 속에 존재하는 DNA 유전자에 의해 발달한 존재이다. 그렇다고 인간이 유전자와 동일한 것은 아니다. 인간은 유전자 그 이상이기에, 유전자 환원론이나 유전자 결정론은 참이 아니다. 그럼에도 불구하고 새 유전자를 지닌 생명체의 탄생은 생물학적 차원뿐만 아니라 도덕적인 차원에서 중요한 의미를 지닌다. 즉, 보수주의자들은 새 유전자로 인해 수정란은 호모 사피엔스(Homo sapiens)라는 종의 구성원이 된다고 주장한다. 이렇게 되면 태아도 '인간'(humanity)이게 된다. 단지 인간이라는 사실로 인해 도덕적 지위가 부여된다면, 태아도 인간이기에 도덕적 지위를 지니게 된다. 그것도 수정이 이뤄진 바로 그 순간부터 태아는 도덕적 지위를 지니게 된다. 왜냐하면 생물계에서 X가 Y종의 구성원이 되는 것은 X가 Y종의 유전자를 지닌다는 사실에 의해서이지, X가 Y종의 어떤 속성을 일정 수준 이상 획득하였다는 사실에 의해서가 아니기 때문이다. 다시 말해, 종의 구성원이 되는 것은 발달하면서 점진적으로 얻어지지 않고 한순간에 얻어진다. 따라서 태아도 특정 속성이 일정 수준 이상 발달한 시점이 아니라 호모 사피엔스 유전자를 획득하는 순간에 인간종의 구성원이 된다고 말할 수 있다.

하지만 태아가 인간종의 구성원이기 때문에 도덕적 지위를 지닌다는 주장은 앞서 자유주의 입장에서 구분한 '인간'의 두 가지 의미를 혼동하고 있다. '성'이라는 개념이 생물학적 의미의 'sex'와 사회학적 의미의 'gender'로 구분되듯이, '인간'이라는 개념도 생물학적 의미의 '호모 사피엔스'와 규범적 의미의 '인격체'로 구분되기 때문이다. 그러니까 태아가 인간이냐의 물음에서 우리는 태아가 생물학적으로 인간종에 속하는지를 묻는 사실의 물음과 태아가 도덕적 권리의 담지자로서 인격체인지를 묻는 도덕의 물음을 구분해야 한다. 보수주의자들은 이 둘을 구분하지 않고 태아가 인간이라는 사실에서 곧바로 태아는 도덕적 지위를 지닌다는 도덕적 주장을 하고 있다. 하지만 존재에서 당위가, 사실에서 가치가 귀결되지 않는다. 따라서 임신중절 논쟁에서 선결 문제 요구의 오류를 범하지 않으려면 이 둘을 구분해야 한다고 하면서 섬너는 "인간임은 도덕적 지위를 가짐과 동일하지 않다."라고 주장한다.[13]

태아가 인간종의 구성원이기 때문에 도덕적 지위를 지닌다는 주장은 사실 위험한 발상이다. 생물학적으로 어떤 종에 속한다는 것은 일종의 자연이다. 자연에는 도덕이 적용되지 않는다. 예를 들어, 우리가 여성 혹은 남성이라는 사실은 자연이다. 이 자연에 근거하여 우리는 여성에게 혹은 남성에게 도덕적 지위를 부여하지 않는다. 인종도 마찬가지이다. 단지 백인이기 때문에 어떤 사람이 도덕적 지위를 갖는 것은 아니다. 만약 누군가가 이렇게 주장한다면, 그 사람은 성 차별주의자이거나 인종 차별주의자이다. 성, 인종 등의 자연적 속성이 도덕적 권리의 소유와 직접적인 관련이 없듯이, 인간이라는 종도 하나의 자연적 속성으로 도덕적 권리의 소유와 직접적인 관련이 없다. 따라서 보수주의자가 단지 인간종의 구성원이

....

13   L. W. Sumner, *Abortion and Moral Theory*, p. 91.

라는 자연적 사실을 이유로 인간에게 도덕적 지위를 부여하는 것은 일종의 '종 차별주의'(speciesism) 내지 '맹목적 인간 중심주의'에 지나지 않는다. 즉, "단지 호모 사피엔스인지의 여부로 아이의 생명권을 승인하고, 다른 동물의 경우는 승인하지 않는 근거로 사용하는 것은 철저하게 종 차별주의적 발상이라고 할 수 있다."[14]

'인간 존재'(human being)임이 도덕적 지위의 기준으로 부적합하다고 해서 전혀 도덕적 지위와 관련이 없다는 뜻은 아니다. 단지 본래적으로 관련이 없다는 것이다. 모든 인간, 그리고 오직 인간만이 도덕적 지위의 기준이 되는 어떤 속성을 지님으로써, 모든 인간 그리고 오직 인간만이 도덕적 지위를 가진다는 것이 사실로 판명될 수 있다. 이렇게 되면 인간 존재임은 도덕적 지위를 갖는 데 충분조건이 될 것이다. 그렇다고 해서 인간 존재임이 도덕적 지위의 기준이 되는 것은 아니다. 단지 도덕적 지위를 지녔음을 보여주는 징표가 될 따름이다. 즉, 우리는 도덕적 지위의 기준(criteria)과 도덕적 지위의 징표(sign)를 구분해야 한다. 일부 보수주의자들은 이러한 구분을 의식하고 성인이 전형적으로 지니는 몇몇 특징, 예를 들어, 합리성, 지성, 풍요로운 삶을 영위할 능력 등을 도덕적 지위의 기준으로 제시하곤 한다. 예를 들어, 도덕적 인격체의 충분조건으로 대부분의 학자가 동의하는 합리성 기준을 한번 살펴보자. 합리성이 도덕적 지위의 기준이라면, 호모 사피엔스의 구성원이라는 생물학

....

14   P. Singer, *Animal Liberation: A New Ethics for Our Treatment of Animals*, 4th ed., 2009, 김성환 옮김, 『동물해방』(고양시: 연암서가, 2012), p. 55.

적 사실은 단지 도덕적 지위의 불완전한 표시에 지나지 않는다. 왜냐하면 인간 존재가 아니면서 합리적인 존재가 가능하고, 또 반대로 인간 존재이지만 합리적이지 못한 존재가 있을 수 있기 때문이다.

그래서 이 기준의 옹호자들은 우선 인간 존재가 아니면서 합리적인 존재, 예를 들어, 지적인 외계인, AI 로봇, 원숭이, 고래 등의 고등 동물 등을 어떻게 다룰 것인지의 물음에 답해야 한다. 물론 우리는 인간만이 합리성을 지닐 수 있도록 아예 그 정의를 특정 방식으로 규정할 수 있다. 이런 전략을 채택하게 되면 인간이 아닌 존재는 원천적으로 도덕적 지위를 지니지 않게 된다. 이는 앞서 지적한 대로 종 차별주의 내지 인간 중심주의라는 비난을 면하기 어렵지만, 태아의 도덕적 지위에 관한 물음과는 직접 연관성이 없기에 일단 논외로 하자. 그래도 또 하나의 문제, 즉, 인간 존재이지만 합리적이지 않은 존재를 어떻게 다룰 것인지의 물음은 여전히 남아 있다. 이 문제가 심각한 이유는 합리성은 언어 사용 능력, 자기반성 능력 등의 능력과 관련되어 있는데, 이러한 능력들은 정상적인 경우 점진적으로 획득되기 때문이다. 이렇게 되면 이러한 능력을 획득하지 못한 많은 인간 존재, 예를 들어 유아나 지적장애인 등은 합리성을 지니지 못하게 된다. 태아 역시 합리성을 결여하고 있기에, 보수주의 입장을 견지하자면 이 물음은 반드시 해결되어야 한다. 이러한 이론적 난점은 합리성이 아닌 다른 어떤 요소를 도덕적 지위의 기준으로 선정해도 동일하게 발생한다.

이처럼 합리성과 같이 성인이 지닌 어떤 특징을 도덕적 지위의 기준으로 선정하면, 태아의 도덕적 지위가 의심스럽게 된다. 이 문제를 해결하기 위해 보수주의자들은 '파급효과 논증'(spillover argument)을 제시한다.[15] 그러니까 아직 합리적이지 않은 존재와 이제 더 이상 합리적이지 않은 존재를 합리적인 존재와 동일하게 보호해야, 합리적인 존재의 삶이 더 잘 보호된다고 이들은 주장한다. 이러한 실용적인 이유에 근거하여, 이들은 아직 합리적이지 않은 존재에게도 도덕적 지위를 부여한다. 하지만 이러한 논증은 비합리적인 존재의 보호가 합리적인 존재의 보호에 필요불가결한 경우에만 성립한다. 그런데 태아 생명을 보호하지 않아도 우리는 얼마든지 합리적인 성인의 생명을 보호할 수 있다. 다음 장에서 논의하겠지만, 도덕적 지위란 그 자체의 속성으로 인해 가지게 되는 권리이지 다른 무엇 때문에 갖는 권리가 아니기 때문에 이러한 설명으로는 태아의 도덕적 지위를 보장할 수 없다.

그러면 합리성을 도덕적 지위의 기준으로 받아들이면서 태아에게 도덕적 지위를 부여할 수 있는 다른 논거는 없는가? 보수주의자들은 다른 두 전략을 구사한다. 하나는 자연종 논증(natural-kind argument)이고, 다른 하나는 잠재성 논증(potentiality argument)이다. 자연종 논증을 제창한 도너건은 어떤 존재에 대한 도덕적 존중 여부는 근본적으로 그 존재가 어떠한 상태에 놓여 있는가에 의해 결정되어야 한다고 주장한다. 그러면서 그는 도덕적 지위에 관련된 본질적인 상태를 합리성으로 규정한다. 다시 말해, 그는 어떤 존재

....

15   D. Granfield, *The Abortion Decision* (Garden City: Doubleday and Company, 1969), p. 144 참조.

가 합리성을 발휘할 수 있는 상태에 놓여 있다면 그 존재는 도덕적 존중을 받아야 한다고 주장한다. 도너건의 논증은 여기서 한 걸음 더 나아간다. 즉, 그는 어떤 존재가 현재에는 합리성의 상태에 놓여 있지 않다고 해도, 그 존재가 본성상 앞으로 그러한 상태로 발전한 다면 그 존재도 도덕적 존중의 대상이 되어야 한다고 논증한다. 그의 논변은 "타인에 대한 인간의 의무는 합리적인 존재로서의 인간에 대한 의무이다. 비록 합리성에 있어서 정도의 차이가 있어도 그러한 차이는 결코 의무 자체를 폐기하지 않는다."라는 일반 원칙에 토대를 두고 있다.[16] 따라서 그의 자연종 논증에 따르면 개별적 존재의 도덕적 지위 여부는 두 단계 과정을 거쳐 결정된다.

첫 단계는 어떤 종의 표준적인 구성원이 정상적인 상태에서 합리성을 지니느냐의 물음이다. 합리성을 지니면, 그 종은 도덕적 지위를 지니고 그렇지 않으면 도덕적 지위가 부인된다. 두 번째 단계는 어떤 개체가 어떤 종에 속하는가의 물음이다. 도덕적 지위를 지닌 종의 구성원이면 그 개체는 도덕적 지위를 지니지만, 그렇지 않

....

16   A. Donagan, *The Theory of Morality*(Chicago and London: University of Chicago Press, 1977), p. 82. 자연종 논증은 필립 디바인(P.E. Devine)이 말하는 '종의 원리'(species principle)와 유사하다. 자연종 논증과 종의 원리는 모두 인간이 아닌 어떤 존재에게도 도덕적 속성을 부여할 수 있는 길을 열어 준다. 그러나 중요한 면에 있어서 차이가 난다. 디바인은 그 종의 어떤 구성원이 도덕적 속성을 부여하기에 충분한 어떤 능력, 예를 들어 합리성을 가진다는 것이 밝혀지면 그 종 역시 도덕적 속성을 지닌 것으로 간주한다. 이렇게 되면 만약 언젠가 인간보다 뛰어난 합리성을 지닌 고양이가 출현하게 되면 우리는 고양이종도 합리적이라고 인정해야 하고, 한 걸음 더 나아가 모든 고양이에게 도덕적 속성을 부여해야 하는 문제가 발생한다. 그래서 도너건은 종의 원리를 그 종의 정상적인 구성원이 갖는 속성에만 한정해야 한다고 주장한다. P. E. Devine, *The Ethics of Homicide*(Ithaca & London: Cornell University Press, 1978), pp. 53-54.

으면 그 개체는 도덕적 지위를 지니지 못한다. 이 두 번째 단계에서는 개별적 존재 자체가 합리성을 지니느냐의 물음은 중요하지 않고 오직 어떤 종의 구성원이냐의 물음만이 중요하다. 그의 논변이 자연종 논증으로 불리는 이유도 여기에 있다. 한 마디로 어떤 개체의 도덕적 지위는 그 개체가 속하는 자연종에 의해 결정된다는 게 그의 주된 주장이다. 이런 논변에 따르면 인간종의 표준적 구성원인 성인은 합리성을 지님에 분명하다. 따라서 유아, 중증장애인, 태아 등은 그 자체로는 합리성을 지니지 않아도 인간종의 구성원이라는 자연의 사실로 인해 도덕적 지위를 지니게 된다. 태아를 대상으로 이를 복합 삼단논법으로 구성하면 다음과 같다.

합리성이 도덕적 지위의 기준이다.
합리성을 지닌 종은 인간종이다.
따라서 인간종은 도덕적 지위를 지닌다.
그런데 태아는 인간종이다.
그러므로 태아는 도덕적 지위를 지닌다.

이는 일종의 규칙 공리주의와 유사하다. 규칙 공리주의 옹호자들은 도덕적 옳고 그름의 기준인 유용성 원리를 개별 행위에 직접 적용하지 않고, 도덕 규칙에 적용한 다음, 개별 행위는 그러한 도덕 규칙과의 일치 여부에 따라 그 도덕적 옳고 그름을 판단한다. 이와 똑같은 논리를 자연종 논증은 따르고 있다.

반면에 잠재성 논증은 잠재태(potentiality)를 현실태(actuality)

와 도덕적으로 동일하게 취급한다. 그러니까 실제로 도덕적 지위의 기준을 충족시키는 존재만이 아니라 그 기준을 잠재적으로 충족시키는 존재도 도덕적 지위를 지닌다고 이 논증은 주장한다. 예를 들어, 합리성이 도덕적 지위의 기준이라면, 태아에 대해 우리는 다음과 같은 잠재성 논변을 구성할 수 있다.

> 합리성이 도덕적 지위의 기준이다.
> 잠재적으로 합리적인 존재도 도덕적 지위를 지닌다.
> 태아는 잠재적으로 합리적인 존재이다.
> 따라서 태아는 도덕적 지위를 지닌다.

물론 이 두 논증은 논리적으로 타당하지만, 전제의 진리성이 의심스럽다. 자연종 논증은 규칙 공리주의가 안고 있는 문제점을 그대로 보여준다. 즉, 규칙 공리주의가 규칙 숭배의 문제점을 지니듯이, 자연종 논증은 '종 숭배'의 오류에 빠지고 있다. 개별 존재가 단지 특정 종에 귀속된다는 이유만으로 어떻게 도덕적 지위를 지닌다고 말할 수 있는가? 어떤 종에 속하는가가 아니라 그 개별 존재 자체가 지닌 본래적 속성에 의해 도덕적 지위가 결정되어야 한다는 게 우리의 상식 도덕이다. 따라서 이러한 자연종 논증은 앞서 지적한 종 차별주의라는 비난으로부터 결코 자유로울 수 없다. 잠재성 논증은 이보다 더 큰 이론적 난점을 지닌다. 물론 잠재태는 현실태로 발전할 개연성이 상당히 높지만, 현실태와 분명 구별된다. 예를 들어, 실제적 범죄자와 잠재적 범죄자는 분명 구분된다. 또한 뒤에서 다시 논의하겠지만, 이 논증은 상식적인 우리들의 도덕적 직관과도 어긋난다. 우리는 피임과 임신중절을 도덕적으로 다르게 취급하는데, 잠재성 논증에 따를 경우, 정자나 난자도 인간이 될 잠재성을 지니기에 피임도 도덕적으로 그르다는 결론이 얻어진다.

인간 생명의 시작에 관하여

지금까지 살펴본 보수주의자들의 세 논증—파급효과 논증, 자연종 논증, 그리고 잠재성 논증—가운데, 그 어느 논증도 태아의 도덕적 지위를 보장해 주지 못한다. 따라서 태아의 도덕적 지위 물음은 여전히 해결해야 할 문제이다. 왜냐하면 태아의 도덕적 지위 여부에 따라 임신중절의 도덕성은 큰 영향을 받기 때문이다. 즉, 태아가 도덕적 지위를 지닌다면 임신중절은 조건부적으로 그르게 되는 반면, 태아가 도덕적 지위를 지니지 않는다면 일단 임신중절은 도덕적으로 허용 가능하게 된다. 그런데 임신중절의 도덕성에 관한 전통적 논쟁은 태아의 도덕적 지위를 묻기보다는 '태아는 언제 인간이 되는가?'라는 물음의 탐구에 매달렸다. 앞서 지적하였듯이, 이 물음에서 '인간'을 생물학적 의미가 아니라 규범적 의미로 사용하게 되면, 인간이 되는 바로 그 순간부터 태아는 생명권을 지녀 임신중절이 도덕적으로 그르게 되기 때문이다. 하지만 이런 규범적 의미로 '인간' 개념을 사용할 때, '태아가 언제 인간이 되는가?'의 물음은 그 자체가 도덕적인 물음이다.[17] 그것도 경험적 혹은 객관적 입증이 어려운 세계관 내지 윤리 형이상학에 속하는 도덕적 물음이므로 답하기가 쉽지 않다.

앞서 설명하였듯이, 도덕적 지위의 기준과 도덕적 지위의 징표는 구분되어야 한다. 태아가 인간임을 보여주는 것은 태아가 도덕적 지위의 기준을 충족한다는 점을 입증하는 것이 아니라, 태아가 단지 도덕적 지위를 지닌다는 점을 보여주는 하나의 징표에 지나지 않는다. 예를 들어, 이들이 태아가 인간이 되는 경계선으로 제시하는 수정, 체외생존가능성, 출생 등은 도덕적 지위의 기준이 아니라 도덕적 지위의 징표일 따름이다. 그럼에도 올바른 기준을 찾는 데에 징표는 중요한 실마리 구실을 한다. 그래서 도덕적 지위 기준을 탐구하기에 앞서 철학자들이 제시하고 있는 인간 시작점이 무엇인지 비판적으로 살펴보자.

많은 철학자는 인간 개체 발달에서 어느 한 경계선을 그어 그 이전의 태아는 인간이 아니고 그 이후의 태아는 인간이라고 주장한다. 그런데 이러한 경계선을 구획하자면 반드시 인간에 관한 입장이 전제되어야 한다. 실제로 철학자 대부분은 인간을 나름대로 정의하고, '태아가 언제 인간이 되는가?'의 물음에 초점을 맞추어 논의를 전개하고 있다. 예를 들어, 캘러한은 임신중절에 관한 자신의 고전적 연구에서 인간의 정의에 관한 입장을 세 학파로 나누어 설명하고 있다.[18] 첫째는 유전학파(the genetic school)이다. 유전학파

....

17   R. M. Hare, "Abortion and Golden Rule", *Philosophy & Public Affairs*, vol. 4, no. 3, 1975, p. 175; R. Wertheimer, "Understanding the Abortion Argument", *Philosophy & Public Affairs*, vol. 1, no. 1, 1971, p. 108.

는 인간의 유전 인자를 지닌 모든 존재를 사람으로 규정한다. 이 입장에 따르면, 수정되는 바로 그 순간에 인간의 유전자형이 결정되므로, 정자와 난자가 만나는 수정이 곧 인간의 출발점이 된다. 둘째는 발달학파(the developmental school)이다. 발달학파는 형태학적인 발달을 중요한 요소로 여긴다. 이 학파는 수정은 개별적인 인간에 대해 단지 유전적인 기초를 설정해 주는 것에 지나지 않으므로, 하나의 태아가 인간으로 간주되려면 어느 정도의 형태적 발달이 필요하다고 주장한다. 그러므로 발달학파는 유전학파보다 한 걸음 더 나가 유전자형과 환경의 상호작용이 필요하다는 것을 인정한다. 셋째는 사회결과주의학파(the school of social consequences)이다. 이 학파에 따르면 태아가 인간인지 아닌지의 물음은 그 결정이 사회에 미치는 결과에 따라 결정된다. 즉 어떤 종류의 태아를 인간으로 규정할 경우 많은 사회적 문제가 발생한다면, 이러한 태아를 인간으로 규정해서는 안 될 것이다. 이러한 관점에서는 태아의 생물학적 차원이나 발달적인 측면이 아니라 사회적, 도덕적 차원에서 어떤 정책을 채택하는 것이 인간에게 도움이 되느냐와 같은 사회의 요구가 중요한 요소로 작용한다.

이러한 세 학파의 구분은 '태아는 언제 인간이 되는가?'라는 물음에 대한 답으로 바루크 브로디(B. Brody)가 제시한 여섯 가지 대안과 깊은 연관성을 지닌다.[19] 그는 인간이 되는 시점의 후보로 수

....

18 D. Callahan, *Abortion: Law, Choice, and Morality*(London: The Macmillan Company, 1970), pp. 378-401.
19 B. Brody, *Abortion and the Sanctity of Human Life: A Philosophical View*(Massa-

정, 난할, 두뇌 활동, 태동, 체외생존가능성, 출생 등 여섯 가지를 대안으로 제시하였다. 정확하게 일치하지 않아 다소 무리가 있지만 브로디가 든 여섯 가지 후보 시점 가운데, 수정과 난할 시점은 생물학적 의미가 강해 유전학파에 속하고, 마지막의 출생은 사회학적인 의미가 강하기에 사회결과주의학파에 속하고, 두뇌 활동, 태동, 체외생존가능성 등의 시점은 태아의 형태학적인 발달과 관련되기에 발달학파에 속한다고 볼 수 있다. 마지막의 출생은 자유주의자가 주장하는 인간의 시작 시점이기에 일단 뒤로 미루고, 나머지 다섯 후보를 이제 하나하나 살펴보자.

먼저 수정이다. 수정과 더불어 인간이 시작된다는 입장은 보수주의를 견지하는 로마 가톨릭 신학자들이 주장하는 견해로 유전학파에 속한다. 예를 들어, 신학자 존 누난(J. T. Noonan, Jr.)은 "남녀의 의해 수태된 자는 누구나 인간이다. 이 조건이 사회에 의해 인지되기만 하면 아무리 사회적 인지가 불완전하더라도 그 사회는 객관적 질서를 갖게 된다."라고 주장한다.[20] 생물학적으로 수정 순간 호모 사피엔스 유전자가 결정되고, 그 이후의 태아 발달은 이미 결정된 유전 정보의 자기 전개 과정에 지나지 않는다.[21] 그리고 수정 순간부터 출생까지의 태아 발달은 하나의 연속선을 그린다. 물론 임신

....

20 J. T. Noonan Jr., "An Almost Absolute value in History", J. T. Noonan Jr., ed., *The Morality of Abortion: Legal and Historical Perspectives*(Cambridge, Mass.: Harvard University press, 1970), pp. 146-147.

21 P. Ramsey, *The Patient as Person*(New haven: Yale University press, 1970), pp. 66-67.

10개월 동안 태아는 새로운 신체 기관을 갖고 외형상의 변화가 일어나지만, 그 이전 단계와 질적인 측면에 있어서 획기적으로 구분되는 구획선은 존재하지 않는다. 따라서 앞의 미끄러운 언덕길 논증에서 밝혔듯이, 임신 기간 중에 그 이전에는 인간이 아니지만 그 이후에는 인간이라고 구분할 수 있는 구획선을 우리는 그을 수 없다. 이 연속선의 출발점이 수정이다. 수정은 그 이전 단계와는 질적으로 불연속적이지만 그 이후에는 질적으로 연속적이다. 따라서 우리는 전 단계와의 질적 불연속을 가져다주는 수정을 인간이 존재하기 시작하는 시점으로 볼 수 있다.

수정이 새로운 인간 유전자의 형성을 도덕적으로 의미 있는 차이로 간주한다면, 난할은 또 다른 생물학적 사실을 도덕적으로 중요하게 여긴다. 그것은 바로 원시선(primitive streak)의 출현이다. 수정된 난세포가 발달하는 데에 생물학적으로 의미 있는 첫 변화는 원시선의 생성이다. 원시선의 생성이 도덕적으로 중요한 이유는 바로 이때 인간의 개체성이 확정되기 때문이다. 이를 잘 보여주는 사례가 일란성 쌍둥이이다. 수정된 하나의 난세포가 분열을 거듭하다가 배아 세포를 가로지르는 원시선이 형성될 때 두 세포가 여성의 자궁에 착상하면 일란성 쌍둥이로 발달하게 된다. 이는 대개 수정후 7일경에 발생하며, 착상 시점과 거의 동일하다. "하나의 생명체가 개별 인간이 되는 시점은 그 이전이 아니라 난할 시점이다. … 출생 이전의 미성숙한 생명체의 발달 과정에서 개별 인간 생명이 시작되는 시점이 존재한다고 믿는 것이 합리적이라면, 그 시점은 난할이 일어나는 단계일 것이다."[22]

발달학파가 주장하는 인간의 시작에 관한 두뇌 활동, 태동, 체외생존가능성 등 세 시점에 의한 입장은 모두 다음의 두 신념에 그 뿌리를 두고 있다.[23] 하나는 태아는 임신 시점보다 훨씬 더 많은 신체 구조와 능력을 지닐 때까지는 인간이 될 수 없다는 신념이요, 다른 하나는 태아가 인간이 될 충분한 신체 구조와 능력을 획득하는 시점이 임신 시작과 출생 사이에 존재한다는 신념이다. 그러나 세 입장은 그러한 구조와 능력이 무엇인가에 대해서는 의견을 달리하고 있다. 두뇌 활동 지지자들은 뇌파가 감지되는 임신 6주 무렵을 인간의 시작점으로 본다. 왜냐하면 뇌파의 감지는 뇌가 활동하고 있음을 보여주는 데 충분하기 때문이다. 이들이 두뇌 활동을 강조하는 이유는 죽음과 생명의 시작은 대칭적이기 때문이다.[24] 물론 아직 뇌사가 죽음의 기준으로 보편적으로 인정되는 것은 아니지만, 생명의 끝과 생명의 시작은 분명 대칭적이다. 따라서 뇌의 기능이 정지된 상태가 죽음의 기준이라면, 뇌의 기능이 활동하기 시작한 시점이 생명의 시작일 수밖에 없지 않은가? 다른 하나는 인간에게 본질적인 속성이 무엇인지의 물음과 관련된 신념이다. "인간은 이성적 동물이다."라는 인간에 대한 아리스토텔레스(Aristoteles)의 정의를 원용하지 않더라도, 인간과 다른 동물의 근본적인 차이는 의식일 것이다. 의식 활동은 인간 고유의 본질적 활동이다. 이러한 의식적인 경험은 뇌가 없이는 불가능하다. 실제로 태아는 임신 6주 이

....

22   *ibid.*, p. 66.
23   B. Brody, *Abortion and the Sanctity of Human Life: A Philosophical View*, p. 82.
24   D. Callahan, *Abortion: Law, Choice, and Morality*, p. 334.

전에는 이런 능력을 지니지 않는다고 한다.

　태동 입장과 체외생존가능성 입장은 모두 인간의 본질적 특징으로 독립성을 강조한다. 태아가 독립적인 존재가 되어야 비로소 인간이 된다고 두 입장의 옹호자들은 주장한다. '독립성' 개념을 어떻게 사용하느냐에 따라 그 시점은 달라질 것이다. 태아는 물론 갓 태어난 유아, 심지어 그보다 더 큰 아이들도 생존을 부모에게 의존하고 있다는 점에서 독립적 존재라 말하기 어려울 것이다. 경제적 의미 내지 심리적 의미로 독립성 개념을 사용하면, 독립적 존재가 되는 데 더 많은 시간이 필요하고, 어쩌면 성인조차도 이 조건을 충족시킬 수 없을 것이다. 태동과 체외생존가능성 입장 옹호자들은 '개별 존재로 인식될 수 있다'라는 가장 좁은 의미의 독립성 개념을 사용하고 있다. 어떤 존재가 독립적 존재의 지위를 확보하자면 타자에게 그 존재가 인지 가능해야 할 뿐만 아니라 자기 운동, 즉 스스로 움직일 수 있어야 한다. 그래서 태동에 의한 입장은 태아가 스스로 움직이고, 이를 산모가 인지할 수 있는 태동을 인간의 시작점으로 강조한다. 체외생존가능성이란 이보다 더 넓은 의미의 독립성 개념에 근거하여 태아가 산모의 몸을 의지하지 않고도 생존할 수 있는 시점을 뜻한다. 물론 출생 후에도 인간은 상당히 오랜 기간 다른 사람의 도움이 절대적으로 필요하며, 태아도 여전히 어느 누군가의 도움을 받아야 생존이 가능하지만, 체외생존가능성은 산모에게 필연적으로 그 생존을 의지하지 않아도 된다는 점에서 중요한 의미를 지닌다.

　이제까지 출생을 제외한 나머지 다섯 가지 인간 생명의 시작에 관한 입장을 사실적으로 설명하였다. 출생이 자유주의자가 주장하는 시작점이라면 수정은 보수주의자가 주장하는 시작점이다. 개체성이 확보되는 난할 혹은 착상도 일부 보수주의자가 주장하는 시작점에 속한다. 이 두 입장은 임신중절의 핵심적인 논쟁점 가운데 하나로 도덕적 지위에 관한 논의에서 비판적으로 검토하고자 한다. 여기서는 발달학파에 속하는 세 시작점은 설득력이 떨어진다는 점을 지적하고자 한다. 두뇌 활동, 태동, 체외생존가능성 등의 세 시작점은 태아가 점진적으로 발달하여 질적으로 연속성을 이룬다는 생물학적 사실과 조화되기 어렵기 때문이다. 즉, 점진적이고 연속적인 발달 과정에서 어느 하나의 경계선을 긋는 것은 도덕적으로 임의적일 수밖에 없다.

둘째로 이러한 발달학파의 시점은 다분히 의학의 발전에 의존하고 있다. 두뇌 활동이나 태동은 이를 인지할 수 있는 의료 기기가 발달할수록 그 시기가 앞당겨진다. 특히 체외생존가능성은 인큐베이터의 발달에 큰 영향을 받으며, 인공자궁이 개발되면 임신 전 기간에 가능하게 된다.[25] 이런 점에서 보면 이 세 입장은 존재론적 접근이라기보다는 다분히 인식론적 접근이다. 셋째로, 무엇보다 이 세 입장은 단지 태아가 지닌 생물학적 사실만을 강조하지, 그 생물학적 특징이 왜 도덕적으로 중요한지를 온전하게 설명하지 못하고 있다. 왜 그러한 생물학적 특징이 도덕적으로 중요한지를 설명하자

....

25   S. Bok, "Ethical Problems of Abortion", *The Hastings Center Studies*, vol. 2, no. 1, 1974, p. 59.

면, 반드시 도덕적 지위의 기준에 대한 입장이 전제되어야 한다. 다시 말해, 두뇌 활동이, 태동이, 혹은 생존 가능성이 도덕적 지위의 기준을 충족시키고 있음을 밝혀야 하는데, 그러자면 논리적으로 도덕적 지위의 기준이 전제되어야 한다.

출생의 의미

일단 출생이 인간의 개체 발달에서 갖는 생물학적 의미를 살펴보자.

(1) 태아가 타인, 즉 산모의 신체 내에 거주하지 않게 된다.
(2) 태아가 호모 사피엔스종의 구성원들과의 상호작용이 가능하게 된다.
(3) 태아가 호흡, 소화, 배설 등의 기능을 자율적으로 그리고 온전하게 할 수 있게 된다.
(4) 태아가 타인의 신체와 맺고 있는 직접적인 물리적 관계로부터 단절된다.

자유주의자가 출생을 인간 생명의 시작점으로 주장할 수 있으려면, 이 네 특징 가운데 적어도 어느 하나가 태아가 도덕적 권리 내지 도덕적 지위를 갖는 데 왜 중요한지를 해명해야 한다. 하지만 도덕적 권리에 관한 이론에 따르면 이러한 특징은 도덕적 권리의 충분조건이 아닐 뿐만 아니라 필요조건도 아니다. 한 마디로, 이러한 특징은 도덕적 권리와 무관하다. 이는 보수주의자뿐만 아니라 자유주의자도 인정하는 바이다. 왜냐하면 출생은 그 존재 위치를 산모의 몸 안에서 밖으로 이동시켜 주는 것 외에, 태아가 갖지 않는 새로운 생물학적 특성이나 도덕적으로 유의미한 속성을 유아에게 더해 주지 않기 때문이다. 그런데 왜 자유주의자는 출생을 인간의 시작점으로 보는가? 자유주의자는 출생과 더불어 유아가 생물학적으로 새로운 속성을 갖는 것은 아니지만, 몇 가지 측면에 있어서 도덕적으로 중요하다고 주장한다.

첫째, 출생은 모자 관계를 바꾸어 놓는다. 한 개인이 타인에 대해 무엇을 해도 좋은지, 혹은 무엇을 해서는 안 되는지를 결정하는 데에 두 사람의 관계는 도덕적으로 매우 중요하다. 물론 관계 자체가 개인이 갖는 도덕적 권리 자체를 변화시키지는 않지만, 그 권리가 상대방에게 무엇을 요구하고 무엇을 허용하는지에 대해서는 영향을 미친다. 부모와 자식의 관계는 이를 잘 보여준다. 그런데 임신은 일종의 기생 관계이다. 물론 대개 임신은 산모의 자발적 행위의 결과이지만, 태아의 생존은 산모에게 의존하는 반면 산모의 생존은 태아에게 의존하지 않는다. 기생 관계의 경우, 비록 기생자가 다른 존재와 동등한 권리를 가졌다고 해도, 숙주에게는 다른 일반적 관계에서는 허용되지 않는 방식의 행동이 가능하다. 이러한 기생 관계를 종식하고 새로운 관계를 형성하도록 하는 것이 바로 출생이다. 이처럼 태아와 산모의 관계를 의미 있게 변화시킨다는 점에서 출생은 도덕적으로 중요하다.

둘째, 출생은 태아가 타자와의 상호작용을 가능하게 한다. 앞의 다섯 가지 요소는 태아의 생물학적 요소만을 고려하고 사회적 관계에 대해서는 침묵하고 있지만, 출생은 태아의 사회적 관계에 새로운 변화를 가져온다. 물론 인간의 본성에 관한 입장에 따라 인간이 되는 데 본질적인 요소가 무엇인지는 다를 수 있지만, 특히 세 번째의 사회결과주의학파에 따르면 한 인간이 되는 데 사회적 상호작용은 매우 중요한 의미를 지니며, 이는 출생과 더불어 비로소 가능하게 된다.[26] 이에 대해 일부에서는 임신 중에도, 특히 태동이 시작되면 태아와 그 가족 간에도 사회적 상호작용이 일어난다고 주장한다. 태교는 이를 잘 말해준다. 그러나 이는 어디까지나 산모를 비롯한 가족들의 일방적 관계로, 태아와 타자 사이의 상호작용이라 말하기는 어렵다. 그 표현은 미미할지라도 출생과 더불어 태아는 비로소 꽤나 고통을 직접 표현한다. 상호작용을 가능하게 한다는 점에서 출생은 도덕적으로 의미 있다.

셋째는 실용주의적 이유이다. 태아는 점진적으로 발달하기에 인간이 되는 정확한 시점을 생물학적으로 긋는 일이 쉽지 않은데, 출생은 그 시점을 객관적으로 정확하게 그을 수 있다는 장점을 지닌다. 법적, 사회적으로 죽음을 과정(process)이 아니라 하나의 사건(event)으로 받아들일 수밖에 없듯이, 출생도 법적, 사회적 관점에서는 과정이 아니라 사건으로 받아들여야 하기에, 정확한 시점을 긋는 것이 중요하다는 데 우리는 동의하지 않을 수 없다. 그리고 출

....

26   M. A. Warren, "The Moral Significance of Birth", *Hypatia*, vol. 4, 1989, p. 55.

생은 우리들의 상식적인 도덕적 직관과도 잘 조화를 이룬다. 자유주의자뿐만 아니라 보수주의자도 임신중절과 유아 살해는 도덕적으로 다르게 취급하는데, 이를 가장 명쾌하게 설명해 주는 것이 바로 출생을 인간의 시작점으로 보는 것이다.

이처럼 출생은 그 나름의 도덕적 중요성을 지님에 분명하다. 그럼에도 출생을 도덕적 분수령으로 받아들이는 데 우리는 주저하게 되는데, 그 근본적 이유는 생물학적인 개체 발달 과정에서 출생은 태아가 점유하고 있는 공간적인 장소의 이동에 불과하기 때문이다. 다시 말해, 출생한 유아는 크기, 형태, 생리학적인 구조, 능력, 의식 수준 등의 측면에 있어서 출생 직전의 태아와 거의 차이가 없다. 이렇게 되면 도덕적 지위는 실체의 자연적 속성과 아무런 관련성이 없게 된다. 다시 말해, 출생을 인간의 시작점으로 받아들이면, 도덕적 지위의 핵심인 생명권은 자연권으로 취급되지 않게 된다. 그래서 섬너는 출생은 도덕적 지위의 천박한 자의적인 기준이라고 비판한다.[27]

하지만 워런은 이에 대해 도덕적 권리의 기준에 관한 잘못된 가정에 근거하고 있다고 반박한다. 즉, 이러한 비판의 배후에는 두 가정이 전제되어 있다고 지적했는데, 하나는 '본래적 속성 가정'(intrinsic-properties assumption)이고 다른 하나는 '단일 기준 가정'(single-criterion assumption)이다.[28] 본래적 속성 가정이란 어떤 존재에

....

27   L. W. Sumner, *Abortion and Moral Theory*, p. 53.
28   M. A. Warren, "The Moral Significance of Birth", *Hypatia*, vol. 4, 1989, pp. 47-48.

게 도덕적 권리 또는 도덕적 지위의 부여를 정당화할 수 있는 유일한 속성들은 그 개체가 지닌 본래적 속성에 관한 사실들이어야 한다는 가정을 말한다. 그 본래적 속성이 무엇이냐에 대해서는 철학자들이 의견을 달리하지만, 관계적 속성─'사랑받고 있음', '사회적 공동체의 구성원임' 등─은 그 속성이 될 수 없다는 데 대해서는 모두 동의한다. 왜냐하면 관계적 속성은 개체가 지닌 본래적 속성으로 볼 수 없기 때문이다. 그리고 단일 기준 가정이란 하나의 단일 속성이 도덕적 권리의 기준이 된다는 입장을 말한다. 이는 일종의 도덕적 일원론(moral monism)이다. 도덕적 일원론자는 도덕 철학의 목적은 모든 도덕적 딜레마를 해결할 수 있는 확고한 해답을 제공하기에 충분하고도 합리적인 하나의 원리 체계를 확립하는 데 있다고 주장한다. 이러한 입장에 따르면 도덕적 권리를 판별할 수 있는 기준도 단일 속성인 것이 합리적이다. 도덕적 권리의 기준이 단일 속성이 아니라 다수의 속성이게 되면 이들 간의 상충하는 물음이 발생하기 때문이다.

이 두 가정을 받아들이게 되면, 사회적 관계에 근거하여 도덕적 권리를 확립하고자 하는 그 어떤 설명도 유지되기 어렵다. 개인들 간의 혹은 집단 간의 관계는 본래적 속성이 아니기에 본래적 속성 가정에 따르면 결코 도덕적 권리의 기준이 될 수 없기 때문이다. 따라서 이러한 가정에 따르면 출생은 도덕적 지위의 분수령이 될 수 없다. 왜냐하면 자유주의자도 출생이 본래적 속성의 변화를 가져오지 않는다는 점을 인정하기 때문이다. 하지만 이 두 가정은 말 그대로 가정이지 입증된 진리가 아니다. 무엇보다 이 두 가정을 받아들이게 되면 우리의 상식적인 도덕적 직관과 어긋나는 결론에 이르게 된다. 즉, 우리는 임신중절과 유아 살해는 도덕적으로 구분된다고 생각한다. 출생을 기준으로 하지 아니하고는 이 직관을 설명할 수 없다. 다시 말해, 본래적 속성 가정을 고수하게 되면 우리는 임신중절과 유아 살해는 도덕적으로 동등하다는 결론을 받아들이지 않을 수 없게 된다.

그래서 우리는 상식적 도덕에 따라 출생의 도덕적 의미를 다시 묻지 않을 수 없다. 출생은 인간의 개체 발달에서 어떤 변화를 가져오는가? 이에 대해 워런은 "인간은 오직 사회적 관계에서 그리고 그 관계를 통해서 존재하게 된다."라고 하면서, 인간의 사회성을 강조한다.[29] 자신의 이러한 입장을 변호하기 위해, 그녀는 먼저 유아 보호의 근거가 무엇인지 밝힌다. 그녀는 유아가 본래적 속성에 있어서 출생 직전의 태아와 다르지 않음을 의식하고 자연종의 보호와의 유비추론을 통해 유아를 보호하는 논변을 편다. 그러니까 자연의 동식물종이나 그 개체, 삼림, 강 등이 그 자체로 도덕적 권리를 지니는지는 논의의 여지가 많지만, 대부분의 사람들은 이러한 자연 내지 생태계를 보호할 책임을 통감한다. 이는 곧 도덕적 권리를 지닌 존재만을 우리가 존중하는 것이 아님을 여실히 보여준다. 지구 생태계에서 이러한 자연은 인간에게 계산할 수 없는 가치를 지니는데, 다른 무엇으로도 대체가 불가능하기 때문에, 우리는 자연 보호의 책임을 지닌다. 이러한 책임을 그녀는 유아의 경우로 확대한다.

....

29   ibid., p. 55.

즉, 자연처럼 우리 인간에게는 유아를 보호할 도덕적 책임이 있다. 이러한 도덕적 책임을 확고하게 하는 길은 성인이 지닌 전형적인 도덕적 지위를 결여한 유아도 도덕적 권리를 지닌 주체로 간주하는 일이다. 만약 유아의 도덕적 권리를 부정하게 되면 유아는 보호받지 못하고, 심지어 유아 살해마저 도덕적으로 용인되게 된다.

하지만 이러한 논변은 그 설득력이 너무 약하다. 왜냐하면 이렇게 되면 자연과 태아에게도 도덕적 권리가 부여되어야 하기 때문이다. 무엇보다 이 논변은 상식적 도덕에 어긋난다. 즉, 상식적 도덕에 따르면 유아는 비록 도덕적 의무의 주체는 아니지만 도덕적 권리의 주체이기 때문이다. 유아의 도덕적 권리는 다른 누군가에 의해 부여된 권리가 아니라, 그 자체로 갖는 권리이다. 이러한 반박을 의식한 워런은 유아 보호의 더 적극적인 이유를 세 가지 더 제시한다.[30] 첫째, 정상적인 인간은 그 생물학적 본성에 의해 유아를 관심 있게 돌보도록 아마 '프로그램화'되어 있다. 특히 산모는 유아가 태어나기 이전에 이미 이런 반응이 시작되었다가, 출생하게 되면 그 반응은 훨씬 더 강화된다. 출생은 태아를 사회적 존재로 만들어 준다. 워런은 "출생은 사회적 유대를 확립하는 과정에 양적인 도약을 가져다준다."라는 로렌 로만스키(L. Lomansky)의 말을 인용하면서, 신생아는 아직 자의식이 없으나 이미 사회적 존재이기 때문에, 태아보다 더 강한 도덕적 권리를 지닌 존재로 대우받는다고 주장한다.

둘째, 유아는 그 부모가 돌볼 수 없는 경우 다른 사람에게 맡겨

....

30   ibid., p. 56-58.

질 수 있다. 이는 유아 살해가 잠재적인 입양 가족들로부터 많은 이득을 빼앗아 간다는 것을 의미한다. 또한 이는 유아 살해를 금지해도, 그 부모에게 감당할 수 없는 부담을 지우지 않는다는 것을 의미한다. 다시 말해, 양육할 수 없는 경우 부모에게는 자녀를 타인에게 입양시킬 수 있는 길이 열려 있다. 물론 입양이 아니라 유아 살해를 택하는 부모도 존재할 수 있으나, 이는 극히 특수한 경우이다. 강간으로 인한 임신도 특수한 경우의 예이다. 강간으로 인한 임신의 경우 여성은 성적 학대에 대한 후유증으로 인해 태아에 대해서도 좋은 감정을 갖기가 어려워 아예 태어나지 않기를 바란다. 하지만 이는 예외적인 경우로, 이를 일반화시켜 유아 살해를 정당화할 수는 없다.

셋째, 부모의 관점에서 입양이 유아 살해보다 낫다는 데 의구심을 제기하는 이도 있다. 실제로 일부 산모는 자기 아기가 입양되어 다시는 볼 수 없다는 생각만으로도 오열한다. 자기 이익의 관점에서 보면 산모의 이러한 마음은 충분히 이해할 수 있으나, 이 문제를 유아 살해로 해결하려는 시도는 받아들이기 어렵다. 입양아와 생물학적 부모의 만남을 허용하는 개방적인 입양 제도를 마련하게 되면, 이런 심리적 고통은 얼마든지 줄일 수 있다. 한 걸음 더 나아가 이러한 임시방편적 해결책을 넘어, 생물학적 부모가 아이를 양육할 수 있는 사회복지 제도를 확립하여 아예 입양시켜야 하는 상황을 만들지 않는 방책을 마련하는 대안도 생각해 볼 수 있다.

그러면 이런 유아 보호의 이유는 태아에게도 적용되는가? 워런은 그렇지 않다고 주장한다. 설사 쾌 또는 고통을 느낀다고 할지라도 태아에게 유아와 동등한 도덕적 권리를 부여하게 되면 산모의 기본권에 속하는 신체적 자율성과 안전성이 침해받는다고 그녀는 역설한다.[31] 그러면서 그녀는 산모의 신체적 자율권이 침해받게 되는 네 가지 가능성을 구체적으로 열거한다.

(1) 산모의 생명 혹은 건강을 보호하기 위한 임신 제2삼분기의 임신중절이 대부분 금지된다.
(2) 법원은 태아 보호를 이유로 산모의 의지에 반한 제왕절개수술을 의사에게 명령할 수 있다.
(3) 미숙아나 기형아를 출산한 산모는 비난을 받을 뿐 아니라 때로는 법적 처벌을 받는다.
(4) 태아의 유전적 질병으로 인한 대부분의 임신중절마저 어렵게 된다.

물론 태아에게 도덕적 권리를 인정하면 이런 사례가 발생할 개연성은 충분히 존재한다. 하지만 출생의 의미에 관한 워런의 이러한 주장은 개념적으로 몇 가지 혼동을 범하고 있다. 첫째, 도덕적 권리와 법적 권리는 구분되어야 한다. 즉, 태아가 도덕적으로 생명권을 지닌다고 해서, 이로부터 태아의 생명권은 법적으로 보호되어야 한다는 결론이 얻어지지 않는다. 법은 도덕의 최소한이지만, 도덕이 법의 최소한인 것은 아니다. 워런이 지적한 대로 산모와 태아의 관

....
31   *ibid.*, p. 59.

계는 그 어떤 개인 관계와도 비교될 수 없는 아주 독특한 관계이기에, 태아 보호의 법제화는 별도의 독립적인 논의가 필요한 물음이다.

둘째, 워런은 태아에게 생명권을 인정하게 되면 산모의 신체적 자율성이 침해될 수 있음을 우려하고 있다. 이는 무엇을 말하는가? 산모의 신체적 자율성을 침해될 수 없는 권리로 그녀가 전제하고 있음을 말한다. 하지만 이는 입증되지 않은 전제이다. 이는 그녀가 태아와 산모의 갈등에서, 이미 산모 편을 들고 있음을 반증할 따름이다. "태아는 아직 인간이 아니고, 여자는 이미 인간이다."라는 그녀의 주장은 이를 뒷받침해 준다.

셋째, 유아가 지닌 사회적 관계를 후기 태아도 지닌다. 물론 우리는 여성 자궁 속의 태아를 눈으로 볼 수 없지만, 후기 태아는 그 존재와 활동을 초음파를 통해 비교적 정확하게 알 수 있다. 뿐만 아니라 산모가 느끼는 정서나 유대감에서도 후기 태아와 유아는 양적으로도 질적으로 큰 차이가 없다. 후기 태아와 마찬가지로 유아도 그 스스로는 사회적 관계를 형성하지 못하고, 다른 사람에 의해 수동적인 사회적 관계에 놓이게 된다. 단지 존재 위치 면에서 후기 태아와 유아는 양적인 차이를 보일 따름이다.

넷째, 의학이 발달하면 출생은 그 의미가 상당 부분 상실된다. 출생이란 말 그대로 태아가 산모의 자궁 밖으로 분만됨을 의미하는데, 이는 자연 출산만을 의미하지 않고 제왕절개술과 같은 인공적인 분만 모두를 포함한다. 예를 들어, 산모 뱃속에 있는 임신 7개월의 태아는 제왕절개술로 분만하게 되면 유아가 된다. 반면에 자연 출산을 기다리는 임신 8개월의 태아는 여전히 태아에 불과하게 된다. 워런에 따르면, 이 두 '태아'는 도덕적 지위에서 천양지차의 차이가 난다고 말할 수 있는데, 본래적 속성에 있어서는 동일한 두 '태아'가 단지 그 존재 위치에 따라 이러한 차이가 발생한다는 것은 합당하지 않다. 인큐베이터를 넘어 인공자궁 등의 의학이 발달하면 이런 기이한 현상은 더 심화한다. 따라서 본래적 속성 가정과 단일 속성 가정을 받아들이지 않아도, 출생이 인간 생명의 시작점이라는 워런의 주장은 상식적으로 받아들이기 어렵다.

　태아의 도덕적 지위 부정에서는 곧바로 자유주의 입장이 도출되지만, 태아의 도덕적 지위 인정에서는 곧바로 보수주의 입장이 도출되지 않는다. 물론 이러한 도덕적 차이는 태아의 존재론적 특성 및 산모와 태아의 관계로 인해 발생한다. 따라서 임신중절의 도덕성을 온전히 논의하기 위해 우리는 먼저 태아의 존재론적 특성을 도덕적 지위와 관련하여 더 면밀하게 고찰해야 한다.

3장

도덕적 지위론

임신중절에 관한 자유주의 입장과 보수주의 입장을 비판적으로
논의하면서 우리는 이미 태아의 존재론적 지위에 관한 물음은 '태
아가 언제 인간이 되는가?'라는 물음이 아니라 태아의 도덕적 지위
에 관한 물음이라는 점을 밝힌 바 있다. 인간이라는 사실은 도덕적
지위의 충분조건이다. 따라서 인간 존재의 출발점에 관한 논의는
도덕적 지위의 필요조건, 즉 기준이 무엇인가에 대한 고찰은 아니
다. 물론 인간 존재의 문지방 기준이 도덕적 지위의 기준과 중복될
수도 있다. 그래서 실제로 보수주의자들에게 수정 혹은 출생이 왜
중요한지 물으면, 이들은 한결같이 태아가 지닌 어떤 속성을 지적
할 것이다. 절충주의자들도 태동이나 두뇌 활동이 왜 중요한지 질
문을 받게 되면 이것이 인간의 본질적 특징이기 때문이라 답할 것
이다. 그러나 이들이 제시하는 인간 존재의 문지방 기준 내지 속성

은 인간이 아닌 존재에게는 적용되기 어렵기 때문에, '태아가 인간 인가?'라는 물음에 관한 탐구는 인간 중심적인 사고에서 기인한 것에 지나지 않는다. 따라서 우리는 태아의 존재론적 지위에 관한 물음을 좀 더 객관화시킬 필요가 있는데, 그것이 바로 도덕적 지위에 관한 물음이다. 이렇게 되면 '인간 생명이 언제 시작되는가?'의 물음이 아니라, '도덕적 지위의 기준은 무엇인가?' 그리고 '태아는 언제 이 기준을 충족하는가?'의 물음이 임신중절의 윤리를 평가하는 데 중요하게 된다. 인간 존재의 문지방 기준이 대부분 생물학적 속성만을 고려하는 데 비해, 도덕적 지위의 기준을 따지는 문제는 생물학적·사회학적 제반 사실들에 도덕적 요소를 결합하여 '무엇이 도덕적으로 중요한가?'의 물음을 다루는 것이다. 수많은 자연과학적·사회과학적 사실들을 고려하여 우리는 도덕적 해석을 내릴 수밖에 없다. 그렇다고 이 해석이 자의적이라는 말은 아니다. 어디까지나 도덕적 지위는 자연적 사실에 근거해서 확립될 수밖에 없다는 것이다. 따라서 임신중절에 관한 보수주의 입장이 타당하려면, 도덕적 지위에 관한 일반 이론과 정합적이어야 한다.

도덕적 지위란 무엇인가

윤리학에서는 도덕적 지위(moral standing 또는 moral status)와 관련하여 다양한 개념들이 사용되고 있으므로 태아의 도덕적 지위를 논하자면 개념의 명료화 작업이 선행되어야 한다. 일단 도덕적 지위를 지닌다고 우리가 모두 의심의 여지 없이 받아들이는 존재, 즉 표준적인 성인을 생각해 보자. 표준적인 성인은 도덕 공동체의 구성원으로 도덕적 권리와 도덕적 의무를 모두 지닌다. 성인에 대한 이러한 도덕적 진술에는 세 가지 중요한 개념이 등장한다. 도덕 공동체, 권리, 의무 등이 그것이다. 도덕적 지위는 이 세 개념과 어떠한 연관성을 갖는다. 우선 도덕적 지위를 갖게 되면 그 존재는 도덕 공동체의 구성원 자격을 얻게 된다. 도덕 공동체의 구성원이라고 해서 언제나 권리와 의무를 모두 갖는 것은 아니다. 물론 우리는 일상적으로 권리와 의무를 상관적 개념으로 받아들여 권리를 가지면 의무를 지니게 되고, 의무를 지니면 권리를 갖는다고 생각한다. 이는 자유와 책임에 대해서도 마찬가지이다.

도덕적 권리와 도덕적 의무를 모두 지닌 존재를 우리는 도덕적 주체(moral subject)라고 말할 수 있다. 도덕적 권리를 지닌 도덕적 주체를 우리는 도덕 공동체의 한 구성원으로 여겨 그 권리를 존중한다. 그러나 도덕적 주체가 아니나, 도덕적으로 고려해야만 하는 대상이 있다. 이를 우리는 도덕적 객체(moral object)라고 부를 수 있다. 이는 다시 제1객체(primary object)와 제2객체(secondary object)로 구분된다.[1] 전자는 그 자체의 속성으로 인해 도덕적 고려의 대상이 되는 존재를 말하며, 후자는 그 자체로는 도덕적 고려의 대상은 아니지만 도덕적 주체나 제1객체와의 관계에 의해 도덕적 고려를 받는 존재를 말한다. 예를 들어, 어린아이는 그 자체의 본성으로 인해 도덕적 고려의 대상이 되기 때문에 제1객체에 해당하지만, 내가 지금 사용하고 있는 책상은 나와의 관계에 의해 도덕적 고려를 받기에 제2객체에 해당된다. 도덕 공동체는 도덕적 주체와 도덕적 제1객체로 구성된다고 하겠다.

　도덕적 주체와 도덕적 객체를 구분하는 기준이 무엇인지의 물음 역시 도덕 철학의 주요 물음 가운데 하나이다. 적어도 자율적인 존재가 아니고서는 도덕적 의무를 수행할 수 없기 때문에, 칸트가 말하는 도덕적 자율성이 도덕적 주체의 한 기준이라 할 수 있다. 실제로 환경윤리학에서 도덕적 의무의 주체는 인간으로 한정된다. 주체와 객체를 구분하는 엄격한 기준이 무엇인가에 대한 물음은 철학적으로 더 탐구해야 하지만, 임신중절의 도덕성에 관한 물음을 다루는 데는 자율성이 도덕적 주체의 필요조건이라는 주장만으로도 충분하다. 왜냐하면 태아는 자율성을 지니지 않으므로, 이 주장으로부터 태아는 도덕적 주체가 될 수 없다는 결론이 쉽게 얻어지기 때문이다.

　하지만 태아는 적어도 도덕적 제2객체가 될 수는 있다. 왜냐하면 인간종은 태아의 발달을 통해서만 유지 보존되므로, 인간은 태

....

1　L. W. Sumner, *Abortion and Moral Theory*(New Jersey: Princeton University Press, 1981), p. 196. 이러한 구분과 달리 오늘날 응용윤리학에서는 권리와 의무를 구분하여 서로 다른 개념을 사용하곤 한다. 논리적으로 권리와 의무는 분리될 수 있고 또 실제로 분리되고 있기 때문이다. 그러니까 도덕적 의무를 지닌 자는 항상 그에 상응하는 도덕적 권리를 지니지만, 도덕적 권리를 가졌다고 언제나 도덕적 의무마저 갖는 것은 아니다. 즉, 의무는 권리를 수반하지만, 권리는 의무를 수반하지 않는다. 예를 들어, 어린아이는 권리를 갖지만 의무를 갖지 않는다. 오늘날에는 쾌와 고통을 느끼는 고등 포유동물도 권리를 지니지만 의무를 지니지는 않는다. 반면에 로봇윤리학에서는 인공지능 로봇은 도덕 행위자로 인간에게 해악을 가하지 말아야 할 의무를 지니지만 도덕적 권리는 갖지 않는다고 일부 철학자들은 주장한다. 의무를 지닌 존재를 도덕 행위자(moral agent)라 부르고, 권리를 지닌 존재를 도덕 수용자(moral patient)라 부른다.

아에 대해 이해관계를 지닐 수밖에 없기 때문이다. 그러면 태아는 도덕적 제1객체가 될 수 있는가? 될 수 있다면 태아가 어떤 속성을 지니기 때문에 그러한가? 도덕적 주체가 아니면서 도덕적 제1객체는 될 수 있게 하는 그 무엇을 섬너는 '도덕적 지위'라고 부른다.[2] 도덕적 지위란 그로 말미암아 그 실체에 도덕적 권리가 부여되는, 그 실체가 본래적으로 지닌 성질을 말한다. 특히 도덕적 지위에서는 죽임을 당하지 않을 권리가 강조된다. 임신중절 논쟁에서 '태아가 언제 인간이 되는가?'라는 물음보다 '태아는 도덕적 지위를 지니는가?'라는 물음에 초점을 맞추는 것은, '인간'과 달리 '도덕적 지위'란 개념은 인간뿐 아니라 다른 존재에도 확대 적용될 수 있는 중립적인 개념이기 때문이다.

도덕적 지위에 관한 물음은 전통 철학에서는 제기되지 않았다. 왜냐하면 기존 철학자들은 인간만이 도덕 공동체의 구성원이 될 수 있다고 전제하고, 이 구성원들 사이의 갈등에 관한 물음을 도덕적 문제로 보았기 때문이다. 그러나 첨단 의학이 발달하고 환경에 대한 관심이 고조되면서, 도덕 공동체의 외연 설정 문제가 응용윤리학자들 사이에 회자되고 있다. 최근의 AI 로봇의 출현도 이러한 관심을 더욱 부채질하고 있다. 도덕 공동체의 외연 설정에 있어서 핵심적인 개념이 바로 도덕적 지위이다. 즉, 도덕 공동체란 도덕적 지위를 지닌 존재들의 집합에 지나지 않기 때문이다. 사실 인류의 역사는 도덕적 지위를 지닌 존재의 외연 확장의 역사라 해도 과언이

....

2   ibid., p. 26.

아니다. 과거 흑인들은 주인의 소유물인 노예로서, 아무런 도덕적 권리가 없지 않았는가? 여성들도 예외가 아니었다. 하지만 오늘날에는 여성과 흑인은 물론이거니와 쾌와 고통을 느끼는 고등 동물에 대해서도 '동물의 권리' 내지 '동물 해방'을 주장하는 철학자들이 제법 많아졌다. 이러한 외연 확장은 오늘날 AI 로봇까지 확장되어야 한다는 목소리도 높아지고 있다. 고등 동물이나 로봇 혹은 외계인도 도덕적 지위를 지니느냐는 물음은 응용윤리학에서 중요한 도덕적 물음이지만, 여기서 우리는 태아의 도덕적 지위에 관한 물음에 국한하여 논의하고자 한다.

그러면 도덕적 지위란 무엇인가? 법적 지위(legal standing 또는 personality)라는 개념 분석을 통해 도덕적 지위 개념을 규명해 보자. 어떤 존재가 법적 지위를 갖는다는 것은 그 존재가 법적 의무, 권리, 특권 등을 소유함을 의미한다. 이러한 소유는 그 존재가 지닌 자체의 속성에 의할 수도 있고 아니면 다른 존재와의 관계에 의할 수도 있다. 특히 어떤 존재가 그 자체의 속성으로 인해 이러한 의무, 권리, 특권 등을 가질 경우, 우리는 그 존재가 법적 자격을 지녔다고 말한다. 따라서 법적 자격은, 법에 의해 법적인 권리와 의무의 독립된 담지자로 인정받는 존재에 놓여 있는, 본래적인 조건(intrinsic condition)이다. 개별적인 법체계는 권리와 의무의 구체적인 내용에 대한 규정 및 이런 권리와 의무가 귀속되는 실체의 유(類)에 대한 규정이라는 두 가지 측면에 있어서 구분된다. 예를 들어, 관할 영역 내 모든 사람은 형사법에 복종할 의무를 지닐지 모르나, 단지 거주자만이 납세의 의무를 지니고, 우리나라의 경우 남자만이 병역의 의무를 진다. 어떤 법의 관할권 내에서 어떤 사람이 권리와 의무를 전혀 지니지 않는다면, 그는 법적 자격이 없다고 말할 수 있다. 그래서 법적 자격은 특정 법 제도(legal jurisdiction)에 상관적이다. 어떤 법 제도 내에서는 법적 자격을 지닌 사람이 다른 법 제도 내에서는 자격을 결여할 수도 있다. 그러므로 법적 자격은 순전히 협약적인 속성(conventional attribute)이다. 따라서 특정 법 제도 내에서 법적 자격을 가졌느냐의 문제는 사실의 문제이다. 법적 자격의 실제적인 중요성은 이에 따라 법 규범의 강요가 달라진다는 점이다. 법적 자격은 권리 혹은 의무로 구성된다. 법적 자격이 결여되어 있다는 것은 이러한 권리와 의무를 지니지 않음을 의미한다.

　법적 자격과의 유비를 통해 도덕적 지위를 규정하기란 그리 어렵지 않다. 법 제도를 도덕 공동체로 대치하게 되면, 법적 자격이 아니라 도덕적 지위가 되기 때문이다. 공동체 내에서의 모든 구성원은 어떤 일련의 도덕규범을 공유하고 있다. 편의상 이 규범이 권리와 의무를 규정한다고 해 보자. 물론 도덕적 권리와 의무는 법적인 그것과는 다르다. 왜냐하면 도덕적 권리와 의무는 그 내용이 성문화되어 있지 않고 또 그 제재는 칭찬이나 비난, 죄의식, 부끄러움 등과 같이 비공식적이라는 점에서 법적인 그것과 다르기 때문이다. 하지만 유사성도 지닌다. 즉, 법체계와 마찬가지로 도덕규범이 다르면 그에 따라 규정되는 권리와 의무의 내용도 달라진다. 그리고 도덕규범에 따라 권리 담지자와 의무 담지자의 주체도 달라진다. 도덕적 지위가 없는 존재는 의무는 물론 권리도 없다. 충분한 도덕적 지위를 지닌다는 것은 온전한 권리와 의무를 지닌다는 것이다. 법적 자격과 마찬가지로 도덕적 지위도 본래적 조건이다. 따라서 어떤 사람의 의무(권리)는 다른 사람의 의무(권리)에 의해 결코 파생되지 않는다. 또한 법적 자격과 마찬가지로 도덕적 지위도 항상 특정의 도덕적 공동체와 상관적이기 때문에, 도덕적 지위를 갖느냐의 문제는 사실적인, 즉 협약적인 문제가 된다.

지금까지 도덕적 지위는 주어진 도덕 공동체 내에서 협약적으로 부여되는 권리 내지는 의무의 소유를 의미하였다. 그러나 이 개념은 임신중절의 문제에 적용하는 데에는 적합하지 않다. 이 개념은 법적 지위를 모델로 하였기에 다음의 세 가지 결점을 지니기 때문이다. 첫째, 이 개념에 따르면 태아는 도덕적 의무를 지닐 수 없으므로 도덕적 지위를 갖지 못하게 된다. 그래서 도덕적 지위라는 개념은 어떤 주어진 공동체 내에서 협약적으로 주어지는 권리의 소유로 협소화 되어야 한다. 둘째, 도덕적 지위가 단순히 한 실체의 협약적인 성질로 간주되고 있다. 이렇게 되면 현실적인 도덕 공동체의 관행만 고려하게 된다. 그러나 임신중절에 관한 논쟁은 법이나 관습에서 태아가 어떻게 다루어지고 있는가가 아니라, 태아가 어떻게 다루어져야만 하는가의 물음이다. 태아가 도덕적인 권리를 갖는다는 주장은 규범적이고, 도덕적인 판단이다. 임신중절 논쟁에서 중요한 것은, 태아가 관계하는 한, '도덕적 관행이 무엇인가?'라는 사실의 물음이 아니라, '도덕적 관행은 무엇이어야만(should) 하는가?'라는 당위의 물음이다. 셋째, 도덕적인 권리를 규범적인 의미로 제한하면 도덕적 지위를 갖는다는 것은 어떤 도덕적 권리를 갖는 것을 의미한다. 임신중절 문제의 경우 특히 생명권이 중요하다. 그래서 태아가 도덕적 지위를 가졌느냐의 문제는 태아가 생명권을 가졌느냐는 물음이다. 태아가 생명권을 가졌다면 다른 사람들은 그 생명을 보호할, 혹은 적어도 그 생명을 빼앗지 말아야 할 도덕적 의무를 지닌다. 그래서 섬너는 도덕적 지위라는 개념을 다음과 같이 수정할 것을 제안한다.[3]

(1) 의무에 대한 모든 언급은 제거되어야 한다.

(2) 사실적인 주장은 규범적인 주장으로 바뀌어야 한다.

(3) 권리 일반은 특히 생명권에 한정되어야 한다.

도덕적 지위는 규범적인 속성이므로, 도덕적 지위에 관한 입장들이 상충할 때, 어느 한쪽 주장이 옳다는 것을 판가름해 줄 경험적인 절차란 존재하지 않는다. 태아의 도덕적 지위에 관한 입장은 도덕적 주장이다. 따라서 도덕적 지위의 기준에 관한 어떤 주장이 타당하려면, 그 주장은 도덕 판단에 적합한 방식으로 옹호되어야 한다. 이러한 옹호는 두 차원에서 진행된다. 하나는 직관적인 수준에서요, 다른 하나는 이론적인 수준에서이다. 직관적인 수준은 다른 실체의 도덕적 지위에 관한 유사한 주장과 연관되어 있다. 즉, 생명권을 지닌 성인의 특성에 관한 가정을 세우고, 이를 바탕으로 태아가 생명권을 가졌는지 혹은 그렇지 않은지를 결정하는 차원이다. 직관적으로 옹호되기 위해서는 도덕적 지위의 기준은 적어도 다음

....

3   ibid., p. 31.

세 조건을 만족해야 한다. 첫째, 어떤 실체에 도덕적 지위를 부여하는 성질은 경험적인 속성이어야 하며, 둘째, 그 기준은 임신중절 외의 다른 문맥—예를 들어, 동물, 외계인, 식물인간, AI 로봇 등—에도 적용할 수 있어야 한다. 셋째, 그 기준은 도덕적으로 적절해서 수용할 수 있어야 한다. 이 기준이 지적하는 속성은 어떤 도덕적 권리의 소유와 적절한 관계를 맺어야 함을 의미하는 것으로, 이 적절성 조건은 이론적인 수준에 그 뿌리를 두고 있다. 이론적인 수준에서의 옹호는 도덕적 지위의 기준이 도덕 이론에 근거하여 정당화되어야 함을 의미한다. 도덕 이론은 기본적인 도덕적 범주, 예를 들어, 도덕적 권리와 사물의 자연적 속성을 연결하여 준다. 그래서 도덕적 지위의 기준이 적절한 근거가 되는 도덕 이론에 바탕을 두고 있으면, 그것이 곧 적절성의 증명이 된다. 이러한 합당한 도덕적 지위의 기준은 태아가 도덕적 지위를 지녔느냐는 물음에 대해 직관적인 수준에서 받아들일 수 있는, 그리고 이론적 수준에서도 충분히 정당화할 수 있는 해답을 제공해 줄 것이다.

도덕적 지위를 정하는 기준들

그러면 어떤 존재에게 도덕적 지위를 부여할 것이며, 그 기준은 무엇인가? 앞에서 우리는 태아가 인간이 되는 시작점으로 여섯 가지 후보를 면밀히 논의하였다. 이러한 시작점은 도덕적 지위의 충분조건을 갖춘 인간이 언제 시작되는지에 관한 징표일 따름이다.

인간 중심적 사고에서 벗어나고자 한다면, 우리는 '태아가 언제 인간이 되는가?'가 아니라, '태아는 언제 도덕적 지위의 기준을 충족시키는가?'를 물어야 한다는 점을 앞서 지적하였다. 인간 존재의 문지방 기준들은 대부분 생물학적 속성인데 반해, 도덕적 지위의 기준은 생물학적 속성은 물론 사회과학적 사실들과 도덕적 요소마저 종합적으로 고려하여 탐구되어야 한다. 이 과정에서 우리는 수많은 자연과학적 사실 가운데 도덕적 해석을 내릴 수밖에 없다. 하지만 한 가지 분명한 사실은 도덕적 지위의 기준은 자연적 속성에 근거해서 확립될 수밖에 없다는 점이다. 도덕적 지위의 기준을 X라 하자. 그러면 X의 소유는 도덕적 지위의 필요조건인가 아니면 충분조건인가? X는 '포섭 기준'(criterion of inclusion)인가 아니면 '비교 기준'(criterion of comparison)인가? 혹은 X는 포섭 기준이면서 동시에 비교 기준인가? 비교 기준이 되려면 X는 정도의 차이를 허용해야 한다. 정도의 차이를 판별할 수 없다면 비교의 합리적 토대가 성립되지 않기 때문이다.

이러한 물음들을 다루는 데 우리는 도덕적 지위를 지닌다고 확신하고 있는 존재에서 출발하여 그 확신이 불분명한 영역으로 나아가는 접근법을 따르고자 한다. 그러면 도덕적 지위를 지녔다고 확신하는 존재는 무엇인가? 그것은 바로 인간, 그것도 정상적인 성인이다. 하지만 정상적인 성인 사이에도 X의 소유에는 정도의 차이가 존재할 것이다. 그러면 이러한 정도의 차이를 이유로 도덕적 지위의 정도를 허용해야 하는가? 그렇지 않다. 실제로 우리는 성인들 사이에 X의 정도 차이는 인정해도, 도덕적 지위는 동등하게 취급한다.

즉, 모든 인간은 동등한 생명권을 지닌다. 따라서 도덕적 지위의 기준 X는 필요충분조건 내지 영역 성질(range property)로 우리는 해석해야 한다.[4] 영역 성질이란 원 안에 있는 점들이 중심점에서의 거리가 다르다 할지라도 '원 안'에 있다는 한 가지 사실로 동등하게 고려하는 성질을 말한다. 도덕적 지위의 기준 X도 그 정도가 비록 차이가 있다고 해도, 일정 수준 이상의 X를 지닌 모든 존재는 동등한 도덕적 권리를 지닌다고 말할 수 있다.

그러면 X는 무엇인가? 도덕적 지위를 지닌 존재는 정상적인 성인이다. 그런데 정상적인 성인은 여러 요소 내지 속성을 지닌다. 성인이 지닌 여러 요소 가운데 도덕적 지위와 관련된 속성은 무엇인가? 기존의 몇몇 입장에 대한 비판적 고찰을 통해 이 물음에 답해보고자 한다. 도덕적 지위의 표준적인 소유자인 성인은 지성, 감성, 인지력, 감각, 자기 결정 능력, 행동 능력 등을 지닌다. 성인을 자연적 속성의 복잡한 다발로 생각하는 한, 원칙상 우리는 모든 성인의 공통적인 속성들 가운데 어느 하나를 혹은 몇몇 속성의 집합을 그 기준으로 채택할 수 있다. 그래서 학자들이 주장하는 도덕적 지위의 기준은 다양하다. 그러나 도덕적 지위의 기준이 될 수 있는 속성을 우리는 다음 네 가지로 대별할 수 있다. (a) 본래적 가치(intrinsic value), (b) 생명(alive), (c) 쾌와 고통을 감수하는 능력, 즉 유정성(sentience), 그리고 (d) 합리성(rational) 등이 바로 그것이다. 직관

....

4   J. Rawls, *A Theory of Justice*, revised ed.(Cambridge: Harvard University Press, 1999), 황경식 옮김, 「정의론」(서울: 이학사, 2003), pp. 650-651.

적인 수준에서 어떤 기준의 정확성을 테스트해 볼 수 있는 간단한 방법은 두 가지이다. 하나는 상식적으로 도덕적 지위를 지녔다고 확신하고 있는 존재들을 일일이 나열한 후 주어진 기준이 이들을 배제하는지 그 여부를 확인하는 일이다. 만약 배제한다면 그 기준은 도덕 공동체의 외연을 너무 좁게 잡고 있기에 도덕적 지위의 필요조건을 충족하지 않는다고 말할 수 있다. 다른 하나는 반대로 도덕적 지위를 지니지 않는다고 확신하고 있는 존재들을 포함하고 있는지를 확인하는 일이다. 만약 포함한다면 그 기준은 도덕 공동체의 외연을 너무 넓게 잡고 있기에 도덕적 지위의 충분조건으로서 부적절할 것이다.[5] 이러한 간단한 사실을 염두에 두고 이제 앞서 말한 네 가지 기준이 적합한지를 고찰해 보자.

도덕적 지위에 관한 네 가지 기준 가운데 첫 번째 것은 나머지 세 기준과 큰 차이가 난다. 왜냐하면 이 입장에서는 본래적 가치를 지닌 모든 존재까지 도덕적 지위가 확장되고, 그렇게 되면 본래적 가치에 관한 이론이 먼저 해명되어야 도덕적 지위를 지닌 존재를 규명할 수 있을 것이기 때문이다. 이 기준에 있어서 독특한 점은, 도덕적 지위가 생명 유기체 이외의 다른 존재―예를 들어, 바위, 호수, 기타 인공물 등등―까지 확장될 수 있다는 점이다. 이러

....
5 　일반적으로 우리가 몸담은 세계에 존재하는 대상들 가운데 도덕적 지위를 지닌 표준적인 존재, 즉 정상적인 성인과 다르다고 여겨지는 대상들은 크게 7가지 범주로 구분된다. (1) 비동물적 대상: 자연적 혹은 인위적 대상, (2) 인간이 아닌 지구상의 살아 있는 종: 식물과 동물, (3) 인간이 아닌 지구 밖의 종: 화성인 등, (4) 인공 생명체: 인조인간, 로봇, 컴퓨터 등, (5) 전체적으로 결함을 지닌 인간: 항구적인 중증장애인, (6) 생명의 끝에 놓여 있는 인간: 식물인간, 혼수상태에 빠진 자, 노인 등, (7) 생명의 시작에 놓여 있는 인간: 배아, 태아, 유아 등.

한 기준은 가치 없는 우상을 파괴하는 것이, 비록 살아 있는 이성적 존재에게 아무런 영향을 미치지 않는다 하더라도 왜 나쁜지를 설명할 수 있는 장점이 있기 때문에 매력적으로 보인다. 그러나 이 기준은 현재의 우리 목적에는 적합하지 않다. 우선 생명이 없는 존재는 문자적으로 생명권을 가질 수 없으나, 존재할 권리—이는 파괴되지 않을 권리와 존재의 지속에 필수적인 도움을 받을 권리를 함축한다—를 갖는다고 일반화하기란 그리 어렵지 않기 때문이다. 따라서 본래적 가치라는 기준은 다른 기준보다 그 외연이 넓어, 우리가 도덕적 지위를 지니지 않는다고 확신하는 사물까지 도덕 공동체에 포함시킨다. 무엇보다 어떤 성질이 기준으로 적합하려면 그 기준은 도덕적 지위를 객관적이고도 공적인 검증 방법에 의해 확인할 수 있는 그 존재의 속성과 연관시킬 수 있어야 하는데, 본래적 가치를 지닌 것들은 이러한 검증의 대상이 되지 않는다는 이론적 난점을 지닌다. 이러한 비판을 극복하고자 본래적 가치를 도덕적 지위의 기준으로 주장하는 자들은 어떤 존재가 지닌 자연적 속성을 지적할 수 있다. 그러나 이렇게 되면 도덕적 지위의 실제 기준은 본래적 가치가 아니라, 바로 그 자연적 속성이 되어 본래적 가치라는 매 개념은 불필요하게 된다. 따라서 기준 (a)는 도덕적 지위의 기준으로 적합하지 않기 때문에, 여기서는 이를 제외한 나머지 세 가지 속성을 비판적으로 검토하고자 한다.

　나머지 세 후보들은 존재의 경험적 속성에 근거하므로 모두 검증 조건을 충족시키기 때문에 일단 도덕적 지위의 기준으로 적합하다. 합리적 존재는 유정적 존재의 부분집합이고, 유정적 존재는 또 살아 있는 존재의 부분집합이다. 따라서 생명(b)이란 기준의 외연이 가장 넓고, 합리성 기준(d)의 외연이 가장 좁다. 유정성 기준(c)의 외연은 그 중간이다. 예를 들어, 케네스 굿패스터(K. E. Goodpaster)는 살아있다는 사실 하나만으로 살아 있는 모든 존재에게 도덕적 지위가 부여되어야 한다고 주장하였다.[6] 그의 논증은 비록 불충분하여 받아들이기 어렵지만, 살아 있는 모든 존재를 도덕의 영역에 포함시키려는 그의 철학적 시도는 환경윤리학의 발전에 크게 기여하였다. 실제로 이러한 입장에 근거하여 일부 환경윤리학자들은 생명 중심주의 윤리를 강조하곤 한다.

일상적으로 우리가 생명 있는 존재를 그 징후―영양 섭취, 신진대사, 자발적인 성장, 생식 등―를 통해 그렇지 않은 존재와 쉽게 구분할 수 있다고 하자. 식물과 동물은 전자에 속하고 나머지는 후자에 속한다. 생명 있는 존재는 모두 목적론적인 체계(teleological systems), 즉 기능, 목적, 방향성, 자연적 경향 등을 지닌다. 그리고 목적을 지님으로 말미암아 이들 존재는 필요(needs)―목적을 성취하기 위해서는 충족해야 할 조건―를 지니게 된다. 필요를 지닌 존재는 이득과 해악을 입을 수도 있어서 선악을 갖게 된다. 여기에 도덕은 존재의 선이나 이해관계와 본질적으로 연관되어 있다는 상식적 입장을 추가하게 되면, 도덕적 지위는 생명이란 가치를 지닌 모든 존재에까지 확대 적용될 수 있다. 이렇게 되면 모든 유기체가 도

....

6   K. E. Goodpaster, "On Being Morally Considerable", *Journal of Philosophy*, vol. 75, no. 6, 1978 참조.

덕적 지위를 지니게 되고, 그래서 오직 생명만이 도덕적 지위로서 합당한 유일한 기준이 될 것이다.

이 기준을 받아들이면, 도덕적 지위의 외연은 하등 동물은 물론 식물까지 포함하게 된다. 그런데 우리의 상식적인 직관은 이런 존재에게는 도덕적 지위를 부여하지 않는다. 이러한 입장이 함축하는 극단적인 의미는 이미 굿패스터가 '포섭 기준'과 '비교 기준'으로 구분하여 예시된 바 있다.[7] 전자는 어떤 존재가 도덕적 지위를 지니는지를 결정하므로 도덕적 영역의 경계를 설정해 주고, 후자는 전적으로 도덕적 영역 내에서 작용하여 존재가 지닌 자연적 속성의 정도에 따라 각 존재에게 차등 있게 도덕적 지위를 부여한다. 살아 있는 존재는 모두 살아 있으므로, 생명은 단지 포섭 기준에 불과하지 비교 기준이 될 수는 없다. 일상적으로 우리는 생명을 지닌 모든 존재가 동등한 가치를 지닌다고 생각하지는 않는다. 즉, 고등 동물은 하등 동물보다, 모든 동물은 식물보다 더 중요하게 간주된다.

우리가 모든 살아 있는 존재에게 도덕적 지위를 부여하나, 동일하게 부여하지는 않기 때문에, 굿패스터는 생명이 아닌 다른 비교 기준이 필요한데도 실제로는 그 기준을 제공하지 못하고 있다. 비교 기준이 없으면, 우리의 도덕적 관행에서 굿패스터의 견해가 어떤 개혁의 기능을 담당하는지 불확실하다. 이끼식물이나 박테리아에게는 어느 정도의 가치를 부여할 것인가? 우리는 현재의 음식 문

....

7   굿패스트는 '도덕적 숙고'(moral considerability)의 기준과 '도덕적 의미'(moral signif-icance)의 기준을 구분하였으나, 섬너는 이를 포섭 기준과 비교 기준으로 변형하여 사용하고 있다. *ibid.*, p. 311; L. W. Sumner, *Abortion and Moral Theory*, p. 133.

화를 수정하여 채식주의를 채택하여야 하는가? 한마디로 생명이란 기준은 우리의 숙고된 도덕 판단을 온전히 설명하지 못하고, 또 상식적 직관과도 어긋난다. 비교 기준이 있다고 해도 여전히 문제투성이다. 비교 기준을 유정성이라 해 보자. 존재가 지니는 유정성의 정도에 따라 도덕적 지위의 서열이 정해질 것이다. 만약 유정성이 비교 기준이라면 왜 포섭 기준은 되지 않는가? 역으로 생명이 포섭 기준이라면 왜 비교 기준이 되지 않는가? 유정성을 포섭 기준으로서는 옹호하지 않으면서 비교 기준으로 옹호하는 논증을 찾아내기란 어려우며, 이는 다른 것을 비교 기준으로 잡아도 마찬가지이다.

또한 생명이 도덕적 지위에 필수적이라는 굿패스터의 주장에는 정합성 문제가 놓여 있다. 존재가 목적론적인 체계를 갖는 데 유기체임은 필수적이지 않다. 따라서 필요, 선, 혹은 이해관계 등을 가질 능력을 지니는 데에도 유기체임은 필수적이지 않다. 나무가 이런 조건들을 만족시킨다면, 자동차도 만족시킬 것이다. 기계가 올바로 돌아가기 위해서는 지속적인 작동이 주기적으로 필요하다. 지속적인 작동은 기계에 좋은 것이며, 기계는 이러한 지속으로부터 이득을 얻는다. 그러면 왜 생명이 도덕적 지위의 필요조건인가? 살아 있음은 단지 목적과 이해관계를 가질 수 있는 능력의 (부분적인) 표징에 지나지 않는다. 그러나 그의 논증은 이러한 표징이 되는 성질을 도덕적 지위의 기준으로 간주하므로, 그는 원래 의도와는 달리 무생물이나 인공물에 대해서도 도덕적 지위를 부여하지 않을 수 없게 되었다. 요컨대 굿패스터가 비유정적인 존재도 이득과 해악의 주체가 될 수 있다고 본 점이나 권리와 의무가 이득 및 해악과 밀접하게 연관되어 있다고 본 점은 옳다. 하지만 도덕이 이득과 해악의 어떤 특정 범주가 아니라 이득과 해악 그 자체에 관계한다고 본 점은 잘못이다. 왜냐하면 생명체뿐만 아니라 이 세계에 존재하는 모든 것이 이해관계를 지니고, 이렇게 되면 모든 존재가 도덕적 지위를 지녀 존재 상호 간의 생명권 충돌을 조정할 또 다른 메커니즘이 필요하기 때문이다. 굿패스터가 이 충돌을 해결할 기준을 제시하려고 시도한다면, 그는 아마 특정 존재의 이해관계가 도덕적으로 더 중요하다고 주장하지 않을 수 없을 것이다. 실제로 모기를 죽이는 것은 모기에게 분명 나쁘다. 하지만 어떤 유정적 존재의 이해관계가 관계하지 않는 한, 모기를 죽이는 것에는 도덕적 차원이 관계하지 않는다. 따라서 생명이란 기준은 도덕 공동체의 외연을 너무 넓게 잡아 현실적인 도덕적 삶에 아무런 도움을 주지 못한다.

쾌락과 고통을 느끼는 능력

굿패스터 입장의 불충분함으로 인하여 우리는 도덕적 지위의 기준으로 유정성(有情性)을 검토하는 단계에 이르렀다. 영어 'sentience'를 일부에서는 '쾌고 감수 능력'으로 번역하곤 하지만 필자는 편의를 위해 간단하게 '유정성'으로 번역하여 사용하고자 한다. 유정성 개념을 직접 논하기에 앞서 이 개념보다 그 외연이 좁은 합리성이라는 기준을 먼저 검토하는 것이 도움이 될 것이다. '합리적/비합리적'의 경계는 '생명력 있는/생명력 없는'의 경계보다 구분하기가 더 어렵다. 왜냐하면 합리성이란 사고력, 기억력, 예견력, 언어 사용 능력, 자기의식, 계획 능력, 추리력, 판단력, 심사숙고하는 능력 등의 서로 구분되나 관련된 여러 능력을 포괄적으로 나타내기 때문이다. 어떤 존재는 이러한 능력 가운데 몇몇을 소유하면서 다른 능력은 결여할 수도 있다. 분명한 것은 우리가 이러한 능력들을 다발로 지니면서 최고 수준의 인식 과정을 겪는다는 점이다. 이 다발은 성인, 청소년, 혹은 다른 동물종도 지닐 수 있다. 그러나 상식적인 차원에서 생각해 보아도 합리성이란 기준은 우리가 생명권을 지닌다고 확신하는 많은 존재를 도덕 공동체에서 배제시키는 문제점을 지닌다. 즉, 유아나 중증장애인, 회복 불능의 혼수상태에 빠진 자 등은 합리성을 지니지 못해 생명권을 상실하게 되고, 이런 존재를 죽여도 우리는 도덕적인 잘못을 범하지 않게 된다. 또한 합리성 기준을 받아들이게 되면, 몽둥이로 개를 두들겨 패 고통을 가하면서 죽이는 것이나 기계로 잔디를 깎는 것은 개나 잔디가 모두 합리성을 지니지 않기 때문에, 도덕적으로 차이가 없게 된다. 그러나 우리의 반성적 직관은, 강아지가 생명권을 지니는지의 물음과 상관없이, 적어도 이유 없이 강아지에게 고통을 가하는 것은 도덕적으로 잘못되었다고 생각한다. 더 나아가, 동물과 식물은 그 도덕적 지위에 있어서 차이가 난다고 생각한다.

그럼에도 불구하고 합리성을 도덕적 지위의 기준으로 삼으려는 시도가 있었고, 이 전통은 칸트까지 거슬러 올라가며, 현대 학자로는 에이브러햄 멜든(A. I. Melden)을 들 수 있다. 그는 도덕적 지위의 기준으로 도덕적 행위능력을 들고 있다. 이 능력은 도덕 공동체―도덕 규칙을 준수하고 타인의 온전성을 인정해 주는 존재들의 집합―에의 참여로 표현된다. 그래서 권리는 우리와 도덕적 교제를 나누는, 우리와 유사한, 타인의 복지를 고려하는, 협동적인 노력에 동참할 수 있는, 권리 및 가치관에 따라 자기 행위를 규제할 수 있는, 그리고 도덕적인 분개나 자책감을 표현할 줄 아는 존재에게만 주어진다.[8] 합리성은 이러한 다발의 능력을 지니는 데 필요조건이 된다. 멜든은 우리가 알고 있는 모든 존재 가운데 단지 인간만이 도덕적으로 행위할 수 있다고 믿는다. 따라서 도덕적 지위의 최소 기준은 합리성이고 합리성은 인간만이 지니기 때문에, 생명권은 오직 인간적인 권리가 된다.

우리는 지금까지 이러한 근거에서 모든 인간에게 도덕적 지위를 확장하는 어려움은 간과한 채 생명권을 갖는 데 도덕적 행위능력이 필요조건이 된다고 전제하여 왔다. 멜든의 논의 기반인 도덕 공동체라는 개념은 모호하다. 이 개념은 한편으로 도덕 행위자―도덕적 의무의 담지자―의 공동체로 생각될 수 있고, 다른 한편 이는 도덕 행위자가 그에 대해 의무를 갖고 있는 모든 존재―도덕적 권리의 담지자―를 포함하는 것으로 생각할 수도 있다. 도덕 행위자(의무 담지자)의 집합이 도덕 수용자(권리 담지자)의 집합과 외연이 같다고 상정할 수 없다. 유아나 인간이 아닌 고등 포유동물은 권

....

8   그는 단지 존재가 합리적임은 도덕감을 갖는 것을 보증하지 못한다는 이유로 도덕적 지위의 필요충분 기준으로 합리성을 부정한다. 하지만 합리성은 도덕적 행위의 필요조건이기 때문에, 합리적 존재류 이상에까지는 도덕적 지위를 확장시키지는 않는다. A. I. Melden, *Rights and Persons*(Oxford: Basil Blackwell, 1977), p. 204.

리를 갖으나, 의무는 갖지 않는다. 도덕적인 행위능력은 도덕적 의무의 필요조건이나, 도덕적 권리의 필요조건은 아니다. 권리의 기준은 의무의 기준과 동일하다고 주장할 수도 있으나, 이는 선결문제 요구의 오류를 범하고 있다. 왜냐하면 현재 우리는 도덕적 권리의 기준이 무엇이냐를 논하고 있는데, 그것이 의무의 기준과 같다는 주장은 자율적이지 못한 존재는 도덕적 권리를 지니지 않는다는 주장을 이미 함축하고 있기 때문이다. 권리란, 충분히 자율적으로 자신의 삶을 영위할 수 있으나 타인의 침해를 받을 수 있기 때문에 삶의 필요불가결한 몇몇 요소를 다른 존재에게 의존하는 존재를 보호하는 장치이다. 권리는 권리 소유자의 선을 해악으로부터 보호해준다. 우리는 자율성, 권리의 침해 가능성, 그리고 타인에의 의존성이라는 최소한의 조건을 갖추고 있으므로 서로에게 권리를 부여한다. 어떤 존재가 이 조건을 만족하려면 그 자체로 도덕적인 행위를 할 수 있을 필요는 없고, 단지 권리에 의해 보호받을 수 있는 이해관계를 지니기만 하면 된다. 따라서 합리성과 같은 고차원적인 기준은 도덕적 권리의 소유가 아니라 도덕적 의무의 소유에 더 적절할 것 같다. 즉, 합리성은 도덕적 의무의 기준으로 적절하나, 도덕적 권리의 기준으로는 이보다 낮은 차원의 기준이 적절할 것 같다.

생명 있음이라는 기준은 도덕적 권리를 지닌다고 보기 어려운 존재까지도 도덕 공동체의 구성원으로 허용하기 때문에 너무 약한 기준이다. 반면에 합리성이라는 기준은 도덕적 권리의 담지자로서 적절한 존재를 배제하기 때문에 너무 강한 기준이다. 즉, 합리성이라는 조건은 도덕적 지위의 충분조건이나 필요조건은 아니다. 유정성은 이 두 극단의 중간에 위치한다. 유정성의 원시적인 형태는 쾌락과 고통을 경험할 수 있는 능력으로 표현되나, 이의 발전된 형태는 원함(wants), 지향함(aims), 욕구(desires) 등의 능력으로 표현된다. 의식적임은 유정성의 필요조건이나 충분조건은 아니다. 왜냐하면 감정의 느낌은 마음의 상태이기 때문에 그 소유자가 의식적이면서도 감정의 느낌이 없을 수 있기 때문이다. 합리성이 일련의 인식적인 능력을 포괄한다면, 유정성은 어떤 존재의 수동적/능동적 삶에 그 뿌리를 두고 있다. 욕구나 즐거운 경험의 복합체인 어떤 존재가 이해관계를 갖는 것은 유정적임에 의해서이다. 도덕이 이해관계의 증진 및 보호와 밀접한 관계에 있다면, 우리는 이해관계를 가질 수 있는 모든 존재자에게 도덕적 의무를 지닌다. 따라서 우리는 쾌와 고통을 느끼는 모든 존재에게 의무를 지닌다.

모든 식물과 대부분의 동물은 유정적이지 않다. 의식성과 마찬가지로 유정성도 생존에 필요한 하나의 수단으로서 진화 과정을 겪는 동안에 나타나게 되었다. 생물학적으로 보아 유정성은 전뇌 척추동물(인간 뇌 반구의 원시적인 형태)이 처음 출현한 표징이다. 가장 단순한 쾌나 고통을 느끼는 능력도 비척추동물은 지니지 않는다.[9]

....

9   거미나 곤충과 같은 비척추동물도 감각 경험을 지니는지 우리는 실제로 알 수 없으나, 감각 경험을 지닌다고 볼 만한 증거도 있다. 이런 동물들도 감각 기관과 신경계를 지니며, 마치 보고 듣고 느끼는 것처럼 행동하기 때문이다. 섬너는 비척추동물은 전뇌가 없기 때문에 비유정적이라고 보나, 척추동물과는 다르면서 고통을 느끼는 신경조직을 비척추동물은 가지지 못하는가? 만약 고통을 느끼지 못한다면, 그 유기체는 생식하기에 충분하리만큼 오래 살지 못할 것이다. 따라서 거미나 곤충도 고통을 느낄 수 있는 유정성을 지닌다고 보아야 하지 않을까? 이 반론은 설득력 있으나, 태아의 유정성 물음을 다루는 이 책에서 이런 비판은 본질적이지는 않다. M. A. Warren, "The Moral Significance of Birth",

그래서 도덕적 지위의 계통발생적인 경계는 척추동물과 비척추동물 사이에서 그어진다. 합리성과 마찬가지로, 그러나 생명과는 달리, 유정성은 정도의 차이를 허용한다. 예를 들어, 고통의 느낌도 존재에 따라 그 지각의 정도가 다르다. 게다가 발달한 존재일수록 더 높은 정도의 유정성을 지닌다. 합리적인 존재는 그렇지 않은 존재가 인지적·정서적으로 눈먼 사태나 활동에서도 만족감이나 좌절감을 느낄 수 있다. 고등 존재가 더 풍부하고 더 다양한 삶을 영위할 수 있다는 것의 의미도 바로 여기에 있다.

유정성은 정도의 차이를 허용하기 때문에 도덕적 지위의 포섭 기준이면서 동시에 비교 기준이 될 수 있다.[10] 동물의 왕국은 유정성의 정도에 따라 서열화될 수 있다. 유정적 존재 가운데서도 발달한 존재는 덜 발달한 존재보다 더 큰 도덕적 지위를 지닌다. 정상적인 성인이 가장 높은 도덕적 지위를 지닐 것이다. 인간보다 덜 합리적인 존재는 도덕적 지위가 전적으로 결여된 것은 아니나, 충분한 도덕적 지위를 지니지는 않는다. 이러한 도덕적 지위의 정도 분석은 생명권의 획득이 점진적으로 일어난다는 권리 이론을 낳는다. 이에 대한 세밀한 분석은 복잡하나 여기서는 불필요하다. 단지 우리는 모든 척추동물까지 도덕적 지위를 확장하는 주장을 하고 있으며, 하등 동물보다 고등 동물을 도덕적인 측면에 있어서 더 중요하게 간주하고 있다. 이는 우리의 도덕적 직관—즉, 우리는 일상적으

....

Hypatia, vol. 4, 1989, p. 52.
10   L. W. Sumner, *Abortion and Moral Theory*, p. 144.

로 짚신벌레나 말파리는 도덕적으로 무의미하고, 개나 고양이는 이 보다 낮고, 침팬지나 고릴라는 이보다 더 낮고, 인간은 가장 중요하 다고 생각한다―과 일치한다. 그래서 유정성이라는 기준은 자연적 본성에 의존해서 다른 도덕적 지위가 점진적으로 나타난다는 것을 허용한다. 그리고 이는 무생물, 식물 그리고 단순한 형태의 동물에 관한 논의에서는, 왜 도덕적 문제가 발생하지 않는지를 잘 설명해 준다.

이는 또한 다른 행성에 살고 있는 새로운 형태의 생명과 만날 경우 이를 도덕적으로 어떻게 다루어야 할 것인지에 관한 안내 역 할을 담당할 수 있다. 그 존재가 쾌나 고통을 느낄 수 있으면 도덕 적 지위를 지닌다. 따라서 인간의 이익을 위하여 그 존재를 함부로 다루어서는 안 된다. 이 존재가 지니는 도덕적 지위의 정도는 유정 성의 깊이에 달려 있다. 어떤 존재가 우리 자신과 동일한 합리성과 유정성을 지닌다면, 일관성의 논리에 따라 우리는 그 존재를 우리 와 동일한 도덕적 지위를 지닌 존재로 인정해야 한다. 그러나 어떤 존재는 합리적이기는 하지만 유정성이 없다. 이런 존재에 대해서는 우리의 어떤 행동도 아무런 영향을 끼칠 수 없다. 물론 논란의 여지 는 있지만 이는 유기적인 로봇, 인공지능을 가진 컴퓨터에도 동일 하게 적용될 수 있다. 즉, 유정성 기준에 따르면 인공지능을 갖춘 로 봇에게 도덕적 지위를 부여할 것인가 말 것인가를 결정하는 데 중 요한 것은 합리적이냐 합리적이지 않느냐는 물음이 아니라, 쾌와 고통을 느낄 수 있느냐는 물음이다.

유정성 기준은 상당히 비정상적인 자에 대해서는 완만한 사용을 요구한다. 인식 능력의 결여는 그 사람의 유정성 정도에 해악을 가하나, 그 사람을 비유정적 존재로 만들지는 않는다. 중증장애인도 어떤 형태의 쾌나 고통을 느낄 수 있으므로, 도덕적 지위를 소유한다. 이 도덕적 지위는 유정성이 완전히 사라지는 점까지 점점 줄어들게 된다. 이는 죽음을 대뇌 활동의 영원한 상실로 보는 경향과 일치한다.[11] 물론 뇌사 상태의 인간도 분명히 살아 있지만 그들에게는 선이나 악을 불러일으킬 수 없으므로 도덕적인 의미에서는 우리의 고려 밖이다. 생명이라는 기준은 이들도 도덕적 지위를 지닌 존재로 간주할 것이고, 합리성이라는 기준은 이들이 이성을 결여하고 있다고 판단하여 이들 모두에게 도덕적 지위를 부여하지 않을 것이다. 그러나 유정성이라는 기준은 살아 있는 존재 가운데 쾌와 고통을 느낄 수 있는 존재에게는 합리성 기준과는 달리 도덕적 지위를 부여하고, 대뇌 활동이 정지된 자—쾌와 고통을 느낄 수 없는 존재—에게는 도덕적 지위를 부여하지 않기 때문에, 이 양자의 중간이라 할 수 있다.

유정성 기준이 도덕적 지위의 포섭 기준이면서 동시에 비교 기준이 된다면, 그 유정성 정도에 따라 유정적 존재는 상당히 다양하게 분류될 수 있을 것이다. 심지어는 동일한 성인에게서도 유정성의 정도는 다를 수밖에 없으므로 성인의 도덕적 지위도 차등이 있게 된다. 여기서 도덕적 지위가 생명권으로 정의되고 있음을 상기

....

11 죽음의 정의에 관해서는 T. A. Shannon & J. D. Digicomo, *An Introduction to Bioethics*(New York: Paulist Press, 1979), ch. 5 참조.

하면, 이는 곧 성인들 사이에도 생명권에 있어서 정도의 차이가 있음을 인정하는 셈이다. 섬너는 실제로 이렇게 해석하여, 중증장애인은 선악을 불러일으킬 수 없으므로 도덕적 고려에서 제외하고 있다.[12] 이는 모든 인간은 평등한 생명권을 지닌다는 우리의 반성적 판단과 일치하지 않는다.

그러면 이 둘을 어떻게 조정하여 반성적 평형 상태를 얻을 수 있는가? 이런 어려움은 유정성을 비교 기준으로 강하게 주장하기 때문에 생긴 결과이다. 따라서 필자는 여기서 숙고된 판단을 유지하면서 배경 이론에 근거하여 수정을 가하고자 한다. 즉, 유정성을 약한 비교 기준으로 해석하여, 일정 정도 이상의 유정성을 지닌 모든 존재는 동등한 생명권을 지니는 것으로 해석하고자 한다. 다시 말해, 필자는 유정성을 앞서 언급하였듯이 하나의 '영역 성질'로 이해하고자 한다. 따라서 일정 정도 이상의 유정성을 지닌 모든 존재는 동등한 도덕적 지위를 지닌다. 유정성 자체가 영역 성질이라는 말이 아니라, 어느 정도 이상의 유정성을 소유한 존재는 모두 동등하다는 의미에서 우리는 유정성을 영역 성질로 이해하고자 한다. 충분한 도덕적 지위를 소유하는 데 필요한 유정성의 정도가 얼마만큼인지 정확하게 규정하기란 어렵다. 아마 적어도 유아가 지니는 유정성 정도이면 충분하리라 생각한다. 왜냐하면 유아 살해를 우리는 도덕적으로 그르다고 여기며, 또한 성인이나 유아는 동등한 생명권을 지닌다고 여기기 때문이다. 따라서 유아가 지닌 유정성 정

....

12   L. W. Sumner, *Abortion and Moral Theory*, pp. 145-146.

도를 영역 성질의 경계로 보는 것이 합당할 것이다.

유정적 존재의 경계

유정성은 정도의 차이를 허용하므로 완전히 유정적 존재에서 완전히 비유정적 존재에 이르는 하나의 연속체를 우리는 구성할 수 있다. 도덕적 지위의 경계는 바로 이러한 연속성의 영역이다. 계통 발생학에서 이 연속성은 인간에서 단순한 동식물에게까지 이어지므로 그 경계 영역은 척추동물과 비척추동물 사이에서 그어진다. 병리학에서 연속성은 완전히 정상적인 자에서 전적으로 무능력한 자까지 이르므로, 그 경계는 의식성에서 무의식성까지 이른다. 인간의 개체 발생은 수정란에서 성인에 이르는 연속성이다. 그래서 그 경계는 유정성이 처음으로 나타난 단계에서 그어질 것이다. 그러면 어느 시점에서 유정성이 처음으로 나타나는가?

정신 상태는 물리적 토대 위에서 이루어진다. 유정성 능력은 필수적인 생리학적 구조가 이루어질 때만 현존하게 된다. 생리학, 특히 신경생리학이 개체 발생의 연속성에서 그 경계를 어디에 설정할 것인가를 결정하는 데에 주요한 길잡이 역할을 수행할 것이다. 스테레오 전축 체계처럼, 유정적 존재의 표준에 해당하는 인간의 뇌는 전뇌, 중뇌, 뇌간으로 연결된 일련의 집합체이다. 중뇌와 뇌간은 항상성(체온, 호흡, 심장박동 등) 유지, 호르몬 분비, 반사작용, 신경 루트, 자율 활동 조절 등의 기능을 담당하나, 개인의 의식에서는 아무런 역할을 담당하지 못한다. 즉, 이 모든 기능은 의식이 없어도 가능하다. 인식 작용, 지각 작용, 자의적인 운동 작용 등은 전뇌, 특히 뇌피질에서 일어난다. 쾌나 고통의 감정, 정서, 기본적 충동(식욕, 성욕 등) 등은 전뇌의 피질에 의해 통제된다. 쾌와 고통의 자극을 전달해 주는 신경조직은 뇌피질을 통과하지만, 그 궁극적 목표는 대뇌체계이다. 따라서 가장 원시적인 형태의 유정성은 뇌피질 활동이 없는 경우에도 가능하다. 특정 신경조직의 소유는 도덕적 지위의 기준으로서 아무런 역할을 담당할 수 없다. 왜냐하면 인간의 신경조직과 전혀 다른 신경조직을 지닌 존재도 쾌와 고통을 느낄 수 있기 때문이다. 그러나 우리가 알고 있는 모든 종에서 전뇌라는 구성요소가 유정성을 갖기 위한 최소한의 조건이다.

인간종의 정상적인 임신 기간은 약 280일로, 흔히 3기로 나누어진다. 수정란은 어떤 종류의 신경조직도 갖지 않는다. 이른 배아기(3주째)에 척수가 처음으로 나타난다. 전뇌, 중뇌, 뇌간의 구분은 8주 말에 이루어지므로, 임신의 제1삼분기 마지막 시기에 결국 중요한 모든 신경 척추의 구성요소가 분명하게 개별화되어, 뇌파 활동이 감지된다. 그다음 달, 즉 임신 후 4개월째에 대뇌반구, 특히 피질이 형성되어 태아는 뇌의 형태를 지니게 된다. 7개월 된 태아의 뇌는 유아의 뇌와 구분 불가능할 정도로 완전한 형태를 띠게 된다. 즉, 임신 후 7개월경에, 한 개인이 전 생애에 지니게 되는 대부분의 신경 단위가 이미 형성된다고 할 수 있다. 태어난 아기는 그 어느 다른 기관보다 뇌가 성인의 그것과 가장 유사하다. 갓 태어난 유아는 유정적이다. 수정란과 배아는 전유정적(presentient)이다. 태아의 성장

과정에서 유정성이 처음으로 나타나는 단계를 정확하게 정하기란 생물학적으로 쉽지 않다. 태아 뇌의 구조는 임신 제2삼분기 말에 정해진다. 그러나 그 이전에도 뇌의 원시적인 부분이 뇌의 기능을 어느 정도 수행할 수 있다고 볼 만한 이유가 있다. 신경 기능은 태아의 생존에 필요한 정도에 따라 순차적으로 발달한다. 그래서 뇌간이 처음 형성되어 그 기능을 발휘한다. 심장박동과 신진대사 작용에는 뇌간이 필요하기 때문이다. 포유동물의 태아는 닫힌 환경에서 보호되면서 자라므로, 인식과 지각은 생존에 본질적으로 중요하지는 않다. 따라서 뇌피질은 뇌의 가장 복잡한 부분이나 태아에게는 가장 덜 중요한 기관으로 개체발생학적으로 가장 늦게 발달한다.

단순한 쾌와 고통의 감각은 이러한 우선순위에 있어서 중간적인 위치를 차지한다. 이는 뇌 가운데 피질보다 더 원시적인 부분에 위치하나, 쾌락적인 자극을 추구할 수도 없고 고통의 자극을 피할 수도 없는 존재에게는 아무런 실제적 역할을 수행하지 않는다. 태아의 움직임을 통해 태아가 쾌와 고통의 능력을 지녔는지를 파악하기도 어렵다. 임신 제1삼분기 말에 앞서 태아는 불쾌한 자극에 움츠리면서 반응한다. 그러나 이러한 반응은 전적으로 자동적이다. 그러면 태아는 언제부터 쾌와 고통에 의식적으로 반응하는가? 의학, 생물학, 신경생리학 등이 밝혀낸 지식에 따르면, 우리는 태아의 유정성이 정확하게 언제 출현하는지 알 수 없다. 그러나 어떤 판단에 대해서는 분명하게 말할 수 있다. 즉, 임신 제1삼분기의 태아는 아직 유정성을 갖지 않으나, 임신 제3삼분기의 태아는 적어도 어느 정도의 유정성을 갖는다. 따라서 유정성의 경계는 임신 제2기의 어느 시점에서 그어져야 할 것이다.

인식보다 더 원초적인 것으로, 단순한 쾌와 고통 감각을 분별할 수 있는 능력은 아마 개체 발생 순서상 의식의 최초 형태일 것이다. 게다가 유정성은 갑자기 나타나는 성질이 아니라 점진적으로 획득되는 성질이다. 따라서 유정성의 경계를 임신 제2삼분기 어느 시점에 긋는 것이 최선이다. 그러나 정확한 시점을 규정하기란 불가능하다. 계통발생적 연속성과 병리학적인 연속성에서도 극단적인 경우는 분명하게 제시되나, 중간적인 경우는 불확실하다. 개통발생적인 연속성도 마찬가지이다. 임신 기간 태아가 의식을 지니게 되는 양적인 도약이 없기 때문에, 유정적 태아와 비유정적 태아 사이의 경계가 날카롭게 그어지지 않는다. 지식이 발달하면 할수록 그 경계를 더 정확하게 규정할 수 있겠으나, 하나의 정확한 시점을 말하기란 거의 불가능하다. 그래서 도덕적 지위가 아직 미결정된 태아가 존재하게 됨을 우리는 부인할 수 없다.

유정성이라는 기준에 비추어 볼 때, 임신이나 출생은 전유정적 존재에서 유정적 존재로의 이행 징표가 되지 못한다. 수정란, 정자, 난자 등은 유정성을 갖지 못하며, 신생아도 다 자란 태아보다 더 큰 감각 능력을 지니지는 않는다. 태동에 대한 초기의 느낌은 아마 반사적인, 그래서 전의식적인 태아 움직임의 지각일 것이다. 오직 체외생존가능성만이 어느 정도 적절성을 지니지만, 기준으로서는 기능하지 못한다. 자신의 내적 상태를 지각하여, 그래서 반응할 수 있는 존재는 자신의 필요나 욕구를 타자에게 전달할 수 있다. 이 능력은 자궁 내에서는 아무런 쓸모가 없으나, 자궁 외적 환경에서의 생존에는 도움이 된다. 따라서 태아는 체외에서 생존이 가능한 약 임신 제2삼분기 말경에 유정성을 갖게 된다고 하겠다. 그러나 체외생존가능성은 도덕적 지위의 기준이 아니라 단지 그 표시로 기능한다.

임신 제2삼분기를 도덕적 지위 획득의 분수령으로 설정하게 되면, 임신중절의 도덕성은 임신중절이 행해지는 시기에 따라 달라진다. 초기 임신중절은 제1삼분기와 제2삼분기 초에 이루어지는 임신중절을 말하고, 후기 임신중절은 제2삼분기 후반과 제3삼분기에 이루어지는 임신중절을 말한다.[13] 도덕적으로 전자는 피임과 같은 범주에 속하고, 후자는 유아 살해와 같은 범주에 속한다. 따라서 초기 임신중절은 후기 임신중절과 중요한 측면에 있어서 다르다. 제1삼분기에 이루어지는 임신중절 시술[자궁 내 피임 기구(IUD), 자궁 흡인 중절(menstrual extraction), 진공 흡인(vacuum aspiration) 등]은 살인이 아니다. 반면에 후기에 이루어지는 임신중절 시술[약물을 이용한 유도분만 중절 수술(saline induction), 자궁 절개술(hysterotomy)]은 유아 살해에 해당된다. 임신중절에 대해 사람들이 느끼는 가책은 후기 임신중절에 대한 가책이다. 유정성 기준은 이 차이를 잘 설명해 준다.

유정성 기준에 따른, 임신중절에 관한 제3의 대안적 입장은 초기 임신중절에 대해서는 자유주의적이고, 후기 임신중절에 대해서는 보수주의적인 입장이다. 제2삼분기 중간에 해당하는 경계선상의 임신중절에 대해서는 단순히 미결정적이다. 이 단계의 태아가 생명

....

13   L. W. Sumner, *Abortion and Moral Theory*, p. 151.

권을 지니는지는 확실하게 말할 수는 없다. 따라서 이 단계의 임신 중절에 대해서 자유주의적 입장을 적용해야 할지, 보수주의 입장을 적용해야 할지 분명하게 말할 수 없다. 그 경계선을 제2삼분기에 설정함으로 산모는 자기가 임신하였는지 확인하고, 그리고 임신의 지속 여부를 충분히 생각할 수 있는 시간적인 여유를 갖게 된다. 임신 제2삼분기의 어느 단계에서 태아가 유정성을 갖는지가 불확실하기 때문에, 안정성의 차원에서 우리는 임신 제1삼분기 말까지를 초기 임신중절의 시기로 보는 것이 가장 합리적이다.

초기 임신중절에 관한 이러한 입장에 따르면 태아의 생명권은 일정 기간 단지 유예적일 뿐이다. 오직 그 경계선을 넘어서야 태아의 생명권은 존중받을 수 있다. 그래서 유정성이 점진적으로 얻어지고, 따라서 도덕적 지위도 점진적으로 얻어지므로 이 입장은 점진적(gradual)이다. 또 그 경계를 임신 기간 중 어느 시점에 그어 갓 임신된 태아와 충분히 자란 태아의 도덕적 지위를 구분하므로, 이 입장은 차등적(differential)이다. 도덕적 지위의 획득을 태아의 정상적 성장 과정의 어느 한 측면에 근거한다는 점에서 발달적(developmental)이다. 초기 임신중절과 후기 임신중절을 도덕적으로 다르게 평가하면서 자유주의 입장과 보수주의 입장을 적절하게 조화시키고 있다는 점에서 이 입장은 절충주의적(moderate)이다.[14] 이 입장은 피임은 도덕적으로 그르지 않다는 숙고된 판단과 후기 임신중절에 대한 도덕적 자책감은 잘 설명해 주나, 초기 임신중절은 피임과

....

14   ibid., pp. 153-154.

같다는 반직관적인 결론을 낳는다. 여기서 우리는 다시 한번 원래의 숙고된 도덕 판단과 도덕적 지위에 관한 배경 이론이 상충함을 엿볼 수 있다. 그렇다면 반성적 평형 상태를 유지하기 위해 어느 쪽을 수정 내지 폐기해야 하는가? 여기서는 일단 유정성 기준에 따른 이런 입장을 필자는 임신중절에 관한 잠정적인 도덕 원리로 받아들이고, 후속 논의를 통해 수정하여 반성적 평형 상태를 찾고자 한다.

4장

죽음은 왜 악인가

임신중절은 태아의 죽음과 관련된 물음이다. 따라서 죽음이 왜 해악인지에 대한 해명이 있어야, 태아가 도덕적 지위를 지닐 경우 태아의 죽음을 야기하는 임신중절은 도덕적으로 그르다는 결론을 얻을 수 있다. 또 상식적으로 우리는 살인은 도덕적으로 그르다고 생각한다. 철학은 당연한 것에 대해 '왜'라고 묻기 때문에, 우리는 '죽음은 도덕적 악이다.'라는 너무나 상식적인 윤리 원칙에 대해서도 '왜'를 물어야 한다. 이 숙고된 도덕 판단을 우리는 어떻게 설명할 수 있을까? 일상적인 행위의 경우 그 행위가 영향을 미치는 사람들이 특정화되어 있으며, 또 그 수마저 대개 결정되어 있다. 따라서 우리는 영향받은 당사자에게 발생한 해악이나 선을 이유로 그 행위의 도덕성을 손쉽게 평가할 수 있다. 그러나 살인의 경우 그 행위의 영향을 받는 당사자, 즉 피해자가 아예 존재하지 않게 된다. 자살의 도덕성에 관한 이성적인 논의가 어려운 이유도 여기에 있다. 자연법이나 칸트적 의무론에 따르면 이러한 행위는 자연법 내지 도덕적 의무와의 부합 여부에 따라 그 도덕성을 평가하는 데 어려움이 없지만, 행위의 결과나 행위가 가져오는 쾌락과 고통에 의해 그 도덕성을 평가하는 결과주의나 공리주의에 따르면 직접적 당사자의 이러한 비존재는 여간 곤혹스러운 것이 아니다. 왜냐하면 우리가 묻는 결과 혹은 쾌락이나 고통은 언제나 그 당사자의 존재를 논리적으로 전제하는 데 살인이나 자살은 이 전제를 무너뜨리기 때문이다.

에피쿠로스 논증

표준적인 살인의 경우 희생자는 도덕적 지위를 가진 성인이고, 죄가 있다고 여길 만한 특별한 이유가 없는, 살고 싶은 욕구를 지니고 장래 삶을 기대하는 사람이다. 이 경우 살인은 의도적으로 일어나며, 더 많은 사람의 생명을 구하는 것과 같은, 혹은 이를 능가하는 도덕적 고려사항이 존재하지 않는다. 그러니까 정당방위에 의한 살인이나 예외적인 경우를 제외하고는 우리는 살인을 심각한 해악으로 간주한다. 일반적으로 행위는 의도, 행위 자체 그리고 결과의 세 요소로 구성되어 있기 때문에 행위에 대한 도덕적 평가 역시 이들 가운데 어느 요소를 중요하게 여기느냐에 따라 달라질 수 있다. 동기주의는 의도를 중요한 요소로 간주하고, 의무론은 행위 자체를 중요하게 여긴다. 대개 우리는 의도나 행위 자체에 초점을 맞추어 살인의 도덕적 악을 강조한다. 하지만 이러한 주장은 일종의 직관 (intuition)에 호소하는 논변인데 대부분의 경우에는 이 직관이 설득력을 지니지만, 임신중절로 결과하는 태아 죽음에 대해서는 이러한 직관 자체가 서로 달라 설득력이 약하다. 예를 들어, 자유주의자들은 임신중절을 아예 도덕적 악으로 여기지 않는다. 따라서 살인이 도덕적으로 악하다는 것을 행위의 세 번째 요소인 결과에 의거하여 설명하는 작업이 요청된다. 일반적으로 결과는 두 종류로 구분된다. 하나는 주 효과(central effects)이고 다른 하나는 부 효과(side effects)이다. 주 효과는 직접적인 결과를 말하고, 부 효과는 간접적인 결과를 말한다. 살인의 경우 희생자 자신에게 미치는 결과가 주 효과이고, 희생자 외의 타인에게 미치는 결과가 부 효과이다. 부 효과는 살인 후에도 살아 있는 다른 사람에게 미치는 영향이므로, 그 결과를 도덕적으로 계산하는 데 특별한 문제를 야기하지 않는다.

그러나 결과주의 윤리설에서는 주 효과가 문제가 된다. 왜냐하면 살인의 결과는 희생자의 비존재이기 때문이다. 상식 도덕은 주 효과를 이유로 살인을 나쁜 것으로 여기지 않는가? 그렇다면 살인의 경우 주 효과는 무엇인가? 효과를 물을 수 있으려면, 효과를 받는 당사자가 존재해야 한다. 그런데 살인의 행위가 이루어지면, 효과의 담지자에 해당하는 직접적 당사자는 이미 존재하지 않는다. 이렇게 되면 결과주의는 주 효과를 물을 수 없다는 모순에 빠지게 된다. 결과주의의 대표적인 이론인 공리주의는 이를 잘 보여준다. 해악은 주체가 불쾌하다고 느끼는 경험으로 정의된다. 불쾌의 감정은 언제나 그 주체를 전제한다. 하지만 죽은 자는 경험할 수 없기 때문에, 주 효과의 차원에서 보면 아무런 도덕적 해악이 발생하지 않게 된다. 주 효과에서 해악이 발생하지 않았는데 어떻게 살인이 도덕적 악이 될 수 있는가? 죽은 자에 대해서 말할 수 있는 결과란 도대체 무엇인가?

죽음이 왜 악이 되는지에 대한 설명에 앞서 이런 반론을 검토해 보자. 죽음은 죽는 자에게 악이나 불운이 될 수 없다는 반론이다. 왜냐하면 이런 악이 부여될 수 있는 주체가 존재하지 않기 때문이다. 이런 주장은 죽음을 죽는 자의 전멸 혹은 존재의 멈춤이라고 보고 있다. 이런 비판의 배후에는, 인간은 어떤 불운이 일어날 때 존재하는 경우에만, 그 불운의 주체가 될 수 있다는 전제가 깔려 있다. 이러한 논변을 제프 맥마한(J. McMahan)은 '에피쿠로스 논증'(Epicuriean argument)이라 부르고, 여기서 전제된 것을 '존재 요구조건'(existence requirement)이라 부른다.[1] 실제로 에피쿠로스는 죽음 자체는 우리가 경험할 수 없기 때문에 두려워할 필요가 없다고 주장한 바 있다. 하지만 이 논증은, 어떤 사람이 어떤 사건을 그르다고 경험하는 경우에만 그 사건은 그에게 악일 수 있다는 원리 즉, '협의의 경험 요구조건'(the narrow experience requirement)에 근거한 유사한 논증과는 구분되어야 한다. 즉, 죽음의 예상이 어떤 사람을 괴롭게 할 경우 죽음의 전망이 그에게 악이 될 수는 있지만, 죽음 자체는 그에게 아무런 경험도 가져오지 않기 때문에 악일 수 없다는 것이 협의의 경험 요구조건을 받아들이는 자의 논변이다. 그리고 협

....

1   J. McMahan, "Death and the Value of Life", *Ethics*, vol. 99, 1988, pp. 33-34.

의의 경험 요구조건은 '광의의 경험 요구조건'(the wide experience requirement)과도 구별되어야 한다. 즉, 후자는 어떤 사건이 어떤 사람의 의식적인 경험에 나쁜 영향을 미치거나 혹은 차이를 가져오는 경우에 그 사건은 그에게 악이 될 수 있다고 한다. 이 두 요구조건의 차이점은, 협의의 조건은 죽음이 죽는 자에게 악일 수 없다는 주장을 함축하는 반면에, 광의의 조건은 이를 함축하지 않는다는 점이다. 왜냐하면 죽음을 경험하지 않는다 해도 죽음은 그 사람의 경험에 악영향을 미칠 수 있기 때문이다. 죽음이 죽는 자에게 악일 수 있다는 신념을 유지하려면 적어도 협의의 경험 요구조건은 부정되어야 한다.

이에 대한 사례로 우리는 조롱 내지 험담을 들 수 있다. 어떤 사람 A에 대해 누가 뒤에서 조롱 내지 험담을 하는데도 A가 스스로 사랑받고 있다고 착각하고 있다고 하자. 이 경우에 A는 불쾌의 경험을 하지 않았기에 협의의 해석에 따르면 이러한 조롱이나 험담은 악일 될 수 없지만, 광의의 해석에 따르면 A의 경험과 독립적으로 이러한 조롱이나 험담은 A에게 나쁜 영향을 가져다주기 때문에 악이 될 수 있다. 즉, 이 경우 주체의 경험이 전제되지 않아도 조롱이나 험담은 그 주체에게 도덕적 해악이 된다. 그리고 존재 요구조건과 협의의 경험 요구조건을 구분하기 위해, 하나의 예를 들어 보자. 어떤 사람이 월요일에 돌아오기로 하고 섬에서 휴일을 즐기고 있었는데, 전 주 금요일에 화재로 인해 자기 공장이 붕괴되어 버렸다. 육지와 섬이 연락이 두절되어 월요일에 돌아오기 전까지 그는 이 사실을 알 수가 없었다. 그런데 그는 일요일에 보트를 타고 휴가를 즐

기다가 그만 상어에게 잡아먹히고 말았다. 그러면 공장 붕괴 사건은 그에게 악이 되는가? 존재 요구조건에 따르면 이 사건이 발생할 때 그가 존재하고 있으므로 그에게 악일 수 있으나, 협의의 경험 요구조건에 따르면 그가 이 사건을 경험할 수 없었기 때문에, 이는 그에게 해악이 되지 않는다. 그러나 우리는 보통 공장의 붕괴가 그에게 해악이라고 생각하므로, 협의의 경험 요구조건은 악(혹은 선)의 필요조건으로 지나친 요구라 할 수 있다.

그러면 존재 요구조건은 타당한가? 죽음 자체가 바로 존재 요구조건의 충분한 반례(counterexample)가 된다. 에피쿠로스 논증에 따르면 죽음이 일어날 때 우리는 존재하지 않기 때문에 죽음은 악일 수 없으나, 일상인들의 상식적인 직관은 그렇지 않기 때문이다. 죽음은 '결코 존재하지 않음'(never existing)과 중요한 측면에서 구분된다. '결코 존재하지 않음'은 실제적인 사람에게 일어나는 어떤 것이 아니다. 게다가 '결코 존재하지 않음'의 경우에는 해악의 주체 내지 담지자라고 말할 수 있는 실제적인 사람이 존재하지 않지만, 죽음의 경우 죽음을 경험하는 주체는 존재하지 않으나 죽음의 주체 내지 담지자는 항상 실제적인 사람으로 존재함이 분명하다. 이러한 사례가 말해주듯이, 존재 요구조건은 표준적인 사례로부터 비표준적인 사례로 잘못 일반화한 것이다. 대부분의 경우 불운의 주체가 되는 사람이 존재해야 한다는 것은 필연적인 진리이다. 내가 존재하지 않으면 나는 고통을 경험할 수 없다. 그러나 죽음은 분명 특별히 예외적인 경우이다. 죽음은 한 번에 그 손실의 주체와 객체를 완전히 제거하는 특이한 종류의 손실이다. 죽음은 그 손실의 주체와 객체가 동일하다는 의미에서 독특하다.[2] 대부분의 악—악 전부는 아니지만—이 충족시키는 조건을 죽음이 충족시키지 않는다고 해서 죽음이 악일 수 없다고 주장하는 것은, 단순히 죽음이 특별한 특징을 지닌다고 악에서 아예 처음부터 배제하는 것이나 다름없다. 존재 요구조건을 부정하게 되면, 죽음은 죽는 자에게 악일 수 있는 가능성이 열린다. 그러면 왜 죽음이 악이 되는가?

미래 가치 손실 논증

살인이 왜 악으로 간주되는지를 문젯거리가 없는 경우에서 출발하여 설명해 보자. '우리 인간'을 죽이는 것은 그르다. 왜 나쁜가? 인격성 이론에 따르면 우리 인간을 살인하는 것을 그르게 만드는 것은, 살인이 그 희생자를 짐승처럼 잔인하게 다루기 때문이라고 말할 수도 있다. 그러나 잔인하지 않으면서, 오히려 편안한 상태에서 살인하는 것—마취나 환각 상태로 죽이는 것—을 우리는 생각할 수 있기 때문에 이런 설명은 설득력이 약하다. 우리를 살인하는 것을 그르게 만드는 것은 우리의 비존재로 인해 타인이 느끼는 손실이라고 주장하기도 한다. 이런 설명 역시 은둔자 혹은 그 삶이 비교적 독립적이어서 그의 죽음을 크게 슬퍼할 지인이 없는 자의 살인이 그르다는 것을 설명하는 데는 한계가 있다. 또 살인은 살인 순

....

2   L. W. Sumner, "A Matter of Life and Death", *Nous*, vol. 10, 1976, p. 160.

간에 당사자에게 엄청난 고통을 준다고 주장하는 이도 있으나, 마취나 수면에 의한 비고통적인 죽음이 가능하기 때문에 이런 설명 역시 적절치 않다.

이에 대한 대안으로서 돈 마퀴스(D. Marquis)는 '미래 가치 손실 논증'(the value of a future-like-ours argument)을 제안한다.[3] 즉 그는 죽음은 생명을 손실하는 것으로, 희생자가 생존하였다면 가능한 미래 선을 빼앗아 간다는 토마스 네이글(T. Nagel)의 주장과 맥을 같이 하여,[4] 살인을 그르게 만드는 것은 살인자에 대한 영향이나 희생자의 친구나 친척에 대한 영향이 아니라, 희생자 자신에 대한 주 효과 때문이라고 주장한다. 자신의 생명 손실은 인간이 겪는 그 어떤 손실보다도 크다. 즉, 생명의 손실은 그렇지 않았으면 누리게 될 모든 경험, 활동, 계획, 즐거움 등의 존재론적 근거를 앗아간다. 단순히 쾌락과 고통의 능력을 지녔기 때문에 인간이 선과 악의 주체인 것이 아니라, 실현될 수 있는 희망 내지 가능성을 지니고 있다는 이유에서도 인간은 선과 악의 주체가 된다.[5] 따라서 살인은 입을 수 있는 가장 큰 손실을 희생자 자신에게 가져다주기 때문에 도덕적으로 그르다.

그러나 생명의 손실을 이렇게 기술하는 것은 잘못일 수 있다. 나의 생물학적인 상태의 변화는 그 자체로 나를 죽이는 것을 그르

....

3   D. Marquis, "Why Abortion is Immoral", *The Journal of Philosophy*, vol. 86, no. 4, 1989, pp. 189-194.

4   T. Nagel, *Mortal Questions*(London: Canto, 1979), p. 11.

5   *ibid.*, p. 12.

게 만들지 않는다. 나의 생물학적 생명의 손실이라는 영향은 내가 겪을 수 있는 손실 중에 하나에 지나지 않는다. 경험, 활동, 계획, 즐거움 등은 그 자체로 가치 있다거나 아니면 가치 있는 그 무엇의 수단이다. 나의 미래 중 일부는 지금 나에게는 가치 있지 않으나, 내가 성장하고 나의 가치와 능력이 변함에 따라 나에게 가치 있게 될 수 있다. 내가 살해된다면, 나는 지금 내가 가치 있다고 느끼는 것―이것은 나의 미래 삶의 한 부분이 된다―뿐만 아니라 내가 미래에 가치 있다고 느끼게 될 것도 잃어버리게 된다. 이러한 손실을 나에게 가하는 것은 나를 죽이는 것을 그르게 만든다. 어느 성인을 죽이는 것을 일단 그르게 만드는 것은 '현재의 그' 및 '미래의 그'의 삶에 대한 손실이다. 이는 앞의 주 효과와 부 효과의 구분을 받아들여 희생자에게 미치는 주 효과로 인해 살인은 그르다는 것을 의미한다.

죽음은 영원한 비존재이다. 유정적 존재의 비존재 방식은 의식의 소멸이다. 그러므로 죽음은 의식의 영원한 끝이다. 죽음은 그 자체로 무(無)이므로, 죽음의 해악은 생명의 손실이라는 측면에서 찾아야 한다. 죽음의 대안은 생명이다. 죽음은 죽지 않았을 경우 향유하게 되는 삶, 혹은 이득을 얻는 정도까지 해악이 된다. 대부분의 해악은 고통을 겪는 것이므로 그 존재자의 지속적인 존재를 전제한다. 그러나 어떤 해악은 그렇지 않다. 손실 혹은 빼앗김에는 두 가지 종류가 있다. 하나는 손실의 주체가 계속 존재하면서 일어나는 특정 선의 손실이며, 다른 하나는 단 한 번에 삶의 모든 가치를 빼앗아 가는 손실이다.[6] 아리스토텔레스의 범주론에 따라 구분하면, 전자가 속성의 손실이라면 후자는 속성의 바탕이 되는 실체의 손실이다. 후자의 경우에는 손실의 주체가 존재하는 것을 멈추게 된다. 의식은 가치 소유의 필요조건이다. 따라서 의식을 영원히 앗아가는 것은 모든 가치의 실현 가능성을 상실하게 만든다. 생명의 지속은 다른 모든 욕구 만족의 존재론적 필요조건이다.[7] 이것의 부정이 바로 죽음이다. 죽음은 일상적으로 큰 손실이기 때문에 큰 해악이다. 죽음의 특징은 이 사건이 일어난 후에는 손실의 주체가 존재하지 않는다는 점이다. 루트비히 비트겐슈타인(L. Wittgenstein)이 말한 바와 같이, "죽음은 생명 안에 있는 사건이 아니다. 우리는 죽음을 경험하면서 살 수 없다."[8] 그러나 손실을 입는 자는 존재한다. 그러므로 어떤 사람을 죽이는 것은 정상적으로 그 사람에게 큰 손실을 입히는 해악이다. 따라서 살인의 악을 우리는 그 당사자에게 미치는 주된 유용성(central utilities)에 근거하여 설명할 수 있다.

그러나 부차적인 유용성(side utilities)도 우리는 무시할 수가 없다. 성인의 삶은 다른 사람—특히 가족, 친구, 회사 동료—의 삶에 깊이 뿌리박고 있다. 생명의 끝은 이들에게 큰 손실이다. 살인의 부수적인 영향은 살인의 악을 확증시켜 준다. 공리주의는 살인의 악을 해로운 결과로 규정한다는 점에서, 그리고 필요한 경우에는 살인의 손실마저도 그로 인해 얻어지는 이득에 의해 보상될 수 있다

....

6   L. W. Sumner, *Abortion and Moral Theory*(New Jersey: Princeton University Press, 1981), p. 202.

7   C. Dore, "Abortion, Some Slippery Slope Arguments and Identity over Time", *Philosophical Studies*, vol. 55, 1989, p. 290.

8   L. Wittgenstein, *Tractacus Logico-Philosophicus*(New York: The Humanist Press, 1921), 6.4311.

고 주장하는 점에 있어서 독특한 해악이 아니라고 주장한다. 하지만 이러한 정당화는 살인이 표준적인 사례에는 적용될 수 없다.

이 분석은 우선 나를 죽이는 것이 조건부적으로 그르다고 전제하고 있다. 이러한 논변의 핵심은 살인이 나쁠 경우, 어떤 자연적 속성이 살인의 나쁨을 궁극적으로 설명해 줄 수 있는가이다. 어떤 자연적 속성은 다음의 경우에만 살인의 나쁨을 궁극적으로 설명해 줄 수 있다. 하나는 그 설명이 문제에 대한 우리의 직관과 일치할 경우이고 다른 하나는 살인의 나쁨을 설명해 주는 더 나은 대안적 설명의 토대를 제공해 주는 자연적 속성이 없는 경우이다.[9] 이 분석은 특정 인간이나 동물을 죽이는 것을 그르게 만드는 것은, 그 사람이나 동물에게 행한 것이라는 직관에 근거하고 있다. 어떤 사람은 이를 부정할 수 있지만, 이러한 부정은 확실히 신의 뜻에 어긋난다는 신명론 내지는 자연법에 그 토대를 두고 있다. 하지만 이러한 입장은 신의 존재를 받아들이지 않는 사람들의 상식 직관과 거리가 멀다. 이러한 설명과 달리, 살인을 그르게 만드는 것은 희생자의 미래 가치 손실이라는 입장은 상식인의 직관에 근거한 두 가지 고려 사항에 의해 지지받는다. 하나는 이 이론은 살인이 다른 범죄보다 더 많은 것을 희생자로부터 앗아가기 때문에, 살인을 범죄 중 가장 나쁜 것으로 간주하는 이유를 설명해 준다는 사실이다. 다른 하나는 사망률이 높은 병에 걸린 자―이들은 자신이 죽게 될 것을 알고 있다―도 죽음이 자신에게 가장 큰 해악이라고 믿는다는 사실을 설

....

9   D. Marquis, "Why Abortion is Immoral", p. 190.

명해 준다는 점이다. 이처럼 살인의 나쁨에 관한 미래 가치 손실 논증은 죽음과 연관된 자연적 속성을 잘 반영하고 있을 뿐만 아니라, 죽어가는 자의 상식적인 태도와도 잘 부합한다.

이러한 미래 가치 손실 논증은 이 주장이 함축하는 바를 검토하게 될 때 더욱더 큰 지지를 받게 된다. 첫째, 이는 생물학적인 인간 존재뿐만 아니라, 동물과 같은 인간 이외의 존재에 대해서도, 그러한 존재를 죽이는 것이 왜 그른지를 잘 설명해 준다. 다른 행성에는 미래에 우리와 같아지는 다른 종이 존재할 수도 있다. 이와 같은 미래를 갖는다는 것은 그러한 존재를 죽이는 것을 그르게 만들므로, 이 이론은 그러한 종의 구성원을 죽이는 것이 그르다는 주장을 함축한다. 이는 단지 생물학적으로 인간 존재만이 도덕적인 가치를 지닌다는 주장에 반대한다. 즉, 인격성 이론이 인간 중심주의라는 결점을 지니는 것과 달리, 미래 가치 손실 논증은 인간 중심주의를 극복할 수 있는 장점을 지닌다.

둘째, 미래 가치 손실이 살인을 그르게 만드는 특징이라는 주장은 우리 행성에서 인간이 아닌 현실적인 포유동물의 미래가 충분히 우리와 같아지면, 그러한 존재를 죽이는 것 역시 도덕적으로 그르다는 가능성을 함축한다. 어떤 동물이 인간과 같은 생명권을 지니는가의 문제는 살인의 나쁨에 대한 설명에 더해 우리를 죽이는 것을 그르게 만드는 것이 우리 인간의 미래에 어떤 의미를 지니는가를 부가적으로 설명할 수 있는가에 달려 있다. 여기서는 이러한 설명은 제공하지 않을 것이다. 이는 어려운 작업이며, 또 논쟁의 여지가 많은 주제이다. 여기서는 동물의 권리와 같은 환경윤리의 어려운 문제는 미결정 상태로 남겨두고자 한다.

셋째, 희생자의 미래 가치 손실이 살인을 그르게 만드는 특징이라는 주장은 인간 생명의 존엄성 이론과는 달리 적극적인 안락사가 그르다는 주장을 함축하지는 않는다. 치료할 수 없는 중병에 걸린, 그래서 미래에는 고통과 절망뿐이라는 이유로 죽기를 원하는 자는 죽게 되어도 미래 가치 손실은 발생하지 않을 것이다. 이 이론에서 살인을 그르게 만드는 것은 인간의 미래 가치이기 때문에 이러한 적극적인 안락사가 도덕적으로 허용될 수 있는 길을 열어 둔다. 적극적인 안락사에 반대하는 다른 이유가 있을 수 있지만, 이는 전혀 다른 문제이다. 하지만 인간 생명의 존엄성 이론은 공공 정책이라는 고려사항과는 별개로 충분한 이유가 있는, 순전히 개인적인 이유의 경우조차도 적극적인 안락사는 그르다고 주장하는 것 같다. 이러한 결론은 삶의 질 내지 존엄한 죽음을 윤리적으로 중요하게 여기는 우리의 상식 도덕에 비추어 볼 때 현실성이 떨어진다.

넷째, 여기서 옹호된 살인의 나쁨에 관한 설명은, 어린아이를 죽이는 것이 일단 그르다는 주장을 직접 함축한다. 이들도 미래에 가치를 지닐 것이기 때문이다. 방어력이 없는 어린아이를 죽이는 것이 그르다고 우리는 실제로 믿고 있는데, 이 이론이 이를 쉽게 설명해 준다는 것은 중요하다. 살인이 왜 도덕적으로 그른가에 관한 인격성 이론은 어린아이에 대한 살인이 그르다는 것을 직접 설명하지 못한다. 어린아이는 아직 온전한 인격체가 아니기 때문에 인격성 이론은 이러한 인간 존재의 살인이 그르다는 것에 관해 임기응변적인 설명만을 제공할 따름이다. 반면에 살인을 그르게 만드는 일차적인 특징이 희생자의 미래 가치 손실이라는 주장은 어린아이의 살인이 그르다는 것을 직접 설명해 준다. 이것이 미래 가치 손실 논증이 지닌 또 하나의 장점이다. 따라서 이 이론은 생명의 존엄성 이론 및 인격성 이론의 장점을 지니면서도 이들 이론의 약점은 극복하고 있다. 게다가 이 이론은 살인을 그르게 만드는 것에 관한 우리들의 상식적인 직관과도 일치한다.

미래 가치는 누가, 더 지니는가

그러면 미래 가치 손실 논증은 그대로 임신중절 맥락에 적용될 수 있는가? 우리의 미래가 항상 '가치 있는' 삶인 것은 아니기 때문에 직접적인 적용에는 주의가 필요하다. 개인에 따라서 신체적 결함이나 특수한 환경 탓으로 '가치 있는' 미래가 보장되지 않은 경우가 있다. 또 수명이 다하여 죽는 경우도 있다. 한 마디로, 더 이상의 미래가 거의 불가능한 죽음도 있다. 단순한 미래 가치 손실 논증은 이런 사실을 설명해 주지 못한다. 따라서 숙고된 도덕 판단과의 정합을 위해서 마퀴스의 미래 가치 손실 논증은 일부 수정이 필요하다. 손실되는 것은 단순히 가능한 미래 가치가 아니다.[10] 단순히 생

....

10   네이글은 실제로 죽음의 대안으로 죽지 않았을 경우에 가능한 미래 삶을 들고 있다. 그는 그 미래가 살 만한 가치가 있느냐, 가치 있는 미래를 향유할 확률은 어느 정도인가, 그때 죽지 않았다면 얼마나 더 살 것인가 등의 문제를 고려하고 있지 않다. "죽음이 아무리 불가피하다 해도, 죽음은 그 외연이 무한한 가치를 갑작스럽게 중단시키는 것이다. 정상성은 이와 아무런 상관이 없다. 몇십 년 이내에 우리가 불가피하게 죽는다는 사실은 그 자

명이 지속되었을 경우 그 당사자가 누릴 것이라고 상상 가능한 미래 가치만을 고려한다면, 죽음은 항상 악이다. 단지 '상상 가능한'이라는 의미로만 가능한 일련의 가능성이 죽음에 대한 적절한 대안으로 보기 어렵다. 만약 그렇다면, 100세에 죽는 것도 그 당사자에게 악이며, 3세에 죽는 것은 20세에 죽는 것보다 더 큰 악이 된다. 우리는 살 만한 가치가 없는 그래서 죽음이 오히려 나쁘지 않은 미래 삶도 상상할 수 있다. 바람직한 미래 삶과 바람직하지 않은 미래 삶은 동등하게 상상 가능하다. 그 사람이 누리게 될 수많은 삶의 가능성 가운데 죽음의 적절한 대안이 될 수 있는 삶을 선별할 합당한 기준이 존재하지 않는다면, 이런 상상 가능한 단순한 미래 가치는 죽음에 대한 평가의 타당한 고려사항이 될 수 없다. 한 개인의 죽음을 악으로 평가하는 데 관련된 것은, 죽지 않았다면 일어날 수 있었던 것이 아니라 '실제로' 일어날 수 있는 것이어야 한다.[11] 죽음의 당사자가 죽음에 의해 잃게 되는 가능한 미래 가치들은, 그때 그렇게 죽지 않았다고 해도, 그 사람은 생물학적인 사실과 처한 환경으로 인해 그 후 언젠가는 죽을 수밖에 없는 운명이라는 사실에 의해 제한받는다. 미래 가치는 무한히 가능한 것이 아니다. 따라서 죽음의 악은, 다른 사정이 같다면 그때 그렇게 죽지 않았을 경우, 그 희생자가 향유하게 될 삶의 질과 수명에 의해 평가되어야 한다.

　　이렇게 죽음의 대안을 한정하게 되면, 합리적인 자살과 정당화

....

체로 더 오래 사는 것이 가치 없다는 것을 함축하지는 않기 때문이다." T. Nagel, *Mortal Questions*, p. 17.

11　J. MacMahan, "Death and the Value of Life", p. 41.

될 수 있는 안락사의 가능성을 다른 이론에 비해 미래 가치 손실 논증이 합리적으로 더 잘 설명할 수 있다. 여기서 필자는 안락사가 도덕적으로 허용되어야 한다고 주장하는 것이 아니라, 단지 안락사가 정당화될 경우 수정된 미래 가치 손실 논증은 다른 어떤 입장보다도 안락사의 정당화 가능성을 잘 설명할 수 있다고 주장하는 것이다. 안락사에 관한 물음은 그 자체로 응용윤리학에서 또 다른 중요한 도덕적 물음으로, 아직 해결되지 않았다.

그리고 태아가 기형아이거나 유전적 질병에 걸린 경우의 임신 중절에 대한 도덕적 허용 가능성에 관한 물음은 지적장애인에 대한 안락사의 윤리와 동등한 관점에서 논의되어야 할 것이다. 즉, 신체적 혹은 중증 지적장애인의 경우 본인의 의사와 상관없이 안락사시키는 것이 도덕적으로 잘못되었다고 간주한다면 앞선 사례의 태아에 대한 안락사 역시 도덕적으로 그른 것으로 간주해야 한다. 오히려 필요한 것은 이들도 삶의 질을 고려한, 인간다운 삶을 살 수 있도록 사회제도를 마련하고 이들에 대한 우리의 태도를 긍정적인 방향으로 전환하는 일이다. 그러니까 우리의 문화나 의식, 혹은 경제적 여건 등을 이유로 윤리적 허용 가능성을 판단하는 것이 아니라, 윤리적 옳고 그름을 그 자체로 판단한 다음 우리는 그 윤리를 실천할 수 있도록 사회제도를 마련하고 또 우리의 의식을 변화시켜 나가야 한다. 물론 죽음의 악은 연령에 반드시 반비례하는 것은 아니지만, 수정된 미래 가치 논증에서는 죽음의 악이 연령에 반비례한다—즉, 일찍 죽는 것은 늦게 죽는 것보다 일반적으로 더 그르다—는 우리의 직관을 잘 설명해 준다.[12]

그러면 살인을 그르게 만드는 일차적인 특징이 희생자의 미래 가치 손실이라는 주장이 임신중절의 도덕성에 함의하는 결과는 무엇인가? 일상적인 태아의 미래는 성인의 미래와 일치하는, 그래서 어린아이의 미래와 같은 일련의 경험, 계획, 활동 등을 지닌다. 마퀴스는 출생 후의 인간을 죽이는 것이 왜 나쁜가를 충분히 설명해 주는 이유는 태아에게도 곧장 적용되므로 임신중절은 일단 도덕적으로 그르다고 결론 내린다.[13] 즉, 성인을 죽이는 것이 그르므로 잠재적인 인간을 죽이는 것도 그르다. 이 분석에서 도덕적으로 중요한 범주는 인격성의 범주가 아니라, 우리와 같은 가치 있는 미래를 가지느냐이다. 임신중절은 일단 그르다는 결론에 이르는 논증은 인격이니 잠재적인 인격이니 하는 개념과 관계없이 이루어진다. 이러한 미래 가치 손실 논증은 태아가 인격체이기 때문에 혹은 잠재적인 인격체이기 때문에 생명권을 지닌다고 주장하지 않고, 태아 역시 어린아이처럼 미래 가치를 지니기 때문에 그 생명은 존중받아 마땅하다고, 다시 말해 생명권을 지닌다고 주장한다. 이를 하나의 논증

....

12 맥마한은 가능한 미래 가치의 대안을 제한하는 이러한 입장을 '수정된, 가능한 가치 설명'(revised possible goods account)이라 부른다. 그러면서 그는 '만일 이러저러했다면, 이러저러한 것이 일어났을 것이다'라는 반사실적 조건문의 전건을 정확하게 규정하기가 어렵다는 것을 실토하고, 단지 몇 가지 대안의 장단점을 제시하고 있다. 예를 들어 갑이 30세에 암으로 죽었다고 하자. 그러면 전건의 적절한 후보는 '죽지 않았다면'일 것이다. 그런데 죽지 않을 수 있는 방식이 아주 다양하기 때문에 이 대안은 죽음의 악 평가에 실제적인 도움이 되지 않는다. 즉, 죽지 않을 수 있는 방식으로는, 암의 치료도 가능하고 아예 암에 걸리지 않은 경우도 가능하고 또는 암에 걸린 채로 죽지 않는 경우도 가능하다. 이런 문제를 그는 '전건 특정화의 문제'(the problem of specifying the antecedent)라 부른다. ibid., pp. 41-44.

13 D. Marquis, "Why Abortion is Immoral", p. 192.

으로 구성하면 다음과 같다.

(1) 미래 가치를 지닌 존재는 생명권을 지닌다.

(2) 태아는 미래 가치를 지닌다.

(3) 따라서 태아는 생명권을 지닌다.

생명권을 지닌다는 점에서 태아는 표준적인 인간과 동등한 존재로, 즉 인간으로 대우받아야 한다고 말할 수 있다. 이러한 논변에서 '태아는 인간이다.'라는 명제는 논증의 전제가 아니라, 논증의 결론에 해당한다. 그렇다고 미래 가치 손실 논변이 모든 임신중절이 비도덕적이라고 주장하지는 않고, 단지 조건부적으로(prima facie) 그르다고 주장할 따름이다. 임신중절로 태아가 죽을 경우 입는 미래 가치의 손실은 성인의 그것과 그 크기에 있어서 같으므로, 성인에 대한 일반적인 살인과 마찬가지로 임신중절은 도덕적으로 그르게 된다. 즉, 태아가 아직 하나의 온전한 개인으로 규정되기 어려운, 임신의 초기 단계에 이루어지지 않는다면, 대부분의 임신중절은 도덕적으로 허용되지 않는다. 하지만 이에 버금가는 혹은 이를 충분히 능가하는 이유가 존재하는 경우, 즉 임신중절을 금지할 경우 손실되는 산모의 미래 가치가 태아의 그것보다 훨씬 클 경우 미래 가치 손실 논변은 임신중절의 도덕적 허용 가능성을 함의한다. 그 좋은 사례가 임신으로 인해 산모의 생명이 위독한 경우이다.

그러면 '임신중절은 조건부적으로 그르다.'라는 결론은 윤리학적 관점에서 모든 임신중절에 적용되는가? 이 물음에 대한 대답은 학자들마다 조금씩 다르다. 마퀴스는 미래 가치가 태아에게도 동일하게 가능하므로 이 논증을 모든 태아에게 적용해 곧바로 임신중절은 도덕적으로 그르다는 결론을 얻는다. 그러나 미래 가치 손실 논변의 이러한 확대 적용에 대해 알래스테어 노크로스(A. Nocross)는 이렇게 되면 논리적 일관성 원칙에 따라 정자와 난자가 결합하여 수정란이 형성되는 것을 방지하는 피임 역시 미래 가치의 손실을 가져올 것이므로 도덕적으로 그르다고 말해야 한다고 비판한다.[14] 즉, 피임과 임신중절은 도덕적으로 구분된다는 우리의 숙고된 도덕 판단과 이러한 주장은 어긋난다는 것이다.

반면에 섬너는 유정성을 획득한 태아에게만 이 논증이 적용된다고 주장한다. 유정성, 즉 쾌와 고통을 느낄 수 있는 능력은 태아가 상당한 정도로 발달해야 지닐 수 있다는 생물학적 사실을 받아들이면, 섬너의 이러한 주장은 임신 제1삼분기에는 미래 가치 손실 논증이 적용되지 않아 이 기간 내에서는 임신중절이 허용되는 절충주의 입장으로 귀결된다. 왜 섬너는 유정성을 중요하게 여기는가? 뒤에서 다시 논의하겠지만, 그는 피터 싱어(P. A. Singer)의 공리주의적인 이익 평등 고려의 원칙에 따라 유정성을 도덕적 지위의 기준으로 주장하기 때문이다. 그는 도덕적 지위를 지니지 않는 자의 미래 가치는 아예 도덕의 범주에서 제외한다. 달리 말해, 그에 따르면 미래 가치 손실 논증은 도덕적 지위를 지닌 존재에게만 적용된다는 것이

....

14   A. Nocross, "Killing, Abortion, and Contraception: A Reply to Marquis", *The Journal of Philosophy*, vol. 87, iss. 5, 1990, pp. 268-277.

다. 이렇게 되면 태아의 도덕적 지위에 관한 물음은 미래 가치 손실 논증이 적용되는 논리적인 전제 조건이 된다. 이는 곧 앞서 태아의 생명권에 관한 논증에서 대전제 즉, '미래 가치를 지닌 존재는 생명권을 지닌다.'라는 전제의 부정이다. 다시 말해, 섬너의 논리에 따르면 우리는 이 대전제에 대해 '도덕적 지위를 지닌'이라는 조건을 달아야 한다. 따라서 미래 가치 논변이 선결문제 요구의 오류를 범하지 않으려면 이 대전제를 입증할 논거를 제시해야 한다. 뒤에서 논의하겠지만, 실제로 개체의 자아동일성이 전제되지 않을 경우 '누구의' 미래 가치가 죽음으로 손상되는지가 불분명해진다. 그러니까 태아 X가 미래의 어린이 내지 성인 X와 동일 개체로서 자아동일성이 확보되어야 우리는 태아 X의 죽음이 성인 X의 가치를 손상시킨다고 말할 수 있다.

이러한 반론은 도덕적 지위 및 자아동일성에 관한 물음과 연관되어 있기에 뒤에 가서 자세히 논의하기로 하고, 미래 가치 손실 논증이 임신중절의 도덕성에 미치는 함의를 계속 천착하고자 한다. 이 논증에 따를 경우, 적어도 주 효과의 측면에서 보면, 죽음의 해악은 생명의 가치에 비례한다고 말할 수 있다. 즉, 다른 요소가 같다면 생명의 가치는 그 수명에 비례한다. 그래서 다른 사정이 같다면 희생자가 젊으면 젊을수록, 그 사람을 죽이는 것이 그만큼 더 나쁘게 된다. 이런 논리에 따르면 유아 살해는 더 나이 많은 어린아이나 청소년, 혹은 성인을 죽이는 것보다 도덕적으로 더 나쁘게 된다. 같은 논리로 후기 임신중절은 유아 살해보다 더 큰 해악이 된다. 실제로 어린아이의 죽음에 대해 느끼는 우리들의 현실적인 감정은 이러한 점을 잘 보여준다. 그래서 우리는 테러리스트에 의한 유아 살해에 대해 더한 공포를 느낀다. 그러나 이런 경우 우리들의 도덕적 분노는 주로 희생자의 무고성과 방어력 결핍에서 나온다. 방어력이 전혀 없는 어린아이 살인은 비겁하고 불필요하기 때문에 잔학한 행위이다. 이러한 도덕적 열정의 근원과 상관없이 어린아이의 죽음은 우리 모두에게 비극으로 간주된다.

그러면 실제로 우리는 어린아이의 죽음을 그보다 나이 많은 아이의 죽음보다 더 비극적으로 생각하는가? 어린아이의 죽음에는 숙고해야 할 추가적인 도덕적 고려사항이 있다. 그것은 바로 개연성의 물음이다. 물론 어린아이도 이미 새로운 생명을 시작하였다. 하지만 그가 걸어가야 할 궁극적 삶의 과정은 아직 가시화되지 않았다. 물론 모든 인간의 삶이 그 나이와 상관없이 미완성의 과정이지만, 나이가 어릴수록 이러한 미완성의 정도는 더 커진다. 다시 말해, 이제 막 출발한 새 생명의 양과 질을 우리는 예견할 수 없다. 그러니까 유아가 장수할지 단명할지, 혹은 행복할 삶을 살지 불행한 삶을 살지 누구도 장담하지 못한다. 어린아이가 잃어버리는 것이 무엇인지를 모른다면 우리는 그의 죽음으로 인한 손실이 무엇인지도 모르게 된다. 우리가 어린아이의 죽음을 슬퍼하는 것은 일종의 통계적 손실에 기인한다. 즉, 그 아이가 살게 되면 일상적으로 그는 삶을 살 만한 가치를 지니게 되므로 그를 죽이는 것은 잘못이다. 그러나 어린아이가 자라 어떤 사람이 되는지 아직 명확하게 규정되지 않았기 때문에 어린아이의 살해가 어느 특정인에게 손실이 되는지 알기 어렵다. 그러나 이 인식적 요소에 그렇게 강한 의미를 부여할 수 있는가? 그러면 생명의 미래 과정에 대해 우리가 정확하게 알게 된다면, 어린아이의 살해에 대한 우리의 태도가 바뀌는가?

미래 가치 손실 논증에 따르면 일반적으로 죽음이 이를수록 그 죽음은 더 그르다. 죽음이 일찍 일어날수록 그 희생자가 겪는 손실이 더 커지고 그 이득은 더 적어지기 때문이다. 그런데 잃어버린 생이 살 만한 가치가 있음에도 불구하고, 일찍 죽는 것이 늦게 죽는 것보다 그 희생자에게 더 나쁘지 않은 사례들이 있다. 예를 들어, 임신 후 1개월 만에 태아가, 혹은 출생 후 1달 만에 어린아이가 죽는 것은 다 키워 놓은 20대 자식이 교통사고를 당해 죽는 것보다 부모에게 더 나쁘지도 더 비극적이지도 않다. 20대 때 죽음은 출생 전이나 유아기 죽음보다 실제로 더 나빠 보인다. 수정된 미래 가치 손실 논증에 따를 경우 이를 어떻게 설명할 수 있는가? 시간의 경과에 따른 인간의 자아동일성 기준은 심리학적 연속성이라는 이론에 호소하여 이를 설명할 수 있을 것이다.[15] 시간의 경과에 따라 동일한 인간으로 계속 존재하는 것은 본질적으로 어떤 심리적인 관계의 유지를 포함한다. 경험과 그에 대한 기억의 관계, 혹은 의도와 그 후의 행위와의 관계 등은 자아동일성 이론에 있어서 중요한 요소이다. 이는 어떤 실재가 적어도 이런 여러 관계의 구성요소가 되는 일부의 심리적 상태 내지 성격을 지니는 것이, 한 인간이 계속 존재한다는 것의 필요조건이 된다는 것을 함축한다.[16]

....

15   D. Parfit, *Reasons and Persons*(Oxford: Clarendon Press, 1984), part. 3을 참조하라.
16   J. MacMahan, "Death and the Value of Life", p. 54.

자아동일성과 죽음의 악

이어지는 5장에서 논의하겠지만 착상 전의 인간 배아는 자아동일성이 성립되지 않기 때문에, 이 기간의 배아는 태아 단계를 거쳐 성인으로 발달하여 존재하게 되는 개인과 동일할 수 없다. 이렇게 되면 배아의 경우 죽음의 주체가 성립되지 않는다. 또 심리적인 연속성을 준거점으로 삼아도 이 단계의 배아는 나중의 성인과 그 동일성 정도에 있어서 거의 관련이 없다. 따라서 초기 수정란의 죽음에 대해 그 미래 가치의 손실을 주장하는 것은 상식적으로 받아들이기가 어렵다. 정신적 삶을 지니지 않기에 배아의 죽음은 배아에게 가치 있는 어떤 것의 손실을 함축하지 않는다. 이렇게 되면 배아의 죽음은 배아 자체에게 악이라고 말할 수 없게 된다. 왜냐하면 미래 삶은, 그리고 미래 가치는 자아동일성이 성립되지 않은 배아의 것이 아니라 나중에 한 개체로 자아동일성을 확립한 그 사람에게 속하는 것이기 때문이다. 이처럼 자아동일성 및 정신적 삶이라는 고려사항을 도덕적으로 중요한 요소로 받아들이게 되면 배아의 죽음이 20세 성인의 죽음보다 더 나쁘지 않은 이유를 우리는 충분히 이해하게 된다.

그러나 인격성의 구성요소인 심리적 속성들은 한 번에 일어나는 것이 아니라 점진적으로 일어나는 과정이기 때문에, 인간 유기체와 관련하여 발달하는 정신적 삶은 유기체가 성장하고 발달함에 따라 더 풍부해진다. 인간의 존재는 심리적 상태 및 그 상호관계의 다발과 분리할 수 없기 때문에, 그 발달도 점진적이라고 말할 수 있다. 그렇다고 인간의 도덕적 지위가 점진적으로 얻어진다는 말은 아니다. 적어도 인간은 출생과 더불어 도덕적 지위를 획득하고, 이 도덕적 지위는 인격성이나 정신적 삶의 발달 과정과 상관없이 유지 보존된다. 여기서 말하는 인간의 점진적 발달은 어디까지나 심리적 속성 내지 정신적 삶의 경험과 연관된 미래 가치를 지칭할 따름이다. 정신적 활동 상태가 연속성을 유지하면서 복잡하고도 정교하게 발달할수록 우리는 그 미래 가치를 더 확실하게 주장할 수 있게 된다. 정신적 활동의 충분한 발달을 규정할 문지방을 확정하는 것은 쉬운 일이 아닐 뿐만 아니라 또 그렇게 할 수도 없다. 단지 우리는 충분히 발달하였는지를 단언할 수 없는 미결정 기간이 존재한다는 점을 받아들일 뿐이다. 예를 들어, 출생 후 한 달 된 유아는 미래 인간과 분명 개체의 자아동일성을 갖는다. 하지만 인격성 내지 정신적 삶은 아직 충분히 실현되지 않았다. 이런 면에서 유아 역시 발달하는 인간이다. 이러한 유아의 죽음도 물론 미래 가치의 손실을 가져다줄 것이 분명하다.

하지만 유아의 정신적 삶은 미래 성인의 정신적 삶과 연관성이 현저하게 떨어진다. 이런 면에서 보면, 유아는 인간 존재의 삶임은 틀림없지만, 미래 인간 삶의 한 부분에 지나지 않는다. 이러한 유아의 죽음은 충분한 정신적 삶을 누리고 있는 20세 성인의 죽음과 분명 다르게 평가되어야 한다. 20세 성인은 그 미래 삶과 정신적으로 그리고 심리적으로 직접적인 연관성을 지니기 때문이다. 이러한 정신적 연관성은 유아기의 죽음이 왜 성인기의 죽음보다 그 희생자에게 더 나쁘지 않은지를 설명하는 데 도움이 된다. 일찍 일어날수록 죽음이 더 그르게 된다는 일반론은 어디까지나 그 사람이 심리적으로 혹은 정신적으로 충분히 실재적인 단계에 이르러야 비로소 적용된다.

자아동일성은 일반적으로 신체적 연속성과 심리적 연속성에 의해 유지된다. 이로 인해 자아동일성 입론은 논리적으로 세 입장이 가능하다. 두 요소 모두를 강조하는 통합적 입장과 전자만을 강조하거나 후자만을 강조하는 입장을 우리는 생각해 볼 수 있다. 후자만을 강조하는 심리적 연속성 입장은 단순히 한 개체가 수적으로 혹은 신체적으로 연속하는 것이 중요한 것이 아니라 '과거의 나 - 현재의 나 - 미래의 나' 사이의 심리적 연관성을 강조한다. 심리적 연관성이 없다면 현재의 내가 미래의 나에 대해 어떻게 이기적 관심을 가질 수 있는가? 이런 면에 있어서 심리적 연관성이 우리가 자신의 미래에 대해 이기적 관심을 갖는 중요한 토대를 제공한다.[17] 심리적 연관성이 정도의 문제임을 받아들이면, 현재의 내가 미래의 나에 대한 이기적 관심의 근거 역시 정도의 문제가 된다. 심리적 연관성이 크면 클수록, 이기적 관심도 그만큼 강하게 된다. 반면에 심리적 연관성이 약할수록 이기적 관심도 그만큼 약할 것이기 때문에, 생후 한 달 된 유아가 미래의 자신에게 갖는 이기적 관심은 그리 크지 않을 것이다. 직접적인 심리적 연관성이 거의 없기 때문이다. 그렇다고 이러한 유아의 죽음이 도덕적으로 아무런 의미가 없다는 말은 물론 아니다. 유아의 죽음 역시 아름다운 미래 가치의 손실일

....

17   D. Parfit, *Reasons and Persons*, ch. 12를 참조하라.

수 있기 때문이다. 우리가 지금 강조하고자 하는 바는 20세의 성인의 죽음과 생후 한 달 된 유아의 죽음이 갖는 상대적인 미래 가치의 정도가 다르다는 점이다.

자아동일성에 관한 이러한 심리적 연속성 입장은 미래 가치 손실 논증에 중요한 실천적 함의를 지닌다. 그것은 바로 미래 가치를 어떻게 평가하느냐의 물음과 관련되어 있다. 대체로 우리는 어떤 존재의 미래 가치를 단순히 죽지 않았을 경우 그 사람이 경험하게 될 가치들의 총합으로 간주하는 경향이 있다. 하지만 이는 현재의 그와 미래의 그 사이의 심리적 연관성을 고려하지 않은 소박한 생각이다. 심리적 연관성이 약하면 약할수록 그의 미래 가치는 죽는 순간의 그와 상관성이 약해지기 때문에 그만큼 현재의 그가 상실하게 되는 가치로 간주되기가 어려워진다. 이러한 논리는 임신중절 맥락에도 적용된다. 태아가 어느 시점 t에 여성의 자궁 속에 존재한다고 하자. 그리고 동일한 시점 t에 유아가 여성의 자궁 밖에 존재한다고 하자. 이러한 경우 태아를 죽이는 임신중절은 유아를 죽이는 살인만큼 도덕적으로 그른가? 단순한 미래 가치만을 생각하면 두 경우 상실되는 가치가 대체로 동일하기 때문에 이러한 임신중절은 유아 살해만큼 도덕적으로 그르다고 말할 수 있다. 하지만 심리적 연관성을 고려하면 다른 결론이 가능하다. 자아동일성과 심리적 연관성에 있어서 유아와 발달한 성인 사이의 관계가 태아와 발달한 성인 사이의 그것과 그 양과 질에 있어서 차이가 있을 개연성이 크다면 임신중절과 유아 살해가 도덕적으로 구분되지만, 그렇지 않다면 동일하게 간주되어야 한다. 따라서 이러한 미래 가치 손실 논증에 따르면, 태아를 죽이는 임신중절의 비도덕성은 유아를 죽이는 것이 어느 정도 도덕적 악인가 및 태아와 유아가 어느 정도 동일한가와 함수관계에 있다고 하겠다.[18]

가능한 미래 가치 손실 논증이 상식적 직관과 조화되도록 수정하는 또 다른 방식도 존재한다. 예를 들어, 욕구에 중요성을 부여하는 일이다. 즉, 죽음은 희생자의 욕구를 좌절시키기 때문에 도덕적으로 악이 된다는 것이다. 물론 죽음으로 인한 욕구의 좌절도 죽음이 가져다주는 미래 가치의 일부분임이 분명하다. 즉, 어떤 사람이 지닌 욕구와 관심은 그 욕구와 가치가 심리적 연관성의 구성요소라는 사실과 상관없이, 죽음의 악에 대한 평가에서 중요하다. 죽음이 그 희생자의 욕구를 좌절시키고 노력의 성취를 가로막고, 그래서 많은 노력을 공허하게 만든다는 점은 죽음의 악을 설명하는 데 간과해서는 안 되는 중요한 요소이다. 하지만 욕구의 좌절만으로는 죽음의 악이 충분히 설명되지 않는다. 앞서 언급하였듯이 욕구는 경험적 요소로 다분히 주관적이다. 반면에 미래 가치는 이러한 욕구와 관련은 있지만 상당히 객관적이다. 특히 죽음이 앗아가는 미래 가치는 그 당사자의 욕구 경험과 상관없이 상당히 객관적으로 평가된다. 그렇지 않으면 죽음의 악은 이러한 주관적 욕구에 따라 달라진다. 이는 우리의 일상적인 상식 도덕과 어긋난다.

주 효과만 고려하면 죽음의 악은 특별한 이유가 없는 한, 남은

....

18   C. Dore, "Abortion, Some Slippery Slope Arguments and Identity over Time", *Philosophical Studies*, vol. 55, 1989, p. 285.

생명 기간에 정비례한다. 그러나 우리는 부 효과도 고려해야 한다. 생명은 발달함에 따라 더욱더 구체화되어 결정적인 형태를 띤다. 그에 따라 생명은 다른 사람의 삶과 분간할 수 없을 정도로 얽히게 된다. 발달한 생명은 개성을 지닌다. 즉, 나이가 들어감에 따라 특이성, 습관, 이해관계, 기호, 야망, 역할, 의존성, 연대감 등을 지닌 인간으로 우리는 발달한다. 발달한 생명은 다른 사람의 삶과 대체 불가능한 독특한 실체적 관계를 형성하게 된다. 이러한 생명이 사라질 때 그와 친밀한 관계를 지닌 자들의 삶에는 그 무엇으로도 채울 수 없는 공허함이 남게 된다. 하지만 태아나 유아는 발달한 성인만큼 고유한 인간관계를 맺기가 어렵다. 실제로 태아는 여성의 자궁 속에 있기 때문에 산모를 비롯한 특수한 친분이 있는 몇몇 사람만이 그 존재를 인식하고 있을 뿐만 아니라, 그 관계도 일방적인 '짝사랑'에 불과하다. 유아는 이미 출생하였기에 태아와는 다르지만, 여전히 그 관계가 제한적일 수밖에 없다. 죽음의 악에 대한 우리들의 직관적인 평가가 희생자의 연령과 일치하지 않는 이유를 이러한 부차적 유용성이 잘 설명해 준다. 청년의 죽음을 비극 중의 비극으로 여기는 것은 이들이 다른 사람과 복잡한 유대 관계를 맺고 있기 때문이다.

죽음으로 인해 손실되는 생명이 가치 있는 삶을 살 것이라고 전제되면, 죽음은 삶의 어느 지점에서도 죽는 자에게 악이다. 다른 사정이 같다면, 죽음의 악은 희생자가 빼앗기는 가치 내지 선의 양과 질에 비례한다. 희생자가 빼앗기는 선의 평가에 있어서, 우리는 희생자가 그 선을 얼마나 욕구하였는가 및 죽은 때의 그와 그 선을 지니게 될 때의 그 사람 사이의 심리적 연관성이 어느 정도인가 따라 달리 평가해야 한다. 이런 결과들을 총괄하는 간단하면서도 도움이 되는 방식은, 죽음이 파괴하는 잠재적인 인격체의 통일성과 정합성이 크면 클수록 죽음은 그만큼 더 그르다고 말하는 것이다. 삶의 통일성과 심리적 연관성의 정도는 삶의 가치에 대한 평가 내지 그 삶이 얼마나 살 가치가 있는가와 관련되지만, 최대의 통일성과 심리적 연관성조차도 생이 가치 있다고 간주할 충분조건은 되지 못한다. 왜냐하면 생은 모순 없이 유기적 통일성을 잘 갖추었다 해도 그 질은 형편없이 낮을 수가 있기 때문이다. 따라서 이러한 죽음의 악에 대한 설명은, 가치 있는 삶의 구조에 대한 설명이나, 가치 있는 삶의 내용에 관한 이론이 보충될 때 더 온전한 설명이 될 것이다.

5장

자아동일성 입론

'도덕적 지위의 최소한의 기준은 유정성이고, 유정성은 영역 성
질이며, 일정 정도 이상의 유정성을 지닌 모든 존재는 동등한 생명
권을 지닌다.'라는 배경 이론은 우리의 상식적 직관과 어긋나는 결
과가 빚어진다는 점을 3장에서 지적한 바 있다. 이 배경 이론에 따
르면 임신 제2삼분기 말을 지난 태아는 유정성을 지녀 도덕적 지위
를 지니게 되나, 그 이전 태아는 전혀 도덕적 지위를 지니지 못한다.
이는 초기 임신중절에 대해서조차도 도덕적 죄책감을 느끼고, 피임
과 임신중절은 도덕적으로 구분되는 것으로 보는 우리의 반성적 직
관과 일치하지 않는다. 반성적 평형 상태를 이루기 위해 상식적 직
관을 버릴 것인가? 아니면 배경 이론을 수정할 것인가?

　필자는 임신중절에 관한 반성적 직관을 유지하면서 배경 이론
을 수정하고자 한다. 왜냐하면 도덕적 지위에 관한 이런 입장은 확

고한 또 다른 직관을 제대로 설명하지 못하기 때문이다. 즉, 임신 제1삼분기의 태아는 소나 고양이와 같은 동물보다 더 높은 도덕적 지위를 지니며 감각 기능을 상실한 중증장애인도 성인과 마찬가지로 죽임을 당하지 않을 소극적 권리를 지닌다고 우리는 확신하나, 유정성이라는 도덕적 지위 기준은 이와 반대되는 결론을 함축하기 때문이다.[1] 이러한 상식적 직관을 설명하자면 도덕적 지위의 기준에 관한 이론을 어떻게 수정해야 하는가? 유정성이라는 도덕적 지위 기준을 포기하지 않으면서 상식적 직관도 설명할 방법은 없는가? 우리는 앞선 2장에서 부인한 도덕적 지위의 충분조건인 합리성 개념에 눈을 돌리지 않을 수 없다. 비록 태아가 합리적이지 않다고 하더라도, 합리성을 지닌 존재와 어느 정도 동등한 도덕적 지위를 지닌다고 주장할 수 있는 근거가 없는가? 보수주의자는 잠재성 논증(potentiality argument)을 들어 이 문제점을 극복하고 있다.[2]

잠재성 논증

도덕적 지위는 온전한 생명권으로 규정된다. 그리고 도덕적 지위의 기준을 합리성으로 보아, 이를 성인에 적용하면 다음과 같은

....

1   M. A. Warren, "The Moral Significance of Birth", *Hypatia*, vol. 4, 1989, p. 50.
2   한편 도너건은 태아의 도덕적 지위를 옹호하고자 자연종 논증(natural-kind argument)을 제시한다. A. Donagan, *The Theory of Morality*(Chicago and London: University of Chicago Press, 1977), p. 171. 이 논증에 관해서는 2장 3절을 참고하라.

논증이 성립된다.

(a) 도덕적 지위를 지닌 모든 존재는 생명권을 지닌다.

(b) 도덕적 지위는 합리성의 유무에 의해 결정된다.

(c) 정상적인 성인은 합리성을 지닌다.

....

따라서 정상적인 성인은 생명권을 지닌다.

잠재성 논증을 제시하는 보수주의자들은 여기에 다음 주장을 덧붙인다.

(d) 합리성을 잠재적으로 소유한 모든 존재도 합리성을 실제로 소유한 존재와 동등한 도덕적 지위를 지닌다.

(d)를 받아들일 경우, 우리는 태아가 생명권을 지닌다는 것을 쉽게 인정할 수 있게 된다. 왜냐하면 태아는 어린아이와 마찬가지로 '정상적으로' 성장할 경우 성인이 되어 합리성을 소유할 것이기 때문이다. 합리성으로 인해 인간은 다른 생명체와 달리 풍요로운 삶을 살 능력을 지니게 되었다. 이미 앞장에서 논의하였듯이, 인간으로서 우리가 향유하고 있는 풍요로운 삶을 빼앗는 것이 도덕적 잘못이듯이, 앞으로 향유하게 될 미래의 가치 있는 삶을 살 수 있는 잠재적인 존재에게 그 기회를 앗아가는 것 역시 도덕적 잘못이라고 말할 수 있다. 유아와 마찬가지로 태아도 성인과 똑같이 이런 기대

감을 지니므로, 태아도 생명권을 지닌다는 것이 잠재성 논증 제창자들의 한결같은 주장이다.

이 논증을 받아들일 경우 우선 제기되는 문제는 왜 잠재적인 존재를 현실적인 존재와 도덕적으로 동등하게 고려하느냐는 물음이다. 이에 대한 한 가지 옹호 논거는 '합리성의 공리주의'이다. 즉, 잠재적으로 합리적인 존재를 보호하면 합리성의 총량이 증가한다는 것이다. 그러나 이렇게 되면 중증장애인이나 회복 불가능한 혼수상태에 있는 자는 미래에도 합리성을 전혀 가질 수 없으므로 이들의 살인이 정당화된다. 게다가 합리성의 공리주의에서는 합리성의 총량 증가를 위해 합리적인 존재의 희생이 발생할 수도 있다. 또한 임신중절에 관한 보수주의자들은 역사적으로 보아 공리주의를 비난하므로 이들의 도덕 구조는 극대화 원리에 의해서 표현될 수 없다. 따라서 우리는 합리성의 극대화 원리와는 다른 근거에서 잠재적인 존재가 도덕적 지위를 지닌다는 것을 보여주어야 한다. 즉, 잠재성 논증을 옹호하자면 합리성의 현실적 소유자와 잠재적 소유자를 동등하게 간주하는, 합리성의 극대화 이외의 다른 이유를 제시해야 한다.

이러한 난점뿐 아니라 잠재성 논증은 보수주의자가 바라는 것 이상을 요구하는 것 같다. 정상적으로 성장하면 합리성을 지닐 모든 존재에게 도덕적 지위가 있다고 하면, 태아, 배아, 수정란 등도 도덕적 지위를 지닌다는 것을 인정해야 한다. 왜냐하면 수정란은 인간과 동일한 유전자를 지녀 정상적으로 성장하면 인간종이 되기 때문이다. 그러나 정자와 난자는 인간과 동일한 유전자를 지닌 것이 아니다. 그런데 대부분의 임신중절은 수정의 결과로 생긴 수정란의 착상을 방해하거나 아니면 착상된 배아를 제거하는 작업이다. 반면에 대부분의 피임은 성교의 자연적 결과인 수정을 방해하는 일이다. 다시 말해, 피임을 하지 않으면 그 정자와 난자는 자연스럽게 결합하여, 수정란이 되고 배아, 태아를 거쳐 정상적인 성인이 되어 합리성을 갖게 된다. 잠재성 논증을 받아들이면, 결과적으로 태아 보호의 차원에 머무는 것이 아니라 인공피임법조차 허용할 수 없게 된다. 즉, 잠재성 논증이 관계하는 한, 임신중절과 피임은 모두 도덕적으로 그르게 된다. 이 결론은 피임과 임신중절은 도덕적으로 서로 구분된다는 우리들의 숙고된 도덕 판단과 일치하지 않는다.

섬너는 잠재성 논증이 지닌 이런 문제점은 극복 불가능하다고 보고 그 대안으로 점진적인 설명을 제안한다.[3] 이 설명에 따르면 현실적으로 합리적인 존재는 온전한 생명권을 지니고, 단순히 잠재적으로 합리적인 존재는 생명권을 전혀 지니지 않는다. 그리고 합리적으로 되어가는 존재는 그 합리성의 정도에 따라 부분적인 생명권을 지닌다. 그는 이 설명이 권리와 의무에 관한 도덕 이론과 잘 어울린다고 하면서 투표권을 예로 든다. 즉, 투표권은 정상적으로 어떤 속성이나 능력을 현실적으로 소유한 자만 지닌다. 권리는 그 소유의 시점이 있다는 것이다. 그러나 이는 도덕적 권리와 법적 권리를 동일한 종류로 전제할 때만 성립되는데, 이 전제는 상당히 의심스

....

3   L. W. Sumner, *Abortion and Moral Theory*(New Jersey: Princeton University Press, 1981), p. 102.

럽다. 왜냐하면 한 예로, 임신 5개월째의 자연유산에 대해 그 어느 나라 법도 이에 대해 살인죄나 다른 법적 제재를 가하지 않으나, 우리는 도덕적으로 상당히 마음 아파하고, 그 유산이 산모 자신의 실수에 의한 경우에는 산모는 도덕적 죄책감을 느끼기 때문이다. 나아가 산모가 그러한 마음을 갖는 것을 우리는 당연하게 여긴다. 섬녀의 대안을 받아들이는 것은 결국 피임과 임신중절을 구분하기 위해, 우리의 다른 직관―초기 태아라 할지라도 소나 고양이와 같은 동물의 생명에 비해 가치 있다―을 거부하는 셈이 되고 만다. 이는 문제의 해결이 아니라 또 다른 문제로 방향을 돌려놓는 것에 지나지 않는다.

잠재적인 존재

앞의 두 비판을 염두에 둔다면, 잠재성 논증을 적극적으로 옹호하기 위해서는 왜 잠재성이 도덕적으로 중요한지를 설명해 주어야 한다. 나아가 현실성 있는 보수주의 입장을 지지해 주는 논증이고자 한다면, 피임과 임신중절, 즉 난자(혹은 정자)와 수정란을 구분해 줄 수 있어야 한다. 필자는 이 두 문제를 '잠재성' 개념에 대한 분석을 통해 해결하면서 태아의 도덕적 지위에 대해 '수정된 보수주의 입장'을 개진하고자 한다. 잠재성 논증은 도덕적으로 의미 있는 특질―이제까지의 필자 입장에서는 유정성―을 얻을 수 있는 어떤 존재의 잠재성은 그 자체로 의미 있다고 주장한다. 이를 풀어 쓰면, 잠재성 논증 옹호자들은 논의 중인 존재가 아직은 그러한 특질을 실제로 소유하고 있지 않음을 인정한다. 그래서 자유주의자들은 보수주의자가 이 둘의 차이를 인정하면서도 동등한 도덕적 지위를 부여하는 것은 잘못이라고 비판한다. 예를 들어, 어린아이는 잠재적인 어른이나 결코 어른은 아니기 때문에 어른이 갖는 자유나 권리를 갖지 않는다. 보수주의자가 이 둘의 구분을 인정한다면, 도덕적으로 의미 있는 특질을 지닐 잠재성을 우리는 왜 도덕적으로 배려해야 하는가의 문제가 발생한다. 이에 대한 답으로 우리는 두 가지 이유를 들 수 있다.[4]

첫째, 도덕적 행동이란 다른 존재의 능력을 존중하는 문제이다. 즉, 인격 존중이란 어떤 사람이 실제로 도덕적인 행동을 하기 때문에 그 사람을 존중하는 것이 아니라, 그러한 행동을 할 수 있는 능력을 지니고 있기 때문에 존중한다. 사회윤리학자 존 롤스도 '어떤 종류의 존재가 정의의 보장을 받아야 하는가?'라는 물음에 "도덕적 인격이 될 능력을 지닌 존재"라고 답한다. 다시 말해, 도덕적 인격을 규정하는 최소한의 요구조건은 능력과 관련된 것이지 그 실현과 관련된 것이 아니다. 도덕적 인격이 될 잠재성이 곧 도덕 공동체의 구성원이 될 충분조건이라는 것이다.[5] 따라서 도덕적 지위의 기준이 되는 특질을 지닐 수 있는 능력을 소유한 잠재적인 존재도 도덕적

....

4   S. Buckle, "Arguing from Potential", P. Singer et al., eds., *Embryo Experimentation* (‐ Cambridge: Cambridge University Press, 1990), pp. 92-93.

5   J. Rawls, *A Theory of Justice*, revised ed. (Cambridge: Harvard University Press, 1999), 황경식 옮김, 「정의론」(서울: 이학사, 2003), p. 652.

인 고려의 대상이 된다. 둘째, 현재의 능력은 미래의 현실태이고, 또 도덕적 행동이란 그 결과를 고려하는 행동이기 때문에 우리는 현재의 현실태뿐만 아니라 미래의 현실태, 즉 잠재성도 고려해야 한다. 이는 미래의 결과에 초점을 맞춘 결과론적인 이유이다.

이 두 이유의 배후에는 서로 다른 두 가지 도덕 이론이 전제되어 있다. 첫 번째 이유는, 그 자체로 존중할 가치가 있는 존재로 발달할 능력 혹은 힘을 지닌 존재는 그것이 발달하게 될 나중의 존재와 동일한 존재라는 이유로 동등한 도덕적 지위를 지닌다고 본다. 이는 잠재적인 존재와 현실적인 존재의 자아동일성에 근거를 두고 있다. 두 번째 이유는 미래 결과를 도덕적으로 중요하게 여겨, 어떤 선한 결과를 산출할 잠재성을 지닌 것은 무엇이든지 간에 도덕적 의미를 지닌다고 주장한다. 결국 이 두 이유는 서로 다른 종류의 잠재성 개념을 사용하고 있는 구별되는 두 도덕 이론에 기반한 것이다. 따라서 이 두 이론이 사용하고 있는 잠재성 개념이 어떻게 다른지가 명확하게 해명되어야 한다.

사실 잠재성 논증을 주장하는 도너건이나 이를 비판하는 섬너를 비롯하여 철학자 대부분은 잠재성 개념에 대한 철학적 분석을 소홀히 하고 있다. 상식적으로 잠재성 개념을 단순히 가능성의 의미로 사용하는 철학자들이 많다. 한 예로, 존 해리스(J. Harris)는 "수정된 난세포가 잠재적인 인간 존재라고 말하는 것은 착상과 같은 어떤 사건이 일어나고 자연유산과 같은 다른 사건이 일어나지 않으면, 그 난세포가 결국 인간 존재가 된다고 말하는 바나 다름없다."라고 말한다.[6] 물론 잠재성 개념 속에는 가능성이 함축되어 있다. 즉,

가능성은 잠재성의 필요조건이다.[7] 여기서 가능성 개념은 논리적 의미의 가능성 개념이 아니라 물리학적 혹은 생물학적 의미의 가능성 개념이다.

그러나 물리학적 혹은 생물학적 가능성에 한정해도 문제는 발생한다. 예를 들어, 도토리는 잠재적인 도토리나무일 뿐만 아니라 잠재적인 식량이기도 하다. 태아도 잠재적인 인간일 뿐만 아니라 잠재적인 실험 대상일 수도 있다. 모든 존재는 이런 의미에서 서로 다른 많은 잠재성을 지니기에, 특정 잠재성을 선별하는 문제가 발생한다. 선별의 문제가 발생하면, 우리는 서로 다른 여러 결과 가운데서 선택할 수밖에 없다. 이렇게 되면, 잠재성 논증은 결과론적 논증이 되고 만다. 결국 잠재성은 이차적인 의미밖에 없어진다. 따라서 가치 갈등이라는 도덕적 논의에서는 물리학적 혹은 생물학적 가능성이라는 의미의 광의의 잠재성 개념은 큰 도움이 되지 않는다.

'될 잠재성'과 '산출할 잠재성'

결국 물리학적·생물학적 가능성이라는 잠재성 개념보다 의미가 더 좁은 잠재성 개념이 필요하다. 어떤 존재의 잠재성은 단순한

....

6   J. Harris, "In vitro Fertilization: the Ethical Issues", *Philosophical Quarterly*, vol. 33, 1983, p. 223.

7   P. Singer & K. Dawson, "IVF Technology and the Argument for Potential", *Philosophy and Public Affairs*, vol. 17, 1988, p. 91.

물리적 가능성이 아니라, 어떤 방식으로 발달할 혹은 어떤 결과를 산출하는 힘으로 이해될 수 있다. 그래서 스티븐 버클(S. Buckle)은 잠재성 개념을 '될 잠재성'(the potential to become)과 '산출할 잠재성'(the potential to produce)으로 구분하여 사용할 것을 제안한다.[8] 될 잠재성은 발달하고 있는 실재가 소유한 힘이다. 그래서 이는 '발달하는 잠재성'(developmental potential)으로 불리기도 한다. 될 잠재성을 현실화하는 과정은 어떤 형태의 개체 동일성이 필요하다. 즉, 어떤 실재가 그 잠재성을 실현하기 위해서는 바탕이 되는 토대가 필요한데, 그것이 바로 개체 동일성이다. 흔히 말하는 "X는 잠재적인 Y이다."라는 표현 속에는 개체 동일성이 이미 전제되어 있다. 여기서 보존되어야 할 동일성은 인격적인 동일성일 필요가 없으며, 단지 물리적 동일성과 수적인 동일성만으로도 충분하다.[9] 잠재적인 존재와 현실적인 존재는 그 발달 단계에 있는 지점은 서로 다르지만 동일한 존재라는 점에서 동일성이 유지된다. 반면에 '산출할 잠재성'은 어떤 결과를 산출하는 힘을 말한다. 예를 들어, "도토리는 잠재적인 식량이다."라고 말할 때, 우리는 이 문장을, '도토리는 식량을 산출할 가능성을 지닌다.'라는 의미로 이해해야 한다. '산출할 잠재성'은 물리적 가능성을 좀 더 구체화한 개념에 불과하지, 자아 동일성 보존을 반드시 요구하지 않는다는 점에 있어서 '될 잠재성' 개념과 구분된다.

....

8   S. Buckle, "Arguing from Potential", pp. 93-96.
9   D. Parfit, *Reasons and Persons*(Oxford: Clarendon Press, 1984), ch. 10 참조.

결국 앞서 첫 번째 이유를 주장하는 자들은 '될 잠재성' 개념을 사용하여, 개체의 능력을 존중할 것을 요구한다. 반면에 두 번째 이유를 주장하는 자들은 '산출할 잠재성' 개념을 사용하여, 잠재적인 존재가 장차 산출할 결과를 고려해야 한다고 주장한다. 전자는 '될 잠재성'을 지닌 개별적인 존재는 도덕적으로 존중할 만한 가치가 있다고 주장한다는 점에서 '개체의 능력 존중'(respect for capacities of individuals) 논증이라 부르고, 후자는 도덕적으로 가치 있는 결과를 산출하는 잠재적인 존재를 존중한다는 의미에서 '결과주의'(consequentialist) 논증이라 부를 수 있다.[10] 그렇다면 서로 다른 의미의 잠재성 개념을 사용하는 이 두 논증은 잠재성 논증에 대한 보수주의자가 난자(혹은 정자)와 수정란의 차이를 인정하면서도 동등한 도덕적 지위를 부여하는 잘못을 범하고 있다는 자유주의자들의 비판을 반박하는 데 어떤 이점이 있는가? 자유주의자는 수정되는 특정의 난자와 정자를 밝힐 수 있다면, 이 둘도 수정된 난세포와 동일한 잠재성을 지니는 것이 아니냐고 지적한다. 즉, 수정이 성공적으로 이루어지면 이 둘도 수정된 난세포와 마찬가지로 인간 존재를 만들어 내기 때문에 수정란과 동일한 잠재성을 지닌다는 것이다.

결과를 문제 삼는 한 이 비판은 적절하다. 즉, 결과주의 논증에서는 수정된 난세포와 이를 형성하는 정자와 난자 쌍 사이에는 중요한 도덕적 차이가 발생하지 않는다. 정자와 난자를 묶어서 생각하면, 비록 수정이 될 때까지는 그 잠재성이 활성화되지는 않았지

....

10   S. Buckle, "Arguing from Potential", pp. 96-104.

만, 그래도 인간 존재를 산출할 잠재성을 지닌다. 그렇다면 수정된 난세포와 이들 사이에는 도덕적 지위에 있어서 아무런 차이가 없게 된다. 그러면 이 논증은 특정의 정자와 난자 쌍의 결합을 방해하지 말아야 한다고 혹은 결합을 적극 도와야 한다고 주장하는가? 이 논증은 산출할 잠재성에 단지 파생적으로만 도덕적 의미를 부여하기 때문에, 정자와 난자의 결합을 도와야 할 적극적 의무는 없다고 주장한다. 도덕적 가치는 현재의 잠재성이 아니라 미래의 현실태에 놓여 있다. 즉, 현재의 잠재성은 단지 가능한 미래 인간 존재의 도덕적 가치에 의해 도덕적 의미를 지니게 된다.

이 논증에서는 실재하는 존재가 있느냐 없느냐가 아니라, 무엇이 최선의 결과를 산출하느냐에 따라 그 선택이 달라진다. 이 결과가 현실적인 존재에 의해 얻어지든지 아니면 단지 잠재적인 실재에 의해 얻어지든지 간에 그 결과가 좋으면 그만이다. 따라서 수정된 난세포와 정자 사이의 구분은 산출하는 결과가 어떠하냐에 따라 그 도덕적 가치가 달라진다. 즉, 여기서 '피임은 허용되고 임신중절은 도덕적으로 그르다.'라는 결론이 반드시 도출되지는 않는다. 이는 앞에서 고찰한 단순한 가능성으로서의 잠재성과 다를 바 없다. 따라서 결과주의 논증은 보수주의자의 원래 취지와 어긋나기 때문에, '산출할 잠재성'은 보수주의 입장을 옹호하는 잠재성 논증에 부적합하다고 하겠다. 잠재성 개념에는 자아동일성의 연속성이 함축되어 있기 때문이다.[11]

....

11   H. T. Engelhardt, "The Ontology of Abortion", *Ethics*, vol. 84, 1974, pp. 324-325.

그러나 '개체의 능력 존중' 논증의 경우에는 사정이 다르다. 이 논증은 존중할 만한 가치가 있는 존재를 존중한다. 그런데 정자와 난자는 이런 존중의 가치가 있는 존재가 아니다. 왜냐하면 '될 잠재성'을 사용하는 이 논증은 개체의 동일성 보존을 필수요건으로 요구하는데, 정자와 난자에는 이 조건이 성립되지 않기 때문이다. 이 둘은 인간 존재를 낳는 데 도움이 되는 잠재성은 지니나, 인간 주체가 될 잠재성은 지니지 않는다. 수정된 난세포와 정자는 쉽게 구분된다. 따라서 수정된 난세포와 그것의 현실태 사이에는 동일성이 보존되나, 정자와 난자 쌍과 그것의 현실태 사이에는 동일성이 보존되지 않는다. 소금의 원소, 예를 들어 염소가 소금이라 할 수 없듯이 정자와 난자를 인간이라 부를 수는 없다. 인간 존재라는 물리적 대상의 시간적·공간적 인과 연쇄라는 차원에서 보면, 수정란이 인간 존재의 출발점이 됨이 분명하다.[12]

정자와 난자는 수정 전에는 분명 이것들이 나온 두 사람에게 속한다. 그러나 임신이 되면 어느 한 부모와 동일시할 수 없는 완전히 새로운 세포가 존재하게 된다. 수정된 난세포는 두 근원으로부터 얻어진다. 유전학적 사실이 분명하게 밝혀 주듯이, 수정된 난세포의 단일성은 그로부터 발달한 단일성과 연속적이다. 반면에 정자와 난자의 이원성은 두 부모의 이원성과 연속적이다. 따라서 부모와 자녀의 올바른 구획은 임신이다. 그래서 새로운 개별적 존재는 임신

....

12   R. Wertheimer, "Understanding the Abortion Argument", *Philosophy & Public Affairs*, vol. 1, no. 1, 1971, p. 109.

에서 시작한다. 이런 관점에서 보면 임신에서 출산에 이르는 배아는 살아 있는 개별 인간이다.[13]

이에 대해 정자와 난자는 개별적으로 생각하면, 인간 주체가 될 잠재성을 지니지 않으나, 하나로 묶어 생각하면 그런 잠재성을 지닌다는 반론이 가능하다. 이런 반론이 성립되려면, 잠재적 실재는 단일의 대상으로만 구성될 필요가 없다는 근거를 밝혀야 한다. 그래서 반대자들은 군대나 운동 종목 팀을 예로 들어 그 근거를 제시한다. 즉, 군대의 경우 독립된 여러 실재가 합해서 하나의 잠재성을 지닐 수 있는 것처럼, 정자와 난자도 합하여 인간 주체가 될 잠재성을 지닌다는 것이다. 그러나 이 반론은 성립되기 어렵다. 이는 산출할 잠재성을 지닌 존재에 대해서는 성립하나, 될 잠재성에 대한 논증에는 적절하지 못하다. 왜냐하면 후자의 잠재성은 시간의 경과에도 자아동일성이 유지되는 뚜렷한 개체에만 적용되기 때문이다.

이런 잠재성은 서로 구분되는 두 부분으로 구성되어 있음에도 불구하고 뚜렷한 단일 개체로 분류될 수 있는 실재에만 적용된다. 군대나 운동 종목 팀은 서로 다른 개인들로 구성되지만 특정의 목적을 위해 조직된 하나의 단위로, 단순한 집합체가 아니라 복잡한 전체로 이해된다. 구별되는 실재들의 집합이 전체로 조직되지 않으면, 될 잠재성을 지닌 개체가 존재할 수 없다. 그런데 정자와 난자의 경우, 복합적인 단위가 없고 전체를 포괄하는 조직체도 없다. 이 둘

....

13   G. G. Grisez, *Abortion: The Myths, the Realities and the Arguments*(New York: Corpus Books, 1970), p. 274.

을 한데 묶어 부를 수 있는 단일의 이름이 없지 않은가? 이런 단위나 조직체는 단지 수정에 의해서만 형성된다. 따라서 정자와 난자는 결합하여 인간 존재를 산출할 잠재성은 지니나, 인간 존재가 될 잠재성의 필요조건은 충족시킬 수 없다.

잠재성 개념을 이렇게 정치하게 사용해도 문제는 여전히 남는다. 비록 수정된 난세포가 인간 주체를 결과하는 발달 과정의 시작임에는 분명하지만, 이는 단지 수정된 난세포가 인간 존재를 산출할 잠재성을 지닌다는 것을 보여줄 따름이다. 인간 주체가 될 잠재성을 지닌다는 것을 보여주기 위해서는, 수정된 난세포가 발달 과정의 다른 끝에 있는 인간 주체와 동일하다는 것을 보여주어야 한다. 여기서 '동일한'의 의미는 두 가지 측면에서 생각할 수 있는데 하나는 유전 인자의 측면이고 다른 하나는 수적 동일성의 측면이다. 이제까지는 태아와 성인 사이에 단지 하나의 동일성이 유지된다는 것만 밝혀졌지, 자아동일성이 무엇이며 그 내용이 어떠한지는 아직 밝혀지지 않았다. 될 잠재성 개념을 사용하는 개체의 능력 존중 논증은 개체의 자아동일성을 전제하고 있기에, 인간의 개별적 자아동일성에 관한 물음이 선결되어야 한다.

단계 이론과 과정 이론

미래 인간 존재와 태아 사이에 개별적 자아동일성은 성립되는가? 이와 관련하여, 워런 퀸(W. Quinn)은 인간을 생물학적 존재로 여기면서 태아의 자아동일성에 관한 직관들을 온전하게 수용할 수 있는 이론으로 단계 이론(stage theory)과 과정 이론(process theory)을 제시한다.[14] 이 두 이론은 앞서 언급한 숙고된 두 도덕 판단, 즉 (1) '피임은 도덕적으로 그르지 않고 유아 살해는 도덕적으로 그르다.'라는 직관과 (2) '혹을 제거하는 외과수술에 대해서는 도덕적 후회를 하지 않으나, 임신중절에 대해서는 비록 그것이 자연유산인 경우에도, 부모는 도덕적 후회 내지 양심의 가책을 느낀다.'라는 직관을 잘 충족시킨다. 직관 (2)는 태아가 도덕적으로 의미 있는 이득과 해악의 담지자일 수 있다고 생각하는 경우에만 타당한 반면에, 직관 (1)은 자궁 내 태아는 유아나 성인과는 다른 도덕적 지위를 지닌다는 것을 의미한다. 만약 태아가 출생과 더불어 사라지고 인간 존재가 그것을 대신하게 되는, 아주 짧은 기간 동안 살게 되는 운명을 지닌 개체라면, 혹은 인간 존재가 나중에 지니게 될 복잡한 생물학적 기제의 초기 단계에 지나지 않는다면, 임신중절은 도덕적으로 문제가 되지 않을 것이다. 따라서 태아의 자아동일성에 관한 이론은 이 두 요구사항을 만족시켜야 한다.

그러면 태아는 나중의 인간 존재와 어떤 관련이 있는가? 이에 관한 두 이론, 즉 단계 이론과 과정 이론을 비판적으로 살펴보자. 먼저 단계 이론은 인간 유기체가 전 인간 생명의 사이클을 통해 수적으로 하나의 동일한 개별 유기체를 유지하면서 태아, 유아, 성인의

....

14   W. Quinn, "Abortion: Identity and Loss", *Philosophy and Public Affairs*, vol. 13, 1984, pp. 27-40.

형태로 단계적으로 계속 발달한다고 본다. 그 형태에서 두드러진 변화가 일어남에도 불구하고, 태중 단계의 발전에서는 인간 유기체의 새로운 생명 확장의 변화는 일어나지 않는다. 이 발전은 수정란 형태에서 완전히 존재한다고 여겨지는 경향 및 계획에 따라 진행된다. 즉, 후속되는 발달은 바로 그 앞 단계에 내재하는 특정 목적이 지향하는 요소들에 의해 인과적으로 결정되기 때문에, 개별적 유기체의 연속성이 유지된다. 물론 태아는 외적 대상의 자극이 필요하다. 심지어 적절한 외적 대상의 자극이 없는 경우 기형아가 되거나 발달을 멈추기도 한다. 하지만 이런 외적 대상 및 자극과의 상호작용에 의해 태아 발달의 기본 계획이 변경되지는 않는다고 단계 이론 제창자는 주장한다. 그래서 수정란과 난자는 쉽게 구분된다. 난자도 자신의 고유한 본성과 발달 계획을 지니고는 있으나, 그 본성과 발달은 배아, 태아로의 발달을 설명하지 못한다. 수정란은 난자와 정자가 결합하여 그 본성을 결정하는 전혀 새로운 생명체이다.

단계 이론의 두 번째 입론은 인간 신체의 본성과 관련되어 있다. 이 이론은 인간 존재의 신체를 '충분히 실재하는 유기적인 하위 실재'(a fully real sub-entity)로 보지 않는다. 하위실재로 본다는 말은 인간 존재를 이원론적—신체와 정신—으로 해석하여, 후자는 읽고 대화하고 지각하는 의도적인 행위를 하고, 전자는 신진대사나 순수 반사적인 행동을 하는 일차적인 행위자로 본다는 말이다. 신진대사를 하고 움직이고 땀을 흘리며 일정한 공간을 차지하는 하위 실재로서의 신체 개념은 단지 추상화의 산물에 지나지 않는다. 단계 이론에 따르면, 인간이 물리적, 화학적, 생물학적 탐구의 대상인한, 신체가 곧 인간 존재가 된다. 살아 있는 우리 신체는 우리가 하는 것처럼 행동할 수 있다. 한마디로 신체와 정신의 관계를 수반 관계로 볼 수 있다.[15] 수반 관계란 정신은 신체에 수반하여서만 존재한다는 입장이다.

이 입장에 따르면 신체와 분리된 또 다른 '나'란 존재하지 않는다. 인식론적으로는 이 둘을 구분할 수 있으나, 존재론적으로는 구분이 불가능하다. 신체에 관한 입장의 차이는 임신중절 문제에 중요한 함의를 지닌다. 신체를 단순히 하위실재로 간주하게 되면, 태아 유기체는 초기 단계의 인간적인 하위실재로 대충 처리되어 버린다. 휴 맥클로플런(H. McLaughlan)은 이런 입장에 따라 태아를 미래 인간 신체의 한 부분과 동일시하고 있다.[16] 그래서 태아는 아직 존재하지 않은 인간 존재라는 신체의 시작일 따름이다. 이런 입장에 따르면, 지금 존재하는 태아와 나중에 존재할 인간 사이의 관계는 정신적 요소가 배제된, 단지 물리적 연속성―그것도 단지 인간 신체의 한 부분―의 의미밖에 가지지 않는다.

그러나 단계 이론에 따르면 태아와 인간 존재의 관계는 이와 다르다. 인간을 신진대사 및 자동적인 활동부터 의도적인 행위와 두뇌 활동에 이르는 다양한 영역의 활동을 할 수 있는 단일 유기체로 간주할 경우, 초보적인 유기체, 즉 태아도 그 자신의 정상적인 발달

....

15   수반 관계에 대해서는 J. Kim, "Concepts of Supervenience", *Philosophy and Phenomenological Research*, vol. 45, 1984를 참고하라.

16   H. McLachlan, "Must We Accept Either the Conservative or the Liberal View on Abortion", *Analysis*, vol. 37, no. 4, 1977, pp. 197-204.

과정을 통해 새로운 물리적, 생물학적, 심리학적 능력을 지니고 결국에는 이성적 능력을 지니게 되는 존재가 된다. 즉, 초보적인 유기체는 처음에는 동물적인 형태와 능력을 얻고 나중에는 '인간적'이라 불릴 수 있는 정신적, 정서적, 의지적 능력을 얻는다. 이 모든 변화를 통과해도 유기체는 하나의 동일한 생물학적 유기체로 남아 있다. 초기 단계에서조차도 이 유기체는 성숙한 단계에서 지니는 모든 구조를 표상하고 있다. 단계 이론에 따르면, 태아가 바로 이런 유기체임을 현대 생물학이 보여준다는 것이다.

　그러면 가장 초보적인 단계의 수정란도 인간 존재인가? 인간 유기체는 어느 정도의 완성 단계에 이르러야 비로소 인간 존재로서 자격을 얻게 된다. 인간 존재는 인간 유기체의 발달에 있어서 초기 국면이 아니라 상당히 발달된 국면을 지시한다. 그러나 인간 존재가 인간 유기체인 태아와 전혀 다른 개체를 의미하지는 않는다. 즉, 인간 존재는 실체 자체를 개별화하는 것이 아니라 단순히 실체의 한 단계를 개별화한다. 왜냐하면 현재의 인간 존재는 이전의 태아로 존재하는 것이 아니지만, 적어도 지금 여기의 인간 존재는 태아로 존재했던 때가 시간상 앞서서 있었기 때문이다. 예를 들어, 현재의 청년 A가 미성숙한 아이라고 말하는 것은 거짓이지만, 우리 앞의 어린이가 미래에 청년이 된 인간과 동일한 생물학적 개체라는 진술은 참이다. 단계 이론에 따르면 인간 태아도 미래 인간과 동일한 생물학적 개체이다. 인간 존재로서의 지위는 토대가 되는 유기체의 생명에서 앞선 어느 발달 단계의 성취와 관련되어 있다. 태아란 바로 인간 존재로 발달하는 하나의 단계에 위치한다. 즉, 어느 정도의

발달 단계가 지나야 비로소 인간 유기체는 인간 존재가 된다.[17]

과정 이론은 태아 발달을 개별적인 인간 존재가 점진적으로 존재하게 되는 하나의 과정으로 본다.[18] 이는 개별적 실체가 점진적으로 존재하게 되는 것이 가능하다는 형이상학을 전제하고 있다. 단계 이론에서는 토대가 되는 실체 및 발달 단계에 관한 논란의 여지가 없는 일반 형이상학을 받아들여 그냥 인간 유기체와 인간 존재에 적용하면 되었으나, 과정 이론에서는 전제된 형이상학 자체가 문제시되므로 이에 대한 해명이 필요하다. 즉, 이런 과정의 존재를 지지해 주는 일반적인 논증은 없다고 혹은 이런 과정 개념은 논리적 비일관성을 범한다고 일반적으로 여겨지고 있으므로, 이 두 의심에 대한 해명이 필요하다. 과정 이론은 개체 출현이 시간의 경과에 따라 일어난다고 주장한다. 따라서 개체는 점진적으로 존재하게 되고, 점진적으로 이 세계에 들어오게 된다.

이것이 가능한지 알아보기 위해, 이와 반대되는 반점진주의 입장을 살펴보자. 반점진주의자는 집과 같은 인공물이나 인간과 같은 생물학적 개체가 세계에 존재하는 방식에는 두 종류의 과정이 있다

....

17 퀸은 태아가 인간 존재가 되는 시점을 임신 8개월경으로 잡는다. 그는 생물학적 관점에서 주요 기관 체계 특히 신경 체계가 완전히 형성되는 시점을 의미 있다고 보기 때문이다. 이는 정신적 능력과 관련된다. 그는 정신적 능력을 학습을 통해 얻어지는 능력과 이 학습을 가능하게 하는 토대가 되는 능력으로 구분하고, 후자의 능력이 인간 존재에 본질적으로 본다. 이 능력이 8개월경 얻어진다. W. Quinn, "Abortion: Identity and Loss", pp. 32-33.
18 파인버그도 이러한 점진주의 입장을 취하고 있다. J. Feinberg, "Abortion", T. Regan, ed, *Matters of Life and Death: New Introductory Essays on Moral Philosophy*(New York: Random House, 1980), pp. 201-202.

고 본다. 하나는 준비 과정(preparatory processes)으로, 집이 형성되기 위해 벽돌이나 철근이 모이는 과정 또는 생물학적 동물이 태어나기 위해 세포들이 복잡한 방식으로 조직되는 과정을 말한다. 다른 하나는 완성되는 과정(finishing processes)이다. 이는 여러 변화와 부가적으로 더해지는 것에 의해 개체가 새롭게 형성되는 과정이다. 그러면서 반점진주의자는 준비 과정에는 개체가 아직 존재하지 않았으나, 완성되는 과정에서는 개체가 온전히 존재하게 된다고 주장한다. 즉, 반점진주의자는 새로운 개체의 세계 속 출현은 혁명적으로, 즉각적으로 일어난다고 본다. 한 마디로 이들은 존재론적 비약을 주장한다. 반면에 점진주의자는 인공물이나 인간이 이렇게 비약적으로 존재한다는 것은 실제로 그런 것이 아니라 다만 인간 사고의 인위적 산물에 불과하다고 본다. 즉, 비약은 단지 인간 사고에서 일어날 뿐이지 실재 세계는 그렇지 않기 때문에 반점진주의는 현실성이 없다고 이들은 주장한다. 집을 짓기 위해 철근이나 벽돌을 모으는 것은 단순히 자재가 모이는 단계에 불과한 것이 아니라 집을 건축하기 위한 과정의 한 단계이다. 건축이 진행됨에 따라 그 대상이 집이라 불릴 수 있는 '자격의 정도'가 점점 커진다.

과정 이론이 논리적으로 일관적이지 않다는 생각은 다음 두 근원에서 나온다. 하나는 이 이론의 논리적 함축은 존재 내지 실재의 정도를 허용해야 하는데, 이를 받아들이기 어렵다는 것이다. 그러나 자아동일성에 관한 최근 이론은 실재의 동일성에는 정도가 있음을 인정한다.[19] 전부 아니면 전무라는 생각은 불합리한 이분법적 사고에 지나지 않는다. 또 단순히 받아들이기 어렵다는 이유는 철학적인 반대 논거가 되지 못한다. 다른 하나는 과정 이론은 '즉각적이지 않은 변화'(non-instantaneous change)를 상정한다는 것이다. 시간의 경과에 따른 일상적인 변화는 단지 이미 완전히 존재하는 개체에 의한 새로운 속성의 점진적 획득이라고 생각한다. 이것이 유일한 변화라면 즉각적이지 않은 변화를 겪는 모든 개체는 그 마지막뿐만 아니라 그 시작에서도 충분히 실재적이어야 한다는 결론이 나온다. 그러나 과정 이론가는 즉각적이지 않은 변화가 모두 실재적이라는 생각을 부정한다.

과정 이론 주창자들은 자신들의 입장을 옹호하기 위해 근본적으로 다른 종류의 변화로 구성적 변화(constitutive change)를 제안한다. 구성적 변화를 겪는 개체는 점진적으로 되어가는 과정의 일부분으로, 그 실재를 구성하는 속성을 획득하거나 잃게 된다. 따라서 그 마지막과 시작에서 어떤 개체가 똑같이 실재해야 한다는 반박을 물리칠 수 있다. 과정 이론을 태아에 적용하면 어떤 결론이 나오는가? 세 가지 선택지가 있다.

(1) 태아는 인간 존재로 발전되어 가는 과정에 있는 생물학적 질료들의 모음과 같다.
(2) 태아는 나중에 존재할 인간 존재와 동일하다.
(3) 태아란 이 둘의 어느 것도 아닌 제3의 종류이다.

....

19   D. Parfit, *Reasons and Persons*, 3부 'Personal Identity', 특히 10장 'What We Believe Ourselves to Be'와 11장 'How We are not What We Believe' 참조.

다시 말해 (3)의 입장에 따르면, 태아는 인간 존재가 점진적으로 존재하게 되므로 말미암아 사라져 가는 대상이거나 아니면 인간 존재의 전 삶을 통해 하나의 구성적인 실재로 계속 존재하게 되는 대상이다. 그러나 (3)의 이러한 두 대안은 앞에서 이미 우리의 직관과 어긋난다고 폐기한 선택지이다. 왜냐하면 인간은 점진적으로 그리고 연속적으로 발달하는 존재로 설사 성인이 되었다고 해도 태아의 생물학적 유기체는 사라지지 않기 때문이다. 또한 앞서 설명하였듯이, 신체는 인간 유기체를 구성하는 하위실재가 아니므로 태아는 인간 존재를 구성하는 하위 부분과 동일시될 수 없다.

　　그러면 (1)과 (2) 중 어느 입장이 합당한가? (2)가 (1)보다 더 합당해 보인다. 태아는 생물학적 질료로 구성되지만 이들의 단순한 모음과 동일하게 여길 수 없기 때문이다. 그러면 태아는 인간 존재와 동일한가? 태아는 보이기도 하고 만질 수 있으며 또한 결정된 형태와 조직을 지닌다. 따라서 태아는 부분적으로 실현되었을 뿐만 아니라 충분히 실현된 것이다. 건축 중인 집 역시 완성된 집만큼 정확하게 치수가 매겨질 수 있다. 이의 불완전성은 특별한 분류, 즉 집과의 관련하에서이다. 따라서 태아는 인간 존재 자체는 아니나 만들어져 가는 인간 존재이다. 이런 면에 있어서 태아는 충분하지는 않지만 부분적으로 실재하는 개별적 인간 존재이다. 그러나 태아는 완전한 태아이다. 인간 존재는 실체의 분류이고, 태아는 '원시 단계 분류'(proto-stage sortal)이기 때문에 여기에는 모순이 없다.[20] 단

....

20　W. Quinn, "Abortion: Identity and Loss", p. 39.

계 이론이 주장하듯이 태아는 변하고 새로운 속성을 획득한다. 이런 변화는 단지 속성의 변화라는 단계 이론의 주장을 반박할 근거를 과정 이론은 지닌다. 과정 이론에 따르면 태아는 인간 존재가 부분적으로 존재하는 것으로 여겨진다. 태아가 새로운 속성이나 형태를 획득하는 것은 인간 존재로 되어가는 과정의 한 부분이다. 태아를 임신 순간부터 완전한 생물학적 유기체로 보는 것은 타당하지만, 생물학적 유기체를 실체 분류로 보는 것은 잘못이다. 태아를 부분적으로 실재하는 인간 존재와 동일시함으로써 우리는 상식적인 직관을 유지할 수 있다. 인간 존재가 생물학적 유기체이고 신체를 그저 이러한 유기체의 하위실재로 보는 입장을 부정하게 되면, 신체 형성의 시작이 곧 인간 존재 형성의 시작이다. 아리스토텔레스의 범주 분류를 원용하면, 태아에서 인간 존재로의 발달은 동일한 실체를 토대로 한 속성의 변화라고 말할 수 있다. 그러면 속성 변화의 토대가 되는 새로운 실체는 언제 시작되는가? 그 시작점으로 가장 적합한 후보는 수정이다. 세포 분화와 이식 과정을 통한 여러 신체 기관의 개별화는 수정과 동시에 시작된다는 것을 발생학이 보여주기 때문이다.

수정 논증과 분절 논증

정상적인 태아는, 단계 이론에서는 지금은 인간 존재로 볼 수 없지만 언젠가 인간 존재가 될 것으로 파악되고, 과정 이론에서는 아직 충분하지는 않지만 이미 어느 정도 인간 존재가 된 것으로 파악된다. 이 두 입장은 태아의 지위에 대해서는 서로 다른 입장을 취하지만, 개체 동일성이 수정 이후부터 지속된다는 데 대해서는 의견을 같이한다. 그런데 최근 생물학의 발달은 그렇지 않음을 보여준다. 보수주의자가 수정을 도덕적 분수령으로 보고 있기 때문에, 우리는 수정이 생물학적으로 어떤 의미가 있는지 고찰할 필요가 있다. 자아동일성 입론은 '수정란-배아-태아-유아-어린이-청년-성인' 사이에는 두 가지 연속성이 존재한다고 주장한다. 하나는 유전적 연속성이며, 다른 하나는 수적인 연속성이다.[21] 자아동일성 입론 옹호자들은 이 두 연속성이 수정에서 시작된다고 주장하는데 그 근거가 생물학적 사실과 부합하지 않다는 것이 현대 생물학의 지적이다. 그러면 언제 이 두 연속성이 확보되는가? 먼저 수정에서 이 두 연속성이 시작된다는 수정 논증부터 살펴보자.

수정을 도덕적 지위의 경계로 보는 보수주의자들의 논증을 수정 논증이라 부르면, 이 논증은 크게 세 논변, 즉 유전적 논증(the genetic argument), 연속성 논증(the discontinuity-continuity argument), 그리고 개별성 논증(the individuality argument)으로 나누어진다.[22] 이를 하나하나 살펴봄으로써 앞의 '동일성' 문제를 해결하고자 한다. 유전적 논증은 '유전적 인간'인 실재가 만들어지는 것이

....

21   H. Kuse & P. Singer, "Individuals, Humans and Persons: The Issue of Moral Status", P. Singer et al., eds., *Embryo Experimentation*, p. 66.

22   D. Dawson, "Fertilization and Moral Status: A Scientific Perspective", P. Singer et al., eds., *Embryo Experimentation*, pp. 44-49.

수정이듯이, 그 실재가 도덕적 지위를 얻는 때도 수정이라고 강조한다. 수정 순간 가장 중요한 변화는 새로운 인간 유전자형(geno-type)의 형성이다. 호모 사피엔스라는 인간종의 새로운 유전자형이 만들어지는 것이 바로 수정 순간이며, 그 이후의 어느 발달 단계에서도 의미 있는 유전자 변화는 일어나지 않는다.

생물학적으로 이 논증은 두 가지 물음을 불러온다. 첫째, 유전학적인 인간 존재 상태를 구성하는 것은 무엇인가? 둘째, 의미 있는 유전적 변화란 무엇을 의미하는가? 첫 번째 물음에 대해 유전적 논증 주장자들은 수정을 기점으로 하여 유기체의 인간 게놈(genome) 혹은 유전 조직(genetic make-up)이 세 가지 차원에서 중대한 변화를 겪는다고 주장한다. 첫째, 염색체(chromosome)라는 일반적 차원에서 보면, 인간의 최소 조건은 46개 염색체의 존재이다. 이 중 23개는 난세포에 의해서, 23개는 정자에 의해서 구성된다. 이 염색체들은 받아들여진 핵형 배열 중의 하나이다. 그러나 46개라는 수는 인간에게만 고유한 것은 아니다. 그래서 둘째로 유전자(gene) 자체의 차원에서, 다른 종이 아니라 인간 유전자가 중요하게 된다. 셋째는 유전자의 분자핵 구조(molecular structure of gene) 차원에서 인간 유전자의 DNA 이중나선구조가 수정 순간에 생성된다는 점이다. 수정된 난세포는 그것이 발달한 현실태인 아이나 성인과 이 세 차원 모두에서 동일하다는 것이 보수주의자의 주장이다. 수정된 난세포는 수정되기 전의 난자나 정자와 유전적으로 연속적이지 않다는 의미에서, 유전학적으로 새로운 생명체라 할 수 있다. 그러나 각 차원에서 일상적인 경우와 달리 예외가 발생할 수 있다는 것을 현대 의학이 보여준다. 이런 예외 사례는 유전적 논증 주장자들에게 많은 문제를 일으키지만, 여기서는 표준적인 사례를 다루는 응용윤리학의 관점으로 보고 있기에, 이런 예외 사례는 큰 문제가 되지 않는다. 즉, 이런 특수한 사례는 응용윤리학의 '응용'에 해당되는 부분으로 더 세밀한 논의가 필요할 것이다.[23]

이에 대해 수정 논증에 반대하는 자들은 DNA나 염색체 수는 하나의 생물학적 사실에 지나지 않는데, 이것이 어떻게 도덕적인 의미를 지니냐고 반론을 제기할 것이다. 이것이 생물학적 사실이라는 지적은 맞다. 이런 반론은 도덕적 사실이란 존재하지 않는다는 혹은 설사 도덕적 사실이 존재한다 해도 그것은 생물학적 사실과 무관하다는 전제를 함축하고 있다. 이런 전제를 가정한 반론이라면, 필자의 논증은 크게 손상을 입지 않는다. 왜냐하면 도덕적 속성이 인간의 합의나 감정에 의해 전적으로 결정된다는 극단적인 주관주의나 정의주의(emotivism)를 채택하지 않는 한, 이런 반론은 설득력이 없을 것이기 때문이다. 이런 주관주의나 정의주의는 받아들이기 어렵다. 적어도 인간이 자연과학적 사실의 토대 위에 서서 사회적 활동을 하는 존재임을 인정하고, 도덕은 이런 활동과 관련된다면, 도덕적 속성도 자연적 속성과 무관하게 결정될 수 없다. 조지 에드워드 무어(G. E. Moore)가 주장한 자연주의적 오류에 따르면

....

23 염색체 차원에서는 디스퍼미(dispermy)와 터너 신드롬(Turner's syndrom), 유전자 차원에서는 유전적인 다형현상(polymorphisms), 그리고 유전자의 분자핵 구조 차원에서는 잡종교배 등과 같은 특별한 예외 사례 및 그것이 제기하는 문제에 관해서는 ibid., pp. 44-47을 참조하라.

자연적 속성에서 도덕적 가치를 추론하는 것은 논리적 오류에 해당하지만, 자연적 오류가 참이라 해도 도덕적 가치 내지 도덕적 속성이 자연적 속성에 그 토대를 두어야 한다는 점은 명백하다. 물론 이렇게 되면, 이때의 토대 관계가 어떤 토대 관계이냐의 물음이 제기된다. 자연적 속성에 근거한 구성 관계인가, 자연적 속성의 수반 관계인가, 아니면 다른 무슨 관계인가 하는 물음은 답하기가 어려운 복잡한 물음이다. 이는 최근 논의되고 있는 도덕 실재론(moral realism)의 주제적인 물음이다. 필자는 토대 관계에 관한 입장과 상관없이 도덕적 속성은 자연적 속성에 기반할 수밖에 없다는 자연주의적인 도덕 실재론의 입장에 근거하여, 수정으로 인해 생기는 DNA나 염색체 수의 유전적 변화는 도덕적 속성에서 의미 있는 변화라고 주장한다.

유전적 논증의 두 번째 부분은 수정을 도덕적 지위 획득의 분기점으로 강조한다. 이 시점 이후에는 더 이상 의미 있는 유전적 변화가 일어나지 않는다는 것이다. 그런데 여기서 '의미 있는'이라는 말의 의미가 분명하지 않다. 수정 후에도 유전적 변화가 일어날 수 있고 또 실제로 일어나지 않는가? 실제로 자발적인 돌연변이(spontaneous mutation)가 일어난다. 극단적인 유전적 변화는 적혈구와 눈의 수정체 세포가 분화되는 동안 일어난다. 이런 임의적인 변화의 의미는 DNA 변화, 변화의 발달 정도 및 성질 등에 따라 달라진다. 특정 종에 따라 다르지만, 돌연변이는 DNA 복제당 백만분의 일 비율로 일어난다. 마지막 세포 분화가 일어날 때, 이런 세포들은 더 이상 핵 유전물질(nuclear genetic material)을 지니지 않고, 분화하는 동안 유전적 내용을 두 배로 만드는 세포의 빈도수는 낮아진다. 그래서 태어난 인간은 여러 군의 세포들로 구성된다고 생각할 수 있다. 하지만 수정 이후에 일어나는 이런 유전적 변화는 양적인 변화가 아니라 질적인 변화로 단지 '하나의 주제에서 일어나는 변화'(variation on a theme)에 지나지 않는다고 유전적 논증 옹호자들은 주장한다.[24] 앞서 언급하였듯이, 이는 실체의 변화가 아니라 속성의 변화이다.

도덕적으로 중요한 것은 도덕적 지위에서의 변화이다. 도덕적 지위는 유정성에 의해 규정되고, 유정성은 대뇌 체계에 달려 있다. 수정 이후 유전적 변화가 일어난다 해도, 이는 대뇌 체계에 있어서는 거의 아무런 변화를 가져오지 않는다. 대뇌 체계 자체가 없어진다거나 아니면 둘로 나뉘는 등의 변화는 일어나지 않는다. 물론 대뇌 체계에 이상을 가져오는 유전적 변화는 있을 수 있다. 이는 출생한 유아나 성인의 경우에도 일어나는 변화이다. 예를 들어, 러시아

....

24 수정 이후에도 출생 이전에 유전자 구조(genetic make-up)를 변경시키는 변화가 일어나는 경우가 간혹 있다. 이런 변화들은 염색체의 비분열, 즉 염색체가 세포 분열하는 동안 적절히 분열하지 않는 결과로 발생한다. 수정란의 1차 분열 기간의 염색체가 비분열한 결과로 모자이크 유기체, 즉 서로 다른 두 세포 라인으로 구성된 유기체가 발생한다. 이 두 라인은 이것이 발생한 원래의 수정란과 유전학적으로 서로 다르다. 후기 발달 단계에서 비분열이 발생하면, 세 개의 서로 다른 세포 라인을 지닌 개체가 형성된다. 이 라인들 역시 그것이 발생한 수정란과는 유전학적으로 다르다. 특히 표준적인 염색체 수에서 벗어난 유전자형―X 염색체가 세 배인 여아(trople-x female), 다운 신드롬(Down's syndrome), 터너 신드롬 등―은 모자이크 형태(수정 후의 염색체 비분열)나 혹은 순수한 형태(수정 전 양부모 중 어느 한쪽 배우자 발생 시에 비분열이 발생하여 생기는 형태)로 존재할 수 있다. 이런 유전적 변화는 수정 후 염색체 전체에서 손실 혹은 이득이 되기도 하는데, 이는 표현형, 유전자형, 태중 생명체의 발달 등에 전체적인 영향을 미치므로, 의미 있는 변화라고 보아야 할 것이다. *ibid.*, pp. 46-7

의 체르노빌 원자력 붕괴 사고로 인해 유전인자가 변형되어 성장이 멈추는 경우다. 이런 경우 우리는 잠재성이 상실되었다고 말하기보다는 잠재성의 실현이 좌절되었다고 말할 수 있다.[25]

연속성 논증의 지지자들은 수정 이후 사건들을 발전적인 변화의 연속으로 파악한다. 그래서 도덕적 지위를 부여할 수 있는 어느 한 단계를 구획해 내는 것은 불가능하다. 이런 연속성과는 대조적으로, 수정은 발달 과정에서 철저한 불연속 내지 혁명적 변화이다. 수정 시 단일 수정란을 형성하는 두 배우자의 결합은 인간 실재가 존재하기 시작한다고 주장할 수 있는 구분 가능한 유일한 단계이다. 수정되기 전에는 정자와 난자 두 실재가 존재하였으나, 이제는 독특한 새로운 유전 정보를 지닌 하나의 새로운 실재가 존재한다. 다른 사정이 같다면, 이 수정란은 수적인 동일성을 유지하면서 동일한 유전 정보를 지닌 배아, 태아, 유아를 거쳐 성인으로 발달한다. 개별성 논증 지지자는 수정을 출발점으로 개별적인 한 인간이 시작하게 된다고 주장한다. 즉, 인간 존재가 언제 시작되는가라는 물음이 아니라, 하나의 개별적 인간 존재―예를 들어, 소크라테스―가 언제 시작되는가라는 물음에 대해, 개별성 논증 옹호자는 수정을 강조한다. 연속성 논증은 '수정란-배아-태아-유아-청년-성인'으로 이어지는 연속성을 강조하여, 이 과정에서는 하나의 불연속점을 발견할 수 없는 수적인 연속성이 유지된다고 주장하면서, 하나의 개체로서 소크라테스가 언제 존재하기 시작하는가라는 물음에

....

25   S. Buckle, "Arguing from Potential", p. 106.

대해 그 시점이 수정이라고 주장한다.[26] 수적인 연속성뿐만 아니라 여기서는 한 개체의 동일성에 관한 물음까지 포함되어 있다.

그러나 이런 개별성 논증은 도전을 받는다. 왜냐하면 '1난세포 +1정자=1수정란=1아이'라는 등식이 성립되지 않기 때문이다. 한 아이의 형성에 두 수정란이 관여하기도 하고 한 수정란이 두 아이로 발달할 수 있다는 것을 의학은 보여준다. 서로 다른 두 조직의 공생체인 키메라(chimera)가 전자의 단적인 예이며, 후자의 예로 우리는 일란성 쌍둥이(identical twins)를 들 수 있다. 일란성 쌍둥이는 하나의 수정란이 분열하여 두 개의 수정란이 자궁벽에 착상하는 경우이다. 키메라는 독립적인 수정의 결과로 발생한 둘 이상의 수정란이 융합하여 단일의 태중 생명체를 발달시키는 경우이다.[27] 그래서 수정이 불가능한 개별성이 나타나는 시점은 수정이 아니라 분절이 끝나는 때라고 주장하는 학자들이 나타났다. 예를 들어, 폴 램지(P. Ramsey)는 "일란성 쌍둥이의 경우 발달하는 세포 영역의 분절은 대체로 착상 때, 즉 배란 후 약 7~8일 경에 일어난다."[28]라고 말한다. 이와 같은 맥락에서 브로디도 "일란성 쌍둥이의 경우 배아세포를 가로지르는 원시선(primitive streak)은 두 쌍둥이의 분리를 표시한

....

26   W. Quinn, "Abortion: Identity and Loss", p. 27.

27   이러한 예에는 분리되어 두 실재를 형성하지 않고 결합되어 있는 샴쌍둥이(Siamese twins)와 하나의 태아가 다른 태아 속으로 들어간 경우인 '태아 속의 태아'(fetus-in-fetus)가 있다. D. Dawson, "Segmentation and Moral Status: A Scientific Perspective", P. Singer et al., eds., *Embryo Experimentation*, pp. 57-58 참조.

28   P. Ramsey, "The Morality of Abortion", 여기서는 황경식 외 옮김, 『사회윤리의 제문제』 (서울: 서광사, 1983), pp. 65-66.

다. 이는 수정 후 6~7일경에 일어난다."[29]라고 주장한다. 그런데 생물학이 밝혀 낸 사실에 의하면 이런 쌍둥이화 과정은 수정 후 14일 이전에는 어느 때에라도 일어날 수 있다고 한다.[30] 그래서 출산생물학자 앤 맥래런(A. McLaren)은 다음과 같이 설명한다.[31]

> 수정 후 2주간은 본질적으로 배아 후기 발달의 준비 기간이다. 수정된 난세포는 처음 며칠 동안 하루에 한두 번 분열하여 세포 덩어리를 형성하고, 그다음 주에 여자 자궁벽으로 기어들어 간다. 이 착상 기간에 대부분의 세포들은 미래 배아의 보호 및 영양과 관련된 여러 기능을 점차 떠맡게 된다. 결국 이 세포들 혹은 한 번 더 분열한 세포들이 배아를 에워싸고 있는 태반을 비롯한 여러 조직들― 융모막, 이차 난황낭, 원시적인 중배엽, 양막, 요낭 등―을 형성하게 된다. 착상 기간 마지막에도 이런 생명체에 끼어들지 못한 세포들이 잔존한다. 배아 자체가 궁극적으로 발달하기 시작하는 장소를 표시하면서 소위 임신의 초기 증상이 나타나는 것은 이런 그룹들의 세포에서이다.

....

29 B. Brody, "On the Humanity of the Fetus", p. 230.
30 쌍태아는 인간에게 흔하지 않으나, 모든 출생아의 89분의 1의 빈도로 출현한다. 쌍태아의 70~75%는 이란성 쌍태아이고 나머지는 일란성 쌍태아이다. 이란성 쌍태아는 거의 동시에 배출된 두 난자가 다른 두 정자에 의해 수정되어 형성된다. 반면에 일란성 쌍태아는 발생기에 하나의 수정란이 둘로 분열되어 생긴다. 그 시기는 수정란이 2개 세포가 되는 때에 일어나는 경우가 약 30%이고, 약 70%는 수정 후 3일경 포낭기 초에 이루어진다. 드물게는(약 4%) 원시선 출현 직전의 이층배자반에서 이러한 분열이 발생한다. 신태선·박영우, 『인체발생학』(서울: 아카데믹서적, 1987), pp. 209-213.
31 A. McLaren, "Why Study Early Human Development?", p. 49.

한마디로 수정된 난세포는 14일 이후의 진정한 배아와 동일한 존재일 수가 없다는 것이다. 난자와 정자가 만나 수정이 이루어져 24시간 만에 완성된 수정된 난세포는 며칠 동안 하루에 한두 번씩 분화 과정을 겪는데, 단계적으로 발달하여 2, 4, 8, 16개 세포로 늘어난다. 이 과정에서 수정 후 첫 단계에서 발달한 여러 세포가 다양한 기능을 가지게 되고, 그중 하나가 자궁벽에 착상하여 발달한 후 배아가 된다. 착상은 대체로 수정 후 7일경 시작되어 14일경에 완성된다. 이런 배아는 수정된 난세포로부터 나오나, 그와 동일한 실재는 아니다. 수정된 난세포는 참된 배아를 '산출할 잠재성'은 지니나, 배아가 '될 잠재성'은 지니지 않는다. 그러나 개별성과 관련하여 중요한 것은 될 잠재성이기에, 배아가 형성되기 이전 단계의 수정란은 개별적 자아동일성의 출발점으로 볼 수 없다.

수정란 세포들은 '전적으로 잠재적'(totipotent)이다. 이런 세포들은 수정 논증의 주장과는 달리, 하나 이상의 개체가 될 잠재성을 지닌다. 8개 세포 단계까지 각각의 이전 배아세포들은 투명층(zona pellucida), 즉 난세포 외막에 개별 세포들이 하나로 묶여 있는 느슨한 집합으로, 이 세포들은 각각 태아 혹은 아기가 될 잠재성을 지닌다. 즉, 4개 세포의 경우, 이들 각각이 배아가 될 잠재성을 지니며, 이것이 페트리 접시에서 한 번 더 난할하면 8개 세포 모두가 배아가 될 잠재성을 지니게 된다. 그래서 실제로 조지워싱턴대학교 의료원의 로버트 스틸맨 박사와 제리 홀 박사는 수정란을 분열시켜, 그중 하나를 난임 여성의 자궁에 이식시키려고 시도한 적이 있다.[32] 소위 '수정란 분할' 복제가 더 수월해지면, 수정란과 착상된 배아 사이에는 상당한 차이가 발생하게 된다. 수정란이 8개 세포로 발달하기까지는 8개 세포 모두가 인간이 될 잠재성을 지닌다. 이 딜레마를 극복하자면, 착상이 끝나는 14일경에 개별적 자아동일성이 확립된다고 보아야 한다. 이런 의미에서 학자들은 '유전적 개별성'(genetic individuality)과 '발달하는 개별성'(developmental individuality)을 구분한 다음, 발달하는 개별성은 원시선이 출현하는 시점에 형성된다고 주장한다. 즉, 착상되기 이전의 배아는 '유전적 개별자'(genetic individual)이나, '존재론적 개별자'(ontological individual)는 아니다.[33]

여기서 우리는 임신중절에 관한 원래의 도덕 원리인 보수주의와 자아동일성에 관한 배경 이론이 충돌함을 엿볼 수 있다. 어떤 죽음이 해악이 되려면, 그 죽음의 주체를 규정할 수 있어야 한다는 명제를 받아들이면, 우리는 자아동일성이 확보되는 존재에 대해서만 죽음이 해악이 된다고 말할 수 있을 것이다. 그런데 그 자아동일성은 수정이 아니라 착상 이후에 얻어진다는 것이 5장의 결론이다. 따라서 필자는 원래의 보수주의 입장에 수정을 가해 도덕 원리와 배경 이론 간의 새로운 평형 상태를 유지하고자 한다. 즉, 태아는 착상과 더불어 도덕적 지위를 획득하기 때문에, 착상 이후의 임신중절은 도덕적으로 그르다. 이는 수정된 보수주의 입장이라 부를 수 있

....

32 문신용, 「임신과 분만」, 박재갑 엮음, 『인간생명과학』(서울: 서울대학교출판부, 1993), pp. 82-83.

33 T.A. Shanon & A. Wolter, "Reflections on the Moral Status of Preembryo", *Theological Studies*, vol. 51, 1990, p. 613.

다. 현실적으로 이 입장은 실천적 함축에서 볼 때 보수주의 입장과 동일하다. 왜냐하면 현대 의학에 따르면 임신은 착상 이후가 되어야 비로소 인지 가능하기 때문이다.

잠재적 인간의 출발점을 수정이 아니라 착상 후로 잡는 또 다른 이유는 임신의 확인이다. 여성 자신이 임신하였는지도 모르는 수정란에 대해, 우리 인간은 알 수 없지만 잠재적인 인간이 이미 존재한다고 말할 수 있는가? 현대 의학으로도 확인할 수 없는 존재까지 생명권을 확장하기란 실천적으로는 어려워 보인다. 인간의 본성이 무엇이냐는 물음은 형이상학적인 물음이지만, 도덕이 인간과 인간의 관계에 관련되는 한, 어느 누구에 의해서도 확인되지 않는 존재에 대해 생명권을 부여한다는 것은 무의미하다. 도덕적 지위의 소유는 생물학적인 본래적 성질에 의해 결정된다고 할지라도, 그 존재의 확인이라는 사회적인 요소도 최소한으로 요구된다고 하겠다. 그런데 현대 의학에 의하면 임신의 진단은 3주경에 가능하다. 월경의 중지는 임신의 가능성을 나타내는 첫 번째 단서이다. 임신이 되었다면, 이는 수정 후 약 3주경에 확인이 가능하다. 즉, 수정란 발생 3주경에는 영양막에서 만들어져 산모의 소변으로 배출되는 융모막성 성선자극호르몬을 확인함으로써 비로소 임신을 진단할 수 있다. 어떤 검사는 월경을 거른 지 12일 만에 임신이 확인되기도 하지만, 40일경이 되어야 임신 여부 진단이 정확하다. 발생 초기에는 임신을 나타내는 절대적인 징후란 없다. 따라서 착상이 2주 말경에 완성되므로, 이때를 잠재적인 인간 존재의 시작으로 보는 것이 안전할 것이다.

6장

가치 논변

앞의 두 장에서 필자는 유정성 기준과 잠재성 논증을 통해, 수정 순간이 아니라 착상 순간부터 태아는 도덕적 지위를 지닌다는 논변을 전개하였다. 이러한 입장에 따르면 태아는 착상 순간부터 생명권을 지녀 임신중절이 사실상 어렵게 된다.

권리 논변 대 가치 논변

그러나 이러한 주장은 임신중절의 도덕성에 관한 우리의 상식적인 도덕적 직관과 어긋난다는 비판으로부터 자유로울 수 없다. 왜냐하면 우리의 상식 도덕에 따르면, 임신중절은 도덕적으로 피임과 다를 뿐만 아니라 유아 살해와도 분명 다르기 때문이다. 한 예로,

배아나 태아의 권리에 관한 우리의 숙고된 도덕 판단이 어떠한지를 라인하르트 메르켈(R. Merkel)은 도덕적 상상력을 발휘하여 '불난 실험실'을 비유로 들고 있다.[1]

생명공학 실험실에서 화재가 발생하였다. 실험실에는 오전에 만들어진 10개의 살아 있는 배아들이 있고, 그밖에도 이미 화재 연기로 인해 깊은 무의식 상태에 빠진 갓난아이가 있다. 마지막 순간 실험실로 뛰어든 소방관은 10개의 배아와 갓난아기 중 어느 하나만을 구할 수 있음을 알게 되었다. 이러한 경우 그 소방관이 어떠한 결정을 내려야 하는지에 대해 진지하게 의심할 자가 있는가? 설령 배아의 수가 10개가 아니라 100개, 1,000개 또는 무수히 많은 숫자가 존재한다고 할지라도 어떠한 결정을 내려야 할지 의심할 자가 있을 것인가?

물론 이에 대해 우리는 갓난아기보다 배아를 구해야 한다고 혹은 배아의 소극적 권리와 적극적 권리의 구분을 통해 소방관의 행위를 정당화하면서 배아의 생명권을 옹호할 수 있다. 즉, 생명권은 죽임을 당하지 않을 소극적 권리이기에 소방관이 갓난아기를 구했다고 하더라도 여전히 배아의 생명권은 침해당하지 않았다고 우리는 주장할 수 있다. 이에 대해 메르켈은 이러한 도덕적 상상을 더 발

....

1   메르켈의 '불난 실험실 비유'와 아래의 설명은 김나경, 「R. Dworkin과 R. Merkel의 생명철학과 법」, 『성신법학』, vol. 12, 2013, pp. 186-189를 참조하였다.

전시켜, 갓난아기를 구하러 가는 길목에 배아를 보관하고 있는 냉동고가 있어 이를 파괴하지 않는 한 갓난아기를 구할 수 없는 경우에도, 소방관은 여전히 배아 냉동고를 파괴하고 아이를 구해야 한다는 도덕적 직관은 유효하다고 주장한다. 한 걸음 더 나아가 배아가 아닌 태아에 대해서도 우리는 이와 유사한 도덕적 직관을 갖고 있다. 그러니까 권리 중심의 보수주의자들은 대개 그 어떠한 경우에도 임신중절을 허용하지 않는 강건 보수주의보다는 강간이나 근친상간으로 인한 임신, 그리고 산모의 생명을 위협하는 임신의 경우 임신중절이 허용된다는 온건 보수주의 입장을 취하고 있다. 실제로 이러한 예외는 우리의 상식적인 도덕적 직관이기도 하다.

하지만 이러한 도덕적 직관은 생명권 일반의 경우 적용되지 않는다. 예를 들어, 아무리 어머니의 생명을 구하기 위함이라 할지라도 이미 태어난 유아를 죽이는 일은 도덕적으로 결코 허용될 수 없지 않은가? 이와 같은 논리로 태아가 생명권을 지닌다면 산모의 생명이 위협받는 경우에도 태아를 죽이는 것이기 때문에 임신중절은 예외적으로도 허용할 수 없게 된다. 따라서 권리에 근거한 보수주의 입장은 논리적 일관성을 유지하기 어렵다. 이러한 비판은 여성 윤리, 특히 자율권에 토대를 둔 자유주의의 경우에도 마찬가지이다. 자유주의자들은 '자기 몸을 통제할 여성의 권리'가 태아의 생명권에 우선한다고 주장한다. 이러한 권리는 근본적으로 자유권에 그 토대를 두고 있는데, 자유권은 다른 사람의 권리를 침해하지 않는 한도 내에서의 개인의 자유로운 선택과 행위를 주장한다. 하지만 임신중절은 태아를 죽이는 것이므로, 즉 태아의 생명권을 침해하기에 자유주의자들은 임신중절 선택권을 주장할 수 없다.[2] 게다가 자유주의자도 임신 후기의 중절에 대해서는 대부분 반대할 뿐만 아니라, 비록 임신 초기의 중절이라 할지라도 도덕적으로 꺼림직하게 여긴다.

보수주의자와 자유주의자의 이러한 입장은 무엇을 말하는가? 보수주의자의 예외 인정은 태아 생명권이 이미 태어난 인간의 생명권과 차등이 있음을 말해주고, 자유주의자의 도덕적 꺼림직은 태아가 단순한 세포 덩어리가 아님을, 즉 정확하게 규정할 수는 없지만 '도덕적으로 의미 있는 존재'임을 말해준다. 그러니까 우리는 태아에 관한 두 가지 생물학적 사실을 부인할 수가 없다. 하나는 태아는 인간 유전자를 지닌, 그리고 특별한 방해가 없는 한 인간으로 발달할 수 있는 유일한 생명체라는 사실이요, 다른 하나는 태아는 인간으로 발달해 가고 있는 과정적 존재라는 사실이다. 특히 후자와 관련하여 우리는 피임, 임신중절, 유아 살해에 대해 도덕적으로 다르게 생각하고 있다. 즉, 피임은 도덕적으로 허용되고 유아 살해는 도덕적으로 금지되는데, 임신중절은 도덕적으로 피임과 다를 뿐만 아니라 유아 살해와도 다르다는 것이 우리들의 상식이다. 태아의 도덕적 지위는 이러한 존재론적 두 특성을 모두 고려하여 결정되어야 한다. 하지만 보수주의자는 전자의 사실에만 초점을 맞추고, 자유주의자는 후자의 사실만을 받아들이고 있다.

....

2   R. Macklin, "Abortion. Ⅱ. A. Contemporary Ethical Perspectives", W. T. Reich, ed., *Encyclopedia of Bioethics*, vol. 1(New York, Simon & Schuster Macmillan: 1995), p. 10.

태아의 이러한 존재론적 특징과 임신중절에 관한 우리의 상식적인 도덕적 직관과 정합할 수 있는 도덕적 입장을 찾아야 하는 숙제를 우리는 안고 있다. 이 숙제를 어떻게 풀어나갈 것인가? 이 물음에 해답을 주는 철학자가 로널드 드워킨(R. Dworkin)이다. 이 숙제를 푸는 열쇠로 그는 『생명의 지배영역』(*Life's Dominion*)이라는 책에서 '본래적 가치'(intrinsic value) 개념을 끌어들인다.[3] 본래적 가치 개념에 토대를 둔 드워킨의 임신중절 논변을 필자는 권리 논변과 대비하여 '가치 논변'(value argument)이라 부르고자 한다. 그러면 그는 가치 논변을 어떻게 전개하는가? 우선 그는 임신중절에 관한 지금까지의 담론은 두 논변을 구분하지 못하는 지적 혼동에 빠져 있다고 비판한다. 그러니까 '임신중절이 왜 도덕적으로 나쁜가?'의 물음에 대해 물론 우리는 결과주의 내지 공리주의에 근거하여 그 이유를 설명할 수 있다. 예를 들어, 앞서 주장한 미래 가치 손실 논증은 태아가 미래에 가질 가치를 중요한 도덕적 고려사항으로 여겨 임신중절에 반대한다. 하지만 이러한 논증은 태아의 미래 가치를 지금 여기서는 알 수 없다는 난점을 지닐 뿐만 아니라, 엄밀

....

3 R. Dworkin, *Life's Dominion*(New York: A Division of Random House, 1994), 박경신·김지미 옮김, 『생명의 지배영역: 낙태, 안락사 그리고 개인의 자유』(서울: 로도스, 2014) 역자들은 'abortion'을 '낙태'로 번역하였지만, 필자는 '임신중절'로 옮겼다. 또 이들은 'intrinsic value'를 '내재적 가치'로 번역하였지만, 필자는 윤리학에서 통용되고 있는 '본래적 가치'로 번역하고자 한다. 드워킨은 그 의미를 구분하지 않고 p. 153, p. 155, p. 157 등에서는 'inherent value'라는 개념을 사용하고 있다. 이를 우리는 '내재적 가치'로 옮길 수 있다. 하지만 번역서는 이 둘을 구분하지 않고 모두 '내재적 가치'로 옮기고 있다. 이 글에서 필자는 번역서를 참조하였지만 원서에 충실하게 재번역하였으며, 인용 쪽수도 원서 기준임을 밝혀 둔다.

히 말해, 임신중절 자체에 대한 반대로 보기 어렵다. 그러면 임신중절이 본래적으로 혹은 그 자체로 잘못되었다는 것을 어떻게 보여줄 수 있는가? 그 이유를 그는 두 가지로 분석한다. 즉, 하나는 태아가 생명권을 지닌다는 이유요, 다른 하나는 태아가 본래적 가치를 지닌다는 이유이다. 그는 전자에 근거한 '파생적 반대'(derivative objection) 논변과 구분하여 후자에 근거한 반대를 '독립적 반대'(detached objection)라 부르면서 이 둘의 구분을 강조한다.[4]

태아는 본래적 가치를 지닌다

임신중절에 관한 드워킨의 입장을 이해하자면 우리는 왜 그가 그렇게 이름을 붙이고, 또 그 둘의 구분을 강조하는지를 알아야 한다. 태아는 이해관계를 지니고, 그로 인해 죽임을 당하지 않을 권리인 생명권을 지니는데, 임신중절은 이 권리를 침해하기 때문에 도덕적으로 그르다는 것이 파생적 반대의 주된 논변이다. 이를 파생적이라 부르는 이유는 이 논변이 태아가 이해관계 내지는 권리를 지닌 존재로 전제한 다음, 이로부터 임신중절에 반대하기 때문이다. 반면에 독립적 반대는 태아의 이해관계나 권리를 전제하지 않고, 임신중절은 태아가 지닌 본래적 가치 자체를 훼손하기 때문이라고 주장한다. 그러면 두 논변 모두 건전한가? 태아가 권리나 이해관계

....

4   *ibid.*, p. 11.

를 지닌 사람이라는 전제 자체가 의심스럽기 때문에 파생적 논변은 잘못되었고, 독립적 논변만이 설득력이 있다는 게 드워킨의 지적이다. 임신중절에 관한 이러한 그의 입장은 다음과 같이 간단하게 정리할 수 있다. '태아는 이해관계나 권리를 지니지 않고 본래적 가치를 지니기에 임신중절은 도덕적으로 문제가 된다.' 실제로 그는 이주장에 함의된 두 명제, 즉 '태아는 이해관계나 권리를 지니지 않는다.'라는 소극적 주장과 '태아는 본래적 가치를 지닌다.'라는 적극적 주장을 옹호하는 데 『생명의 지배영역』의 상당한 지면을 할애하고 있다.

권리 논쟁은 두 물음을 야기한다. 하나는 '태아는 권리가 부여될 수 있는 유형의 실재인가?'라는 물음이요, 다른 하나는 '산모의 권리와 태아의 권리가 상충할 때 어떻게 해결할 수 있는가?'라는 물음이다.[5] '태아도 권리를 지니는가?'라는 물음은 앞서 논의하였듯이 '태아는 도덕적 지위를 지니는가?'라는 물음과, 더 노골적으로 말하면, '태아는 인간인가?'라는 물음과 동치이다. 따라서 권리 논쟁은 독립된 논쟁이라기보다는 '사람 논쟁'을 전제한다고 말할 수 있다. 하지만 드워킨은 이 근본 전제를 철학적으로 문제 삼고 있다. 우선 그는 이 문제는 '너무 모호한' 문제로 결코 해결할 수 없다고 본다. 왜냐하면 어느 편도 상대편이 납득할 만한 논증을 제공할 수 없기 때문이다. 다시 말해, 이는 어떤 생물학적 사실이 발견된다거나 눈이 번쩍 뜨일 도덕적 비유가 고안된다고 해결할 사안이 아니다.

....

5   R. Macklin, "Abortion. Ⅱ. A. Contemporary Ethical Perspectives", p. 10.

이것은 원초적인 확신의 문제이기에, 양쪽 모두 상대편을 결코 '이해할 수 없는 위험천만한 화성인'(incomprehensible but dangerous Martian)으로 바라볼 따름이다.[6] 한 걸음 더 나아가 그는 태아는 이해관계 내지 권리 담지자가 될 수 없기에 파생적 반대 논변은 원천적으로 잘못되었다고 본다. 사실 드워킨은 권리와 이해관계의 관계에 관해 명확한 입장을 피력하지 않고, '권리에 대한 이해관계'(interests of their own right), '권리와 이해관계'(rights and interests), '권리 혹은 이해관계'(rights or interests) 등의 표현을 혼용하여 사용하고 있다.[7] 따라서 우리는 이해관계로부터 권리가 파생되는지, 아니면 권리와 이해관계를 같은 의미로 사용하는지에 관한 그의 정확한 입장을 단정적으로 말할 수 없다. 하지만 파생적 반대 논변을 반박할 때 그는 주로 태아는 이해관계를 지니지 않는다는 사실을 강조하고 있다.

무엇이든 어떤 형태로든 의식을 가지거나 가진 적이 있어, 육체뿐만 아니라 정신적 삶을 가지지 않은 이상 그것이 그 자신의 이해관계를 가지고 있다고 말하는 것은 이치에 닿지 않는다. 그것에 무슨 일이 생기는 것과 그것이 중요하다는 것은 다르다.[8]

....

6   R. Dworkin, *Life's Dominion*, p. 10.
7   *ibid.*, pp. 11-12.
8   역서(p. 57)에서는 '그 자신의'가 생략되어 있지만, 드워킨은 'its own'을 이탤릭체로 강조하고 있어, 필자가 이를 추가하였다. 그리고 역서는 'interest'를 이익으로 번역하지만, 필자가 이해관계로 바꿨다. *ibid.*, p. 16.

임신중절이 태아의 이익에 반한다고 말할 수 있는가의 여부는 임신중절이 행해지는 당시에 태아가 이익을 가지고 있었는지에 달린 것이지 중절하지 않는다면 태아가 장래에 이익을 가지게 될 것이라는 사실에 달린 것이 아니다.[9]

위의 두 인용문에서 알 수 있듯이, 태아가 이해관계를 지니지 않는 이유를 그는 두 가지로 설명한다. 하나는 미래의 이해관계와 현재의 이해관계 구분이다. 중절이 되지 않았다면 태아는 한 인간으로 태어났을 것이고, 그러면 당연히 미래에 이해관계를 지니게 될 것이다. 하지만 중절이 행해지는 당시에는 이해관계를 지닌 누군가가 아예 존재하지 않았기 때문에, 태아는 이해관계를 지니지 않는다는 게 드워킨의 주장이다. 드워킨이 이렇게 주장하는 또 다른 이유는 의식적 삶의 유무이다. 즉, 태아는 아직 의식을 지니지 않기에 이해관계를 지닐 수 없다는 것이다. 이를 보여주는 좋은 예로 그는 예술품의 비유를 사용한다. 조각 예술품은 이를 만든 조각가나 감상하는 미술 애호가에게는 분명 이해관계가 존재하지만, 그 자체는 아무런 이해관계를 지니지 않는다. 이를 살아 있는 생명체에게도 그대로 적용하여, 야생 들풀은 물론이고, 심지어 인간이 되는 과정에 있는 존재도 그 자체로는 이해관계를 지니지 않는다고 그는 주장한다.

그의 예술품 비유는 이중적 의미를 지닌다. 하나는 예술품처럼

....

9   *ibid.*, p.19.

태아도 그 자체로는 이해관계를 지니지 않는다는 사실을 예시해 준다는 의미요, 다른 하나는 그럼에도 예술품의 파괴가 왜 도덕적으로 꺼림직한지를 잘 보여준다는 의미이다. 즉, 왜 우리는 조각품의 파괴를 나쁘게 여기는가? 드워킨은 조각품이 본래적 가치를 지니기 때문이라고 설명한다. 이와 마찬가지로 태아가 비록 이해관계나 권리를 지니지 않음에도 우리가 임신중절을 도덕적으로 꺼림직하게 여기는 이유는 바로 태아가 본래적 가치를 지니기 때문이라고 그는 강조한다.

그러면 태아가 본래적 가치를 지닌다는 것을 그는 어떻게 설명하는가? 그는 본래적 가치 개념을 '신성성'(sanctity)과 같은 의미로, 그리고 신성성을 '불가침성'(inviolability)과 같은 의미로 사용한다. 그러니까 태아는 신성불가침한 본래적 가치를 지닌다는 게 그의 주장이다. 칸트의 용어를 빌린다면, 그는 태아의 본래적 가치는 '요청된다'(postulate)고 주장한다. 그러니까 이미 그는 태아가 이해관계나 권리를 지니지 않음을 밝혔다. 그럼에도 불구하고 보수주의자는 임신중절에 반대하고 자유주의자 역시 임신중절에 대해 도덕적 후회를 한다. 실제로 임신중절 선택을 강하게 옹호하는 마거릿 리틀(M. O. Little)은 임신중절은 도덕적으로 중립적이지 않다고 하면서 이렇게 말한다. "임신중절은 손실을 내포한다. 즉, 여러 당사자가 임신에 투여한 희망의 손실뿐만 아니라, 그 자체로 가치 있는 어떤 것의 손실이 임신중절에 함의되어 있다. 따라서 임신중절은 진정한 문제이며, 이따금 슬픔과 후회와 같은 도덕적 감정을 불러일으킨다."[10] 이를 어떻게 설명할 것인가? 다시 말해, 권리를 지니지 않는 태아인데 보수주의자는 무슨 근거에서 임신중절에 반대하고, 아무런 권리를 지니지 않는데 자유주의자는 왜 임신중절에 대해 도덕적 후회를 하는가? 이를 설명하자면, 이해관계나 권리가 아닌 다른 도덕적 고려사항이 요청되는데, 그것이 바로 본래적 가치 개념이다. 즉, "내가 믿기에 임신중절에 관해 대부분의 사람이 갖고 있는 신념의 뿌리는 아주 초기 단계의 배아 생명을 포함하여 모든 인간 생명은 신성불가침하다는 원칙이다."[11]

본래적 가치를 전제하지 아니하고는 보수주의자들의 주장은 물론이거니와 자유주의자들의 이러한 도덕적 경험을 우리는 설명할 수 없다. 예술품이 인간 생명이 아님에도 불구하고 본래적 가치를 지니듯이, 태아도 인간이냐 아니냐의 물음과 상관없이 본래적 가치를 지닌다는 것이다. 본래적 가치 개념은 임신중절의 도덕성에 관한 극단적 생명옹호론자와 극단적 선택옹호론자 사이의 다양한 스펙트럼을 이해하는 데도 중요하다. 즉, 본래적 가치에 대한 평가가 다르기 때문에 개인에 따라 임신중절에 관한 도덕적 입장은 차이를 보일 수밖에 없지 않는가? 그러니까 본래적 가치 개념은 그 평가에서 정도(degree)를 허용하며, 그 정도의 평가에서 로마 가톨릭교회는 태아가 하나님의 형상을 부여받은, 그래서 이미 현존하는 인간과 거의 동등할 정도의 신성성을 지닌다고 여겨 임신중절에 반대하

....

10   M. O. Little, "The Moral Permissibility of Abortion", C.H. Welman & A. Cohen, eds., *Contemporary Debates in Applied Ethics*(London: Basil Blackwell Publishing, 2005), p. 57.

11   R. Dworkin, *Life's Dominion*, p. 78.

는 반면에, 여성주의자들은 신성성의 정도를 낮게 평가하여 여성의 상당한 자유를 주장한다. 그렇다고 여성주의자들 가운데 생명옹호론자들이 없다는 말은 아니다. 이러한 본래적 가치 내지 신성성에 근거한 임신중절의 도덕성 논의는 임신중절 관련 법 규정의 차이를 설명하는 데도 도움이 된다. 즉, 태아의 신성성에 관한 평가는 각국이 자체적으로 결정할 문제이기에, 나라마다 이에 관한 법 규정이 달라진다.[12]

태아의 본래적 가치 인정은 여성주의자들에게 이미 발견된다고 그는 해석한다. 예를 들어, 캐서린 매키넌(C. A. Mackinnon)은 프라이버시권에 근거한 자유주의자들의 임신중절 옹호는 임신한 여성과 태아 사이의 독특한 관계 및 여성 경험을 무시한다고 하면서 여성의 관점에서 임신중절을 바라봐야 한다고 주장한다.[13] 드워킨은 매키넌의 논변을 소개하면서—물론 여성주의자들에 대한 그의 해석이 과연 합당한지의 물음은 남아 있지만—매키넌의 공적을 이렇게 표현한다. "그러면 중요한 문제는 임신중절이 본래적인 중요성을 지닌 어떤 대상을 부당하게 훼손하는 것인가 그리고 언제 훼손하는가라는 물음이 되고, 매키넌의 입장은 새로운 인간 생명의 내재적인 중요성은 그것을 창조하는 행위의 의미와 자유에 달려 있을 것이라는 괄목할 만한 쟁점을 제시하는 것이나 다름없다."[14] 간

....

12   ibid., p. 48.
13   C. A. Mackinnon, "Reflection on Sex Equality under Law", The Yale Law Journal, vol. 100, no. 5, 1991, pp. 1281-1328.
14   ibid., p. 56.

단히 말해, 여성주의자들은 "태아가 그 자체로 도덕적 권리를 지닌 사람이라고 주장하지는 않지만, 태아가 도덕적 결과의 한 창조물(a creature of moral consequence)"이라고 주장한다.[15] 드워킨은 우선 여성주의자들의 이러한 생각은 "인간 생명은 본래적으로 가치를 지닌다."라는 우리들의 직관과도 부합한다고 본다.

그러면 우리의 이러한 직관을 드워킨은 어떻게 옹호하는가? 태아의 본래적 가치를 옹호하기 위해 그는 가치론과 관련하여 몇 가지를 구분한다. 우선 그는 가치의 근원과 관련하여 수단적 가치, 주관적 가치, 그리고 본래적 가치를 구분한다. 수단적 가치(instrumental value)란 목적에 대한 수단이 되는 가치를 말하며, 주관적 가치(subjective value)란 객관적 가치와 대비되는 개념으로 사람들이 주관적으로 그것을 얼마나 원하는가에 달린 가치를 말한다. 그는 당사자에 따라 다른 가치를 지닌다는 의미에서 주관적 가치를 개인적 가치(personal value)라 부르기도 한다.[16] 반면에 본래적 가치란 목적과 상관없이, 그리고 사람들의 욕구나 필요와 상관없이 독립적으로 그것 자체로 지니는 가치를 말한다. 수단적 가치나 주관적 가치 차원에서만 바라보면 임신중절에 대한 여성들의 도덕적 후회는 설명하기가 어렵다. 태아가 수단적 가치를 지니려면 목적을 지녀야 하고, 또 주관적 가치를 지니려면 욕구나 필요를 지녀야 하는데, 태아가 그러한 목적이나 욕구를 아예 지니지 않기 때문이다. 태아가

....

15   *ibid.*, p. 67.
16   *ibid.*, p. 73.

본래적 가치를 지니지 아니하고는 임신중절에 대한 우리의 도덕적 후회를 설명할 수 없다.

한 걸음 더 나아가 둘째로 드워킨은 본래적 가치를 다시 두 범주로 구분한다. 즉, 본래적으로 가치 있는 것들은 더 많이 가질수록 더 좋게 되는 '누적적으로 가치 있는'(incrementally valuable) 것들과, 이와 달리 그 자체로 신성하거나 불가침적이어서 가치 있는 것들로 구분되는데, 후자를 '신성한 가치 또는 불가침적 가치'(sacred or inviolable values)라 부른다.[17] 후자는 수나 양과 상관없이 존재 자체만으로 가치 있는 것들이라고 말할 수 있다. 지식 대부분은 누적적 가치를 지닌다. 하지만 예술품은 그렇지 않다. 우리는 예술품에 대해 얼마나 많이 존재하는가가 아니라 존재한다는 사실 자체로 가치 있게 여기지 않는가? 이와 마찬가지로, 인간 생명은 단 한 번이라도 존재하는 순간 본래적으로 가치 있게 된다.

셋째로 그는 신성한 가치를 지닌 것들을 '어떻게 신성시되는가?'라는 물음을 기준으로 다시 둘로 구분한다. 즉, 그는 신성화 과정을 '연관 내지 지정'(association or designation)에 의한 것과 '역사'(history)에 의한 것으로 구분한다. 전자의 좋은 예는 국기이다. 국기의 가치는 주관적이거나 도구적이지 않을 뿐만 아니라 누적적이지도 않다. 국기가 가치를 지니는 것은 국가가 지정했기 때문에, 혹은 국가와의 연관성 때문이다. 한편, 후자의 예로는 레오나르도 다빈치의 그림을 들 수 있다. 그의 그림은 무엇을 상징하기 때문에

....

17   *ibid.*, p. 71.

혹은 무엇과 연관되어 있기 때문에 본래적 가치를 지니는 것이 아니라 '인간 창조의 과정들'(process of human creation)을 체화하고 있기 때문에 가치를 지닌다. 그림의 본래적 가치 내지 신성불가침성은 연관적이지 않고 발생론적(genetic)이다.[18] 드워킨은 동물종에 대해서도 이와 유사한 논리로 그 가치를 설명한다. 즉, 우리들은 개별 동물종을 단순한 우연의 산물이 아니라 의인화하여 '창조적 예술가로서의 자연'(nature as creative artist)의 저작물로 여긴다.

가치 논변의 실천적 함의와 그 비판

'태아란 어떤 존재인가?'에 관한 지금까지의 드워킨 논변을 정리하면 다음과 같다. 그 근본 전제는 권리 내지 이해관계와 가치의 구분이다. 태아는 이해관계나 권리를 지니지 않지만 가치를 지닌다. 그러면 태아가 지닌 가치는 무엇인가? 그것은 수단적 가치나 주관적 가치가 아니라 그 자체로 갖는 본래적 가치이다. 태아의 본래적 가치는 지식과 같은 누적적 가치와 달리, 예술품과 같은 신성불가침의 가치로 일단 존재하기만 하면 그 자체로 지니는 가치이다. 그러면 태아는 왜 그리고 어떻게 본래적 가치를 지니게 되는가? 태아의 신성한 가치는 연관적이지 않고 역사 발생적이다. 역사 발생에는 두 차원이 존재하는데, 하나는 인간 창조요, 다른 하나는 자연

....

18   *ibid.*, p. 74.

창조이다. 미술품은 인간 창조의 좋은 예요, 개별 동물종은 자연 창조의 예이다. 태아는 인간 창조와 자연 창조의 결합물로서 본래적 가치를 지닌다. "발달한 인간 존재 한 사람, 한 사람은 모두 자연적 창조의 결과물일 뿐만 아니라 우리가 예술을 경외하는 이유가 되는 숭고적인 인간 창조력의 결과물이다."[19] 즉, 인간 생명은 단순히 물리적인 혹은 생물학적인 생명만을 의미하지 않고, 그동안 살아온 행동, 결정, 동기, 사건 등으로 이루어진 '인생 이력서'(biograph)까지도 의미한다.

이로써 우리는 본래적 가치를 지닌 인간 존재의 파괴가 왜 도덕적으로 그른지를 설명할 수 있는 지점에 이르렀다. 즉, 임신중절은 자연 창조와 인간 창조의 합작품으로 본래적 가치를 가진 태아를 파괴하기 때문에 도덕적으로 그른 것이다. 여기서 드워킨은 다시 한번 어떤 대상의 존재 자체와 그 대상이 존재하게 된 과정을 구분한다. 즉, 본래적 가치를 지닌 대상, 예를 들어, 미술품이나 동물종을 의도적으로 파괴하는 것에 대해 우리가 경악하는 것은 그 대상 자체가 존재하지 않게 되기 때문이 아니라, 그 대상이 존재하게 되는 데 인간 내지 자연이 투여한 창조적 노력에 대한 모독이기 때문이다. 다시 말해, "우리가 창조적 투자의 낭비를 후회하는 것은 그 대상을 우리가 더 이상 가지지 못하기 때문이 아니라, 그 대상의 생성 과정에 투여된 위대한 노력이 좌절되는 것이 나쁘기 때문이다."[20]

....
19   ibid., p. 82.

이미 암시되었듯이, 그의 본래적 가치 내지 신성성 개념은 중요한 두 가지 특징을 지닌다. 하나는 투여된 자연적 창조력과 인간적 창조력의 다르기 때문에 신성성에도 정도가 있다는 점이다. 다른 하나는 신성성에 대한 우리의 믿음은 선택적이라는 점이다.[21] 예를 들어, 같은 노력이 들어가도, 우리는 자동차에 대해 본래적 가치를 지닌다거나 신성성을 지닌다고 말하지 않는다. 물론 드워킨의 이러한 주장은 신성성에 대한 우리의 믿음과 그 정도를 객관적으로 평가할 수 있는 기준이 있는가라는 물음을 낳는다. 즉, 왜 같은 인간의 노력이 들어갔는데 어떤 것은 신성성을 지니고 또 어떤 것은 신성성을 지니지 않는가, 그리고 신성성의 정도를 평가하는 기준은 무엇인가? 이 물음에 대해 그는 생명의 신성성에 대한 우리들의 신념은 아주 복잡하여 '전체를 아우르는 하나의 원칙'(a single overarching principle)은 존재하지 않는다고 말한다.[22]

하지만 분명한 한 가지 사실은 이미 지적하였듯이, 인간 생명은 도덕적으로 아주 중대한 두 종류의 창조적 투자, 즉 인위적 양태의 투자와 자연적 양태의 투자가 결합하여 만들어 낸 산물이라는 점이다. 따라서 임신중절에 관한 보수주의자와 자유주의자의 입장 차이는 인간 생명의 신성불가침성 형성에 투여된 자연적 기여와 인위적 기여의 상대적인 도덕적 중요성을 다르게 평가하기 때문이라는 결론을 우리는 얻게 된다.[23] 보수주의자들은 자연적 기여에 도덕적 중

....

20   *ibid.*, p. 79.
21   *ibid.*, p. 80.
22   *ibid.*, p. 81.

요성을 부여하여 임신중절에 반대하고, 자유주의자들은 인위적 기여에 도덕적 중요성을 부여하여 임신중절에 찬성한다. 하지만 생명의 신성성을 평가할 하나의 원칙을 제시할 수 없기 때문에, 우리는 생명 좌절의 다양한 양태나 종류를 신중하게 저울질하여 모든 구체적인 사례에 적합한 결정을 내려 주는 임신중절의 도덕성에 관한 하나의 일반 이론을 구성하는 것은 불가능하다.[24]

일단 보통 사람들의 상식적인 도덕적 직관을 회복시키고자 한 그의 가치 논변은 '구름 위의 철학'이 아닌 '땅 위의 철학'으로 존중받아 마땅하다. 실제로 그는 '밖에서 안으로'(from the outside in)의 철학이 아니라, '안에서 밖으로'(from the inside out)의 철학을 역설한다.[25] 여기서 '안'은 도덕 문제를, 그리고 '밖'은 윤리 이론 내지 윤리 원칙을 말한다. 그러니까 이론과 실천의 관계에 관해, 원리나 이론을 확립한 다음 그 원리나 이론을 현실 문제에 적용시켜 결론을 도출해 내는 방법을 우리는 종종 사용하는데, 이것이 '밖에서 안으로'의 철학이다. 그러나 드워킨은 이와 반대로 '안에서 밖으로'의 철학을 강조한다. "법은 임신중절이나 안락사마저 허용해야 하는가, 허용한다면 어떤 상황에서 허용할 것인가와 같은 실천적 문제에서 시작하여, 이 실천적 문제를 해결하기 위해 어떤 일반적인 철학적 또는 이론적 이슈들을 대면시켜야 하는가를 우리는 물을 수 있다."[26] 그가 '안에서 밖으로'의 철학을 강조하는 이유는 윤리 이론이

....

23   *ibid.*, p. 91.
24   *ibid.*, p. 100.
25   *ibid.*, pp. 28-29.

나 도덕 원칙의 선정과 관련 있다. '밖'의 우선성은 임의성에서 자유로울 수 없기 때문이다.

응용윤리학에서 물음은 대개 관련성에 관한 물음(relevance problem)과 갈등에 관한 물음(conflict problem)으로 구분되는데, 전자의 물음이 후자 물음보다 논리적으로 선행한다. 달리 말해, 관련성에 관한 물음을 어떻게 규정하는가에 따라 갈등에 관한 물음의 양상이 달라진다. 그러면 관련성에 관한 물음을 어떻게 규정할 것인가? '안에서' 찾아야 한다는 것이 그의 지적이다. 즉, 우리가 직접 마주하고 있는 실제적인 도덕 문제의 분석에서, 더 정확하게 말하면 실제적인 도덕 문제에 관한 일상인들의 상식적인 도덕적 직관에서 찾아야 한다는 게 그의 주장이다. 그러니까 이를 설명하지 못하는 도덕 이론은 잘못되었다는 것이다.

앞서 지적했듯이, 실제로 그는 두 가지 도덕적 직관을 든다. 하나는 자유주의자는 물론이고 보수주의자들도 강간이나 근친상간, 혹은 산모의 건강을 이유로 한 임신중절에 찬성한다는 직관이요, 다른 하나는 보수주의자는 물론이고 자유주의자들도 임신중절에 대해 '도덕적 후회'를 한다는 직관이다. 태아의 생명권에 근거한 보수주의 입장이나 여성의 신체적 자율권 내지는 여성 해방을 근거한 여성주의 입장 모두 이 두 직관을 설명할 수 없다고 비판하면서 그는 본래적 가치 논변을 들고나온다. 실제로 그의 가치 논변은 임신중절에 관한 입장 차이를 설명하는 데도 상당한 설득력을 지닌다.

....

26   *ibid.*, p. 29.

이런 점에서 보면 그의 '안에서 밖으로'의 철학은, 응용윤리학 방법 론에서 단순한 상향적 접근법이 아니라 일종의 반성적 평형의 방법 이라고 말할 수 있다.

한 걸음 더 나아가 '안에서 밖으로'의 철학 방법론에 따른 그의 가치 논변은 '단순성의 원칙'에도 충실하다. 그러니까 이제까지 임 신중절 논쟁이 태아의 도덕적 지위에 관한 물음과 태아와 산모의 갈등에 관한 물음으로 나뉘어 있었는데, 이를 '본래적 가치' 개념으 로 통합하여 논의한 점은 창의적 시각이라고 할 수 있다. 그러니까 드워킨은 임신중절 논쟁을 태아의 본래적 가치에 초점을 맞추게 함 으로써, 태아가 인간이냐 아니냐와 같은 윤리 형이상학의 난제를 피하고 있을 뿐만 아니라, '여성 대 태아의 대결'이라는 '나쁜 구도' 에서도 빠져나가고 있다.

그러면 그의 가치 논변은 임신중절의 도덕성에 관한 물음을 해 결하는가? 그렇지는 않다. 그는 자신의 가치 논변이 임신중절의 도 덕성에 관한 심오하고도 영구적인 입장 차이를 종식시키지는 않음 을 겸허하게 인정한다.[27] 즉, 그는 보수주의자나 자유주의자와 달리 임신중절의 도덕성에 관해 단일한 입장을 주장하지 않는다.

하지만 본래적 가치의 눈으로 임신중절을 바라보는 것은 임신 중절에 대한 입장 차이가 근본적으로 '영적'(spiritual)이라는 사실 을 깨닫게 하는데, 이것만으로도 우리를 하나로 묶어주는 데 큰 도 움이 된다고 그는 자부한다. 이런 면에서 보면 그의 가치 논변은 해

....

27   *ibid.*, p. 101.

결이 아니라 설명에 지나지 않는다. 달리 말해, 그는 임신중절을 분석윤리학의 관점에서 설명하고 있지, 응용윤리학의 관점에서 도덕 문제를 해결하고 있지는 않다. 그의 가치 논변은 임신중절에 관한 근본적인 물음인 태아의 도덕적 지위에 관한 물음과 태아와 산모의 갈등에 관한 물음을 본래적 가치에 관한 하나의 물음으로 통합시킨 장점을 갖지만, 본래적 가치 개념 역시 도덕적 지위에 관한 물음과 갈등에 관한 물음을 내포하고 있지 않은가? 본래적 가치에 관한 물음 역시 근본적으로 추론(reasoning)이 아니라 직관(intuition)의 문제로, 태아가 인간이냐의 물음 못지않게 형이상학적이어서 합당한 합의점을 찾기가 어렵다. 이는 도덕 문제의 변형이지 결코 도덕 문제의 해결이라고 말할 수는 없다.

그렇다고 그가 도덕 문제 해결을 위한 실마리를 제공하지 않는 것은 아니다. 그는 자연의 창조력과 인간의 창조력에 관한 상대적인 도덕적 중요성을 어떻게 평가하느냐에 따라 임신중절의 도덕적 허용 가능성 여부가 달라진다고 말한다. 그러니까 그는 인간 생명에 대해 미래 지향적 가치가 아니라 과거 지향적 가치를 강조한다. 다시 말해, 그는 생명의 신성성에 관한 우리의 공통된 헌신(common commitment to the sanctity of life)을 강조하지만, 한 생명이 앞으로 영위하게 될 미래 가치가 아니라 그 생명에 대해 이미 투입된 창조력에 도덕적 우선성을 두고 있다.[28] 이러한 주장은 신성성을 형성하는 두 요소에 대한 주관적 평가에 의해 임신중절의 도덕성이

....

28   *ibid.*, p. 101.

242

결정된다는 뉘앙스를 풍길 뿐만 아니라, 이미 태어난 생명, 예를 들어 산모나 그 자녀들에게 도덕적 우선성을 부여하고 있다.

이러한 그의 입장은 그의 후속 저작에서도 그대로 드러나고 있다. 즉, 그는 『자유주의적 평등』(*Sovereign Virtue*)에서 "나 자신은 낙태가 어떤 단계에서 이루어지든 모든 인간 생명의 내재적 가치에 대한 존중을 보여주지 못할 때 이는 도덕적으로 잘못된 것이며, 그러므로 낙태의 도덕적 옳음이나 그름은 주로 동기에 의존한다고 믿는다."라고 주장한다.[29] 물론 그는 어떤 동기 때문에 임신중절이 잘못인가라는 문제와 그것이 잘못이라면 국가가 그것을 금지하는 것이 올바른지의 문제를 구분하지만, 위 인용문은 임신중절의 도덕성이 동기와 연관되어 있음을 말해준다. 그러면 어떤 경우, 임신중절이 인간 생명에 대한 존중을 보여주는가? 그는 두 여건을 제시하는데, 하나는 아이의 삶이 좌절스러울 때이고, 다른 하나는 태아 출산이 다른 사람들, 예를 들어 산모나 이미 자라고 있는 다른 자녀의 삶에 재앙을 가져다주리라 예견되는 경우이다. 이런 면에서 보면 그의 가치 논변은 임신중절이라는 도덕 문제에 대해 '열린 대답'(open answer)을 제시하는데, 그 대답은 다분히 '여성주의 편'이라고 말할 수 있다.

....

29   R. Dworkin, *Sovereign Virtue*, 2000, 염수균 옮김, 『자유주의적 평등』(서울: 한길사, 2005), p. 652.

이론적 한계

　도덕 문제 해결이라는 실천적 관점에서 드워킨의 입론은 미흡할 뿐만 아니라, 그의 논변은 이론적으로도 몇 가지 난점을 지닌다. 우선 그의 근본 주장은 하나의 가설이지 논증된 것이 아니다. 자신의 논변이 하나의 가설임을 『자유주의적 평등』에서 그는 이렇게 말한다. "우리는 초기 태아가 아무런 이해관계를 갖지 않는다는 가설 아래서 내가 구분하는 두 번째 차원에서의 도덕적 문제(파생적 가치가 아니라 독립적 가치의 문제)를 고찰하고 있다는 점을 기억해야 한다."[30] 가설로써 그는 태아에 대해 다음과 같은 근본 주장을 한다. 즉, 태아는 이해관계나 권리를 갖지 않고 본래적 가치를 지닌다. 하지만 앞서 언급하였듯이 우선 '태아가 본래적 가치를 지니느냐?'라는 물음은 '태아가 인간이냐?'라는 물음 못지않게 윤리 형이상학적이다. 이 가설은 우리의 상식적인 도덕적 직관과 잘 부합한다는 이점이 있지만, 이해관계나 권리에 관한 특정 이론을, 그리고 본래적 가치에 관한 특정 이론을 전제하지 않고는 참이라고 주장할 수 없다. 그러니까 반성적 평형의 방법에 충실하자면, 윤리 이론과 상식적인 도덕적 직관의 정합만을 주장해서는 안 되고, 배경 이론과의 정합마저 밝혀야 하지만, 불행하게도 그는 자신의 도덕 이론과 정합적인 권리론이나 가치론을 전개하지 못함으로써 선결문제 요구의 오류라는 비판으로부터 자유로울 수 없다.

....

30　*ibid.*, p. 651.

244

그는 권리를 지니려면 이해관계를 지녀야 하고, 이해관계를 가지려면 의식적인 욕구를 지녀야 한다는 파인버그의 권리론을 전제하고 있다. 툴리는 의식, 이해관계, 권리에 관한 이러한 도덕 이론을 받아들여 임신중절을 옹호한다.[31] 하지만 왜 의식적인 욕구를 지닌다는 것을 이해관계의 선결 요건으로 전제해야 하는가? 욕구 만족이라는 결과를 중요시하는 공리주의를 주장하지 않는다면, 이러한 입장은 견지되기 어렵다. 살아 있는 모든 존재는 그 자체로 번영과 성숙이라는 이해관계를 지닌다.[32] 여성주의자 앨리슨 재거(A. M. Jaggar)도 태어나지 않은 존재(the unborn)가 이해관계를 지님을 인정한다.[33] 물론 이러한 비판에 대해 드워킨은 권리론이나 가치론은 거대 담론으로 쉽게 해결될 문제가 아니라고 얼마든지 응수할 수 있다. 그럼에도 이러한 비판이 적절한 이유는 본래적 가치가 권리 내지 이해관계와 도덕적 상관성을 갖기 때문이다. 그러니까 본래적 가치 내지 생명의 신성성을 지닌 존재가 어떻게 권리나 이해관계를 지니지 않을 수 있는가? 생명의 신성성 자체가 하나의 이해관계가 아닌가? 인간이 생명권을 지닌 근본 이유도 인간 생명이 신성하기 때문이 아닌가? 안타깝게도 드워킨은 생명의 신성성과 이해관계 내지 권리의 구분에 집착한 나머지, 이 둘의 상관관계를 철학적으로 천착하지 못하였다.

....

31   M. Tooley, "Abortion: Why a Liberal View Is Correct", p. 10.
32   C. Wolf-Devine & P. E. Devine, "Abortion: A Communitarian Pro-life Perspective", M. Tooley et al., eds., *Abortion: Three Perspectives*, pp. 85-86.
33   A. M. Jaggar, "Abortion and a Woman's Right to Decide", *Philosophical Forum*, vol. 5, no. 1-2, 1973-74, p. 352.

초기 배아를 포함하여 모든 인간 생명은 신성하다. 여기까지는 옳았지만, 생명의 신성성은 정도를 허용할 뿐만 아니라 이에 대한 믿음은 선택적이라고 주장하는 드워킨의 상대주의 내지 다원주의는 받아들이기 어렵다. 그는 인간 생명의 본래적 가치에 대한 대부분 사람들의 신념을 '본질적으로 종교적인 신념'(essentially religious beliefs)으로 여긴다.[34] 그러니까 임신중절에 대한 입장은 생명의 신성성에 대한 해석 차이에 따라 달라지기 때문에, 그 자체가 본질적으로 종교적 신념이다. 종교적 신념이 무엇인가? 그 종교를 믿는 자에게는 절대적이지만, 그 종교를 믿지 않는 자에게는 큰 의미가 없지 않은가? 종교는 인류 전체를 두고 보면 다원주의적일 뿐만 아니라 상대적이다. 그의 상대주의는 이중적이다. 하나는 믿음의 선택에 의해 신성성의 유무가 달라지기에 신성성의 객관적 기준이 존재하지 않는다는 의미에서 상대적이요, 다른 하나는 신성성의 정도 평가 역시 개인의 주관적 평가에 달려 있다는 의미에서 상대적이다. 물론 그는 종교적 신념이 아닌 철학적인 의미로 신성성 개념을 사용하고 있지만, 신성성은 불가침성을 의미한다고 할 때 그는 이미 '인간에 의해 침해받아서는 안 된다는 불가침성'을 뜻하지 않았는가? 그렇다면 당연히 인간의 여건이나 주관적 평가에 의한 신성성의 상대화를 거부해야 하지 않는가? 그런데 왜 그는 생명의 신성성을 상대화하였는가? 필자가 보기에 그 이유는 일상인들의 상식적인 도덕적 직관과의 정합을 지나치게 의식하였기 때문이다.

....

34   R. Dworkin, *Life's Dominion*, p. 155.

그러면 보수주의자가 강간이나 근친상간으로 인한 임신중절을 허용하는 것과 자유주의자가 도덕적으로 후회하는 것을 신성성을 상대적으로 해석하지 않고 설명할 수 있는 길은 없는가? 두 구분이 윤리 상대주의라는 비난을 받는 드워킨에게 구원의 손길이 될 수 있을 것이다. 하나는 표준적 사례와 예외적 사례의 구분이다. 그도 인정하듯이, 강간, 근친상간, 태아 기형, 산모 생명의 위협 등은 '예외적인 상황'이지 '표준적인 상황'이 아니다. 정당방위에 의한 살인이나 사형제도 등이 살인의 예외로 인정되듯이, 이러한 경우의 임신중절은 태아 생명권을 인정하면서도 얼마든지 인정할 수 있다. 그 근본적인 이유는 산모와 태아의 관계는 이미 존재하는 사람들 사이의 그 어떠한 관계와도 유비될 수 없는 독특한(unique) 관계이기 때문이다. 예외적인 경우를 준거점으로 삼아 표준적인 경우를 평가하는 일은 주객전도이다.

다른 하나는 도덕적 변명(moral excuse)과 도덕적 정당화(moral justification)의 구분이다. 한 예로, 생활고로 인해 빵을 훔쳐 먹은 10대 가출 소년을 생각해 보자. 그의 행위는 도덕적으로 옳은가? 그의 행위가 도덕적으로 허용 가능하다거나 혹은 옳다고 생각하는 사람은 없겠지만, 한편 누구도 그를 도덕적으로 비난하지는 않을 것이다. 이것이 바로 정당화와 변명의 구분이다. 즉, 도덕적 정당화는 어떤 행위에 대한 도덕적 허용 내지 옳음을 의미하고, 도덕적 변명은 한 행위에 대한 도덕적 용서를 말한다. 다시 말해, 비록 어떤 행위가 도덕적으로 허용되거나 옳지는 않지만, 여러 여건상 용서할 수밖에 없을 때 도덕적 변명이 성립된다. 도덕적 변명의 경우, 당사자에게는 언제나 도덕적 후회가 수반된다. 산모 자신의 건강이나 이미 자라고 있는 자녀에 대한 돌봄 등을 이유로 행하는 임신중절은 그 자체로 도덕적으로 정당화되는 것은 아니지만, 도덕적 변명으로 우리는 얼마든지 설명할 수 있다. 특수한 여건으로 인한 여성의 임신중절 선택을 우리는 도덕적으로 비난하지 말아야지 도덕적으로 정당화한다면, 인간 생명의 신성성은 위협받을 수밖에 없다.

신성성의 도덕적 상대화는 의학, 특히 생식보조 의술의 발달로 인해 새로운 도전에 직면하게 될 것이다. 생식 및 출산 의술의 발달은 태아의 '체외생존가능성' 시점에 영향을 주기 때문이다. 이에 관한 자세한 논의는 뒤에서 논하기로 하고, 여기서는 체외생존가능성이 드워킨의 생명의 신성성 개념에 어떤 이론적 혹은 실천적 함의를 지니는지를 살펴보자. 임신중절의 도덕성 논쟁이 뜨거운 이유 중 하나는 태아와 산모의 독특한 관계이다. 산모는 태아의 도움 없이 생존할 수 있는 반면에, 태아는 산모의 도움 없이는 생존이 불가능하다. 이런 독특한 관계는 이미 태어난 사람들 사이에서는 일어나지 않는다. 이 독특한 관계를 일반적 관계로 전환해 주는 요소가 바로 태아의 체외생존가능성 개념이다. 즉, 태아가 산모의 도움 없이도 체외에서 생존이 가능하다면, 우리가 태아의 도덕적 지위를 갓 태어난 유아의 도덕적 지위와 동등하게 여길 수 있는 길이 열리게 된다. 실제로 임신중절 논쟁에서 하나의 분수령이 된 1973년 '로대 웨이드 사건'(Roe v. Wade) 판결에서 미국 연방 대법원은 잠재적 생명에 대한 정부의 중요한 법익과 관련하여, 결정적으로 중요한 시점을 체외생존가능성으로 간주하고, 그 이전인 임신 1기 및 2

기의 임신중절을 허용하지만, 그 이후에는 의료적인 이유로만 임신중절이 허용된다는 판결을 내렸다.[35] 체외생존가능성 이후의 임신중절(post viability abortion)은 '생아 출산 문제'(live-birth problem)를 낳기 때문이다.[36] 그러니까 임신중절 후 태아가 여성 몸 밖에서 살아 있을 경우, 양육을 자발적으로 부담하겠다는 '입양자'가 있다면 모르겠지만, 그렇지 않을 경우 이 태아의 생명을 살려야 하는지, 아니면 죽도록 내버려 두어야 하는지에 관한 도덕적 물음이 발생한다. 이러한 문제가 아예 발생하지 않도록 하는 한 가지 방법은 체외생존가능성 이후의 임신중절을 금지하는 일이다.

하지만 체외생존가능성을 임신중절 허용의 상한선으로 보는 이러한 입장은 여러 어려운 물음을 낳는다. 가장 근본적인 물음은 체외생존가능성이라는 개념이 의미하는 바가 무엇이냐의 물음이다. 그러니까 의술의 도움 없이 독립적으로 생존 가능하다는 것을 의미하는가, 아니면 의술의 도움으로 독립적으로 생존 가능하다는 것을 의미하는가?[37] 전자의 의미로 받아들이면, 사실 태아뿐만 아니라 성인도 체외생존가능성을 지니지 않는다. 왜냐하면 성인들도 의술의 도움을 받으면서 살아가기 때문이다. 반대로 의술의 도움을 허용하는 광의의 의미로 받아들이면, 생식 및 출산 의술이 발달함에

....

35 G. E. Pence, *Classic Cases in Medical Ethics*, 4th., 2003, 김장한·이재담 옮김, 『고전적 사례로 본 의료윤리』(서울: 지코하우스, 2007), p. 147.
36 L. Shrage, *Abortion and Social Responsibility: Depolarizing the Debate*(Oxford: Oxford University Press, 2003), pp. 16-17.
37 S. Gibson, "Abortion", R. Chadwick, ed., *Encyclopedia of Applied Ethics*, vol.2(New York: Academic Press, 1998), p. 7.

따라 태아의 체외생존가능성은 유동적이게 된다. 특히 대리모 자궁이나 인공자궁마저 이용할 수 있게 되면, 태아의 생존가능성은 수정 순간까지 거슬러 올라가게 돼 여성의 임신중절은 아예 불가능하게 된다. 따라서 태아 외의 다른 사람들, 즉 산모나 이미 태어난 자녀의 이해관계를 진지하게 받아들이는 자들은 체외생존가능성을 임신중절 허용의 경계선으로 삼는 데 주저하게 된다.

이런 난점을 해결하고자 트리스트럼 엥겔하르트(H. T. Engelhardt, Jr.)는 '도덕적 기준'(a moral criterion)으로서의 체외생존가능성과 '의학적 일반화'(a medical generalization)로서의 체외생존가능성을 구분한다.[38] 후자는 조숙아 치료 의술이 발달함에 따라 결정되는 시점이 점점 앞당겨지고 있다. 반면에 전자는 임신중절의 허용 여부가 달라지는 분수령 역할을 하는 시점으로 고정되어 있어야 한다고 그는 본다. 산모의 생명이나 건강, 혹은 태아 기형 등의 특수한 상황이 아닌 일반적인 경우 임신중절의 한계를 규정하는 상한선으로 사용될 수 있는 시점이 체외생존가능성이다. 그렇다고 도덕적 기준으로서의 체외생존가능성이 태아에게 인간으로서의 지위를 부여해야 한다는 것을 말해주는 것은 아니다. 오히려 여러 여건으로 인해 여성의 자기 결정권과 임신중절을 옹호하는 혹은 태아의 생명 보존을 옹호하는 결과주의적 고려사항들에 비추어 합리적으로 거중 조정해야 할 시점을 말해 준다. 그래서 그는 후자를 모든 의술의

....

38 H. T. Engelhardt. Jr., "Viability and the Use of the Fetus", W. B. Bondeson et al., eds., *Abortion and the Status of the Fetus*(Dordrecht, Holland: D. Redel Publishing Company, 1983), p. 195.

도움이 아니라 다음과 같이 제한적인 의미로 사용한다. "아마도 도덕적 기준으로의 체외생존가능성은, 임신이 중단되어도 태아가 만기 출산 내지는 만기에 가까운 출산 시에 의무적으로 이뤄지는 수준의 도움을 받는다면 살 것이라 예견되는 시점으로 가장 잘 정의될 수 있다."[39]

죽임과 죽음

체외생존가능성을 어떻게 규정하느냐가 도덕적으로 문제가 되는 근본 이유는 여성의 임신중절 권리가 함의하는 바가 무엇인가라는 물음을 낳기 때문이다. 글을 시작하면서 우리는 임신중절을 의도적인 태아 죽임으로 정의하였다. 인공자궁, 대리모 자궁, 인큐베이터 등의 생식보조 의술이 점점 더 발달하게 되면, 이제는 태아를 죽이지 않고 단순히 여성의 자궁으로부터 태아를 제거하는 임신중절이 가능하게 될 것이다. 즉, 이제까지 이론적으로만 가능했던 태아 제거(fetal evacuation)를 의미하는 임신중절과 태아의 죽음(fetal death)을 의미하는 임신중절의 구분이 실제로 가능하게 될 것이다. 이러한 구분은 곧 여성이 지니는 생식의 자유 내지는 임신중절 권리가 태아의 죽음마저 포함하는지, 아니면 단순히 태아 제거만을 의미하는지에 관한 도덕적 물음을 낳는다. 보수주의자에게는 이 물

....

39   *ibid*., p. 196.

음이 큰 의미가 없지만, 임신중절 권리를 주장하는 자유주의자는 이 물음에 답해야 한다.

일부 여성주의자들은 여성이 갖는 생식의 자유는 부모가 되지 않을 권리마저 포함한다고 해석한다. 그러니까 임신중절을 원하는 여성은 "당신이나 태아에게 아무런 해악을 주지 않고, 당신 자궁에서 태아를 끄집어내어 다른 곳에서 9개월 동안 살게 하다가 그 아이를 당신 집으로 데려갈 수 있습니다."라는 산부인과 의사의 처방에 대해 결코 만족하지 않을 것이다. 여성이 진정 원하는 바는 자신의 자궁에서 태아를 제거하는 것이 아니라, 자신과 모자관계를 형성하는 자녀가 출생하지 않는, 태아의 죽음이다. 이런 관점에서 카트리오나 매켄지(C. Mackenzie)는 산모의 생식의 자유 내지 신체적 자율성 개념 속에는 자신과 신체적, 정서적, 경제적으로 밀접한 관계를 맺는 존재, 즉 태아의 운명을 결정할 권리마저 포함되어 있기에 여성의 임신중절 권리가 태아의 죽음을 함의한다고 주장한다.[40]

반면에 크리스틴 오버랄(C. Overall)은 일종의 '부정접근법'(a sort of via negative)을 채택하여, 태아나 산모가 어떤 권리를 갖느냐가 아니라 어떤 권리를 갖지 않느냐에 주목하여, 산모에게는 태아의 죽음을 의미하는 임신중절의 권리는 없다고 주장한다.[41] 즉, 태아가 여성의 자궁을 점유하여 사용할 권리를 지니지 않듯이, 산모역시 설사 태아가 생명권을 지니지 않는다 해도 태아를 죽일 권리

....

40   C. Mackenzie, "Abortion and Embodiment", *Australian Journal of Philosophy*, vol. 70, 1992, p. 155.

41   C. Overall, *Ethics and Human Reproduction*(Boston: Allen & Unwin, 1987), p. 71.

를 지니지 않는다고 그녀는 역설한다. 이의 근거로 그녀는 태아 제거가 곧 태아의 죽음을 야기하지 않는다는 사실을 지적한다. 그녀는, 후기 임신중절 시 염수 주사 후에도 태아가 살아서 태어나는 경우, 임신 26주경에 태어난 조숙아, 시험관 아기 등을 예로 들면서, 이런 경우 산모를 비롯하여 누구도 이 아기를 죽일 권리를 지니지 않는다고 주장한다. 이러한 입장은 "어린아이가 분리되어서도 살 수 있다는 것이 판명된다면, 누구도 그 아이의 죽음을 욕구해서는 안 된다."라는 톰슨의 주장이나[42] "산모가 유아를 파괴할 권리를 지니지 않는 동일한 이유에서, 임신중절이 태아를 죽이지 않고 실행될 수 있다면 산모는 태아를 파괴할 권리를 결코 지니지 않는다."라고 주장하는 워런의 글에도 잘 나타나 있다.[43] 비록 산모가 태아와 유전적 관계를 맺고 있다 할지라도, 이 관계가 태아 살인을 정당화해 주지는 않는다고 하겠다. 이렇게 보면 태아의 죽음을 의미하는 임신중절은 여성의 신체적 자율권을 너무 넓게 해석한 것이다.

그러면 드워킨의 가치 논변은 이 물음에 대해 어떤 답변을 줄 것인가? 그의 입장을 일관되게 견지하자면, 인간 생명의 신성성은 자연의 창조력과 인간의 창조력에 대한 평가에 따라 달라질 수밖에 없게 된다. 비록 체외생존가능성이 태아에 대해 인간으로서의 도덕적 지위를 부여하는지는 미결정적인 문제이지만, 체외생존가능성

....

42 J. J. Thomson, "A defence of Abortion", *Philosophy & Public Affairs*, vol. 1, no. 1, 1971. 여기서는 황필호 편저, 『산아제한과 낙태와 여성해방』(서울: 종로서적, 1990), p. 130.

43 M. A. Warren, "On the Moral and Legal Status of Abortion", p. 153.

을 지닌 태아와 갓 태어난 유아 사이의 존재론적 차이 내지 도덕적 차이를 합당하게 설명할 수 없다면, 태아의 죽음을 의미하는 임신 중절 권리는 유지되기 어렵다. "체외생존가능성을 지닌 태아에 대한 임신중절은 유아 살해에 해당한다."[44] 이것이 우리들의 상식적인 도덕적 직관이 아닌가? 지금은 그 법적 효력을 상실하였지만, 실제로 우리나라 모자보건법도 예외적인 경우의 임신중절이 허용되는 시점을 임신 28주에서 24주로 앞당겼는데, 그 근본 이유가 생식 의술의 발달로 태아의 체외생존가능성 시점이 앞당겨졌기 때문이다.

물론 드워킨은 정부 내지 국가가 체외생존가능성 시점 이후에는 인간 생명의 신성성 보호를 위해 임신중절을 규제하는 것이 합당하다고 하면서 그 이유를 세 가지 든다.[45] 첫째, 이 시점이 되면 태아의 두뇌가 발달하여 원시적 형태의 의식이 가능하게 된다. 둘째, 산모는 이미 중절할 것인가 말 것인가를 고민할 수 있는 충분한 시간적 여유를 가졌기에 여성의 생식적 자율성 권리가 충분히 보장된다. 셋째, 이 시점까지 기다렸다가 중절을 하는 것은 인간 생명의 본래적 가치를 조롱하는 처사이다. 하지만 이는 어디까지나 법적 규

....

44   C. Wolf-Devine & P. E. Devine, "Abortion: A Communitarian Pro-life Perspective", pp. 88-89. 하지만 이들은 세 가지 이유를 들어 체외생존가능성이 임신중절의 허용 가능성 경계를 긋는 분수령이 될 수 없다고 주장한다. 첫째, 체외생존가능성은 태아 자체에 의미 있는 변화를 가져오지 않고 단지 의술의 발달에 따라 달라진다. 둘째, 체외생존가능성은 태아라는 실재(entity) 자체가 갖는 본래적인 속성의 변화가 아니라 다른 실재, 즉 산모와 맺는 관계적 속성의 변화를 가져다줄 따름이다. 셋째, 어떤 존재가 어떤 특정 환경 밖에서 생존할 수 없다는 사실 자체는 그러한 환경을 빼앗는 것이 도덕적으로 허용될 수 있다는 이유를 제공하지 않는다.

45   R. Dworkin, Life's Dominion, pp. 169-170.

제의 정당성에 관한 그의 주장이지, 그의 가치 논변은 태아가 체외에서 생존 가능한가의 여부는 도덕적 중요성을 지닐 수 없고 투여된 창조력만이 도덕적 중요성을 지니게 되어, 체외생존가능성을 지닌 태아에 대해서도 임신중절의 가능성을 열어둘 수밖에 없다. 이는 도덕적 직관과의 정합을 강조하는 그의 주장과 어긋날 뿐만 아니라, 생명의 신성성에 대한 정말로 위험한 위협이 아닌가?

지금까지 우리는 임신중절의 도덕성에 관한 또 다른 접근법으로 가치 논변을 비판적으로 고찰하였다. 드워킨의 가치 논변은 권리 논변과 달리 태아의 도덕적 지위에 관한 우리의 상식적인 도덕적 직관과 부합한다는 장점을 갖는다. 즉, 임신중절은 피임처럼 도덕적으로 무의미한 것이 아니며, 또 태아는 유아와 같은 생명권을 지니지 않는다. 그러면 태아는 도덕적으로 어떠한 존재인가? 이에 대해 드워킨은 태아는 여성 몸의 일부분이 아닐 뿐만 아니라 독립된 인격체도 아니라고 하면서도 "태아는 본래적 가치를 지니기에 법적 보호가 필요하다."라고 주장한다. 그렇다고 드워킨의 가치 논변이 임신중절의 도덕성에 관한 물음에 합당한 해결책을 제시하는 것도 아니다. 이미 지적하였듯이, 드워킨의 가치 논변은 임신중절의 도덕성에 관해 다분히 여성 윤리 편에 서 있지만, 그 중심 주장은 열려 있다. 왜냐하면 생명의 신성성 내지는 본래적 가치 개념은 그 자체가 본질적으로 종교적이기 때문이다. 달리 말해, 개인적인 문제에 한하여 그는 태아의 도덕적 지위를 인정하지만, 정치적인 문제에서는 더 많은 논의가 필요하다는 여지를 남겨두고 있다.

7장

정당방위

지금까지의 논의에서 태아는 착상 순간부터 도덕적 지위를 지닌다는 사실을 밝혔다. 그렇다고 해서 임신중절에 반대하는 보수주의적 논변의 결론이 곧장 정당하게 귀결되지는 않는다. '태아는 무고한 인간이다.'라는 전제에는 '태아는 인간이다.'라는 주장뿐만 아니라, '태아는 무고하다.'라는 주장도 함의되어 있기에, 태아가 무고하다는 것이 입증되지 않는 한, 태아가 인간이라는 전제만으로 곧바로 '임신중절은 항상 도덕적으로 그르다.'라는 결론이 도출되지 않는다. 앞서 1장에서 밝혔듯이 실제로 톰슨은 태아의 생명권을 인정하면서도 절충주의적인 임신중절 정책을 옹호하였다. 심지어 보수주의자도 근친상간이나 강간에 의한 임신 혹은 산모의 생명에 필요할 경우 임신중절이 정당화된다고 하면서 몇몇 예외를 인정한다.[1] 태아에게 도덕적 지위를 부여하면서 어떻게 이러한 경우의 임신중절을 정당화시켜 줄 수 있는가? 일반적으로 응용윤리학은 표준적인 사례를 다루는데, 우리가 실제로 부딪히는 윤리적 딜레마는 표준적인 사례에서 벗어나는 경우가 비일비재하다. 이러한 윤리적 딜레마를 다루는 것을 일부 학자들은 '응용윤리학의 응용'이라고 부른다. 임신중절에 대해서도 이러한 응용윤리학의 응용 작업이 필요하다. 즉, 태아의 도덕적 지위를 이유로 들어 임신중절 일반에 대해서는 반대하면서도 예외적으로 임신중절이 허용되는 데 대해서도 우리는 윤리학적 논변이 필요하다. 전통적으로 보수주의자들은 이런 경우의 임신중절을 이중효과 원리(the principle of double effects)와 정당방위 권리(the right of self-defense)에 근거하여 정당화하고자 시도하였다. 필자는 이 두 입장을 비판적으로 검토하면서, 일부는 이중효과 원리에 의해서 또 일부는 정당방위 권리에 의해서 어떠한 경우의 임신중절이 정당화되는지, 또한 이들 중 특수한 몇몇 경우는 딜레마 논증으로 해결 가능하다는 것을 보이고자 한다.

....

1   하지만 이들은 이러한 모든 경우에 임신중절이 정당한가에 대해서는 의견을 달리하고 있다. 가장 협의의 입장은 이중효과 원리를 채택하는 가톨릭교회의 입장이다. 일반적으로는 정당방위 권리로부터 논증하는 보수주의자는 임신중절이 산모의 생명을 구하는 불가피한 수단일 경우 언제나 정당화된다고 주장한다. 이러한 입장에 관한 자세한 설명은 A. Donagan, *The Theory of Morality*(Chicago & London: University of Chicago Press, 1977), pp. 162-163과 P. E. Devine, *The Ethics of Homicide*(Ithaca & London: Cornell University Press, 1978), pp. 152-156을 참조하라. 그리고 G. G. Grisez, *Abortion: The Myths, the Realities and the Arguments*(New York: Corpus Books, 1970)도 이중효과 원리를 재해석하여 이러한 광의의 입장을 지지하고 있다.

이중효과 원리

　　이중효과 원리는 '이중효과'라는 개념이 암시하듯이, 우리 인간의 행위는 두 가지 결과를 야기한다는 사실에 그 토대를 두고 있다.[2] 즉, 대부분의 인간 행위는 의도된 효과와 예견되긴 하였지만 의도하지는 않은 효과가 뒤따르는데, 이 두 효과는 윤리학적으로 구분된다는 것이다. 공리주의 창시자 제러미 벤담(J. Bentham)은 목적과 수단에 대해서 "직접적인 의도"와 "간접적인 의도"란 용어를 대조적으로 사용하였는데, 우리는 이 용어를 사용해도 괜찮을 것이다. 따라서 보수주의자가 말하는 이중효과 원리는 우리가 직접적으로 의도하지 않았지만, 간접적인 의도에 따라 야기된 결과는 때로 허용되어야 한다는 것이다. 즉, 무고한 자의 살인도 직접적이지 않으면 종종 허용 가능하다는 것이다. 가톨릭 도덕주의자들이 사용한 이 원리를 정식화하면 다음과 같다.

> (1) 행위의 본래적인 성질(intrinsic quality of the act): 그 행위는, 그 자체로 그리고 결과에 대한 고려를 제쳐두면, 허용 불가능한 것이 아니다.
> (2) 인과성(causality): 그른 결과는 좋은 결과를 낳기 위한 수단이 아니다.
> (3) 의도(intention): 오직 선한 결과만이 의도되고 나쁜 결과는 단

....

2　P. Foot, "The Problem of Abortion and the Doctrine of the Double Effect", *Oxford Review*, vol. 5, 1967, p. 267.

지 참아낼 따름이다.

(4) 비율성(proportionality): 선한 결과와 나쁜 결과는 그 중요성에 있어서 균형을 이루어야 한다. 즉, 악한 결과가 선한 결과를 능가하여서는 안 된다.

이 조건이 만족될 경우, 나쁜 결과가 도덕적 지위를 지닌 존재의 죽음이라 해도, 그것이 간접적인 한 허용될 수 있다는 것이 이중효과 원리의 핵심 주장이다. 이 조건 가운데 하나라도 충족시키지 못하면 이는 직접적인 살인에 해당된다. 이를 임신중절 문맥에 적용시키면 직접적인 임신중절과 간접적인 임신중절의 구분이 가능해 진다.[3]

A. 직접적인 임신중절

A1: 임신 초기의 산모가 만성적으로 혈압이 높은 심장병에 걸렸다는 진단을 받았다. 태아가 살 수 있을 때까지 임신이 계속되면 심전도관에 미치는 과중한 부담으로 그녀는 죽게 될 것이다.

A2: 산고의 고통을 당하고 있을 때 태아가 뇌수종에 걸렸음이 밝혀졌다. 태아의 비정상적으로 큰 두개골로 인해, 정상적인 자연분만이 불가능하게 되었다. 자연분만이 시도되면 산모와 태아 모두 죽게 될 것이다. 산모의 생명을 구하는 유일한 길

....

3   이 사례들은 L. W. Sumner, *Abortion and Moral Theory*(New Jersey: Princeton University Press, 1981), pp. 117-118에서 빌려 왔다.

은 태아의 두개골을 파손시키는 일이다.

B. 간접적인 임신중절

  B1: 임신 초기의 산모가 후두암에 걸렸다는 진단을 받았다. 제왕
     절개술이 행해지면 산모가 살고 그렇지 않으면 그녀는 아마
     죽게 될 것이다.

  B2: 임신 초기에 태아가 자궁이 아니라 나팔관에서 자라고 있음
     이 발견되었다. 태아가 중절되지 않거나 나팔관을 잘라내지
     않으면 산모는 나팔관 파열로 죽게 될 것이다.

A와 B 모두 두 가지 공통점을 지닌다. 하나, 적절한 수술이 시행
되지 않으면 산모는 죽게 된다. 둘, 수술이 시행되면 태아는 확실히
죽게 되고, 시행되지 않아도 아마 죽게 될 것이다. 따라서 이 두 특
징은 직접적인 임신중절과 간접적인 임신중절을 구분하는 요소가
되지 못한다. 그리고 두 경우에 임신중절이라는 행위는 그 본성상
동일하고, 임신중절에 따라 얻어지는 선과 악도 동일하므로 이중효
과 원리의 조건 (1)과 (4)에 의해서는 구분되지 않는다. 따라서 마
지막 남은 요소는 조건 (2)와 (3)이다. A의 경우 태아를 죽이는 것이
산모를 구하는 수단이나 B의 경우는 그렇지 않다. 그러므로 전자의
경우에 의사는 태아를 살인하려는 의도를 지니나, 후자의 경우에는
그러한 의도가 필요 없다. 후자의 경우 태아 살인은 산모의 생명을
구하는 데 인과적으로 필요하지는 않다.

표준적인 형태의 이중효과 원리는 엄격한 정당방위 권리보다

더 적은 임신중절을 정당화시켜 준다. 그러나 이중효과 원리가 A1/A2와 B1/B2를 도덕적으로 구분시켜 주는지는 미지수이다. 후자의 경우와 마찬가지로 전자의 경우도 두 효과, 즉 태아의 죽음과 산모의 생명 보호를 가져다준다. 외과수술이 시행되지 않으면 산모가 죽게 되므로, 임신의 중단은 산모의 생명 보호에 인과적으로 필수적이다. 그러나 태아의 생명을 구하는 어떤 다른 수단이 있으면 태아의 생존은 그 자체로 산모의 생명에 위협이 되지 않을 것이다. 필요불가결한 것은 태아를 죽이는 것이 아니라, 태아를 산모로부터 분리해 내는 일이다. 따라서 우리는 행위 기술의 융통성으로 인하여 문제의 의료 절차를 다음과 같이 표현하는 것이 항상 가능하기 때문에, 이중효과 원리는 산모의 생명 보호를 위한 모든 임신중절을 정당화시켜 줄 것이다.[4]

(a) 그것은 그것 자체로 허용 불가능한 것이 아니다.
(b) 이는 태아를 죽이고 산모의 생명을 구할 것이다.
(c) 태아의 죽음은 그 자체로 산모의 생명을 구하기 위한 수단이 아니다.

이러한 결과는 임신중절에서 본질적인 것은 태아의 죽음이 아니라 임신의 중단이라는 사실에 의해 지지받고 있다.

이러한 간접적인 임신중절의 확장은 다음 두 가지 반례에 부딪

....
4   *ibid.*, p. 118.

힌다. 첫 반례는 간접적인 임신중절의 경우 여자 생명에 대한 위협의 근원은 태아가 아니라는 주장이다. 그래서 B1의 경우 임신이 중단되어도 산모는 위험에 처하나, A1/A2의 경우 위협이 되는 것은 임신 그 자체이다. 그러나 이러한 반례의 문제점은, B2의 경우도 문제가 되는 것은 역시 임신 그 자체라는 점이다. 여자가 임신하지 않았거나 태아가 정상적으로 위치하였다면, 그 산모는 위험에 처하지 않았을 것이다. 따라서 이 구분은 태아가 산모의 죽음을 초래하는 원인으로 위협이 되느냐 되지 않느냐에 달려 있지 않다. 두 번째 반례는, A1/A2에 사용된 의료 절차와 태아의 죽음 사이의 관계는 더욱 밀접해서 이러한 경우를 간접적인 살인으로 간주하기는 어렵다는 점이다. 비록 밀접한 인과관계라는 개념은 분명하지 않다고 하더라도, 태아가 두개골 절개술과 같은 임신중절 수술 이후에 살아남는 것은 물리적으로 불가능하지만, 제왕절개술이 시행된 이후에 생존하는 것은 불가능하지 않다. 태아 이식 의술이 발달하면 이런 태아는 구제가 가능하다. 그래서 간접적인 임신중절은 태아 생존이 가능한 임신중절이라는 점에서 직접적인 임신중절과 구분될 수 있다.

이런 반대는 자궁 내에서 태아를 파괴하는 기술을 제외한 다른 임신중절 기술에 그 초점이 맞추어져 있다. 그러나 이 역시 간접적인 임신중절과 직접적인 임신중절을 구분해 주지 못하고 있다.[5] 왜

....

5   우리는 의도하면서도 고의적으로 내버려두는 것이 가능하기 때문에, 간접적인 의도/직접적인 의도의 구분은 어렵다고 하면서, 필리파 푸트는 소극적인 의무/적극적인 의무의 구분을 사용하는 것이 오히려 도움이 될 것이라고 제안한다. P. Foot, "The Problem of

나하면 A1의 경우도 태아 생존이 가능한 방식으로 임신중절을 할 수 있으므로 간접적인 임신중절로 분류될 것이기 때문이다. 즉, A1의 경우도 사용된 의료 절차와 태아 죽음 사이의 관계는 그렇게 밀접하지 않다.태아 생존과 양립 가능한 의술이 가능한 경우에는 언제나 이 의술을 사용해야 할 것이다. 한마디로 직접적 임신중절과 간접적 임신중절을 구분하는 객관적인 기준을 찾기란 어렵다. 즉, 의도성이나 인과성에 의해 이 둘이 구분되지 않는다.

또 상식적인 직관은 A와 B의 두 경우 모두 임신중절이 정당화된다고 믿는다. 그러나 이중효과 원리에 따르면 태아 생명을 직접 의도하고 산모 생명을 간접적으로 의도함으로써 태아의 생명을 선택하는 것도 가능하다. 결국 이 원리는 중립적인 원리이지 산모의 편을 들어주는 원리가 결코 아니다. 이중효과 원리가 산모의 생명 보호를 위한 모든 임신중절을 정당화시켜 준다면, 이 원리는 거기서 멈추지 않을 것이다. 즉, 건강, 신체의 온전성, 신체적 자율성 등과 같은 가치가 중요하게 간주되면, 이 원리는 이러한 가치 보호를 위한 임신중절도 허용할 것이다. 태아의 죽음이라는 악을 보상할 수 있는 것으로 비율성 조건이 어떤 가치를 염두에 두고 있는지는 분명하지 않다. 그러나 생명만이 생명을 보상한다는 엄격한 기준을 사용할 수는 없고, 산모에 대한 다른 해악도 임신중절을 정당화시켜 준다고 보는 것이 합리적일 것이다.

따라서 이중효과의 원리에 의해 허용되는 임신중절의 범위는

....

Abortion and the Doctrine of the Double Effect", pp. 272-273 참조.

비율성 조건을 어떻게 해석하느냐에 달라진다. 그리고 이 해석은 결국 어떤 도덕 이론을 받아들이느냐에 따라 달라질 수밖에 없다. 이 조건이 아무리 엄격하게 해석되어도 이중효과 원리는 극단적 보수주의자들의 주장보다 더 많은 임신중절을 허용할 것이다. 물론 사례들은 개별적으로 평가되어야 하며, 가장 중요한 요소는 임신의 지속이 산모에게 가하는 해악의 본성 및 그 확실성의 정도이다. 따라서 이중효과의 원리에 따르면, 임신중절의 허용 여부는 사례별로 판별되어야 하기 때문에 임신중절에 관한 도덕적 입장은 절충주의가 될 것이다.

다음 절에서 논의하게 될 정당방위 권리도 절충주의 입장을 낳으므로 결국 정당방위 권리와 이중효과 원리가 동일한 결론을 낳는다고 판정내리고 싶은 유혹에 빠지기 쉽다. 심지어 이 둘은 서로에 대한 위장된 해석에 지나지 않는다고까지 주장하는 자도 있다. 정당방위 권리는 이중효과 원리라는 전통적인 자연법에 의해 정당화된다는 입장 역시 이러한 주장에 설득력을 더해 준다. 그러나 이 유혹은 거부되어야 한다. 정당방위 권리는 산모와 태아의 비대칭성—산모와 태아의 관계는 기생 관계로 태아는 침입자로 기식자이고, 산모는 이 위협에 대한 방어자이다—에 근거하나, 이중효과 원리가 적용되는 상황은 대칭적인 관계이다. 양쪽 모두 무고하다면 어느 한쪽도 도덕적 특권을 지니지 않는다. 그래서 산모가 살고 태아가 죽는 임신중절이 정당화된다면, 태아가 살고 산모가 죽는 대안적인 행동도 정당화될 것이다. 결과적으로 이중효과의 원리에서 양 당사자의 이익과 부담의 균형이 결정적인 요소로 작용하게 되는 것도 바로 이러한 대칭성에 기인한다.

이중효과 원리에 따르면 A2의 경우에는 태아를 구제하기 위해 산모를 죽이는 것이 정당화될 수 있다. 그런데 상식적인 도덕적 직관에 따르면 A2와 같은 경우에도 산모의 생명을 살리기 위한 임신중절은 허용되어야 한다고 우리는 생각한다. 이렇게 되면 이중효과 원리와 원래의 숙고된 도덕 판단이 상충하게 된다. 그런데 후자의 도덕 판단은 누구나 확신하고 있는 반성적 판단으로 부인하기 어렵기 때문에, 우리는 이중효과 원리를 수정 내지 폐기해야 한다. 이중효과 원리의 이러한 문제는 태아를 침입자로 간주하게 되면 자연스럽게 해결된다. 그러자면 태아가 무고하지 않음이 인정되어야 한다. 이렇게 이중효과 원리를 수정하게 되면, 이는 곧 정당방위 권리에 의거한 논증으로 환원되고 만다.

정당방위 권리

정당방위 권리는 도덕 원칙으로 보편적 인정을 받고 있다. 즉, 모든 인간은 생명권을 지니지만, 자기 생명을 보호하는 데 필요불가결한 경우에는 이유 없이 자기를 공격하는 자를 죽여도 정당화된다는 것이다. 이러한 정당방위 권리가 임신중절 맥락에 어떻게 관련되는지를 알아보기 위해, 먼저 정당방위가 전형적으로 적용되는 사례를 하나 살펴보자.[6]

공격자: 1) 책임 있는 도덕 행위자이다. 즉, 도덕적 지위를 지닌 성
　　　　인이다.

방어자: 2) 생명권을 소유한 자이다.

공　격: 3) 공격자는 어떤 행위를 하려는 혹은 하는 중이다.

　　　　4) 그 행위가 실행되면 방어자의 죽음이 초래되는 것이 확
　　　　실하다.

　　　　5) 공격자는 의도적으로 방어자를 살인하려고 그러한 행
　　　　동을 하였다.

　　　　6) 공격할 아무런 정당한 이유가 없다. 즉, 방어자의 동의
　　　　가 없고 또 방어자가 그 공격 행위를 야기하지 않았다.

　　　　7) 따라서 공격은 부당하다. 즉, 공격자와 방어자의 어떠한
　　　　상황도 이 공격을 정당화하지 않는다.

방　어: 8) 방어자만이 그 공격을 성공적으로 물리칠 수 있다.

　　　　9) 방어자는 공격자를 살인하지 않고서는 그 공격을 물리
　　　　칠 수 없다. 그래서 공격을 물리치면 방어자가 살고 공
　　　　격자는 죽게 된다.

　　　　10) 공격자를 물리치지 않으면 방어자는 죽게 되고 공격자
　　　　는 살게 된다.

　이러한 표준적인 정당방위 사례에서 우리는 정당방위 권리의
몇 가지 특성을 읽을 수 있다. 첫째는 방어자가 무고하다는 점이요,

....
6　　L. W. Sumner, *Abortion and Moral Theory*, pp. 107-108 참조.

둘째는 공격자가 정당한 이유 없이 고의적으로 방어자를 죽이려 한다는 점이요, 셋째는 공격자를 죽이지 않으면 방어자가 죽는다는 점이다. 이러한 표준적인 사례에서 벗어나면 벗어날수록 정당방위에 의한 살인은 그만큼 정당화되기가 더 어렵다. 그런데 문제는 일상적인 경우와 달리 산모와 태아의 관계가 독특하고 또 태아는 무고하기 때문에, 임신중절은 위의 조건에 잘 들어맞지 않는다는 점이다. 따라서 임신중절은 결코 정당방위의 표준적인 사례로 볼 수 없다. 가장 근접한 경우는 임신의 지속이 산모의 생명을 앗아가는 경우이나, 이 역시 정당방위의 표준적인 사례에서 벗어나 있다. 왜냐하면 태아는 책임 있는 행위자가 아니므로, 산모의 생명을 의도적으로 혹은 부당하게 위협하는 공격자로 볼 수 없기 때문이다. 즉, 산모의 생명을 위험에 빠뜨리는 것은 산모와 태아의 생명 유지 관계이지 태아의 의도적인 행위가 아니므로, 태아를 의도적인 공격자로 간주하는 것은 부당하다. 더군다나 산모는 임신에 동의하였을지도 모르며, 그 위험에 대한 방어도 제삼자인 의사의 도움에 의해 이루어진다. 그리고 태아는 산모가 죽은 후에는 거의 살아남을 수도 없다. 무엇보다 태아가 산모의 자궁을 차지하고 있는 것은 의도적이든 아니든 산모 자신의 행위가 낳은 결과이다.

그러면 태아는 정말로 부당한 공격을 산모에게 가할 수 없는가? 정당방위 권리 옹호자들이 말하는 '무고성'(innocence) 개념을 어떻게 해석하느냐에 따라 그 대답이 달라질 수 있다. 여기서 문제는 태아가 무고한지, 그래서 자연법이 명하는 생명권의 보호를 받을 수 있는지 그 여부이다. 무고성 조건은 두 가지 의미로 쓰인다.

하나는 도덕적 의미의 무고성이요, 다른 하나는 기술적인(technical) 의미의 무고성이다.[7]

전자는 무고를 죄와 대비시키는 방법으로 자발성, 의도, 무지, 부주의 등과 같은 인간 마음에 초점을 맞추므로, 행위자가 어떤 행위나 부작위에 대해 과오가 있을 경우 죄가 성립된다. 이러한 의미의 도덕적인 죄는 도덕적인 행위 능력을 전제한다. 따라서 도덕적 행위 능력이 없는 존재는 무고하게 된다. 태아는 도덕 행위자로 보기 어렵기 때문에, 태아에게는 도덕적 의미의 죄는 성립되지 않는다. 반면에 기술적인 의미의 무고성은 '위협이 됨'에 반대되는 개념이다. 즉, 비록 도덕적 행위를 할 수 없는 존재라도 누군가의 생명에 위협을 가하면, 그 존재는 무고하지 않게 된다. 기술적 의미의 무고성 개념을 받아들이면 임신이 산모의 생명에 위협을 가할 경우 임신중절이 항상 도덕적으로 그른 것만은 아니다. 그러나 임신중절의 경우에 기술적 의미의 무고성 개념을 사용하여 태아 살인을 정당화하려는 전략은 태아 이외의 문맥에 적용하면 많은 문제가 발생한다.

그러면 이 두 의미 중 정당방위 권리에는 어느 의미가 타당한

....

7 기술적 무고성 개념은 톰슨이 사용한 개념이며(J. J. Thomson, "Rights and Death", *Philosophy & Public Affairs*, vol. 2, no. 2, 1973, pp. 146-159), 디바인은 도덕적 무고성과 인과적 무고성 개념을 구분하고 있다(P. E. Devine, *The Ethics of Homicide*, 1978, p. 152). 도너간은 무고성에 관한 도덕적인 입장을 지지하여 공격자를 정당방위로 죽이는 것이나 사형은 무고한 자를 죽이는 것이 아니라고 주장한다. 그러나 그는 나중에 가서는 산모의 생명에 위협을 가하는 태아는 무고하지만 그럼에도 산모의 생명을 구하기 위한 임신중절은 정당화된다는 입장을 취하고 있다. "중요한 것은 공격자의 무고성이 아니라 희생자의 당연한 권리이다." 하지만 이 구절은 무죄한 자에 대한 절대적인 살인 금지 원칙과 조화되기 어렵다. 이에 관한 논의는 A. Donagan, *The Theory of Morality*, pp. 87-163을 참조하라.

가? 인간은 누구나 생명권을 지니며, 이 생명권을 침해하는 공격자에 대해서는 권리 보호의 차원에서 그에 상응하는 어떤 행동을 공격자에게 가할 수 있다. 여기서 공격자가 나를 해하려는 의도를 가졌느냐라는 도덕적 유죄성 물음은 중요하지 않다. 오히려 나의 권리가 침해당하고 있느냐의 물음이 가장 중요하다. 따라서 의식적인 활동을 할 수 없는 미치광이나 어린아이가 칼을 휘둘러 나의 생명이 위협받으면, 나의 정당방위 권리는 (살인이 나를 보호하는 유일한 경우에는) 그를 죽이는 것을 허용할 것이다. 그리고 생명에의 위협이 어떤 형태를 띠어야 하는 것도 필수적이지 않으며 더구나 그 행위가 도덕 행위자의 행위일 필요도 없다. 따라서 태아의 도덕적 무고성은 임신중절 맥락에서 핵심적인 것 같지는 않다. 예를 들어, 자궁 외 임신의 경우 임신중절은 정당화된다고 일반적으로 인정되고 있다. 이러한 인정이 함축하는 바는 무고성 여부는 임신중절 문제와 무관하다는 것이다.[8]

이는 임신중절 문맥 외의 다른 경우에도 마찬가지이다. 예를 들어, 전염병에 걸려 그 사람을 죽이지 않으면 전 인류가 멸망한다면, 우리는 무고성을 이유로 들어 이 환자를 죽이지 말아야 하는가? 무고성은 어떤 최종 판단을 내리는 데 있어서 단지 하나의 고려사항이지, 그 자체가 최종 판단인 것은 아니다. 보수주의자가 태아의 무고성을 들어 임신중절에 반대한다면, 산모의 생명이 위험한 경우에도 정당방위에 의한 임신중절의 정당화가 어렵게 된다.[9] 톰슨이 예

....

8   J. Margolis, "Abortion", *Ethics*, vol. 84, no. 1, 1974, p. 55.

로 든 경우처럼 성장하는 어린아이와 아주 작은 집에 당신이 갇혀 있어서, 그 어린아이가 성장할 경우 공간이 좁아져 당신이 죽게 된다면 당신은 수동적으로 죽음을 기다리진 않을 것이다.[10]

우리 인간은 의도적이지 않은 위협자에 대하여도 자신을 방어할 권리를 지니고 있다고 생각된다. 또 도덕적 의미의 무고성 개념을 강조한다면, 정당방위 권리는 그 외연이 너무 좁아 실질적인 내용이 없는 공허한 권리에 불과하게 된다. 따라서 이런 상식적 직관을 온전히 설명할 수 있도록 정당방위 권리를 수정할 필요가 있다. 즉, 살인 금지 규칙에서 무고성은 도덕적 의미가 아니라 기술적 의미로 이해되어야 한다. 그러므로 정당방위 권리가 우리 생명에 위협이 되는 것은 무엇이든지 처리 내지 죽일 자격을 우리에게 부여한다고 가정하는 것은 합리적이다.[11] 물론 그것은 단순히 위협의 가능성이어서는 안 되며, 실질적인 위협이어야 한다. 그러므로 자연법이 인정하는 살인 금지 규칙은 타인의 생명을 위협하지 않는 모든 사람의 생명을 보호하는 것으로 해석되어야 한다. 이렇게 해석하면, 경우에 따라 정당방위에 의한 살인이 허용된다. 따라서 원칙적으로는 산모의 생명을 구하기 위한 임신중절이 허용되는 경우가 있을 수 있다.[12]

그러면 타인의 생명에 위협이 된다는 단순한 사실이 도대체 어

....

9   *ibid.*, p. 57.

10   J. J. Thomson, "A Defence of Abortion", p. 113.

11   N. A. Davis, "Abortion and Self-Defense", *Philosophy & Public Affairs*, vol. 13, 1984, p. 183.

12   L. W. Sumner, *Abortion and Moral Theory*, p. 112.

떻게 도덕적으로 의미 있는 것으로 간주될 수 있는가? 정당방위에 의한 살인이 허용된다면, 우리는 다음을 가정해야만 하지 않는가? 즉, 단순히 기술적인 위협을 가하는 사람과 우연히 그 희생자가 되는 사람을 구분할 수 있는 도덕적 차이를 지적할 수 있어야 하지 않는가? 그런 차이는 무엇인가? 표준적인 정당방위의 경우에는 대부분 공격자와 희생자의 비대칭성을 밝힐 수 있다. 공격자가 적의를 지닌 침범자이거나 정신적 문제를 지닌 사람인 경우, 나와 그 사이에는 도덕적으로 의미 있는 차이—공격자는 적의를 지녔으며(그래서 나쁜 동기 내지는 나쁜 의도를 지님), 그가 지닌 정신적 문제는 위험하다—가 있다는 것을 지적함으로써 나는 정당방위에 의한 살인을 정당화할 수 있다. 그러나 공격자가 아닌 단순히 무고한 위협자인 경우에는 이런 비대칭성이 성립되지 않는다. 그럼에도 불구하고 왜 이런 경우에도 정당방위에 의한 살인이 정당하다고 생각하는가? 톰슨이 「정당방위」라는 논문에서 정당방위가 인정되는 경우와 그렇지 않은 경우로 제시한 예를 살펴보는 것이 이 문제에 답하는 데 도움이 될 것이다.[13]

(1) 악한 공격자(villainous aggressor): 너를 해칠 목적으로 악한 마음을 품고 운전자가 트럭을 몰고 오고 있다. 그를 멈추게 하는 유일한 길은 그 트럭을 뒤집는 것인데, 그렇게 하면 그 트럭 운전자가 죽게 된다.

....

13   J. J. Thomson, "Self-Defense", *Philosophy & Public Affairs*, vol. 20, 1991, pp. 283-290.

(2) 무고한 공격자(innocent aggressor): (1)의 경우와 상황은 같다. 그러나 그 운전자는 너를 해칠 목적이 없으므로 도덕적으로 비난받을 이유가 없다.

(3) 무고한 위협자(innocent threat): 몸집이 비대한 사람이 우연히 벼랑에서 네게 떨어져 네가 죽을 운명이다. 네가 차일(遮日)의 위치를 이동시키면, 그는 너를 비켜나 죽게 된다. 이렇게 하지 않으면 그는 너에게 떨어져 너를 죽일 것이다.

(4) 방관자를 대신 죽이는 경우(substitution-of-a-bstander): 악한이 전차를 몰고 너에게 돌진해 오고 있다. 너는 그 전차를 멈추게 할 수는 없지만 제때 스위치를 누르면 그 전차를 비켜나가게 할 수는 있다. 아무것도 하지 않으면 너는 죽게 되지만, 스위치를 눌러 전차를 비켜나게 하면 너는 옆에 있는 방관자를 죽이게 된다.

(5) 방관자를 이용하는 경우(use-of-a-bystander): (4)의 경우와 같으나, 너 자신을 구할 수 있는 길이 이번에는 그 전차 앞에 있는 방관자를 총으로 쏴 죽이는 길밖에 없다.

(6) 방관자를 짓밟는 경우(riding-roughshold-over-a-bystander): 악한이 너를 죽이려 하는데 유일한 탈출구는 다리를 건너 도망가는 길밖에 없다. 그런데 그 다리는 한 사람밖에 다닐 수 없고, 이미 방관자가 그 다리를 건너고 있다. 네가 그 다리로 달려가면 그 방관자는 죽고 너는 산다.

이 여섯 가지 시나리오에서 앞의 세 가지는 정당방위에 의한 살인이 정당화되는 경우이고 뒤의 세 가지는 그렇지 않은 경우라고 톰슨은 직관에 호소하여 주장한다. 이는 정당방위에서 도덕적 무고성이 결정적인 요소가 아님을 보여주고 있다. 단지 인과적 원인 제공자가 되어도 그 위협자를 희생자가 정당방위 권리에 의거해서 죽이는 것이 허용된다. 악한 공격자에만 정당방위를 한정하게 되면, 정당방위 권리의 내용은 협소하기 그지없을 것이다.

그래서 톰슨은 '너를 죽이고자 하는 사람'과 '너의 죽음과 무관한 단순한 방관자인 사람'을 구분하면서, 다음의 원리를 제시한다. 즉, "다른 사정이 같다면, 모든 사람 Y는 X에 대해, X로부터 죽임을 당하지 않을 권리를 지닌다."[14] 다시 말해, (1)~(3)의 경우는, 네가 그를 죽이지 않으면 그가 너를 죽일 것이므로, 죽지 않을 너의 권리가 침해된다. (4)~(6)의 경우는 네 생명을 구하기 위해 네가 죽이는 사람은 그 상황과 인과적으로 관련이 없는 방관자이다. 따라서 네가 죽이지 않아도 그 방관자는 너를 죽이지 않을 것이므로, 네가 그를 죽이면, 너는 그 사람의 죽지 않을 권리를 침해하게 된다. 톰슨의 이러한 구분이 다른 경우에도 타당하게 적용되는지는 논의의 여지가 많지만, 적어도 정당방위 권리를 가장 광의로 해석해도, (4)~(6)의 방관자 살인은 정당방위 권리에 포함되지 않는다는 것에는 이론의 여지가 없어 보인다.[15]

....

14 *ibid.*, p. 299.
15 톰슨의 이 원리에 대한 비판의 글로는 L. Alexander, "Self-Defense, Justification, and Excuse", *Philosophy & Public Affairs*, vol. 22, 1993, pp. 53-66와 M. Otsuka, "Killing the Innocent in Self-Defense", *Philosophy & Public Affairs*, vol. 23, 1994, pp. 74-93을 참조하라.

누구의 생명을 구할 것인가

그러면 산모의 생명을 구하기 위한 임신중절은 어느 경우인가? 태아는 의도를 갖지 않아 도덕적으로 무고하기 때문에 악한 공격자일 수는 없다. 또한 태아는 직접 산모의 생명에 위해를 가하려고 하지 않기 때문에 무고한 공격자가 될 수도 없다. 정당방위로 태아 살인을 정당화하자면 가장 그럴듯한 후보는 (3)일 것이다. (3)의 구체적인 사례를 하나 들어보자.[16]

벤과 엘리스가 등산을 하고 있다. 그러다가 벤이 자신이 서 있는 바위 턱에서 떨어지려는 위험에 처해 있다. 벤이 아래로 떨어져 용케 엘리스가 서 있는 바위 턱 위에 닿으면 그는 죽지 않을 것이지만 엘리스를 죽이게 될 것이다. 이를 알고 엘리스는 벤의 로프를 당겨 그를 자신의 바위 턱에 닿지 않도록 떨어뜨리고 자기는 피해 생명을 구하기로 결정할 수도 있다. 그러나 그 과정에서 엘리스는 벤을 죽이게 된다. 엘리스는 벤을 떨어뜨리지 않고서는 살 수 없고, 벤은 엘리스가 그렇게 하는 한 살아남을 수 없다.

적의 있는 공격자의 경우 우리는 희생자와 공격자의 차이를 지적하고 이 차이가 희생자의 생명을 선호하게 하는 이유를 제공한다고 보았다. 게다가 문제의 그 차이가 도덕적 비대칭성을 구성하므

....

16   N. A. Davis, "Abortion and Self-Defense", pp. 190-191에서 원용하였다.

로, 희생자를 도와주기로 선택한 사람도 정당하다는 것을 이에 근거하여 설명할 수 있다. 즉, 나의 선택이 정당하다면 어떤 공평한 사람이 공격자의 생명보다 나의 생명을 더 소중히 여기는 선택을 하는 것도 정당할 것이다. 이러한 살인은 모든 공평한 사람에 의해서도 중립적인 도덕적 관점에 의해서도 정당화될 수 있다. 왜냐하면 희생자의 정당방위 권리를 지지하는 것은 공격자보다 희생자의 도움 요구가 도덕적으로 우선하기 때문이다. 그러나 이러한 이유는 공격자가 단순히 수동적인 위협자일 경우 유지되기 어렵다. 엘리스가 벤을 죽일 자격은 엘리스가 살아남는 것이 도덕적으로 선호될 것이라는 사실—엘리스의 생존이 두 악 중 더 적은 악의 표현이다—에서 파생된다고 주장할 수는 없다. 엘리스에게 떨어지는 것은 벤이므로, 벤은 기술적인 죄가 있다고 생각된다. 그러나 그 자체로 살아남아야 할 자는 벤이 아니라 엘리스라고 주장하기 위해서는 이 양자 사이에 도덕적으로 의미 있는 비대칭성이 존재해야 하며, 기술적 무고성 개념만으로는 그 근거가 되지 못한다. 공중에서 우연히 떨어지는 자가 계속 서 있는 자보다 더 위험하다든가 가치가 부족하다고 가정하는 것은 합리적이지 않기 때문이다. 누가 누구에게 수동적인 위협이 되는 것은 그 두 사람의 행위의 도덕성과는 전혀 관계가 없고 또 이는 단지 행운의 문제이므로, 수동적 공격의 희생자가 공격자보다 자기 생명을 보존할 더 강한 권리를 지닌다고 하기는 어렵다.

앞의 예에서 엘리스 대신 임신한 여자를, 벤 대신에 태아를 대입하게 되면 태아가 산모의 생명에 무고한 위협자가 되는 경우가 된다. 즉, (3)의 경우에 해당되려면 임신이 산모의 생명을 위협하는 직접적인 원인이 되어야 한다. 일단 논의의 편의를 위해 직접적인 원인이 된다고 가정하자. 무고한 위협자이기 때문에 도덕적인 비대칭성이 성립되지 않는다. 그러나 앨리스의 입장에서 보면 앨리스는 분명 톰슨이 말한 죽임을 당하지 않을 권리를 침해받고 있다. 권리 침해로부터 벗어나기 위해서 앨리스는 벤을 죽일 수 있다고 하겠다. 그러면 벤은 어떤가? 벤은 앨리스로부터 죽임을 당하지 않을 권리를 침해받고 있지 않다. 즉, 벤이 엘리스를 죽이는 것은 무고한 방관자를 죽이는 것이나 다름없다.[17] 그래서 무고한 위협자의 경우에도 정당방위에 의한 살인이 허용되며, 톰슨의 원리에 따라 제삼자가 권리 침해를 당하는 희생자의 편을 들 수 있다.[18]

이를 태아 발달에 따라 두 단계로 구분하여 논의하는 것이 바람직할 것이다. 그 경계선을 정확히 그을 수는 없고, 또 의학의 발달

....

17 데이비스는 무고한 위협자의 경우에 희생자가 위협자를 죽이는 것은 정당방위 권리에 포함되지 않는다고 본다. 대신 그는 두 생명의 가치가 동등하다고 보고, 행위자 상관적 허용에 의해 무고한 위협자를 죽일 수 있다고 본다. 이런 허용은 태아가 위협자가 아니라 방관자일 경우에 성립되지, 무고한 위협자의 경우처럼 권리 침해의 비대칭성이 성립될 경우에는 적용되지 않는다고 필자는 본다. 즉 그는 위협자와 방관자를 혼동하고 있다. *ibid.*, p. 192.

18 "산모가 태아에 대해 자기방어 권리를 갖는다면 그는 제삼자의 도움을 요청할 권리가 있다.", L. W. Sumner, *Abortion and Moral Theory*, p.112. 이처럼 섬너는 제삼자의 도움을 당연하게 받아들이고 있으나, 데이비스는 정당방위 권리로부터 제삼자의 도움 요청권이 귀결되지 않는다고 주장한다. N. A. Davis, "Abortion and Self-Defense", pp. 194-196 참조. 그리고 생명권 외의 다른 이유를 들어 정당방위 권리에 근거하여 태아를 죽일 수 있는가의 문제는 복잡한 물음이다. 이는 정당방위 권리에서 비례성 원칙을 어떻게 해석하느냐에 달려 있다. 단지 상식적인 직관에 호소하든가 아니면 그 구성원들 간의 합의에 의거하여 결정될 수밖에 없을 것이다. 필자는 조건부적으로 동등한 생명권 외의 다른 이유로 태아 살상을 허용하게 되면, 이는 자유주의적 입장으로 전락하게 된다고 생각한다.

에 따라 다소 유동적이지만, 태아의 도덕적 지위를 전제할 경우 우리는 태아 발달을 체외생존가능성을 기준으로 하여 그 이전 단계와 이후 단계로 나눌 수 있다. 체외생존가능성을 지니기 이전 단계에서 산모의 생명권과 태아의 생명권이 충돌할 경우를 살펴보자. 이 경우는 동등한 생명권을 지닌 두 존재의 생명이 상충하는 경우이다. 여기서 태아가 산모의 생명을 위협하는 직접적인 원인인 경우와 단순히 방관자인 경우로 구분하여 설명하는 것이 편리할 것이다. 전자인 경우 임신중절은 정당방위로도 설명 가능하다. 왜냐하면 태아는 무고한 위협자이기 때문이다.

그러나 후자인 경우에는 정당방위로 설명되지 않는다. 이 경우에는 앞의 단계와 마찬가지로 산모와 태아의 비대칭성, 즉 태아의 생명은 산모에 의존하고 있는 단계이기 때문에 가만히 놔두면 산모는 죽고 태아가 사는 경우는 불가능할 것이다. 그래서 우리는 최선의 선택이 아니라 두 악 중 더 적은 악의 선택이라는 원리에 근거하여 산모의 생명을 선택하는 것이 도덕적으로 가능하다. 가만히 놔두면 산모와 태아가 모두 죽게 될 경우, 그중 살릴 수 있는 산모의 생명이 그렇지 않은 태아의 생명보다 우선적이다. 아니 이 경우에는 산모를 살리기 위해 태아를 직접적으로 죽이는 것이 도덕적 의무이기도 하다.[19] 이러한 경우 정당한 정당방위 권리에 의해 임신중절이 허용되는 것이 아니라, 산모와 태아의 비대칭적인 관계에 의

....

19 P. Ramsy, "The Morality of Abortion", 1968, 황경식 외, 옮김, 『사회윤리의 제문제』(서울: 서광사, 1983), p. 75.

해 허용된다. 비대칭성으로 인해 산모가 우선적인 권리를 지니지, 방어자로서 우선적인 권리를 지니는 것이 아니다. 비대칭성에의 호소는 정당방위에 의한 임신중절 옹호 논증의 단순한 확장이 아니라, 오히려 이 논증에 필적할 만한 하나의 대안이다.[20] 왜냐하면 이 비대칭성은 악한 공격자(혹은 무고한 위협자)와 희생자의 관계를 특징짓는 비대칭성과는 전혀 다르기 때문이다. 적의가 있는 공격자는 희생자와 동등한 주장을 할 수 없게 만드는 무엇인가 잘못된 행동을 하였으나, 태아는 그러한 잘못을 범하지 않았기 때문에 동일하게 간주될 수 없다. 이 단계에서는 산모와 태아의 비대칭성에 근거하여 산모 생명을 위한 임신중절이 도덕적으로 허용 가능하다.

그러나 체외생존가능성을 지닌 단계에서는 문제가 전혀 달라진다. 이 경우는 다시 둘로 나누어 볼 수 있다. 하나는 태아가 산모 생명에 위협이 되나, 수술하여 산모와 태아를 모두 살릴 수 있는 경우요, 다른 하나는 산모를 살리든가 태아를 살리든가 둘 중 하나를 선택할 수밖에 없는 경우이다. 극단적인 페미니스트를 제외하고는 대부분의 자유주의자도 전자의 경우는 태아를 죽일 권리가 산모에게는 없다는 것을 인정한다.[21] 태아가 체외에서도 생존이 가능하다면, 정당방위 권리는 태아의 생명을 유지하면서 임신을 중단하는 치명

....

20 N. A. Davis, "Abortion and Self-Defense", p. 202.
21 극단적 페미니스트인 매켄지와 로스는 이런 경우에도 여자는 부모 책임을 거부할 수 있다고 주장한다. 즉 여자가 임신중절을 원하는 것은 엄마가 되지 않겠다는 의도이기 때문에, 설사 임신중절을 하여 태아가 살아 있다 해도, 여자는 이 태아를 죽일 권리가 있다는 것이 이들의 입장이다. S. L. Ross, "Abortion and the Death of the Fetus", *Philosophy & Public Affairs*, vol. 11, 1982, pp. 232-245와 C. Mackenzie, "Abortion and Embodiment", *Australian Journal of Philosophy*, vol. 70, 1992, pp. 136-156을 참조하라.

적이지 않은 의술의 사용을 요구할 것이다.[22] 그러나 문제는 후자의 경우이다. 태아가 산모 생명에 위협을 가하는 직접적인 원인이 되지만 산모는 태아 죽음의 원인이 되지 않는다면, 정당방위 권리에 의해 산모는 임신중절을 선택할 수 있을 것이다. 그러나 태아가 단순히 방관자인 경우에는 정당방위에 의한 임신중절이 성립되지 않는다. 이런 경우는 한 사람의 식량밖에 없는 방에 갇힌 두 사람의 경우와 유사한데도, 섬너는 비대칭성을 들어 이를 부인한다. 즉, "임신은 이러한 분배적 정의의 문제가 아니다. 여기서 모든 자원은 어머니에 의해 제공된다."[23] 이 논거는 태아가 체외생존가능성을 지니기 이전 단계에는 적용되나, 태아가 체외생존가능성을 지닌 단계에는 적용되기 어렵다.

물론 임신이 산모의 생명을 위협하는 인과적 원인인 경우도 있을 것이다. 그러나 임신 이외의 질병으로 산모의 생명이 위험한 경우도 있을 것이다. 이런 경우에도 예외 없이 임신중절이 정당화된다고 대부분의 사람은 생각한다. 임신이 산모의 생명이 위험한 직접적인 원인이 아니면 태아는 단지 방관자일 따름이다. 이 경우에는 태아가 산모의 생명에 위협을 가하듯이, 산모도 태아의 생명에 위협을 가한다고 주장할 수 있다. 즉, 이 경우는 동등한 두 생명 간의 선택이다. 이 역시 다시 둘로 세분하여 논의하는 것이 편리할 것이다. 하나는 산모를 살리고 태아를 죽인다든지 혹은 태아를 살리

....

22   섬너는 나아가 이러한 경우 태아의 생명을 보호하는 것이 산모의 의무라고 주장한다. L. W. Sumner, *Abortion and Moral Theory*, p. 113.

23   *ibid.*, p. 112.

고 산모를 죽이는 수술을 시행하는 것이 가능한 경우이다. 다른 하나는 산모를 살리기 위해서는 태아의 두개골을 파열시킨다든가 하여 태아를 죽여야 하고, 반면에 아무런 행위도 하지 않으면 산모는 죽고 태아는 정상적으로 생존하는 경우이다.[24] 후자의 경우부터 살펴보자. 이는 직접적인 살인과 간접적인 살인의 구분과 관련된 문제이다. 행위(action)와 부작위(inaction)의 일반적 구분을 받아들이면, 태아의 죽음은 행위의 결과로 일어난 것으로 '죽이는 것'(to kill)에 해당되고, 산모의 죽음은 부작위의 결과로 일어난 '죽도록 허용하는 것'(to let die)에 해당될 것이다. 한 걸음 더 나아가 행위와 부작위 및 죽이는 것과 죽도록 허용하는 것의 구분을 도덕적으로 의미 있는 구분으로 받아들이면, 우리는 산모의 죽음을 선택해야 할 것이다. 그러나 결과를 고려하면, 태아의 죽음이나 산모의 죽음은 모두 한 생명의 끝으로 동일하다. 또 동기나 의도 면에서도 모두 한 생명을 죽이겠다는 것이므로 이 둘은 동일하다.

결국 우리는 이 구분을 도덕적으로 의미 있는 구분으로 받아들여야 하는 문제에 봉착하게 되었다. 이는 이 구분 자체가 도덕적으로 의미 있다는 말이 아니라, 우리가 실질적인 규범적 윤리 이론으로 어떤 도덕 이론을 받아들이느냐에 따라 그 도덕적 중요성이 달라진다는 것을 의미한다. 그래서 존 챈들러(J. Chandler)는 죽이는 것/죽도록 허용하는 것, 행위/부작위, 직접적 살인/간접적 살인, 의

....

24 P. Foot, "The Problem of Abortion and the Doctrine of the Double Effect", 1967, p. 275.

도적 살인/비의도적인 살인 등의 갖가지 구분은 도덕 이론에 선행되는 것이 아니라 도덕 이론의 틀 내에서 논의되어야 의미 있다고 주장한다.[25] 임신중절의 맥락에서 필자는 챈들러의 입장에 동의한다. 임신중절 이외의 경우에도 이 구분이 무의미하다고 주장하지는 않는다. 태아와 산모의 관계는 독특하기 때문에, 태아의 생명이나 죽음에 대한 태도로부터 현존하는 다른 인간 생명에 대한 태도를 이끌어 내는 것은 거의 불가능할 것이다. 즉, 태아의 경우 생명 유지 체계라는 도움의 거절은 곧 태아 죽음을 의미하므로, 이렇게 생명 유지를 전적으로 다른 존재에게 의존하는 경우에는, 직접적인 죽음과 간접적인 죽음의 구분은 윤리적으로 유의미한 차이라고 말할 수 없다고 하겠다. 특히 행위에 대한 도덕적 평가에는 그 의도와 결과가 중요한 역할을 차지하는데 이러한 임신중절 맥락에서는 의도와 결과가 동일하기 때문에 직접적인 살인과 간접적인 살인은 구분되지 않는다고 본다. 이렇게 되면 후자의 경우도 전자의 경우와 동일한 두 생명 간의 선택으로 환원된다.

전자의 경우는 한 사람의 식량밖에 없는 방에 갇힌 두 사람의 경우에 비유될 수 있다. 태아가 생명권을 지닌다고 가정할 경우, 정당방위 권리에 의해서는 이 문제를 해결할 길이 없다. 또한 더 적은 악의 선택에 의해서도 임신중절을 정당화시킬 수 없다. 적어도 이런 경우 임신중절은 방관자를 대신 죽게 하는 경우이다. 이런 경우

....

25   J. Chandler, "Killing and Letting Die-Putting the Debate in Context", *Australasian Journal of Philosophy*, vol. 68, 1990, p. 420.

에는 모든 사람은 죽임을 당하지 않을 일반적 권리를 지닌다는 톰슨의 원리에 의해서도 산모의 생명을 구하기 위한 임신중절이 정당화되지 않는다. 정당방위 권리에도 비대칭성 논거에도 호소할 수 없다면 다른 길은 없는가? 여기서 우리는 딜레마에 봉착하게 된다. 대칭적인 두 생명 가운데 어느 하나를 선택할 기준은 없는가? 필자는 이에 대한 답으로 두 가지가 가능하다고 본다. 하나는 이 딜레마를 해결하는 원리를 찾아내는 일이요, 다른 하나는 이 딜레마를 그대로 인정하는 길이다. 그런데 전자의 방법은 산모와 태아를 동등한 생명권을 지닌다고 가정할 경우, 도덕적 해결의 실마리를 찾을 수 없다. 물론 개별적인 경우에는, 도덕적 문제가 발생한 상황에 충실하여 맥락주의 접근법 내지 결의론적 접근법을 사용하여 사례별로 임신중절의 도덕적 허용 가능성 여부를 결정할 수 있을지는 모른다.[26] 또는 태아의 도덕적 지위를 부정하거나 산모와 태아의 비대칭성을 들어 이런 딜레마 자체를 부정하려는 전략을 펼 수도 있다.

그러나 도덕이 근본적으로 보편화 가능성 원리에 의거하고 있기 때문에, 응용윤리학도 특정의 개별적 상황에 의존하는 전략을 받아들이기 어렵다. 오히려 응용윤리학은 임신중절 일반과 같은 유형적인 도덕 문제를 주된 물음으로 다룬다. 또 태아의 도덕적 지위

....

26 소위 특수주의(particularism) 입장을 취하는 상황윤리학자들은 이러한 주장을 할 수도 있을 것이다. 그러나 이는 도덕의 기본적인 특징인 보편화가능성 원리에 어긋나며, 또 도덕적 고려사항이 무엇인가에 대해 설명할 수 없는 난점을 지닌다. 즉, 행위자가 처한 모든 요소들이 도덕적인 고려사항인 것이 아니다. 즉, 갑과 을이라는 행위자의 차이는 도덕적 고려사항으로 참작되어서는 안 된다는 것이다. 이는 공평성에도 어긋난다. 이런 특수주의에 관한 비판은 D. McNaughton, *Moral Vision: An Introduction to Ethics*(Oxford: Basil Blackwell, 1988), ch. 13, Principles or Particularism을 참조하라.

부정이나 비대칭성 주장도 유지되기 어렵다. 그래서 필자는 이를 하나의 도덕적 딜레마로 처리하고자 한다. 도덕적 딜레마에 관한 물음이 임신중절의 맥락에 어떻게 적용되는지를 알아보기 전에, 도덕적 딜레마 자체에 관한 철학적 논의를 간단히 살펴보자.

딜레마

우리 인간은 행동하지 않을 수 없다. 그래서 시시때때로 나는 무엇을 해야 하는가라는 물음을 자신에게 던지고 그 대답에 따라 행동한다. 그런데 '무엇을 해야 하는가?'의 물음과 관련된 도덕 판단들이 상충하는 경우가 있다. 이를 우리는 도덕적 갈등(moral conflict)이라 부를 수 있다.[27] 특히 한 행위자가 양립 불가능한 두 대안 모두를 선택해야만 하는 도덕적 요구사항이 존재하나, 어느 한 요구사항도 다른 요구사항을 압도하지 못하는 상황을 우리는 도덕적

....
27 도덕적 갈등은 다음 도식과 같이 세분될 수 있다. 도덕적 딜레마는 주로 한 행위자 내에서 일어나는 갈등을 말하고, 도덕적 불일치는 행위자와 행위자 사이에서 일어나는 갈등을 말한다.

도덕적 갈등
- 도덕적 딜레마
  - 1) 한 행위자가 a와 b를 해야 하나 동시에 둘 다는 할 수 없는 경우
  - 2) 한 행위자에게 있어서 a를 하도록 하는 도덕적 고려사항과 a를 하지 말도록 하는 도덕적 고려사항이 등가를 이루는 경우
- 도덕적 불일치
  - 3) 특정 행위나 사태 a에 대해 한 사람은 하고자 하고 다른 사람은 하지 말자고 요구하는 경우
  - 4) 특정 상황 c에 대해 한 사람은 a를 하자고 요구하고 다른 한 사람은 b를 하자고 요구하는 경우

딜레마로 정의한다.[28] 그러나 하나의 행위에 대해 두 사람이 각각 다른 요구를 지닐 경우도 도덕적 딜레마에 포함된다고 할 수 있다. 왜냐하면 한 사람의 관점에서 보면 그 행위를 하는 것과 그 행위를 하지 않는 것 사이의 갈등이기 때문이다.[29] 따라서 이러한 정의에 따르면 임신중절은 산모와 태아 양자의 관점에서 보거나 어느 한편에서 보아도, 하나의 행위를 두고 산모는 해야 한다고 생각하고, 태아는 해서는 안 된다고 주장하는 도덕적 딜레마이다. 또 이를 실제로 행하는 의사의 관점에서 보아도 어느 하나의 생명을 선택할 수밖에 없는 도덕적 딜레마가 된다.

문제는 이 딜레마 상황에서 우리는 어떻게 행동해야 하는가이다. 도덕적인 고려사항이 대칭적이기 때문에 도덕적인 요소에만 의거해서는 행위 안내 지침을 얻을 수 없다는 것이 필자의 입장이다. 그런데 많은 도덕 철학자들은 이렇게 되면 도덕이 지닌 실천적 특성이 무시된다고 반론한다. 과연 그런지 알아보기 위해, 유사한 도덕적 딜레마에 처한 서로 다른 두 행위자가 내리는 도덕 판단을 비교 고찰해 보자. 갑과 을은 같은 회사 같은 연구팀의 직장 동료이다. 내일까지 연구 프로그램을 완성하기로 연구팀 동료끼리 약속하였다. 그런데 약속된 날짜를 하루 앞두고 갑은 그 약속을 파기하고 딸과 가족 나들이를 갔고, 을은 딸과 가족 나들이 가기로 했던 약속을 취소하고 연구 프로그램 완성에 몰두하였다. 이들은 모두 어느 하

....

28   W. Sinnott-Armstrong, "Moral Realism and Moral Dilemmas", *The Journal of Philoso-phy*, vol. 84, 1987, p. 265.
29   김상득, 「도덕적 딜레마와 도덕 실재론」, 『철학연구』, vol. 34, 1994, pp. 306-308.

나의 도덕적 요구사항이 다른 도덕적 요구사항을 압도하지 않는 도덕적 딜레마에 빠져 있었다. 갑의 경우와 마찬가지로 을의 경우도 어느 한 도덕적 요구사항이 다른 요구사항을 실질적으로 능가하지 못한다. 실질적인 유사성에도 불구하고 갑과 을은 개인적으로 도덕적 요구사항을 다르게 서열화할 수 있다. 즉, 갑은 자기 딸의 고통이 더 중요하다고 믿는 한편, 을은 직업상의 약속을 더 중요하게 여기고 있다. 갑과 을은 정확히 동일한 실재론적인 요소들―도덕적으로 관련 있다고 동의하는 요소들―만을 고찰한다. 이들의 개인적인 서열화나 선택은 무지나 비합리성에 근거하고 있지는 않다.

골칫거리는 삶의 양식과 관련된 물음이다. 즉, 우리들의 삶의 양식은 한 종류의 가치를 다른 것보다 더 나은 것으로 여겨 그에 따라 선택하는 경향을 지닌다. 이런 서열화는 도덕적 신념이며 도덕적으로 그르지 않은 삶의 양식이어서 선택될 수 있다. 행위자의 입장 표명과 개인적인 서열화는 이러한 상황에서는 선택의 올바른 토대이기도 하다. 도덕적 딜레마 상황이기 때문에 선택은 실재론적인 도덕적 요소나 다른 사람의 이해관계에 근거하여 이루어질 수 없다. 그래서 무엇을 해야만 하는지를 결정해 주는 것은 행위자 자신의 가치 서열화와 삶의 양식이다. 딜레마 옹호론자는 하나의 상황에 압도당하지 않는 두 도덕적 요구사항을 인정할 수 있다. 평가(evaluation)와 숙고(deliberation, 혹은 실천)를 구분하게 되면 우리는 이를 쉽게 인정할 수 있을 것이다.[30] 'X는 도덕적으로 타락하였

....
30 데이비드 위긴스는 순수한 평가와 순수한 숙고를 구분하면서 이 양자 사이에 정도(de-

다.'의 판단에서처럼, 어떤 대상, 행동, 성품, 사태 등을 평가한다는 것은 그 행동에 대해서 그것이 어떤 속성—예를 들어, 옳음, 좋음, 정직, 용기 등—을 소유하고 있음을 믿는 것을 말한다. 따라서 평가적 태도는 인지적이다. 이는 세계에 대한 믿음이나 지식의 용어에 의해 자연스럽게 서술될 수 있는 태도이다. 그러나 어떤 행동에 대해 숙고적인(deliberative) 혹은 실천적인 태도를 취하는 것—예를 들어, '나는 이러저러한 것을 해야 한다.'라고 생각하는 것—은 그 사람에게 그 행동을 취하겠다는 의향이 있음을 말한다. 이러한 실천적 태도의 발휘에는 인지적인 요소만 있는 것이 아니다.

우리는 대체로 의사결정 절차(decision-making)로서의 도덕 이론과 옳고 그름의 기준(criterion of rightness and wrongness)으로서의 도덕 이론을 구분하지 않는다. 그러나 이 두 이론은 구분되어야 한다.[31] 즉, 실제적인 도덕 문제에 대한 답을 제공하는 것으로 도덕 이론을 이해한다면, 이러한 도덕 이론은 의사결정 절차로서의 도덕 이론이라 할 수 있고, 반면에 주어진 어떤 행위가 옳은가 그른가라는 물음에 관한 것으로 도덕 이론을 이해한다면 그것은 옳음의 기준에 관한 이론이라 할 수 있다. 구체적인 행동 결정에는 도덕적 고려사항뿐만 아니라 그 밖의 고려사항도 참고되지 않을 수 없다. 왜냐하면 우리의 행동은 항상 도덕적인 차원만 갖는 것이 아니라, 종

....

gree)가 존재함을 인정한다. D. Wiggins, "Truth, Invention and the Meaning of Life", D. Wiggins, ed., *Needs, Values, Truth*(Oxford: Basil Blackwell, 1987), pp. 95-96 참조.

31 D. O. Brink, *Moral Realism and the Foundation of Ethics*(Cambridge: Cambridge University Press, 1989), pp. 256-262.

교적, 미학적, 경제적 등의 다른 차원도 지니기 때문이다. 어느 한 문제에 대해 답이 둘 이상인 것은 수학의 경우에도 마찬가지이다. 마치 수학의 방정식에서 '$x^2+x=72$'의 근이 -9와 8, 둘이듯이, 도덕의 경우에도 주어진 상황에서 도덕적인 당위가 둘 이상이 있을 수 있다. 그러나 위의 두 근에 대해 실제로 수학자가 선택하는 것은 -9는 안되고 8만 되는 경우―하나의 예로, '인접하는 두 자연수의 곱이 72가 되는 두 수'라는 조건이 붙는 경우―가 있다. 이 경우 -9가 이 방정식의 근이 아니어서가 아니라 현실적인 실천 가능성으로 인해 -9는 실제로 답이 될 수 없다. 이 경우 주어진 방정식의 답을 선택하는 데에는 수학적 요소만 고려되는 것이 아니라 다른 요소도 참작된다.

추상적인 차원에서 수학의 방정식을 푸는 것과는 다르게, 도덕의 경우 우리는 언제나 실천적인 차원을 고려해야 하기 때문에 이런 단서 조항이 불가피하다. 도덕적인 딜레마의 경우에도 도덕적인 행동이 둘이고 그 양자가 양립 불가능한 경우, 결정을 인도하는 것은 반드시 도덕적인 고려사항만인 것은 아니다. 그 행위자의 삶의 양식과 같은 다른 요소도 우리는 얼마든지 고려할 수 있다. 그래서 루스 마커스(R. B. Marcus)는 "모든 가치가 도덕적인 문제인 것은 아니다. 모든 도덕적 딜레마가 도덕적으로 정당화되는 원리에 의해 해결될 수 있는 것은 아니다."라고 주장한다.[32] 도덕적 갈등의 경우

....

32   R. B. Marcus, "Moral Dilemmas and Consistency", *The Journal of Philosophy*, vol. 77, 1980, p. 136.

선택은 불가피하며, 그 갈등이 도덕적으로 대칭적일 경우 해결의
토대가 반드시 도덕적일 필요가 없다는 것을 우리는 인정해야 한
다.[33]

　　도덕적 딜레마 인정은 기존 도덕관의 수정을 요구한다. 도덕 규
칙들이 행위를 안내할 만한 지침을 전혀 제공하지 못하는 것은 아
니지만, 미결정적이어서 어느 하나의 특정 해결책을 제시하지 못하
는 경우도 있다. 도덕 규칙은 구체적인 실질적 해답을 제공하는 것
이 아니라, 표준적인 상황에서의 일반적인 안내 지침을 제공할 따
름이다.[34] 구체적인 상황에 도덕 규칙을 적용하는 일은 항상 일반적
인 규칙 차원에서 언급되는 것보다 더 세밀한 것을 언급해야 한다.
복잡한 세계에서 우리가 무엇을 해야 하는지를 결정해 주는 연산
법칙은 존재하지 않기 때문에, 일반적인 규칙만으로는 행동이 결정
되지 않는다. 도덕 규칙은 수용 가능한 행동의 한계를 정해주나 특
정의 행위를 결정해 주지는 못한다. 도덕 규칙 집합이 이론적으로
가능하기 위해서는 딜레마 허용이 본질적이라고 강하게 주장하지
는 않는다 해도, 적어도 도덕 규칙이 실천적으로 효율적이기 위해
서는 딜레마 허용이 요구된다고 하겠다. 왜냐하면 우리는 이상 세
계의 도덕을 추구하는 것이 아니라, 현실 세계에 적용될 수 있는 도
덕을 추구하기 때문이다. 칸트의 딜레마 이해 불가능성은 이상적인
세계에서는 성립되나, 우연성과 복잡성이 도사리고 있는 현실 세계

....

33　J. W. DeCew, "Moral Conflicts and Ethical Relativism", *Ethics*, vol. 84, 1990, p. 28.

34　N. Rescher, *Ethical Idealism: An Inquiring into the Nature and Function of Ideals*
　　(California: University of California Press, 1987), p. 49.

에서는 받아들이기 어렵다.

　전통적으로는 정확한 도덕 이론은 도덕적 딜레마를 허용하여서
는 안 된다는 입장이 표준적이었다. 그러나 지금까지의 도덕적 딜
레마에 관한 논의에서 우리가 얻을 수 있는 교훈은, 이 입장은 받아
들이기 어렵다는 점이다. 왜냐하면 표준적 입장은 도덕적 경험을
온전히 설명하지 못하기 때문이다. 즉, 우리의 도덕적 경험에는 도
덕적 딜레마가 불가피하여, 딜레마 상황에서 최선으로 행동하고 난
후에도 폐기되지 않는 도덕적 당위가 존재하는데 표준적 입장은 이
를 설명할 수 없다. 딜레마가 불가능하다면 이런 폐기되지 않는 당
위가 존재할 수 없을 것이다. 한 걸음 나아가 필자는 도덕적 딜레마
를 도덕 이론이 설명해야 하는 하나의 데이터로 간주하고자 한다.[35]
즉, 특정 도덕 이론에 따라 도덕적 딜레마를 아예 불가능한 것으로
간주하기보다는, 오히려 구체적인 도덕 문제에 있어서 딜레마가 실
재하기 때문에, 도덕 이론은 이를 설명해 주어야 하는 '도덕적 사실'
로 우리는 받아들여야 한다. 따라서 도덕적 딜레마를 허용하지 않
는 이론이 오히려 잘못된 이론이라고 본다. 도덕적 딜레마를 허용
하지 않는 이론이 이론적으로 불가능하다는 뜻이 아니라, 도덕 이
론이 현실적으로 적용 가능하기 위해서는 도덕적 딜레마를 인정해
야 한다는 뜻이다. 선험적으로 어떤 도덕관을 받아들이고 그에 맞
지 않는 모든 도덕 이론을 거부할 것이 아니라, 오히려 우리는 실질
적인 도덕 이론뿐만 아니라 도덕관도 구체적인 도덕 문제에 비추어

....

35　R. B. Marcus, "Moral Dilemmas and Consistency", p. 130.

평가하여야 함을 여기서 엿볼 수 있다.

도덕적 딜레마를 임신중절 맥락에 적용하면, 어떤 결론을 우리는 얻을 수 있는가? 한마디로 도덕적 딜레마의 경우 행동의 결정은 도덕적 고려사항에 의해서만 이루어지는 것은 아니다. 그러면 보수주의 입장 옹호자가 이런 딜레마 상황에서 산모가 임신중절을 하는 것은 도덕적으로 허용된다고 주장할 수 있는 근거는 무엇인가? 섬너는 이런 딜레마의 경우 정당방위 권리나 산모와 태아의 비대칭성에 호소하여서는 산모가 임신중절을 선택할 근거를 제시할 수 없다는 데 주목하여 보수주의 입장의 난점을 지적하고 있다. 즉, 보수주의자들은 현재보다 더 엄격한 입장을 선택하거나 아니면 상당히 덜 엄격한 입장을 채택하여야 한다. 이들이 정당방위 권리나 비대칭성에 성공적으로 호소할 수 없다면, 그들은 산모가 생명이 위험한 경우에도 임신중절을 선택할 권리가 없다는 결론을 받아들일 수밖에 없다. 즉, 산모가 생명이 위험한 경우 임신중절을 선택하는 것이 허용 가능한 경우가 있지만, 이는 일반적으로 혹은 원칙에 근거하여 옹호될 수 있는 것이 아니다. 반면에 이런 경우 임신중절을 허용하면, 산모의 생명이 위험하지 않은 경우에도 임신중절을 허용할 수밖에 없다는 것이 섬너의 비판이다.

그러나 데이비스가 말하는 '행위자 상관적 허용'(agent-relative permission)을 받아들이면, 보수주의자들은 이런 곤경에서 벗어날 수 있다. 도덕적 동치 관계가 성립되는 딜레마 상황에서 무고한 방관자를 죽이는 것이 정당화될 수 있다고 주장할 때, 나는 나의 생명이 공격자보다 더 가치 있다고 주장하는 것이 아니다. 또 내가 죽임을 당하는 것이 부당하다고도 주장하지 않는다. 그 대신 나는 나의 생명은 나에게 타인의 생명보다 더 큰 가치를 지님을 타인이 인정해 줄 것을 요구한다. 그래서 수동적인 위협에 대해 우리의 생명을 보호할 자격은 정당방위 권리가 아니라 소위 '행위자 상관적 허용'에 근거한 것이라고 데이비스는 주장한다.[36] 우리 각자는 자신의 생명에 더 큰 가치를 부여하기 때문에, 설사 타인이 주장하는 자기 생명의 가치가 우리의 그것보다 적지 않다 하더라도, 어떤 상황에서 우리는 자신의 생명을 구하기 위해 타인을 죽이는 것이 허용된다. 중립적인 도덕적 관점에서는 나의 생명에 대한 나의 선호가 합리적으로 정당화되지 않는다 해도, 나는 나의 생명을 구하기 위해 때때로 타인을 죽이는 것이 허용되기도 한다. 자신의 생명을 보존하기 위한 행위자 상관적 허용은 공평한 관점에서 자기 생명에 대해 어떠한 가치가 부여되느냐가 아니라, 각자가 자기 생명에 부여하는 가치에 기인하므로, 사람들의 행위자 상관적 허용은 종종 충돌하기도 한다. 그러나 이는 문제가 되지 않는다. 허용이 충돌할 수 있음을 인정하고 무엇을 허용할 것인가를 결정하는 데 성공할 수 없다는 사실은 우리의 시도가 잘못 제지당하지 않는 한 도덕적으로 문제가 된다고 생각하지 않기 때문이다. 즉, 행위자 자신의 관점에서는 행위자 상관적 허용은 충돌하지 않는다.

그러나 제삼자 간섭의 역할을 고려할 때에는 어려움이 발생한다. 즉, 딜레마의 경우, 태아의 후견인이 있어 산모를 그냥 내버려

....

36   N. A. Davis, "Abortion and Self-Defense", p. 192.

두어 죽게 하고 태아를 살려야 한다고 그 후견인이 주장한다면, 의사는 산모 편을 들어 임신중절을 시술할 수 있는 근거가 없게 된다. 앞에서 지적하였듯이, 산모와 태아의 생명이 충돌하는 진정한 딜레마의 경우 우리는 도덕 이외의 요소도 고려해야 한다. 뒤에서 논의하겠지만, 페미니스트들이 주장하는 양육, 부모와 자녀의 관계, 여자의 신체적 자율성 등도 중요한 고려사항으로 등장하게 된다. 특히 산모가 죽고 태아가 살 경우 그 아이의 미래에 대해서도 고려해야 한다. 엄밀한 대칭성이 성립되어 이런 모든 요소를 고려하고서도 태아를 살려야 한다면, 필자는 산모를 죽이고 태아를 살리는 것이 도덕적으로 그르다고 보지는 않는다.[37] 이런 특수한 경우의 임신중절에 관한 물음을 다루는 것은 응용윤리학의 '응용'에 해당되는 것으로, 맥락주의적 접근법 내지 결의론적 접근법이 불가피하게 요청된다. 태아의 생명권은 산모의 정당방위 권리에 의해 제한되고, 산모의 생명권도 태아의 정당방위 권리에 의해 제한받는다.[38]

　　따라서 산모의 생명이 위독한 경우에는 임신중절이 정당화된다

....
37　이를 받아들이는 학자도 있다. 예를 들어, 브로디는 태아와 산모 사이에는 도덕적으로 의미 있는 비대칭성이 존재하지 않고 인간으로서의 태아는 다른 사람과 동등한 생명권을 지니므로 태아의 생명보다 여자의 생명을 더 선호하는 것은 옹호할 수 없다고 논한다. 그 대신 그는 사례마다 "공평한 임의의 방법"(fair random method)을 채택하여 결정해야 한다고 주장한다. 여자의 생명이 임신의 지속으로 인해 위협받고 있고 임신중절이 시행되지 않을 경우 태아가 살아남을 수 있다면 우리는 동전을 던져 결정해야 한다. 그러나 이는 비합리적인 것으로 우리의 상식과 어긋난다. 필자는 산모와 태아의 대칭성에 대해서는 브로디에 찬성하나, 공평한 임의의 방법에 대해서는 반대한다. 왜냐하면 분명 도덕 외적인 고려사항들이 많이 있기 때문에 그에 따라 이해타산적 판단을 내려 행동할 수 있다고 본다. ibid., pp. 197-198 및 B. Brody, "Thomson on Abortion", *Philosophy & Public Affairs*, vol. 1, no. 3, 1972, p. 137 참조.
38　L. W. Sumner, *Abortion and Moral Theory*, p. 114.

는 상식인의 숙고된 도덕 판단은 정당방위 권리에 관한 이론에 의해 수정되어야 한다. 즉, 이러한 숙고된 판단은 단지 태아가 산모의 죽음에 직접적인 원인이 되는 경우에는 올바르나, 단순히 방관자에 지나지 않는 경우에는 부당하다. 그러나 일상인들은 산모를 살리기 위해 불가피한 경우에는 비록 태아가 단순한 방관자에 지나지 않아도 임신중절이 허용되어야 한다고 느낀다. 이 직관을 수용하자면 정당방위 권리만으로는 부족하고 '행위자 상관적 허용'이라는 단서를 추가해야 한다.

직관과 반성적 평형 상태를 유지하기 위해 이렇게 정당방위 권리를 수정해도, 제삼자의 간섭 문제가 남는다. 즉, 태아와 산모와 동등한 생명권을 지닐 경우, 산모의 임신중절 선택은 '행위자 상관적 허용'을 받아들이는 정당방위 권리에 의해 정당화되지만, 이 경우 제삼자인 의사가 산모를 도와야 할 권리를 지니지 못한다. 그런데 이런 권리를 인정하지 않으면 산모의 임신중절 권리는 실질적 내용이 없는 형식적 권리에 지나지 않는다. 그래서 정당방위 권리에 도덕적 딜레마 논증을 추가로 도입할 필요가 있다. 도덕적 딜레마의 경우 제삼자는 어느 한쪽을 도와도 도덕적 잘못을 범하는 것이 아니다. 그러나 도덕적 딜레마까지 정당방위 권리에 도입하게 되면 산모의 생명이 위독한 경우 임신중절은 정당화된다는 일상인들의 직관은 다음과 같이 수정되어야 한다. 즉, 태아는 단순한 방관자이고 산모와 태아 중 어느 한쪽 생명만 구할 수 있는 경우, 산모의 생명을 구하는 것만이 정당화되는 것이 아니고 태아를 구하는 것도 정당화된다.

8장

의학의 발달

의학은 눈부시게 발달하고 있다. 그중 인간의 출산과 관련된 생식보조 의술, 즉 인공수정과 체외수정(IVF, In Vitro Fertilization) 의술도 놀랄 만큼 발달하여 의학계와 윤리학계에 상당한 파문을 일으키고 있다. 1978년 7월 25일, 영국 올덤 종합병원에서 세계 최초로 시험관 아기가 태어나자, 언론은 'Superbabe'(슈퍼 베이브) 등의 제목을 달아 대서특필했다.[1] 태어나자마자 유명해진 이 여자 아기의 이름은 루이스 브라운(L. Brown)이다. 루이스의 부모 레슬리와 존은 9년 동안 아기를 가지려고 노력했지만 실패했다. 레슬리의 나팔관이 막혀 임신이 불가능했던 것이다. 부부는 오랜 시간 체외수정을 연구해 온 케임브리지대 로버트 에드워즈(R. Edwards) 박사와

....

1   김지은, "불임치료의 새 장… 英서 세계 첫 시험관 아기 탄생", 『문화일보』, 2023.7.24.

산부인과 의사인 패트릭 스텝토(P. C. Steptoe) 박사를 찾아갔다. 두 박사는 레슬리의 난자와 존의 정자를 배양접시에서 수정시켜 48시간 후 수정란을 레슬리의 자궁에 착상시키는 데 성공했다. 10년 이상 100번도 넘게 실패를 거듭하며 연구한 결과였다. 마침내 애타게 기다리던 아기는 분만 예정일을 3주일 앞둔, 임신 38주 차에 제왕절개 수술을 통해 2.6킬로그램으로 건강하게 세상에 나왔다. 시험관 아기 1호의 탄생은 뜨거운 논쟁을 불러일으켰다. 불임 부부들에게 희망을 주는 획기적인 성과라는 찬사와 함께 자연의 섭리, 신의 뜻을 거스른 것이라는 비판이 엇갈렸다. 에드워즈 박사는 체외수정 기술을 개발해 불임 치료의 길을 연 공로로 2010년 노벨 생리의학상을 수상했다. 출생 당시 세상의 관심이 집중됐던 루이스는 우체국 직원으로 평범한 삶을 살다 2004년 결혼해 자연 임신으로 두 아이의 엄마가 되었다.

생식보조 의술이 가져온 것

인공 출산은 아이가 없다는 이유로 가정 안팎에서 고통당하는 많은 사람들에게 큰 희망을 줄 뿐만 아니라 출산율 저하로 인한 인구 절벽 문제를 해결하는 데도 조금이나마 도움을 주고 있는 게 사실이다. 실제로 미국에서는 전체 신생아의 1% 이상이 시험관 아기로 태어나며, 지금까지 300만 명 이상의 아이가 이 의술의 도움을 받아 빛을 보고 있다. 이러한 생식보조 의술은 그 자체로 윤리적 물

음을 야기하지만,[2] 이런 의술의 발달은 임신중절의 도덕성 논의에
도 상당한 윤리적 함의를 지닌다. 왜냐하면 극단적 보수주의자는
임신 순간부터 배아는 인간으로서 도덕적 지위를 지닌다고 주장하
는데, 실험실에서 체외수정 의술의 도움을 받아 인위적으로 생성
된, 여성의 자궁 밖에 위치하는 배아도 이러한 자연적 배아와 동등
한 도덕적 지위를 지니는가라는 물음이 새롭게 제기되고 있기 때
문이다. 그리고 아직은 현실성 없지만 앞으로 인공자궁과 같은 출
산 의술이 발달하면, 지금과는 달리 태아는 임신 초기에도 여성의
자궁 외에서 생존이 가능할 수도 있다. 이러한 의술 역시 임신중절
의 도덕성 물음에 중대한 변화를 야기할 것이다. 왜냐하면 많은 논
쟁자들은 산모와 태아의 특수성을 들면서, 태아는 오직 산모에게만
기생한다는 전제하에 자신들의 논변을 전개시키고 있는데, 이런 의
술의 발달은 곧 그 전제가 거짓임을 드러내 주기 때문이다. 그밖에
도 중요한 의술의 발달이 있지만, 여기서는 이 두 의학적인 사실이
임신중절의 도덕성에 어떤 영향을 미치는지를 고찰하고자 한다.

에드워즈가 1978년 8월 12일 의학 저널 『랜싯』(*The Lancet*)에
발표한 논문 「인간 배아의 재이식 후의 출생」(Birth after the reim-
plantation of a human embryo)은 생식보조 의술의 혁명이라도 해도
과언이 아니다. 바로 체외수정 의술을 통해 '시험관 아기'(Test tube
baby)가 탄생했기 때문이다. 체외수정 의술의 발견을 가져온 연구
이전에는, 배아가 자궁 내 벽에 착상되는 단계 이전에는 살아 있는

....

2   김상득, 『생명의료윤리학』(서울: 철학과현실사, 2000), pp. 72-101 참조.

인간 배아를 관찰할 수 없었다. 신체 내의 정상적인 출산 과정에서, 배아는 7일간 자궁 내 벽에 붙어있지 않는다. 이런 배아는 여성 신체 내에서 존재하는 한, 그 기간에는 관찰될 길이 없고, 착상 후에서야 비로소 배아의 존재가 확인될 수 있다. 이런 환경하에서, 배아의 존재가 확인되면 그 배아는 발달이 고의적으로 방해받지 않는 한, 인간이 될 충분한 기회를 얻은 셈이 된다. 이런 배아가 인간이 될 확률은 난세포가 정자와 수정하여 아이가 될 확률보다 훨씬 더 높을 뿐만 아니라, 아직 착상되지 않은 배아가 어린아이가 될 확률보다도 훨씬 더 높다. 이미 5장에서 필자는 배아가 난세포나 정자와 생물학적으로 그리고 윤리학적으로 중요한 차이가 있다고 논하였다. 여성 신체 내 배아는 고의적인 인간 행위가 성장을 방해하지 '않는 한' 아이로 발달할 확정적인 기회를 지니는 반면에, 정자와 난세포는 '오직' 고의적인 인간 행위, 즉 부부의 성관계나 인공수정이 존재하는 경우에만 아이로 발달할 수 있다. 한 아이가 이 땅에 출생하는 관점에서 보면, 전자에서는 배아의 성장을 방해하는 행위를 삼가야 되는 반면에, 후자에서는 배아가 생성되도록 적극적인 행위를 수행해야 한다. 여성 신체 내의 배아 발달은 그 속에 내재한 잠재력의 개현 과정에 지나지 않는다. 이제까지 이러한 생물학적 차이로 인해 피임과 임신중절은 도덕적으로 구분되었으나, 인위적인 생식보조 의술의 발달로 이런 구분은 어렵게 되었다. 이를 체외수정 의술을 중심으로 살펴보자.

체외수정의 성공으로 어떤 결과가 일어났는가? 먼저 체외수정 과정을 살펴보자. 하나 이상의 난세포를 여성의 자궁에서 채취하여 유리 접시 속 배양기에 난세포를 둔 다음, 정자를 배양기에 더하여 하나의 수정란을 인위적으로 만들어 낸다. 우리는 시험관 아기라고 하면 한 아이가 들어갈 수 있을 정도로 길쭉한 큰 시험관을 연상하지만, 실상은 아기가 시험관에서 생성하여 성장하고 출생하는 것이 아니라 단지 정자와 난자의 수정이 실험실에서 흔히 쓰는 유리로 된 납작한 페트리 접시(petri plate)에서 만들어진다고 해서 시험관 아기라고 부르는 것이다. 난세포 중 약 80%가 수정을 하게 된다. 배아는 2~3일 동안 배양기 속에 보관될 수 있다. 배아가 자라나서 2, 4, 8개의 세포로 분열한다. 이 단계에서 배아가 인간으로 발달할 가망을 지니려면, 여성의 자궁 내로 이식되어야 한다. 이식 자체는 단순한 절차이지만, 사태가 잘못 진척될 수 있는 것은 바로 이식 이후이다. 아직 그 이유가 충분히 밝혀지지 않았지만, 여러 가지 이유로 인해 가장 성공적인 체외수정 의료팀의 성공 확률조차도 자궁 내에 이식된 배아가 실제로 착상하여 임신을 지속할 확률은 20% 이하이고 일반적으로는 약 10%에 지나지 않는다고 한다.[3] 배아가 배양기 내에서 8개 세포로 분리된 이후에도 후기 배아세포(blastocyst) 단계까지 계속 자라도록 배양할 수 있지만, 이러한 배아는 여성의 자궁에 이식해도 착상이 거의 일어나지 않는다. 8개로 분열된 이후 단계의 세포는 텅 빈 형태로 배열되어 얇은 막을 형성하고 있는데, 이

....

3   그러나 각 이식 절차의 임신 가능성은 아주 높다. 왜냐하면 착상의 효율성과 경제적 효용성을 이유로, 또한 난자를 채취하여 수정된 배아를 이식하는 시술은 여성에게 중대한 고통을 야기하므로, 하나 이상, 대개 3~4개의 배아를 이식하는 것이 일반적인 의료 관행이기 때문이다.

는 배아를 형성할 수 있는 세포와는 질적으로 큰 차이가 있다. 아직까지는 살아 있는 유아가 될 때까지 시험관 내에서 배아가 생명을 지닌 채 성장할 수 있게 하는 의술은 존재하지 않는다. 배아가 배양기에서 9일 동안 자랄 수 있다고 에드워드가 보고하였지만, 현재의 의술로는 그런 배아가 여성의 자궁에 착상되어 한 인간으로 태어날 확률은 0%에 가깝다.

체외수정 출현 이전에는 우리에게 알려진 정상적인 인간 배아는, 고의적인 방해가 없는 한 인간으로 발달한다고 말하는 것이 참이었으나, 체외수정 절차는 고의적인 어떤 인간 행위가 없이는 인간으로 발달할 수 없는, 그리고 최선의 상황에서도 인간으로 곧장 발달할 수 없는 배아의 존재를 창조하였다. 그래서 체외수정은 배아에 대해 말해질 수 있는 것과 난세포 및 정자에 대해 말해질 수 있는 것 간의 생물학적 차이를 줄여주었다.[4] 체외수정 이전에는 정상적인 인간 배아는 수정 전의 난세포와 정자에 비해 인간으로 될 훨씬 더 많은 기회를 가졌다. 그러나 체외수정과 더불어 유리 접시 속의 2개 세포로 분열된 배아로부터 한 아이가 나올 확률과 유리 접시 속의 난세포나 정자로부터 한 아이가 나올 확률의 차이가 상당히 줄어들었다. 배아로부터 한 아이가 출생할 확률은 10%가 되고, 배양기에 있는 난세포에 정자가 더해져서 한 아이가 나올 확률은, 실험실 수정 비율을 80%로 하고 이식된 배아 당 임신율을 10%로 가

....

4   P. Singer & K. Dawson, "IVF Technology and the Argument for Potential", *Philosophy & Public Affairs*, vol. 17, 1988, p. 90.

정하면, 8%가 된다.

새롭게 논의되는 잠재성 논증

그래서 우리는 5장에서 논의한 잠재성 논증에 대한 재검토가 필요하게 되었다. 필자는 분절이 끝나고 착상이 완성되는 시점에 이르러야 자아동일성이 확보되어 비로소 태아는 '될 잠재성'을 지닌다고 논하였다. 그러면 체외수정 의술의 발달은 이러한 입장을 지지해 주는가, 아니면 반증하는가? 생물학적 가능성으로의 잠재성 개념을 '될 잠재성'과 '산출할 잠재성'으로 구분하였으나, 체외수정 의술의 발달로 이 잠재성 개념을 더욱 정치하게 규정할 필요가 생겼다. 현재의 생물학적 지식과 의술 상태로는 실험실의 '8-세포 배아'(eight-cell embryo)는 잠재적인 인간일 수 있으나 수백 개 세포로 구성된, 후기 단계의 배아세포는 잠재적인 인간일 수 없다. 왜냐하면 8-세포 이상으로 발달한 배아는 여성의 자궁에 착상될 수 없기 때문이다. 이는 외형상 그 내적 속성이 동일한 두 개의 배아세포가 전혀 다른 잠재성을 지닌다는 이상한 결론을 낳는다. 즉, 하나는 자연적인 성관계나 자궁 내의 착상으로부터 얻어지므로 잠재적인 인간이 되고, 다른 하나는 배양기에 존재하기 때문에 그렇지 못하게 된다. 실험실의 8-세포 배아는 잠재적인 인간이나, 그 배아는 배양기에서 계속 발달함으로써 그러한 지위를 잃어버린다는 말이 되므로, 이는 일단 우리들의 상식적 직관에 반한다는 생각이 든다. 그러나 그렇지만도 않다. 잠재성을 가졌다가 잃어버린 예를 하나 들어 보자. 위험한 임신을 지켜보고 있는 의사를 상상해 보자. 임신의 어느 단계에서 의사는 건강한 태아를 관찰하고 "잠재적인 인간이 여기에 있다."라고 말하였다. 그러나 태아의 조건이 악화되어 제왕절개수술로 살아 있는 유아를 출산할 수 있는 지점에 이르기 전에 태아가 죽게 될 것이 분명하다는 것을 안 의사는 "인간 잠재성이 사라져 버렸다."라고 말해도 전혀 이상하지 않다.[5]

하지만 잠재성에 대한 이런 설명은 잠재성과 확률을 혼동하는 것 같다. 지금까지 우리는 'X는 Y가 될 잠재성을 지녔다.'라는 데 대한 '최소한의' 필요조건만 탐구해 왔다. 그 최소한의 조건이란 X가 Y가 되는 것이 가능해야 한다는 것이다. 앞서 언급한 대로, 여기서의 가능성이 의미하는 바가 논리적 가능성이 아니라 생물학적 가능성이라는 것을 받아들이면, 실험실의 8-세포 배아와 수백 개의 세포로 이루어진 배아 사이의 차이를 우리는 무시할 수 없다. 이는 현재의 지식과 의술로는, 생물학적 의미로 전자는 인간이 되는 것이 가능하나 후자는 불가능하다는 것을 의미한다. 현재의 지식과 의술 상태에서의 물리적 가능성이 잠재성의 필요조건이라면, 실험실의 배아세포는 잠재적인 인간이 아니라는 결론이 나온다. 그러나 언젠가 후기 배아세포를 떼어내 착상시키는 방법을 발견한다면, 혹은 배아가 여성의 자궁에 이식되지 않고 유아로 성장할 수 있을 정도로 '인큐베이터 의술' 내지 인공자궁 의술이 발달한다면, 실험실

....

5   *ibid.*, p. 92.

의 후기 배아세포도 인간이 될 수 있다. 이는 배아의 잠재성과 난세포만의 잠재성을 구분하고 싶은 사람들에게는 도움이 되지 않는다. 왜냐하면 언젠가 후기 배아세포를 떼어내 착상시키는 방법을 발견하는 것이 참이라면, 언젠가 인간 난세포에서 무성생식을 이룰 수 있다는 것도 참이기 때문이다. 이렇게 되면 후기 배아도 잠재적 인간이 될 수 있다는 가능성을 획득하게 되고, 이러한 '가능성'이 모든 인간 난세포에도 확대 적용되어, 수정되기 이전의 난세포도 잠재적인 인간이 될 가능성을 지니게 된다.

생식보조 의술 발달의 어느 단계, 대략 1983년에서 1985년 사이에는 난세포는 안 되지만 후기 배아세포는 인간이 될 참다운 가능성을 지닌다는 논변을 우리는 펼 수 있었다. 1983년 인간배아가 냉동되어 처음으로 보존되었다. 이 배아는 해빙된 후 정상적인 발달을 할 수 있는 방식으로 냉동 보관된 것이다. 그러나 1985년까지는 인간 난세포를 위와 같은 방식으로 냉동시키는 방법이 알려지지 않았다. 당시 우리는 배아세포가 냉동되어서 이를 성공적으로 여성의 자궁 내에 착상시키는 의술의 발달을 혹은 인공자궁 내에서 생존할 수 있도록 하는 의술의 발전을 기다리고 있었다. 그리고 나서 1985년 이후에는 배아처럼 난세포도 냉동시키는 일이 가능해졌다. 배아 냉동과 미래의 의술 발견 가능성의 결합이 실험실 배아세포가 잠재적 인간이라는 것을 의미한다면, 실험실에서 수정되지 않은 난세포도 냉동 및 미래 의술과 결합하면 잠재적 인간의 지위를 얻을 수 있게 될 것이다.

체외수정 의술 발달로 인해 수정되지 않은 난세포도 배아와 동등한 잠재성을 지니게 되어 이 둘의 도덕적 구분이 어렵게 되었다. 이런 어려움은 무성생식 의술이 발달하면 더 심화될 것이다. 그래도 체외수정에 의해서는 수정란과 수정되지 않은 난세포 사이에 유전 정보의 차이를 들어 구분된다고 주장할 수 있었다. 즉, 수정란에는 난세포에는 없는 정자의 유전 정보가 들어가 있어 유전적 논증에 의해 양자의 차이를 설명할 수 있다. 그러나 무성생식이 가능해지면 생식된 난세포와 그렇지 않은 난세포 사이에는 유전 정보의 차이가 없기 때문에, 양자의 차이를 구분하기란 더 어려워진다. 실제로 체세포 핵 이식에 의한 생명체 복제술은 이러한 가능성을 현실화하고 있다. 체세포 핵 이식에 의해 생성된 배아는 핵 공여자와 그 유전자가 거의 동일하다. 그러니까 아주 특수한 경우이지만 한 여성이 자신의 체세포에서 채취한 핵을 자신의 난세포와 결합시켜 배아를 수정하게 되면, 이 복제된 배아는 핵을 제공한 여성과 유전적으로 100% 동일하다. 이러한 체세포 핵 이식으로 인해, 정자는 그렇지 않지만 난세포는 페트리 접시의 배아와 마찬가지로 적극적인 행위가 이뤄지면 착상된 배아와 동등하게 생물학적으로 인간이 될 가능성을 지니게 된다. 왜냐하면 난세포는 체세포 핵 이식 의술을 필요로 하고, 배아는 여성의 자궁에 착상시키는 의술을 필요로 하는데, 이 두 의술 모두 인위적이고 적극적인 행위라는 점에서 도덕적으로 구분되지 않기 때문이다.

이러한 도전을 극복하려는 몇 가지 시도를 살펴보자. 첫째, 무성생식에 대해 논의하면서 퀸은 이러한 상황하에서 무성생식 발달을 낳는 환경적 요인은 수정되기 이전의 실재로 간주될 수 있다고 제안한다.[6] 이 실재는 수정란의 발달이 시작되면 수정란으로 통합되지만, 그 자체로 도덕적으로 의미 있는 차이를 만들어 낸다는 게 퀸의 지적이다. 이런 관점에서 보면 퀸이 말한 실재는 일종의 '도덕적 실재'라 말할 수 있다. 이렇게 하여 그는 무성생식이 일어난다 할지라도, 난세포만으로는 잠재적 인간이 되지 않고 또 하나의 필요조건으로 환경적 요인이라는 실재가 반드시 요구된다고 주장한다. 따라서 난세포는 그 자체로는 인간이 될 잠재성을 지니지 않고 단지 무성생식 발달이 개시될 때 비로소 잠재적 인간이 된다는 것이다.

　　그러나 퀸의 이러한 제안은 난세포와 배아를 도덕적으로 구분하는 합당한 논변으로 보기는 어렵다. 왜냐하면 앞서 지적하였듯이, 배아 역시 발달하려면 특정한 '환경적 요인'이 필요하기 때문이다. 퀸의 논변이 성공하려면 무성생식을 낳는 환경적 요인과 배아 발달에 필요한 환경적 요인이 도덕적으로 의미 있게 구분된다는 것을 입증해야 한다. 그런데 무성생식을 가능하게 하는 '체세포 핵 이식'과 배아가 태아로 발달하는 데 필요한 '배아의 자궁 이식'은 인간의 인위적이고 적극적인 행위라는 면에 있어서 도덕적으로 구분되지 않는다. 이렇게 되면 무성생식의 환경적 요인이 하나의 도덕적 실재이듯이, 배아 발달을 가능하게 하는 환경적 요인도 도덕적 실재가 되어, 배아 역시 인간이 될 잠재성을 잃어버리게 된다. 이는 배아를 난세포와 도덕적으로 동등하게 취급하는 결과를 낳는다.

....

6　W. Quinn, "Abortion: Identity and Loss", *Philosophy & Public Affairs*, vol. 13, 1984, p. 28.

우리는 퀸의 논변을 옹호하기 위해 잠재성에 대한 또 다른 구분을 시도할 수 있다. 즉, 잠재성은 산출할 잠재성과 될 잠재성으로 구분될 뿐만 아니라, 내재적 잠재성과 외재적 잠재성으로도 구분된다. 후자의 구분에 근거하여, 우리는 배아는 인간으로 발달할 수 있는 내재적 잠재성을 지니나, 난세포는 단지 외재적 잠재성을 지닐 따름이라고 주장할 수 있다. 왜냐하면 배아는 이미 갖고 있는 유전자에 의해 인간으로 발달하는 반면에, 난세포는 인간으로 발달할 수 있는 새로운 유전자를 외재적으로 얻어야 인간으로 발달할 수 있기 때문이다. 얼핏 보면 그럴듯해 보이나, 이러한 수정된 논변 역시 문제가 있다. 체세포 핵 이식에서 한 걸음 더 발달하여 난세포 자체의 자기 복제를 통한 무성생식 의술이 미래에는 가능할지도 모르기 때문이다. 이러한 무성생식의 경우, 난세포는 인간으로 발달하기 위해서 현존하는 23개 염색체의 자체 복제를 통해 46개의 염색체를 형성할 필요가 있지만, 새로운 유전 정보를 외부에서 얻어올 필요는 없다. 두 경우 모두 그 밖의 다른 많은 것들은 외부에서 제공받아야 한다. 자궁 내 배아의 경우 성장에 필요한 영양분을 외부에서 공급받아야 한다. 실험실 배아의 경우에는 배아를 자궁 내에 이식시키는 인간의 숙련된 기술이 이에 포함되며, 난세포의 경우에는 무성생식 발달을 이루는 숙련된 전문가의 인위적인 의학적 간섭이 요구된다.

이러한 차이는 종류의 차이가 아니라 정도의 차이에 지나지 않는다. 이렇게 되면 배아뿐만 아니라 난세포도 올바른 환경하에서는 인간으로 발달할 수 있는 내재적인 유전인자를 지닌다. 다시 말해,

난세포가 인간이 될 잠재성 역시 내재적 잠재성이라는 결론을 우리는 얻게 된다. 이러한 반박에도 불구하고 우리는 퀸의 입장을 염색체 수의 차이를 통해 옹호할 수 있다. 앞서 5장에서 설명한 유전적 논증에서 인간 발달을 지도할 염색체란 46개의 염색체를 뜻하기 때문이다. 그러니까 새로운 유전자 유입은 외부에서 일어나지 않지만, 무성생식의 경우 난세포 자체는 23개의 염색체만을 지녀 인간으로 발달할 수 없다. 난세포는 인간 발달에 필수적인 46개의 염색체를 갖자면 무성생식 의술의 도움을 받아야 하지만, 배아의 경우 이러한 도움을 필요로 하지 않는다. 염색체의 수가 46개에서 한두 개 증감은 있을 수 있지만, 23개의 염색체로 이루어진 인간 생명체는 존재하지 않는다.

둘째는 자아동일성에 근거한 구분이다. 난세포는 수많은 정자와 결합될 수 있기 때문에 수정이나 무성생식 이전의 난세포는 다른 사람으로 발달할 수많은 개연성을 갖는다. 실제로 무성생식의 경우에도 46개 염색체가 되는 데 필요한 유전자를 자가 복제를 하든지 아니면 체세포 핵 이식을 해야 하는데, 이로 인해 난세포가 어떤 인간으로 발달할지는 미결정적 상태라고 말할 수 있다. 하지만 수정이나 무성생식 이후 배아는 단지 특정 한 인간으로만 발달하게 된다. 즉, 유전적인 동일성뿐만 아니라 수적 동일성을 지닌 자기동일성이 배아에서는 확보되나 난세포에서는 그렇지 않다. 이에 대해 싱어와 캐런 도슨(K. Dawson)은 예를 하나 들어 반론을 제기한다.[7]

....

7   P. Singer & K. Dawson, "IVF Technology and the Argument for Potential", pp. 95-96.

채석장에서 거칠게 잘린 대리석 조각의 비유를 생각해 보자. 미켈란젤로의 손에서는 이 대리석은 잠재적인 다윗상이요, 모세상이요, 피에타상이다. 조각가가 젊은이가 서 있는 개략적인 윤곽을 조각하게 되면 나중에 이 대리석은 다윗상이 될 수 있다. 확실히 이런 방식으로 대리석을 작업하여 미켈란젤로는 대리석 조각을 한 단계 발달시켰다. 그 대리석이 단지 한 종류의 조각품이 될 수 있는 잠재력을 지녔기에, 이 발달은 의미가 있다. … 그러나 그 대리석은 여전히 시간과 공간적으로 원래 대리석과 연속선상에 있다. 즉 원래의 대리석 조각과 전혀 다르지 않다. 원래 대리석 조각도 다윗상이 될 잠재력을 지녔다는 것을 우리는 지금 알 수 있다. 좀 더 앞선 단계에서 그 대리석이 다른 것이 될 수 있었다는 사실은 그것이 잠재적인 다윗상이라는 주장에 반대 논거가 되지 않는다. 이와 유사하게 수정이나 무성생식이 난세포를 한 단계 발달시키긴 하나, 난세포의 잠재력은 그대로이다. 그로 결과하는 배아는 단지 한 종류의 인간이 될 잠재성을 지닌다. 그러나 그 난세포도 쭉 내내 이러한 사람이 될 잠재력을 지니고 있었다.

이 비유는 유비추론의 오류를 범하고 있다고 우리는 반박할 수 있다. 원래의 대리석 조각과 조금 발달한 대리석 조각은 동일하게 다윗상이 될 잠재성을 지닌다는 것은 사실이다. 그 대리석은 물리적으로 다윗상이 될 수도 있고 모세상이 될 수도 있다. 그러나 대리석이 스스로 다윗상이 되거나 모세상이 될 수는 없다. 다윗상과 모세상에 본질적인 것은 조각가에 의해 그려지는 구조이다. 이 구조

의 형성은 전적으로 외부적 요소, 즉 조각가에게 달려 있다. 그러
나 무성생식이나 수정의 경우는 이와 다르다. 무성생식 된 난세포
와 수정된 난세포는 이미 그것이 앞으로 어떻게 발달할 것인지 그
방향이 정해져 있다. 물론 이 방향대로 발달하는 데에는 환경적 요
인이 필요하지만, 조각가의 경우처럼 본질적인 변화를 가져오는 것
이 아니라 단지 잠재되어 있는 것이 현실화될 따름이다. 또 대리석
은 다윗상이 된 다음에도 그 대리석은 모세상이 될 수도 있다. 왜냐
하면 조각가에 의해 다듬어져 새로운 구조를 지닐 수 있기 때문이
다. 그러나 인간의 수정이나 무성생식의 경우 그렇지 못하다. 물론
단순히 수정 순간을 개별성의 시작으로 보면 이런 반론이 성립될지
모르나, 일단 착상 이후에 개별성이 시작된다고 보면 착상 이후에
는 자의적으로 그 개별적 자아동일성을 변경시킬 수는 없다. 착상
이전에는 여러 배아들 가운데 착상시키는 배아를 누군가가 결정하
는 것은 사실이지만 일단 착상되면 그 개별성은 고정된다. 이처럼
자아동일성의 차원에서 보면 비록 무성생식이 가능해도 난세포와
배아는 구분된다.

확률적 존재들

셋째, 배아의 잠재성과 배양기 속의 난세포나 정자의 잠재성을
구분하는 또 다른 접근법은 잠재성과 확률 사이의 연계를 공개적
으로 인정하는 일이다. 이는 잠재성을 배아가 인간이 될 단순한 가

능성이 아니라 이것이 일어날 확률과 연계시키는 방법이다. 이렇게 되면 잠재성은 전부 아니면 무의 문제가 아니라 정도의 문제가 되어 버린다. 필자는 이미 5장에서 잠재성의 정도를 인정한 것이 아니라 자아동일성의 정도를 인정하는 과정 이론을 받아들였다. 그래서 초기 배아는 후기 배아나 태아에 비해 덜 잠재적이라는 귀결을 부인할 수 없게 된다. 이는 초기 배아의 파괴 금지는 후기 배아나 태아의 파괴 금지에 비해 덜 엄격하다는 결론에 쉽게 이른다. 그럼에도 잠재성 논증을 옹호하는 일부의 학자들은 확률과 잠재성의 정도를 끌어들인다. 대표적 학자가 가톨릭 신학자 누난이다.[8]

생명 자체가 확률의 문제이고, 대부분의 도덕적 추론도 확률 평가이므로, 이는 실재의 구조 및 도덕 판단을 임신에서의 확률 변화에 근거하려는 도덕적 사유의 본성과도 일치하는 것 같다. … 임신된 10명의 아이 중 한 명만이 출산된다면 이 논증은 달라지는가? 물론 이 논증은 달라진다. 이 논증은 단지 상상적으로 가능한 사태가 아니라 실제로 존재하는 확률에 근거한다. … 하나의 정자가 파괴되

....

8   J. T. Noonan Jr., "An Almost Absolute value in History", J. T. Noonan Jr., ed., *The Morality of Abortion: Legal and Historical Perspectives* (Cambridge, Mass.: Harvard University press, 1970), pp. 148-149. 베르너 플루아도 잠재성 개념에 확률을 도입하고 있다. "단순한 의식에의 잠재성 소유가 조건부적 생명권을 지니게 한다고 허용하게 되면, 이와 유사한 잠재성을 지닌 수많은 배우자 쌍에도 유사한 권리를 부여해야만 하는 것 같다 … 그러나 배우자 쌍의 잠재성은 비유정적인 태아의 잠재성보다 훨씬 낮다는 것은 분명하다. 간섭이 없고 기껏해야 적절한 보조만 있는 경우, 주어진 배우자 쌍이 산출하는 잠재성을 지닌 개인을 만들어 낼 확률은 아주 작아서 실제에 있어서는 전적으로 무시해도 좋다." W. S. Pluhar, "Abortion and Simple Consciousness", *The Journal of Philosophy*, vol. 74, 1977, p. 167.

면, 고통을 느낄 수 있으면서 유전 정보와 심장 및 다른 기관을 지닌 합리적인 존재로 발달할 확률이 2억분의 1 이하인 존재가 파괴될 따름이다. 하지만 태아가 파괴되면 이미 유전 정보와 신체 기관 및 고통의 능력을 지닌, 그래서 자궁 밖에서 때가 되면 이성을 지니게 될 아이가 될 확률이 80% 이상인 존재가 파괴되게 된다.

하나의 배아가 합리성을 지닌 존재가 될 확률을 잠재성에 관련되는 것으로 받아들이면, 실험실 배아의 잠재성은 8-세포 단계 후에는 급속히 줄어든다는 결론이 얻어진다. 그리고 후기 배아세포 단계에 이르면 실험실 배아는 전혀 잠재성을 지니지 못하게 된다. 이는 배아 실험 반대자들이 기꺼이 받아들이고 싶은 함축이다. 한 인간이 될 잠재성이 이렇게 손실된다는 것이 바로 인간 배아를 실험실에 살아 있게 하는 것이 혹은 체외에서 이들을 창조하는 것이 도덕적으로 그르게 만드는 한 가지 이유라고 이들은 말할 수 있기 때문이다. 그러나 확률과 연관된 잠재성 정도를 받아들이게 되면 배아 실험 반대자들의 주장과 어긋나는 다른 결과도 야기된다. 누난의 주장과는 반대로, 배양기 배아의 잠재성과 수정 전 실험실 난세포의 잠재성의 구분은, 분수령이 되는 획기적인 차이가 아니라 단지 정도의 차이가 되고 만다. 우리가 알고 있듯이 체외수정 절차에서 수정은 성공률이 80%에 이르는, 비교적 신뢰할 만한 단계 중 하나이다. 잠재성의 정도를 배아가 인간이 될 확률에 그 토대를 두게 되면, 체외수정을 기다리는 한 쌍의 정자와 난자 단계와 배아를 가지는 단계 사이의 경계선을 결정적으로 의미 있다고 주장할 수 없게 된다.

　그래도 누난은 배아가 어린아이로 발달할 확률은 난세포나 정자가 어린아이로 발달한 확률과 큰 차이가 난다는 점을 들어 이 둘을 구분하고자 한다. 즉, 배아가 어린아이가 될 확률은 매우 높으나 어느 한 정자가 수정될 확률은 2억분의 1에 지나지 않는다고 그는 주장한다. 그러나 이 주장은 설득력이 없다. 왜냐하면 누난은 수많은 정자 중 어느 하나가 수정될 확률이 아니라 하나의 특정 정자가 수정에 참여할 확률에 초점을 맞추고 있기 때문이다.[9] 전자의 확률은 상당히 높다. 즉, 임신 가능한 정상적인 여자가 배란기에 피임을 하지 않고 성관계를 맺을 경우 정자가 수정되어 어린아이로 발달할 확률은 새롭게 수정된 난세포가 어린아이로 발달할 확률과 크게 다르지 않다. 이와 마찬가지로 누난은 정자가 아니라 난세포가 수정할 확률에 대해서는 논의하지 않고 있다. 이 역시 다른 결과를 낳는다. 누난이 이에 대해 답변할 수 있다 해도, 배아의 잠재성에 대한 그의 입장은 새로운 지식과 생식보조 의술의 발달에 비추어 보면 유지되기 어렵다.

　우선 배아의 자궁 내 생존에 대한 누난의 수치는 이제 더 이상 정확하지 않기 때문이다. 누난이 글을 쓸 때에는 자연유산에 대한 평가는 의학적으로 인정된 임신, 즉 안정적으로 계속되는 임신에 그 토대를 두었다. 이는 수정 후 6~8주 임신 단계, 즉 배아의 심장

....

9　M. Strasser, "Noonan on Contraception and Abortion", *Bioethics*, vol. 1, 1987, pp. 199-205.

박동이 관찰되고, 생리가 중단되고, 효소 분석이 임신임을 가리키는 단계이다. 현재 이런 임신이 자연유산이 될 확률은 15%이다. 전체적인 임신이 실패하는 비율은 알려지지 않았지만, 초기 임신 여부를 알려주는 최근의 의술 발달에 따르면 이 수치는 전체의 손실을 과소평가한 것으로 실제 상황을 지나치게 단순화한 것이다. 자연유산에 대한 평가는 누난의 수치와는 놀랄 만큼 다른 수치를 보여줄 것이다. 임신이 착상 이전에 진단된다면, 그 결과로 출산이 일어나는 확률은 25~30%에 지나지 않는다. 착상 후 임신의 경우 출산율은 40~60%에 이른다. 출산율이 85~90%에 이르려면 적어도 임신 6주 이후가 되어야 한다. 누난이 말하는 대로 배아가 어린이가 될 확률이 80%가 되려면, 수정 후 6주까지 기다려야 한다. 출산율이 50% 정도 되는 지점을 찾는다면, 그 시기는 아마 착상 시기가 될 것이다. 특히 배아 생존 수치는 자궁 내 착상된 배아가 아니라 실험실 배아를 고려할 경우 아주 달라진다. 10%라는 배아 생존율조차 낙천적인 평가이다.

누난은 남자가 한 번 사정 시 방출되는 정자의 수에 근거하여 하나의 정자가 수정될 확률은 2억분의 1이라고 평가하였으나, 체외 수정에서는 하나의 난세포와 수정되는데 이용되는 정자는 약 5만 개이다. 어느 하나의 정자에 대한 수정의 불확실성이 사정 시 정자 모두에 대한 수정의 불확실성을 함축하지는 않는다.[10] 따라서 하나의 정자가 수정될 확률은 상당히 높아진다. 다음 단계로 발달하는 확률에 근거하여 배아와 정자 사이에 뚜렷한 구분이 있다는 누난의 주장은 수치상의 이런 변화에도 살아남을 수 있다. 시험관 배아에 대한 적절한 수치는 10개 중 1이고, 체외수정 정자에 적절한 수치는 5만 개 중 1이다. 이는 매우 두드러진 차이지만, 정자가 아니라 난세포에 초점을 맞추면 이 차이는 사라지고 만다. 확률 개념을 이용한 이러한 논증은 또 다른 어려움에 봉착한다.

과학자들은, 정자 수의 부족이나 정자의 활동력 부족으로 인한, 남성 난임을 극복하려는 새로운 시험을 계속하고 있다. 우선 정상적인 시험관 과정에서처럼 난세포가 제거되어 배양된다. 5만 개의 정자를 지닌 정액 한 방울을 떨어뜨리는 대신 단 하나의 정자가 난세포의 외부 막에 미세하게 삽입된다. 이 절차를 통해 임신과 출산으로 이어지는 시도는 아직 이루어지지 않았지만 임상시험은 현재 진행 중이다. 만성 난임을 극복하고자 하는 이러한 의술은 여러 문제로 아직 성공하지 못했지만 성공한다고 가정하면, 태어날 미래 개인(individual-to-be)의 독특한 유전자 청사진이 수정 전에 이미 결정된다고 말할 수 있다. 정확하게 말하면 단 하나의 정자가 미세 삽입에 의해 결정되는 순간에 유전자가 결정된다. 그래서 배아가 인간이 될 확률을 단일 정자를 지닌 난세포가 인간이 될 확률과 비교해 보면, 이 둘 사이에 구분을 발견하기가 어렵다. 즉, 배아가 착상되어 태아–어린아이로 발달할 확률이나, 난세포가 관련 당사자들에 의해 수정되어 배아–태아–어린아이로 발달할 확률은 모두 당사자들의 결정에 달려 있게 된다. 결국 확률 개념을 사용하여서는,

....

10   C. Dore, "Abortion, Some Slippery Slope Arguments and Identity over Time", *Philosophical Studies*, vol. 55, 1989, p. 280.

지금 단계에서는 난세포와 배아를 구분할 수 있을지 모르나, 의학이 현재 수준보다 더 발달하면 이 둘을 구분할 수 없게 될지도 모른다.

그러나 확률과 관련된 잠재성 개념에서도, 실험실 배아 단계와 자궁에 착상된 배아 단계의 구분이 훨씬 더 의미 있다는 것을 우리는 알게 된다. 수정되지 않은 난세포가 인간이 될 확률은 앞에서 지적한 대로 8% 미만이다. 그러나 착상된 배아가 인간이 될 확률은 약 50% 정도가 된다. 이는 수정란과 배아를 구분하는 결정적인 종류의 차이라고 할 순 없지만, 확률적으로 보면 유의미한 차이라고 말할 수 있다. 그러나 수정란이 인간이 될 확률과 착상되기 이전 8-세포 배아가 인간이 될 확률 사이에는 이런 의미 있는 차이를 발견하기 어렵다. 따라서 확률과 연관된 잠재성 개념은 수정 논증에 대한 반례가 되나, 필자의 5장 결론인 분절 논증에 대해서는 확증 사례가 된다고 할 수 있다. 그래서 필자는 적어도 수정 전 난세포의 실험이 도덕적으로 허용된다면, 착상 전 배아의 실험도 허용되어야 한다고 본다. 그러나 착상된 배아에 대한 실험은 도덕적으로 그르다. 여기서 의술의 발달로 잠재성 논증에 전제된 '자연스러운 발달'이란 개념이 모호해졌다는 것을 주목하고자 한다. 유전자의 결정과 관련된 인간의 개입은, 호주 상원위원회의 다수 의견과는 다르게 소수 의견을 피력한 로즈메리 크롤리(R. Crowley)와 올리브 자하로프(O. Zakharov)의 보고서에 잘 나타나 있다.[11]

....

11   Parliament of Australia, *Senate Select Committee on the Human Embryo Experimen-*

모든 대상이나 사물의 미래 가능성은 무한하다. 생명이 없는 혹은 비유정적인 사물, 예를 들어 바위에 대해서도 실제로 일어나는 특정의 미래 결과는 그 외부의 힘에 의해 결정된다. 이 점에 있어서 배아도 바위와 마찬가지다. 배아는 스스로 결정할 수 없다. 그 미래는 다른 사람에 의해 결정된다. 배아에 대한 타인의 결정에 의해서만 그 배아는 잠재성을 지니게 된다. 분명하게 한정된 책임 있는 당사자(들)가 있다면, 이들의 결정이 배아의 잠재성을 결정한다.

이는 인간이 될 실재의 잠재성은 그 실재가 인간이 될 확률과 관련되어 있다는 입장과 크게 다르지는 않지만, 관습적인 잠재성 입장과는 크게 벗어나 있다. 잠재성을 확률과 동일하게 취급하려는 직접적인 시도는 인간 결정의 역할을 간과하는데, 이들은 이에 주목하고 있다. 여성 신체 내 배아는 고의적인 인간 간섭이 없어도 어린아이로 성장할 결정적인 기회를 지니나, 난세포와 정자는 고의적인 인간 행위가 있어야 비로소 어린아이로 발달할 수 있다. 이 점에 있어서 실험실에 있는 체외수정 배아는 난세포 및 정자와 같고, 인간 신체 내의 배아와는 다르다고 하겠다.[12]

배아의 잠재성에 대한 논의의 배후에는 사건의 '자연적인' 발달 과정, 즉 배아는 그 자체에 한 인간으로 발달할 수 있는 내재적인 잠재성을 갖고 있다는 전제가 숨어 있다. 난세포도 호모 사피엔스의

....

tation Bill, 1985, para. D20.

12   P. Singer & K. Dawson, "IVF Technology and the Argument for Potential", p. 103.

유전자를 지니고 있고 또 살아 있는 생명체이다. 난세포가 그 발달을 지속하기 위해 필요로 하는 것은 정자이고, 배아가 필요로 하는 것은 적절한 환경, 즉 영양분이다. 외적 요소 없이는 둘 다 인간으로 발달할 수 없고 또 올바른 환경이 주어지면 둘 다 인간으로 발달한다. 즉, '자연적으로' 발달한다는 생각을 제쳐 두게 되면 '발달할 방향이 결정되어 있음'이라는 개념에 의해서는 배아와 난세포는 도덕적으로 구분하기 어렵게 된다. 그런데 고의적인 인간 행동의 도움을 요하지 않는 발달이라는 '자연적인' 발달 개념은 체외수정 배아에 적용되지 않는다. 체외수정 배아 역시 인위적인 착상 과정을 거치지 않고서는 인간으로 발달할 수 없기 때문이다. 따라서 체외수정 배아의 잠재성을 배아 보호의 근거로 주장하는 자들은 자연적 발달이란 개념에 의거할 수 없다. 이런 이유로 왜 실험실 배아가 난세포의 잠재성과는 질적으로 다른 잠재성을 지니는지를 설명하려는 이들은 어려움에 봉착한다.

배아의 미래를 결정하는 데에도 인간 간섭이 결정적인 역할을 차지한다. 그래서 누가 이런 결정의 책임을 맡을 것인가라는 윤리적 문제가 제기된다. 그 결정자는 여성이나 정자 기증자이어야 한다고 크롤리와 자하로프는 결론 내리나, 이는 생식에 있어서의 남성의 역할에 관한 또 다른 주제로 이 책의 주제를 벗어난 문제이고 필자의 관심은 이러한 의학적 사실이 임신중절 논의에 어떤 영향을 가져다주는가이다. 배아는 다른 사람의 결정에 의해서 비로소 잠재성을 지닌다는 이들의 입장은 잠재성에 대한 상식적인 입장의 부정을 뜻한다. 왜냐하면 잠재성이 그 자체가 아니라 결정하는 인간의 바람과 행위에 따라 상대적으로 결정되기 때문이다. 배아의 잠재성에 의거하여 난세포와는 다른 특별한 도덕적 지위를 배아에게 부여하려는 논증은 잠재성 개념에 대한 상식적인 이해와 정합적이지 않아 그 합당성이 의심스럽다. 정상적인 출산 상황에서 배아가 난세포나 정자의 잠재성과 다른 잠재성을 지닌다는 입장을 확립하려는 이런 논증들이 성공하느냐의 물음은 여전히 우리에게 남아 있다. 또한 이 논증들이 정상적인 상황에 적용 가능하다 할지라도, 시험관 배아와 난세포/정자에는 타당하게 적용될 수 없다.

이러한 지적에도 불구하고, 분절 이후 잠재적으로 태아는 도덕적 지위를 지닌다는 5장의 결론은 유지할 수 있다. 수정되는 정자와 난자의 결정, 수많은 배아 가운데 착상되는 배아의 결정 등은 관련 당사자에 의해 좌우되지만, 일단 착상되고 나면 그 개별적 존재의 유전 정보는 변경되지 않는다. 따라서 '자연적인 발달'이란 개념 적용은 의학의 발달로 착상 이전에는 적용하기 어렵다 할지라도, 착상 이후에는 여전히 적용 가능하다. 문제는 착상 없이도 배아가 자랄 수 있는가의 물음이다. 즉, 무성생식 의술이 발달하고 게다가 착상 없이도 배아가 발달하여 유아가 되는 것이 가능하다면, 배아와 난세포 사이의 구분은 잠재성에 의해 확보되는가? 만약 이런 의술이 발달한다면, 잠재성 논증에 의해서는 더 이상 착상된 배아와 난세포의 구분이 무의미해짐을 인정하지 않을 수 없을 것이다.

그러나 배아가 영양분을 공급받는 생명 유지 체계를, 여성의 자궁이든 아니면 인공자궁이든, 전혀 빌리지 않고 스스로 생존 발달하여 유아가 되는 것은 아마 불가능할 것이다. 이러한 무성생식이

가능하다면 이는 곧 새로운 '인간의 창조'나 다름없을 것이다. 적어도 생명 유지 체계가 배아에게 필요하다면, 필자의 논증은 그 체계와 유착된 이후의 배아를 도덕적 지위의 잠재적인 소유자로 여길 것이다. 필자의 이러한 결론은 특히 요즈음 시행되는 복제인간의 가능성에 의해 더 확증된다. 복제인간은 체외수정에서 4개 혹은 8개 세포로 분열한 배아에서 하나의 세포를 인위적으로 떼어내 배양기에 이식시켜 발달시킨 다음 여자의 자궁에 착상시키거나 아니면 냉동 보관하는 의술을 말한다. 이는 자연적인 쌍둥이화 과정에 의해 하나의 수정란에서 두 개의 개체가 존재하게 되는 것을 인위적으로 가능하게 해 준다. 이렇게 되면 수정란이나 착상 이전 배아는 나중에 발달하게 될 유아와 수적인 자기동일성이 성립되기 어렵다. 복제인간의 윤리적 물음은 임신중절의 도덕성과는 또 다른 차원의 물음으로 독립적인 논의가 필요하다.[13]

체외수정과 더불어 인공자궁 의술까지 발달하면 임신중절의 도덕성 담론은 새로운 도전에 직면하게 될 것이다. 수정과 배아 발달이 정상적이면, 그 배아는 난세포 제공 산모나 대리모의 자궁에 착상되거나 혹은 미래에 이용하기 위해 냉동 상태로 보관되기도 한다. 지금은 배양기에서 배아 발달이 16개 세포 단계까지만 가능하나, 냉동 배아 은행의 발달은 앞으로 배아가 자궁과 독립적으로 생존할 수 있는 기간이 상당히 길어질 수 있음을 보여준다. 게다가 자궁 세척을 통해 배아를 한 여자의 자궁으로부터 떼어 내어 직접 다

....

13   김상득, 『유전자 윤리학』(서울: 철학과현실사, 2009), pp. 53-83 참조.

른 여자의 자궁에 착상시키는 '태아 이식'이 가능하게 되면서 그 결과로 일종의 배아 입양이 일어날 것이다. 이런 의술이 암시하는 바는, 태아가 그 존재를 자궁의 점령 혹은 어느 특정 자궁, 예를 들어 생물학적 산모의 자궁에 반드시 의존할 필요가 없는 때가 곧 도래한다는 점이다. 인공자궁은 이러한 현상을 더욱더 부채질할 것이다. 즉, 미래에 인공자궁이 개발되어 현실화되면 자궁으로부터의 태아 제거가 곧 태아 죽음을 야기하지 않을 것이다. 이제까지는 막연히 분석적으로만 자궁으로부터의 태아 제거와 태아 죽음을 구분하였으나, 이런 의술이 발달하면 이 구분이 실재적으로 가능해질 것이다. 이렇게 되면 앞서 언급했듯이, 우리는 태아 제거로의 임신중절과 태아 죽음으로의 임신중절을 구분할 수 있게 된다.[14]

이러한 구분은 자유주의자가 체외생존가능성을 인간의 기준으로 들어, 그 이전에는 임신중절이 가능하다는 주장을 무의미하게 만들어 버린다. 인공자궁이 개발되면, 임신 중 어느 시기에도 태아는 생물학적 산모의 자궁 밖에서도 생존이 가능할 것이기 때문에 임신중절은 언제나 부당하게 된다. 문제는 이런 구분이 실제로 가능할 경우, 산모는 구분된 임신중절 권리를 모두 지닌다고 주장

....

14   C. Overall, *Ethics and Human Reproduction*(Boston: Allen & Unwin, 1987), pp. 68-69; N. A. Davis, "Abortion and Self-Defense", *Philosophy & Public Affairs*, vol. 13, 1984, p. 175. 이에 반해 로스는 임신중절을 3종류로 구분한다. 하나는 단순히 태아와 산모의 생물학적 의존관계를 단절하는 태아의 분리로서의 임신중절이요, 다른 하나는 태아의 죽음으로서의 임신중절이요, 나머지 하나는 태아 분리와 태아 죽음이 함께 이루어지는 임신중절이다. 그러나 세 번째의 임신중절은 결국 두 번째와 동일하기 때문에 둘로 구분하는 것이 더 적절하다. S. L. Ross, "Abortion and the Death of the Fetus", *Philosophy & Public Affairs*, vol. 11, 1982, p. 232.

할 수 있는가라는 의문이다. 이와 더불어 임신중절 된 태아가 체외에서 생존 가능할 경우, 그 태아를 돌볼 의무가 있느냐의 윤리적 물음도 제기된다. 이에 대한 답은 크게 두 부류로 나누어진다. 하나는 부모 책임을 들어 산모는 태아의 죽음을 바랄 수 있는 권리를 지닌다는 극단적 페미니스트들의 입장이요, 다른 하나는 산모는 태아를 죽일 권리를 지니지 않는다는 온건한 자유주의 입장이다. 페미니즘과 관련한 구체적인 논의는 9장에서 하기로 하고, 여기서는 의학의 발달과 연관된 또 다른 물음을 살펴보자. 즉, 지금까지 우리는 생식 보조 의술의 발달과 관련된 물음에 초점을 맞추었는데, 이와 반대로 생식을 방해하는 의술도 발달하고 있어, 이러한 의술이 임신중절의 윤리에 어떤 영향을 미치는지를 사후피임약을 중심으로 살펴보자.

사후피임약의 윤리

아이러니컬하게도 임신은 여성에게 축복의 상징이기도 한 반면에 곤경의 상징이기도 하다. 물론 생명 그 자체를 고귀하게 여기는 대부분의 일상인들에게 이 말은 좀 극단적인 표현이다. 하지만 어떤 경우 임신은 여성으로 하여금 헤어날 수 없는 비참의 상태로 몰아넣기도 하는 것이 현실이다. 예를 들어, 미성년일 때 맺는 성관계나 강간에 의한 임신이 그 단적인 예이다. 이는 크게 두 가지 요인에 기인한다. 하나는 사람들의 의식이다. 물론 많이 개선되었지만 우리 사회에서는 강간에 의한 임신이나 미혼모에 대해 색안경을 끼고 따가운 시선으로 바라보는 사람들이 여전히 많다. 다른 하나는 사회 복지제도의 미비이다. 다시 말해, 10대 소녀가 정상적으로 아이를 낳아 양육할 수 있는 제도적 장치가 마련되어 있지 않아, 임신과 출산에 따른 모든 경제적 부담과 양육 책임을 여성이 혼자 감당하는 경우가 대부분이다. 이러한 임신 및 그에 따른 양육의 부담은 임신의 원인이 되는 성관계에 큰 영향을 미쳐왔다. 즉, 임신의 부담을 이유로 우리 사회는 성관계를 절제하는 보수적인 성 윤리를 만들어 내었다. 하지만 인간에게 있어서 성은 이미 지그문트 프로이드(S. Freud)가 지적한 대로 하나의 본능이다. 특히 성인에게 있어서 성적 욕구는 어느 정도 충족되어야 건강한 생활이 가능하다고 할 정도로 기본적 필요로 자리매김하여, 개인의 성적 자기 결정권은 존중되어야 한다.

의학의 발달은 이러한 부담으로부터 우리를 해방시켜 주었다. 바로 인공피임법의 발달이다. 1960년 피임약과 자궁 내 장치가 개발되면서 이제 남성은 물론 여성도 임신과 출산으로부터 해방되어 자유롭게 성 본능을 충족시킬 수 있게 되었다. 피임약이 개발되어 상용화되었음에도 불구하고 여전히 원하지 않는 임신의 수는 부지기수로 늘어나고 있다. 원하지 않는 임신으로부터의 해방구가 다름 아닌 임신중절이다. 비록 오래된 통계이지만 우리나라는 연간 출생하는 신생아 수의 두 배에 해당하는 150만 건의 임신중절이 일어나 '낙태공화국'이라는 오명을 입고 있다.[15] 사실 임신중절은 여성의 건강에 치명적인 손상을 입힌다. 그럼에도 불구하고 여성들은 생존

내지 삶의 질을 위해 임신중절을 선택한다. 무엇보다 임신중절을 하자면 여성은 의사의 도움을 받아야 하는 불편함을 감내해야 한다. 심지어 건강보험이 적용되지도 않는다.

의학의 발달은 이로부터의 해방도 가능하게 해 주었다. 바로 '사후피임약'이다. 여기서 '사후'란 성관계 이후를 뜻한다. 일명 '응급피임약'이라 불리는 사후피임약은, 성관계 이전에 예방적인 조치로 취하는 일반적인 피임약과 달리 성관계 이후 복용하여 피임의 효과를 볼 수 있는 약이다. 프랑스 제약 회사 HRA파마(HRA Pharma)가 개발한 '노레보정'이나 'RU-486'이 대표적인 사후피임약이다. 유럽과 미국 등 대부분의 나라에서 통용되고 있으며, 우리나라에서도 2001년 11월 식약청이 허가하여 2002년 1월 21일부터 시판되었다. 전문가의 소견에 따르면 노레보정은 성관계 후 72시간 이내에 두 차례 복용하면 임신을 피할 수 있다고 한다. 이렇게 되면 불필요한 임신중절을 줄일 수 있다. 프랑스에서는 이미 사후피임약이 보편화되어, 골칫거리인 10대 소녀의 임신 문제의 해결을 위해 일선 고등학교 보건교사에게 사후피임약을 사용할 수 있는 권한을 부여하고 있다. 국내 설문조사에 따르면 대학생의 80% 이상이 '원하지 않는 임신 방지와 낙태 최소화'를 위해 사후피임약 시판에 찬성하고 있다고 한다.[16]

일반적으로 정자와 난자가 만나 수정란을 형성하고, 수정란

....

15   김철중, "낙태/ '뱃속 살인' 年150만 건", 『조선일보』, 2001.4.30.

16   김상기, "서울 대학생 80% '사후 피임약' 시판찬성", 『데일리메디』, 2001.10.12. (https://www.dailymedi.com/news/news_view.php?wr_id=618736).

이 여성의 자궁에 착상하여 태아로 발달해서 한 인간이 출생하게 된다. 이 생물학적 과정에서 알 수 있듯이, 출산에 이르게 하지 않는 길은 여러 가지가 가능하다. 첫째로, 정자와 난자의 만남 자체를 방지하는 일이다. 콘돔을 비롯한 대부분의 고전적인 피임법은 이에 속한다. 둘째는 수정란이 여성의 자궁에 착상하는 것을 방해하는 일이다. 사후피임약은 바로 수정란의 자궁 착상을 방해하는 약이다. 셋째는 자궁에 착상된 태아가 정상적으로 발달하지 못하도록 하는 방해하는 방법이다. 자연유산이나 임신중절이 그 대표적인 방법이다. 우리의 상식 도덕에 따르면 피임은 허용되고, 유아 살해는 금지되며, 임신중절은 그 중간에 위치하여 윤리학적으로 논쟁거리이다. 반면에 첫 번째 고전적인 피임법에 대해서는 자연의 질서 내지 자연법에 어긋난다는 이유로 반대하는 극단적 보수주의자를 제외하고는 대부분의 일상인들은 거리낌 없이 이를 받아들인다. 한편 사후피임약은 '피임약'이기 때문에 윤리적으로 아무런 문제가 없어 보인다. 그런데 왜 윤리적으로 문제가 되는가? 일단 수정 순간부터 도덕적 지위를 지닌다는 강경 보수주의 입장에 따르면 수정란이 여성의 자궁에 착상하는 것을 방해하는 '피임'도 실상은 피임이 아니라 임신중절에 해당한다는 결론을 얻게 된다. 하지만 필자가 앞에서 주장한 수정된 보수주의, 즉 신보수주의 입장에서는 아직 착상되지 않았기 때문에 이러한 사후피임약은 말 그대로 피임에 해당하여 안정성을 제외하고는 특별한 도덕적 문제를 야기하지 않는다.

사후피임약이 윤리학적으로 문제가 되는 이유는 일부 사후피임약은 그 기능이 다르다는 데 있다. 즉, 우리에게는 모두 사후피임약으로 알려져 있지만, 일부 사후피임약은 앞의 셋째 원리를 이용하고 있다. 다시 말해, 일부 사후피임약은 이미 여성의 자궁에 착상된 배아가 발달하지 못하도록 방해한다. 예를 들어, RU-486은 임신을 지속시키는 데 필수적인 호르몬인 프로게스테론을 고갈시켜 태반이 저절로 축출되게 하는 원리를 이용해 배아의 발달을 방해하여 출산에 이르지 않게 한다. 그럼에도 RU-486은 현재 프랑스와 미국 등 일부 국가에서 의약품 승인을 받아 시판되고 있다. 이렇게 되면 무엇이 피임이고, 무엇이 임신중절인지 그 개념이 모호해진다.

이러한 피임약은 임신중절을 옹호하는 자유주의 입장에서는 아무런 문제가 없지만 강경한 보수주의는 물론이거니와 필자와 같은 온건한 보수주의에서도 도덕적으로 문제가 된다. 왜냐하면 이는 의학적으로 보면 이미 고유한 유전자를 지녀 여성의 자궁에서 발달하고 있는 태아를 죽게 만드는 약으로 임신중절 시술과 하등의 차이가 없기 때문이다. 엄밀히 말해 이는 의술의 차이에 불과한 것으로 피임이 아니라 또 하나의 임신중절이다. 그래서 임신중절 반대자들은 이러한 피임약이 '피임'이란 용어를 사용하여 '임신중절' 논쟁에서 배제되고자 하는 속임수를 쓰고 있다고 비난한다. 인간 생명의 출발점을 수정 순간으로 보든지 아니면 현재 생명과학자들이 주장하듯이 수정 14일경 후 원시선이 출현하는 착상으로 보든지 상관없이 RU-486과 같은 피임약은 임신의 예방이 아니라 태아를 죽게 만드는 '낙태약'이다.[17] 그렇기 때문에 이는 임신중절과 동일한 맥락에서 윤리적으로 평가되어야 한다.

성 윤리 문란이냐 여성 해방이냐

앞서 말한, 수정란의 착상을 방해하는 두 번째의 사후피임은 자유주의 입장이나 온건한 보수주의 입장에 따르면 그 자체로는 도덕적으로 문제가 되지 않는다. 하지만 공리주의와 같은 결과주의 윤리설의 입장에서 보면 우리는 그 결과 내지 사회에 미치는 영향마저 고려해야 한다. 현재 사후피임약에 대한 일부의 반대 목소리는 크게 두 가지이다. 하나는 안전성 물음이요, 다른 하나는 성 윤리의 문란이다.

사후피임약은 안전한가? 미국 FDA나 한국 식약청의 시판 허용 결정은 사후피임약의 안전성을 공식적으로 인정한 것이지만 피임 효과가 100% 보장되었다는 뜻은 아니다. 또 이 약의 무분별한 사용은 여성 건강에 치명적인 손상을 입힐 수 있다. 그렇다고 약의 효과성이나 오남용을 문제 삼아 사후피임약이 허용되어서는 안 된다는 주장은 설득력이 약하다. 왜냐하면 이런 문제점은 비단 사후피임약뿐만 아니라 수면제를 비롯한 모든 의약품도 해당하기 때문이다.

다른 한편으로 사후피임약 시판에 앞선 설문조사에서 대한의사협회, 대한산부인과학회, 한국기독교총연합회, 한국천주교서울대

....

17 2024년 5월 미국 루이지애나주 제프 랜드리 주지사는 여성의 건강을 이유로 착상된 태아가 자궁에서 떨어져 나가게 하는 '미페프리스톤'(mifepristone)과 '미소프로스톨'(miso-prostol) 등 임신중절 약 2종을 위험물질로 규정하는 법안에 서명해 입법 절차를 마무리했다. 이로 인해 2024년 미국 대통령 선거에서 임신중절이 핵심 이슈로 떠오르게 되었다. 염현주, "美 루이지애나 주, 낙태약 2종 위험물질로 규정 대선 앞두고 '낙태금지법' 뜨거운 이슈로 떠올라", 『바이오타임즈』, 2024.5.27. (https://www.biotimes.co.kr/news/articleView.html?idxno=15374).

교구청, 한국소비자단체협의회, 여성가족부 등 6곳은 안전성 물음보다는 무절제한 성 문화를 조장할 우려가 있고, 생명 경시 풍조를 부추긴다며 반대 의견을 냈다. 하지만 정말로 사후피임약이 성 윤리 문란을 야기하는가? 물론 사후피임약의 존재로 남녀 모두 임신의 부담으로부터 자유로울 수 있기 때문에 성관계를 가볍게 간주할 개연성은 분명 높아진다. 이는 이미 피임약의 보급으로 인해 사실로 입증된 물음이다.

그러나 우리는 여기서 거꾸로 물을 수 있다. 그러면 사후피임약 금지가 성 윤리 문란을 방지해 주는가? '사후피임약 보급은 성 윤리 문란을 야기한다.'라는 명제가 참이라 해도, 사후피임약 금지가 곧 성 윤리 문란을 예방한다는 결론은 나오지 않는다. 이를 논리학에서는 '후건긍정의 오류'라고 말한다. 왜냐하면 무절제한 성 문화가 범람하게 된 주된 이유는 피임이 아니라 성에 대한 의식의 변화에 기인하며, 이는 인본주의 문화의 한 특징이기 때문이다. 거의 모든 드라마, 영화, 소설, 연극, 만화 등이 성을 주제로 다루고 있지 않는가? 이러한 대중매체의 영향으로 오늘날 성 윤리가 바뀌고 있음을 우리는 부인할 수 없다. 그렇다고 이런 모든 대중문화를 법적으로 규제해야 한다고 주장하는 전체주의자는 없지 않은가? 실제로 피임약이 성 윤리 파괴의 원인이 아니라 거꾸로 성 윤리 파괴가 피임약의 개발을 가져왔다고 보는 것이 타당할 것이다. 사후피임약 역시 예외가 아니다. 이미 성 윤리는 땅에 떨어진 지 오래되지 않았는가? 성이 해방되자 더 안전한 성관계를 위해 사후피임약이 개발되었다고 보는 것이 타당하다. 따라서 성 윤리 문란을 이유로 사후피임약에 반대하는 논리는 주객이 전도되었다고 말할 수 있다.

사후피임약에 대해서는 우려의 목소리에 못지않게 환영하는 목소리도 크다. 사후피임약은 의사의 도움을 받지 않고 여성 스스로 임신의 지속 여부를 결정할 수 있게 되었다는 점에서 여성의 신체적 자율권 신장임에 분명하다. 이러한 관점에서 페미니즘 옹호자들은 임신과 양육으로부터 여성을 해방시켜 준다고 사후피임약을 적극 환영한다. 현실적으로 사후피임약이 이러한 기능을 감당한다는 사실에 대해 이의를 제기할 사람은 아무도 없을 것이다. 사후피임약은 임신중절에 비해 '더 적은 악'의 선택으로 우리는 생각할 수 있다. 그러나 이 당연한 생각에 대해 의문을 품는 것이 철학이다. 정말로 사후피임약은 여성 해방의 도구가 될 수 있는가? 다음 두 경우를 생각해 보자.

(사회 1) 임신중절과 사후피임약이 윤리적으로 또 법적으로 허용되지 않는다. 여성 A는 자발적인 성관계로 임신하였다. 그래서 A는 자녀를 출산하였다.

(사회 2) 임신중절과 사후피임약이 윤리적으로 또 법적으로 허용된다. 여성 B는 자발적인 성관계로 임신하였다. 그래서 B는 자녀를 출산하였다.

논의의 편의를 위해 여기에 두 여성 모두 미혼이고, 남자는 자녀 출산에 대해 반대하였지만 출산하였다고 가정하자. 이 경우 여성 A와 여성 B의 양육 책임 내지 양육비 부담은 어떻게 되는가? 윤리학은 그 논거 내지 이유를 묻는다. A의 경우 사회의 법과 도덕으로 인해 자녀를 출산하지 않을 수 없기에, 임신의 공동 원인 제공자인 남성에게 양육비 부담을 의무화하는 논거가 강력하다고 말할 수 있다. 성인이라면 의도적인 원인 제공에 대해서 도덕적 책임을 감당하는 것이 우리의 상식 도덕이기 때문이다. 그러나 B의 경우 사정이 조금 다르다. 일반적으로 도덕적 책임은 의도성, 원인 제공 그리고 회피가능성 조건이 충족될 때 성립된다. 그런데 A와 달리 B는 출산을 충분히 회피할 수 있었음에도 불구하고 자녀를 낳았다. 다시 말해, B의 경우 남성은 출산을 충분히 회피할 수 있는데, 여성의 자발적 선택으로 인해 자녀가 태어났다. 이렇게 되면 B의 자녀 출산은 오로지 여성 자신의 자발적 선택이게 되어 남성에게 도덕적 책임을 부담시키기가 어려워진다. 달리 말해, 법적으로 또 윤리적으로 사후피임약과 임신중절이 허용되는 상황에서 여성의 출산 결정은 곧 자기가 그에 따른 경제적 부담과 양육 책임을 지겠다는 자발적인 선택으로 충분히 간주될 수 있다.

한 걸음 더 나아가 임신중절은 물론이거니와 사후피임약이든 사전피임약이든, 모든 피임약은 여성 건강에 나쁜 영향을 미친다는 사실을 받아들일 경우 이제 이러한 생식 방해 의술은 여성에게 더 큰 짐을 지우는 셈이 된다. 성의 자유를 위해 여성은 이제 엄청난 신체적 희생과 도덕적 책임을 감내하지 않을 수 없게 되었다. 이러한 피임법은 여성 해방이 아니라, 의술이란 미명 아래 여성을 억압하는 새로운 기제인지도 모른다. 이러한 자발적 선택은 남성에 대해서 뿐만 사회의 제도나 법률 등 정책 결정에도 영향을 줄 수 있다.

일반적으로 자유 민주주의 국가는 개인의 가치관 내지 세계관에 대해서는 간섭하지 않는 것을 원칙으로 한다. 물론 법은 도덕과 다르기 때문에 (사회 2)에서도 법으로 남성에게 양육비 부담을 의무화하는 법률을 제정하여 시행할 수 있다. 하지만 출산이 개인의 자발적 선택 문제로 귀결되면 그만큼 제도나 법률의 제정이 어려워진다.

지금까지 우리는 임신중절 물음을 태아의 도덕적 지위 내지는 태아와 산모의 권리 갈등 물음으로 이해하고 철학적으로 논의하여 왔다. 하지만 이러한 논의에는 서로 밀접하게 연관되어 있는 중요한 두 요소가 빠져 있다. 그것은 바로 임신중절이 일어나는 맥락(context)과 관련된 요소로 여성 자신과 사회이다. 여성이 임신중절과 관련된 직접적 맥락이라면, 사회는 간접적 맥락이라고 말할 수 있다. 동일한 사회 내에서도 임신한 여성 개인 내지 가족 관계에 따라 그 맥락은 판이하게 달라질 수 있다. 임신과 양육이 실제로 일어나고 있는 공동체 내지 사회가 임신중절의 윤리에 어떠한 실천적 함의를 갖는지에 대해서는 맺는말에서 논의하기로 하고, 이어지는 다음 장에서는 여성 자신과 관련된 물음을 '페미니즘과 임신중절'이라는 주제로 다루고자 한다.

9장

페미니즘

지금까지 논의를 통해 알 수 있듯이, 임신중절을 옹호하는 길은 두 가지이다. 하나는 태아를 아예 인간 존재로 인정하지 않는 길이요, 다른 하나는 태아를 인간 존재로 인정하면서도 무고하지 않은 존재로 여기는 길이다. 예를 들어, 워런은 8개월 된 태아가 인간이 아닌 것은 물고기가 인간이 아닌 것과 같다고 하면서, 태아를 하나의 세포 덩어리로 간주한다.[1] 하지만 이러한 논변은 앞서 지적했듯이 특정 세계관을 전제하지 않을 경우 그 입증이 불가능하다. 그리고 두 번째 길 역시 '무고성' 개념을 아주 광의로 해석하여, 산모의 복지를 조금이라도 위협한다면 태아는 무고한 존재가 아니라고 주

....

1   M. A. Warren, "On the Moral and Legal Status of Abortion", *The Monist*, vol. 57, no. 1, 1973, p. 151.

장할 수 있지만, 이러한 주장은 건전한 상식과 어긋난다. 또 일상적인 임신의 경우 태아는 산모의 생명이나 건강에 중대한 위협을 가한다고 보기 어려워 정당방위에 근거한 임신중절 옹호 논변은 제한적일 수밖에 없다.

핵심은 생명이 아니라 성이다

그래서 페미니스트 대부분은 제3의 길을 모색한다. 즉, 페미니스트들은 태아를 무고한 인간 존재로 전제하면서도 여성의 권리에 우선성을 부여하여 임신중절을 옹호한다. 여성이 갖는 대표적인 권리가 신체적 자율권이기 때문에, 이러한 논쟁은 태아의 생명권과 산모의 신체적 자율권 갈등 논의로 일컬어지고 있다.[2] 일종의 '권리

....

2   보니 스타인벅은 태아와 산모 사이에는 아무런 갈등이 존재하지 않는다는 근거에서 임신중절을 옹호하고 있다. 그녀는 임신 중 산모의 행위가 미래 아기에게 해악을 입힐 수 있음을 인정하면서도, 이러한 이해관계는 어디까지나 미래 아기가 가지는 이해관계이지 태아 자체가 지니는 이해관계는 아니라고 주장한다. 즉, 임신중절의 도덕성 논쟁은 산모와 태아의 갈등이 아니라, 산모와 미래 아기의 갈등이라는 데 근거하여, 산모는 태아에게 해를 입히지 않을 조건부적 의무를 지니지만, 임신중절을 하지 말아야 할 도덕적 의무는 없다고 주장한다. 하지만 이 주장이 타당하려면, 태아와 미래 아기 사이에 자아동일성이 성립되지 않는다는 전제가 추가되어야 한다. 태아의 존재론적 지위와 연관된 자아동일성 물음은 그 답이 쉽지 않은 철학적 난제 가운데 하나이다. 그러나 태아는 정상적으로 발달할 경우 미래 인간이 됨이 분명하기에, 태아와 미래 아기 사이에는 도덕적으로 고려할 만한 의미 있는 자아동일성이 성립한다고 볼 수 있다. 이런 가정하에서 보면 태아는 산모와 똑같은 이해관계를 지니기에, 임신중절은 산모와 태아 갈등의 전형적인 사례임이 분명하다. B. Steinbock, "Mother-fetus Conflict", H. Kuhse & P. Singer, eds., *A Companion to Bioethics*(Oxford, UK: Blackwell Publishers, 1998), pp. 135-138 참조.

담론'이다. 필자 역시 이러한 논리에 따라 임신중절의 도덕성 물음을 논의하여 왔다.

하지만 권리 담론에서 임신중절에 관한 물음을 논의하게 되면, 선택옹호론의 자유주의는 한계를 지닐 수밖에 없다. 왜냐하면 일상적인 경우 생명권이 자율권에 도덕적으로 우선하여 생명옹호론인 보수주의가 우위를 점령하게 되기 때문이다. 그래서 일부 학자들은 임신중절의 도덕성 물음을 권리 논쟁으로 보는 것 자체에 반대한다. 이미 지적했듯이, 권리 논쟁은 임신중절 물음을 생명권과 신체적 자율권의 상충으로 해석하고, 그 저변에서 생명권의 주체인 태아와 자율권의 주체인 여성을 대결적 구도로 몰아가는데, 이는 '사실'이 아니기 때문이다. 더 노골적으로 말하면 권리 담론은 임신중절 선택권을 요구하는 여성들을 '나쁜 이기주의자'로 몰아가려는 '도덕적 비아냥거림' 내지 '도덕적 조소'가 담겨 있다. 하지만 임신중절을 하는 여성도, 임신중절을 하지 않는 여성도 모두 태아를 존중한다. "태아는 어머니와 마주하고 있는 권리 대결자가 아니다. 태아와 어머니는 연결되어 있으며 그 누구보다도 상호의존적인 존재이다."3

뿐만 아니라 권리 담론 자체가 이미 그 속에 도덕적 결론이 내포된 가치담지적인 논의이다. 왜냐하면 특수한 예외를 제외하고는 그 어떤 권리보다 죽임을 당하지 않을 '생명권'이 도덕적으로 우선하기 때문이다. 한 마디로, 권리 담론은 '남성 이데올로기'로 편향되

....

3   이혜정, 「도덕 이론과 임신중절」, 『철학』, vol. 78, 2004, p. 315.

어 있어, '또 다른 목소리'로 임신중절에 관한 물음을 바라볼 필요가 있다. 그것은 바로 여성의 목소리, '여성 윤리'이다. 권리 담론은 성, 임신, 출산, 양육 등의 "여성의 복잡다단한 경험과 고민을 담기에 역부족이다."[4] 권리 담론에서와 마찬가지로 '또 다른 목소리' 내에서도 '또 다른 목소리'가 존재한다. 아마 그 이유는 여성 자체가 하나의 목소리가 아니라 여러 목소리의 다발이기 때문이다. 다시 말해, 여성의 어떤 목소리를 붙잡느냐에 따라, 여성주의는 서로 다른 형태를 띠게 되고, 그에 따라 임신중절을 바라보는 시각도 달라질 수밖에 없다. 여성의 '또 다른 목소리'는 크게 보면 '여성적 윤리'(feminine ethics)와 '여성주의 윤리'(feminist ethics)로 구분된다. 이 둘을 로즈마리 통(R. P. Tong)은 다음과 같이 구분한다.[5]

"여성적"(feminine)은 현재 여성 특유의 목소리에 대한 촉구를 가리키며 흔히 양육, 보살핌, 동정심 그리고 의사소통의 그물망을 포함하는 보살핌의 윤리 옹호를 지칭한다. "여성주의"(feminist)는 자유주의자이건 급진주의자이건 혹은 다른 입장을 갖고 있건 간에, 가부장적 지배에 반대하고, 동등한 권리와 희소한 자원의 정당하고 공정한 분배를 옹호하는 이론들을 지칭한다.

그러니까 여성적 윤리는 남성과 다른 여성 특유의 보살핌 내지

....

4   김미영, 「낙태논쟁의 권리 프레임에 대한 공동체주의적 여성주의의 비판」, 『한국여성학』, 제27권 4호, 2011, p. 4.
5   이혜정, 「도덕 이론과 임신중절」, p. 301.

관계에 초점을 두고 있다는 점에서 '여성 윤리(female ethics)'라면, 후자의 여성주의 윤리는 남성과 동등한 여성 평등권에 초점을 두고 있다는 점에서 '성평등 윤리(gender ethics)'라고 말할 수 있다. 필자가 여기서 말하는 '또 다른 목소리'는 이 둘을 모두 포괄하는 개념으로 '여성 윤리'라고 부를 수 있다. 그렇다고 여성 윤리가 태아의 도덕적 지위 물음이나 권리 담론과 무관하다는 뜻은 아니다. 여성 윤리 접근법은 이 두 논쟁이 임신의 특수성을 온전하게 고려하지 못한다는 문제의식을 갖고, 여성 중심 관점에서 임신중절에 관한 물음을 천착한다. 실제로 이혜정은 이러한 '여성 윤리' 이론으로 자율성 이론, 평등 이론뿐만 아니라 보살핌의 윤리도 강조하고 있다.[6] 하지만 오늘날 임신중절 논의에서는 평등 이론을 정의의 차원으로 발전시켜 재생산적 정의(reproductive justice)가 강조되고 있다. 이 네 입장을 간단하게 정리하면 다음과 같다.

 a. 자율성 이론: 몸의 자기 소유권을 바탕으로 신체적 자율권, 프라이버시권, 생식의 자유 등을 이유로 임신중절을 여성의 선택권으로 옹호한다.
 b. 평등 이론: 여성이 남성과 평등하게 대우받자면 생식의 자율권을 가져야 하며, 여기에는 임신을 중단할 권리마저 포함된다.
 c. 재생산적 정의: 재생산, 즉 임신과 출산, 그리고 양육의 부담은 남성과 여성에게 평등하게 분배될 때 정의가 실현된다.

....
6   *ibid.*, pp. 300-314.

d. 보살핌의 윤리: 남성이 정의 중심의 윤리를 갖는 반면에 여성은 보살핌 중심의 윤리를 가지는데, 여성은 태아와의 상호의존성, 책임, 보살핌의 차원에서 임신중절 여부를 결정할 수 있다.

여성 윤리 관점에서 임신중절 물음을 논의하자면 이 네 입장 모두를 고찰해야 하지만, 여기서는 필자의 입장에 대해 반대편에 서서 임신중절을 옹호하는 페미니즘 이론에 초점을 맞춰 비판적으로 논의하고자 한다. 한마디로 페미니스트들은 임신중절이라는 도덕 문제의 핵심은 태아가 아니라 여자라는 사실을 강조하면서, 여성에 초점을 맞추어 임신중절을 옹호한다. 이제까지의 권리 담론은 태아의 생명권과 산모의 신체적 자율권을 동등한 입장에서 임신중절에 관한 물음을 하나의 도덕적 딜레마로 간주하여 왔다면, 페미니즘은 여성의 경험, 생각, 행동, 관계 등에 우선성을 두고 두 권리의 갈등을 해결해야 한다고 주장한다. 따라서 이들은 임신중절 문제를 개인 상호 간의 문제로 다루지 않고 산모의 입장에서 주로 다룬다. 설사 개인 상호 간의 문제로 다루어도, 이들은 언제나 여성의 복지나 자율권에 우선성을 둔다. 그래서 페미니스트 관점에서 여자의 '무엇'에 초점을 맞추느냐에 따라 그 입장은 다양하게 전개될 수밖에 없다. 여성이 갖는 권리는 다양하지만 가장 손쉽게 생각나는 권리는 성적 자기 결정권, 즉 성의 자유이다.

이런 관점에서 엘런 윌리스(E. Willis)는 "임신중절 논쟁에서 핵심은 생명이 아니라 성(sex)이다."라고 주장한다.[7] 즉, 임신중절에 대한 도덕적 불일치의 근원은 성관계에 대한 근본적으로 다른 두 입장에서 발생하였는데, 페미니스트들은 여성의 성관계 자율성을 내세워 임신중절을 옹호한다. 전통적인 입장에 따르면, 성관계와 생식 작용은 신의 섭리에 의해 지배받는 자연의 한 부분으로 간주된다. 이러한 맥락에서 성관계란 쾌락이 뒤따르지만, 성의 일차적인 목적은 아이를 낳는 생물학적 기능이다. 그리고 자연은 신의 섭리하에 놓여 있으므로 출산을 제한하거나 임신중절을 하는 것은 자연의 질서에 반하는 행위가 되어 결국 죄악이 되고 만다. 반면에 이와 대립되는 입장에 따르면, 신의 섭리는 자연을 통해서 표현되는 것이 아니라, 인간의 생명 내에서 자비를 베푸는 행위로 간주되며, 이 행위로 인하여 인간은 자기 자신과 그 주변 환경에 대해 더 큰 책임감을 느끼게 된다. 따라서 성관계란 생물학적 의미 이상의 것이다. 즉, 성관계란 수많은 의미와 목적을 지닌 인간의 실존적 현실이다. 예를 들어, 인구 과잉 시대에는 가족계획에 따른 산아 제한은 죄로 간주되기보다는 오히려 부모의 책임 있는 행위로 간주된다.

페미니스트들은 이 후자의 입장을 견지하면서, 적어도 임신이 성관계를 통해서만 가능하기 때문에, 임신중절의 도덕적 불허용은 곧 성관계의 절제를 함축하며, 이는 여성에게 있어서 지나친 희생의 강요라고 주장한다. 태아가 신성불가침하다는 이유로, 완벽한 피임법, 즉 절제에 의거하지 않고서는 여성은 끊임없이 신체의 독립성과 자율성이 훼손 받게 된다. 남성과 달리 여자는 절제해야만 자

....

7   E. Willis, "Abortion: Is a Women a Person", J. A. Kourany et al., eds., *Feminist Philos-ophers*(New Jersey: Prentice Hall, 1992), p. 85.

신의 자유를 누릴 수 있는데, 이 절제가 여성에게 지나친 희생으로 불평등한 차별이라는 것이다. 왜냐하면 남성과 마찬가지로 여성에게 있어서도 성관계는 하나의 기본적인 필요이기 때문이다. 성관계는 기본적인 필요로서 충족되어야 하는 것으로, 이는 전적으로 여성의 자율에 속하는 것이지 임신중절 금지에 의해 제한받을 수 있는 성질이 아니라는 것이 페미니스트들의 주장이다.

도덕적 칭찬을 받겠지만

그러나 다른 세계관에 근거한 이러한 페미니즘의 입장은 단순히 철학적 분석만으로 해결될 수 없는 복잡하고도 어려운 문제이다. 즉, 이는 성의 역사, 성의 사회적 기능, 성 윤리 등이 복합적으로 관련되어 있는 물음이다. 또 방법론상으로 페미니스트는 성에 관한 입장 차이에서 임신중절의 도덕성 물음으로 나아가지만, 다른 한편으로는 임신중절의 도덕성 물음에서 성 윤리로 나아가는 방법론도 가능하다. 다시 말해, 임신중절이 도덕적으로 허용 불가능하다면, 성에 대해 보수주의 입장을 취할 수 있고, 도덕적으로 허용 가능하다면 자유주의적 입장을 취할 수 있을 것이다. 어떤 행동이 다른 사람에게 피해를 끼치는 것이라면 우리는 자신의 몸이라 할지라도 원하는 대로 할 수는 없기 때문이다.[8] 어느 방법이 합당한가라는 물음

....

8   J. English, "Abortion and the Concept of a Person", 1975, 김일순·N. 포션, 『의료윤리:

역시 중요한 철학적 문제이나, 이는 이 책의 논의 영역을 넘어선다.

성적 자율권의 물음은 뒤에서 또 논의하기로 하고, 여기서는 태아의 생명권을 전제하면서도 신체적 자율권에 우선성을 두어 임신 중절을 옹호하는 대표적인 철학자 톰슨의 논증을 살펴보자. '바이올리니스트 논변'으로 알려진 그녀의 주장을 인용해 보자.[9]

어느 날 잠자리에서 일어난 나는 무의식 상태에 빠진 유명한 바이올리니스트의 옆자리에 누워 있는 자신을 발견한다. 이 음악가는 치명적인 신장염을 앓고 있으며, 음악 애호가 협회가 사방으로 조사를 한 결과 오직 나의 혈액형만이 그를 소생시킬 수 있다는 사실을 발견하여 나를 간밤에 납치했다. 그리고 그들은 나도 모르는 사이에 그의 신장에 있는 독소를 제거하기 위하여 그의 혈관과 나의 혈관을 연결시켜 놓았던 것이다. 이제 병원장이 나에게 말한다. "음악 애호가 협회가 이런 일을 한 데 대해 죄송스럽게 생각합니다. … 이제 이런 일은 벌어졌으며 바이올리니스트는 당신과 연결되어 있습니다. 그 연결을 끊어 버리면 당신은 그를 죽이는 것입니다. 너무 걱정하지 마십시오. 9개월만 지나면 그는 회복될 것이며, 그때는 안전하게 그를 당신으로부터 떼어낼 수 있습니다."

만약 당신이 이 사례의 주인공이라면 어떤 결정을 내릴 것인

....

삶과 죽음, 그 영원한 숙제』(서울: 연세대학교출판부, 1982), p. 152.
9   J. J. Thomson, "A Defence of Abortion", *Philosophy & Public Affairs*, vol. 1, no. 1, 1971, p. 109.

가? 물론 이 물음에 대한 답은 개인에 따라 다를 것이다. 하지만 한 가지 분명한 사실은 당신이 계속 혈관 연결 호스를 유지하여 바이올리니스트를 살린다면 이는 '의무 이상'의 행위로 도덕적 칭찬을 받겠지만, 반대로 그 호스를 끊어 버리기로 결정해도 이를 도덕적으로 비난할 사람은 아무도 없다는 점이다. 우리들의 이러한 상식적 직관은 무엇을 의미하는가? 이는 생명권이란 생존을 위해 다른 사람에게 그 무엇을 요구할 수 있는 적극적 권리가 아니라, 이유 없이 죽임을 당하지 않을 소극적 권리임을 말해준다. 예를 들어, 누군가가 생존을 위해 나의 신장을 절대적으로 필요로 한다고 해서, 그 사람이 나에게 신장을 요구할 도덕적 권리가 없으며, 나 역시 그가 아무리 생명권을 지니고 있다고 해도 그에게 나의 신장을 떼어 주어야 할 도덕적 의무를 지니지 않는다. 이러한 논리에서 톰슨은 태아가 설사 생명권을 지닌다 해도, 산모의 육체를 적극 사용할 권리를 지니지 않기에, 산모는 태아의 생존에 필요한 임신을 지속할 도덕적 의무를 지니지 않는다고 주장한다.[10] 산모로 하여금 임신을 지속하여 출산하라고 요구하는 것은 산모에게 '선한 사마리아인'이 되라고 강요하는 것이나 다름없다. 따라서 임신중절 금지는 선한 사마리아인이 되어야 할 도덕적 의무는 없다는 윤리 원칙과 어긋난다.[11]

    이러한 주장에 대해, 바이올리니스트 사례는 임신의 상황과 다

....

10   *ibid.*, p. 118.
11   D. H. Regan, "Rewriting Roe v. Wade", *Michigan Law Review*, vol. 77, 1979, p. 1569.

르다는, 즉 톰슨의 논변은 유비추론의 오류를 범하고 있다는 반론을 생명옹호론자들은 전개할 수 있다. 그러니까 톰슨은 사례의 주인공 '나'가 산모이고, '바이올리니스트'를 태아로 상정하고 있는데, 대부분의 임신은 이러한 경우에 해당하지 않는다. 왜냐하면 위 사례에서 '나'는 자신의 의사와 무관하게 강제로 병상에 누워 바이올리니스트와 혈관 호스로 연결되어 있지만, 대부분의 임신은 산모의 자발적인 성관계의 결과이기 있기 때문이다. 간단히 말해, 위 사례는 오직 강간에 의한 임신의 경우에만 해당하는데, 이는 생명옹호론자들조차도 상황의 특수성을 들어 임신중절 금지 규칙에 대한 예외로 인정하고 있다.[12] 강간의 경우로 한정해도 이 비유는 여전히 문제가 있다. 바이올리니스트 사례에서 '나'는 병상에 누워 있지만, 산모는 일상생활을 큰 불편 없이 다닐 수 있을 정도로 자유롭다. 뿐만 아니라 '나'와 바이올리니스트는 아무런 관계가 없는 남이지만, 임신의 경우 산모와 태아는 남이 아니다. 둘은 어머니와 자녀의 관계에 있다. 관계 윤리의 중요성을 언급하지 않아도, 특수한 관계는 특수한 윤리적 의무를 낳을 수 있다.

하지만 톰슨의 이 비유에서 우리는 중요한 도덕적 고려사항 하나를 만나게 된다. 바로 임신 상황의 특수성이다. 태아의 생명권을

....

12 물론 생명옹호론자 가운데는 강간이나 근친상간, 혹은 유전적 질병이 예상되는 경우에도 태아의 생명권에 도덕적 우선성을 두어 임신중절에 반대하는 극단적 보수주의자도 있다. 하지만 여기서 생명옹호론자는 앞서 말한 경우들을 '임신중절 금지 규칙'(no-abortion rule)에 대한 예외로 인정하는 온건 보수주의를 지칭한다. R .P. Tong, *Feminist Approach to Bioethics: Theoretical Reflection and Practical Application*(Colorado: Westviewpress, 1997), pp. 126-127 참조.

받아들이면, 설사 강간으로 인한 임신이라도 임신중절은 윤리적으로 정당화되기 어렵다. 태아는 자신의 생명을 빼앗길 만한 그 어떤 도덕적 잘못을 행한 적이 없는, 무고한 인간 존재이기 때문이다. 그럼에도 생명옹호론자들이 강간을 예외로 하여 임신중절을 인정하는 것은 곧 임신을 하게 된 상황을 중요한 도덕적 고려사항으로 간주한다는 주장이나 다름없다. 그 의미가 약간 다르긴 하지만, 이러한 측면은 유전적 질병이나 중대한 장애가 예상되는 경우 임신중절이 허용된다는 상식적인 도덕적 직관에서도 발견된다. 아무리 유전적 질병이나 중대 장애를 지녀도 유아 살해는 도덕적으로 그르다. 하지만 태아에 대해서는 장애의 현실태가 아니라 장애의 잠재태만으로도 임신중절이 허용될 수 있다고 우리는 생각한다. 이러한 직관은 무엇을 말해주는가? 여기에는 두 가지 명제가 전제되어 있다. 하나는 임신을 하게 된 상황의 특수성을 도덕적 고려사항으로 인정한다는 것이고, 다른 하나는 태아는 도덕적 지위 측면에 있어서 유아와 다른 존재로 간주한다는 것이다. 생명옹호론자들조차도 인정하는 이러한 두 가지 예외 사항에서 우리는 임신중절 논의의 새로운 차원을 만나게 된다. 그것은 바로 단순히 태아의 생명권만으로 임신중절에 관한 물음을 해결할 수 없고, 임신 상황에 대한 도덕적 고려가 필요하다는 점이다.

이로써 임신중절에 관한 페미니스트 분석의 길이 열리게 된다.[13] 물론 "임신중절과 페미니즘은 필연적으로 연관되어 있는 것은

....

13 박은정은 임신중절 문제에 대한 여성주의적 시각을 넷으로 구분한다. 1) 여성의 프라이

아니다."[14] 하지만 임신중절은 여성의 몸에서 일어난다는 생물학적 사실로 인해, 그리고 임신은 여성의 인생에 중대한 영향을 미친다는 사회적 사실 때문에 많은 페미니스트들이 임신중절에 관한 물음을 페미니즘의 관점에서 다루고 있다.

그러면 페미니즘 관점의 특성은 무엇인가? 통은 『생명윤리에 관한 페미니스트 접근법』(Feminist Approach to Bioethics)에서 임신중절에 관한 비페미니스트 접근법은 "태아의 도덕적 지위는 무엇인가?" 및 "태아가 임신의 어느 순간에 인격적 존재가 되는 경우, 태아의 생명권과 여성의 신체적 온전성 권리 가운데 어느 권리가 우선하는가?"라는 두 가지 물음에서 출발하는 반면에, 페미니스트 접근법은 임신중절 논쟁의 핵심은 태아가 성인과 도덕적으로 동등한 도덕적 지위를 지니는가의 물음이 아니라고 하면서 임신중절 논의는 수정란이 여성의 자궁 내에서 유아로 발달한다는 사실에서 출발해야 한다고 역설하고 있다.[15] 즉, 페미니스트 접근법은 태아가 아니

....

버시권과 신체의 완전성, 행복 추구권으로 접근하여 낙태를 용이하게 하는 입장, 2) 프라이버시를 기초로 하여 낙태권을 옹호하는 것은 남성이 여성에게 임신을 시키고 다시 은밀하게 낙태를 강요하는 상황을 만든다고 주장하며 프라이버시권 대신 다시 평등의 해방 철학으로 접근해야 한다는 입장, 3) 낙태를 용이하게 하는 것만이 여성에게 도움이 되는 것은 아니고 사회가 양육자로서 여성의 능력에 가치를 두도록 하기 위한 접근이 필요하다는 입장, 4) 실제로 여성들은 그들의 인간관계에 미치는 영향을 중심으로 낙태 문제를 생각하므로 이 관계적 맥락에서 합당한 논거점을 찾아야 한다는 입장 등이다. 박은정, 『생명공학 시대의 법과 윤리』(서울: 이화여자대학교출판부, 2000), pp. 504-508 참조. 정확하게 일치하지는 않지만, 이 책은 마지막 네 번째 논변에 초점을 맞추어 두 번째와 세 번째의 관점에서 비판하고 있다.

14   A. M. Jaggar, "Abortion Rights and Gender Justice Worldwide: An Essay in Political Philosophy", M. Tooley et al., eds., *Abortion: Three Perspectives*(New York, NY: Oxford University Press, 2009), p. 172.

라 산모에 초점을 맞추고 있다고 하겠다. 한 예로, 데이비스는 "임신중절 논쟁은 그 정점이 태아가 인간인가라는 물음에 있다고 보는 역 피라미드 구조로 이해하는 것은 잘못이다. 오히려 겉으로 드러나는 임신중절 문제는, 여성의 성관계, 출산, 가족 구조, 삶의 의미 등과 관련된 복잡한 문제가 그 아래 거대하게 잠겨 있는, 빙산의 꼭대기로 이해하는 것이 낫다."라고 주장한다.[16]

사실 임신의 상황은 특수하다. 임신의 특수성은 크게 세 가지로 요약할 수 있다. 첫째는 성관계의 결과로 임신이 발생한다는 사실이요, 둘째는 태아의 생존이 산모에게 의존하고 있다는 사실이요, 마지막 셋째는 임신을 유지하면 여성은 '어머니'가 되어 출생한 아이를 양육해야 할 도덕적 책임을 진다는 사실이다. 실제로 페미니스트들은 이 세 가지 사실에 주목하여 여성의 신체적 자율권이 우선한다고 주장한다.

임신은 성관계의 결과임에 분명하다. 그 결과 임신에 대한 통제권을 여성이 행사하지 못할 경우, 여성의 성생활 자유는 상당한 제약을 받을 수밖에 없다. 실제로 여성 억압의 역사를 보면, 남성들은 임신과 양육을 여성에게 일방적으로 부담시키는 방법을 통해 여성의 성을 억압해 왔음을 우리는 부인할 수 없다. 성적 욕구가 인간의 본능이며 기본적 필요라는 점을 감안한다면, 이러한 성의 억압은 분명 남녀평등의 이념에 위배되는 부당한 처사이다. 하지만 성 해

....

15   R. P. Tong, *Feminist Approach to Bioethics*, pp. 125-128 참조.
16   N. A. Davis, "The Abortion Debate: The Search for Common Ground, Part 1", *Ethics*, vol. 103, 1993, p. 527.

방에 근거한 이러한 임신중절 옹호 논변은 두 가지 반론에 부딪힌다. 하나는 이론적 반론으로 자유는 다른 사람의 권리나 자유를 침해하지 않는 범위 내에서만 가능한 조건부적 권리라는 윤리 원칙이다. 즉, 아무리 성의 자유가 여성의 기본권이라 하더라도, 그 기본권은 태아의 생명권마저 빼앗을 수 있는 절대적 권리가 아니다. '해악 금지 원칙'에 따라, 다른 사람에게 해악을 끼칠 경우, 신체적 자율권은 제약받는다. 다른 하나는 실천적 반론으로 피임법의 발달로 임신의 결과를 야기하지 않는 성생활이 가능하게 되었다는 점이다. 물론 완벽한 피임법은 존재하지 않지만 큰 부담 없이 피임이 가능하기에, 우리는 임신에 이르지 않고도 얼마든지 성의 자유를 누릴 수 있다. 즉, 임신중절이 허용되지 않아도, 여성은 남성과 동등하게 성의 자유를 기본권으로 향유할 수 있다.

성 해방에 근거한 임신중절 옹호 논변은 그 설득력을 유지하기 어려우므로, 많은 페미니스트는 태아의 생존이 산모에 의존한다는 사실, 즉 태아와 산모의 존재론적 의존 관계에 초점을 맞추어 임신중절을 옹호한다. 산모는 태아의 담지자임에 분명하다. 당연한 얘기지만 산모는 값으로 매길 수 없는 소중한 꽃을 담고 있는 항아리가 아니다. 오히려 태아는 산모 없이 생존할 수 있는 독립된 실재가 아니라 여성 신체의 한 부분이다.[17] 적어도 체외생존가능성을 지니기

....

17 로라 퍼디는 이러한 사실에 근거하여 태아는 도덕적 인격체가 아니라면서 '임신'(pregnancy)과 '부모됨'(parenthood)을 구분한다. L. M. Purdy, "Are Pregnant Women Fetal Containers?", H. Kuhse & P. Singer, eds., *A Compapnion to Bioethics*(Oxford: Blackwell Publishers Ltd., 2001), pp. 71-74 참조. 하지만 이 글은 "태아는 무고한 인간 존재이다."를 전제한 논의이기에 이러한 주장에 관한 논의는 생략하고자 한다.

이전의 태아는 산모의 신체 내에 생존하며, 산모의 신체를 통해서만 새 생명으로 태어날 수 있다. 그렇다고 보면, 산모와 태아는 논리적으로는 분명 분리 가능하지만, 실제에 있어서는 하나의 단일체로 결합되어 있다고 하겠다. 이 독특한 결합 내지 의존 관계는 어떤 윤리적 함의를 지니는가?

여성 해방과 미래지향적 책임

페미니즘이 일종의 '가족유사성' 개념으로, 그 형태나 주장하는 바가 아주 다양하지만 하나의 이름으로 불리는 이유는 여성의 억압을 온전하게 이해하면서 그 억압을 제거하는 데 공통된 관심을 갖고 있기 때문이다.[18] 즉, 페미니즘은 여성이 지금까지 억압받아 왔으며 또 지금도 억압받고 있고, 이 억압은 도덕적으로 잘못되었기에 이 억압으로부터의 해방을 그 목적으로 한다. 그러면 여성이 남성으로부터 억압받는 근본적인 원인은 어디에 있는가? 이 물음에 대한 대답에 따라, 페미니즘은 다양한 '얼굴'을 띠게 된다.[19] 다양한 얼굴 가운데 임신과 출산 및 양육을 여성 억압의 근본 원인으로 보는 페미니즘은 급진적 페미니즘이다.[20] 즉, "급진적 여성해방론자들

....

18 J. Crosthwaite, "Gender and Bioethics", H. Kuhse & P. Singer, eds., *A Compapnion to Bioethics*(Oxford: Blackwell Publishers Ltd., 2001), p. 32.

19 페미니즘의 다양한 얼굴에 대해서는 A. M. Jaggar, *Feminist Politics and Human Nature*, 1983, 공미혜·이한옥 옮김, 『여성해방론과 인간본성』(서울: 이론과실천, 1999)과 R. P. Tong, *Feminist Thought*, 1998을 참조하라.

에 의하면 여성 억압은 여성의 출산과 성행위에 대한 남성의 통제에 근거해 있다."[21] 예를 들어, 슐라미스 파이어스톤(S. Firestone)은 『성의 변증법』에서 "생물학적 가족(biological family)에는 힘의 불평등한 분배(unequal power distribution)가 내재해 있다."라고 하면서 가부장제, 즉 체계적인 여성의 예속이 남녀의 생물학적 불평등에 뿌리박고 있다고 주장한다.[22] "여성만이 임신을 하고 출산을 한다." 라는 남녀의 생물학적 차이는 누구나 인정한다. 보수주의자들은 이러한 자연 제약을 운명으로 받아들이라고 주장하지만, 급진주의자들은 이를 극복해야만 여성 해방이 가능하다고 주장한다. 그 대안이 바로 인공자궁 등 생식보조 의술의 개발이다.

하지만 인공자궁은 개발되지 않아 아직 여성이 사용할 수 있는 무기가 되지 못한다. 그렇다면 임신과 출산의 억압으로부터 여성을 어떻게 해방시킬 수 있는가? 그 방법 중 하나가 임신중절이다. 즉, 여성이 자신의 생식을 통제할 수 있는 충분한 능력이 없는 한, 여성의 다른 자유는 실질적으로는 행사할 수 없는 조롱거리(mockeries)에 지나지 않을 것이다.[23] 그러니까 임신중절에 대한 도덕적 비난은

....

20 통에 따르면, 급진적 페미니즘은 여성의 생물학적 불평등을 여성 억압의 근본 원인으로 본다는 공통점을 지니지만, 여성 해방의 구체적 방법에 있어서는 상반되는 두 입장으로 나뉜다. 즉, 일부 학자들은 재생산 능력이 여성 힘의 근원이기에 이를 활용해야 한다고 주장하는 반면에, 다른 학자들은 반대로 현재의 재생산 방식에서 벗어나 인공적인 재생산 양식을 추구해야 한다고 주장한다. 전자를 문화적인 급진적 페미니즘이라 하고, 후자를 자유의지론적인 급진적 페미니즘이라 한다. R. P. Tong, *Feminist Thought*, 1998, p. 135. 여기서 페미니즘은 특별한 언급이 없는 한 후자를 지칭한다.

21 A. M. Jaggar, *Feminist Politics and Human Nature*, p. 306.

22 S. Firestone, *The Dialectic of Sex*, p. 19.

23 L. Cisler, "Unfinished Business: Birth Control and Women's Liberation", R. Morgan,

결국 여성을 억압하기 위한 남성 이데올로기의 산물이기에, 임신중절 선택권을 여성이 갖지 않으면 여성은 생물학적 불평등의 노예가 될 수밖에 없다고 페미니스트들은 주장한다. 이런 입장에서 밀턴 피스크(M. Fisk)는 "여성이 이러한 남성적 제도로부터 출산 과정의 통제권을 획득하지 못하면, 여성은 사실상 해방할 기회를 얻을 수 없을 것이다."라고 하면서, 임신중절 권리를 옹호한다.[24] 특히 사회 구조적으로 여성이 가부장제 이데올로기로 억압받는 사회에서 임신의 이러한 특수 상황을 무시하고, 태아의 생명권을 대전제로 삼아 연역적으로 임신중절은 무조건 부당하다는 주장은 여성 억압을 더 심화시킬 따름이다. 즉, 태아의 생명권을 전제로 한 연역주의 논변은 도덕적으로 중립적인 논리가 아니라, 이미 그 자체 내에 윤리학적 함의를 지닌 도덕적 주장이다. 그래서 페미니스트들은 억압받는 여성의 일반적인 사회적, 정치적 환경을 고려하지 않은 그 어떤 임신중절 논쟁도 유효하지 않다고 역설한다.[25]

태아와 산모의 존재론적 의존 관계는 출산 후 양육 책임에 대해서도 중대한 윤리적 함의를 지닌다. 임신은 하나의 존재 양상이 아니라, 서로 다른 세 가지 행위—성관계, 태아 돌봄, 아이 양육—와 연관되어 있다. 남성의 경우 이 세 가지가 논리적으로 분리될 뿐만

....

ed., *Sisterhood is Powerful: An Anthology of Writings from the Women's Liberation Movement*(New York: Vintage Books, 1970), p. 246 참조.

24 M. Fisk, *The State and Justice*(Cambridge: Cambridge University Press, 1989), p. 280.

25 K. Lebacqz, "Feminism", *Encyclopedia of Bioethics*, vol. 2(New York: Simon & Schuster Macmilan, 1995), p. 812.

아니라 실천적으로도 독립되어 있지만, 여성의 경우 이 세 가지는 비록 논리적으로는 분리 가능하지만 실천적으로는 하나로 묶여 있는, 실천적 필연성에 가깝다. 이제까지 우리는 성관계와 태아 돌봄의 차원을 페미니즘의 관점에서 논의해 왔다. 특히 페미니스트들은 여성 억압의 근본 원인이 '여성만이 아이를 임신한다.'라는 남녀의 생물학적 불평등에 있기에 여성이 임신중절 선택권을 가져야 남녀 평등 이념을 구현할 수 있다고 주장한다.

이제 임신과 연관된 마지막 연결고리로서 미래 아기와 여성의 관계를 양육 책임에 초점을 맞추어 페미니즘의 입장에서 논의할 시점에 이르렀다. 임신은 생물학적으로 새 생명을 낳고, 그 결과 산모는 어머니가 된다. 남성 중심의 가부장제 사회는 이를 '축복' 내지 '운명'으로 받아들일 것을 여성에게 강요해 왔다. 하지만 페미니스트들은 이를 단순한 생물학적 사실로만 받아들이지 않고 사회학적 사실로 여긴다.[26] 즉, 임신을 하는 것과 어머니가 된다는 것은 한 인간으로서 여자의 삶에 영원히 되돌릴 수 없는 변화를 가져다주기 때문이다. 임신은 단순히 여자에게 한 때의 불편이 아니라, 점점 산모로 하여금 어머니가 되어 가게 하고 일평생 어머니로 살도록 강요한다.[27] 원하지 않은 임신은 산모에게 신체적, 심리적, 정서적, 경제적으로 아주 중대한 영향을 미치며, 출생 후에 아이를 입양시킨다고 해서 '어머니임'이 사라지는 것이 아니다. 그리고 입양은 결코

....

26   N. A. Davis, "The Abortion Debate: The Search for Common Ground, Part 1", p. 531.
27   H. Tribe, *Abortion: The Clash of Absolutes*(New York: Norton, 1992), pp. 104-109.

'인간적인' 해결책이 아니다. 왜냐하면 입양은 그 어머니에게 말할 수 없는 아픔과 죄책감을 일평생 가져다주기 때문이다. 실제로 원하지 않은 임신의 경우 산모는 단순한 임신의 중단이 아니라 자신을 어머니로 부르는 아이의 출생을 바라지 않는다. 이 관계를 운명이 아닌 여성의 자율적 선택에 맡겨야 한다고 페미니스트들은 주장한다.

태아의 살 권리와 여성의 선택권이 상충한다는 주장은, 전자의 권리 충족이 후자가 계속 임신을 수행할 수 있는 조건에서만 가능하다는 엄연한 생물학적 사실과 논리적으로 부합되지 않는다. 이는 산모와 태아의 비대칭적 관계 탓이다. 즉, 태아를 위해서는 산모가 반드시 생존해야 하지만, 그 역은 성립되지 않는다. 이러한 임신 상황의 독특성은 인간 생활의 어떤 다른 측면에서도 발견되지 않는다. 그래서 재닛 패럴 스미스(J. F. Smith)는 태아의 권리는 산모의 양육 의무를 요구하는 반면에 태아는 여성에 대해 어떤 의무도 갖지 않기 때문에, 산모는 태아를 양육할 책임이 없다고 주장한다.[28] 결국 여자의 출산 선택권은 자유권에 속하나, 태아의 생명권은 기본적으로 특정인에게 보호와 양육의 의무를 요구하는 복지권이다. 임신의 특수성으로 인해 태아의 복지는 임신을 계속할 것인지를 결정짓는 여성의 자유를 전제해야만 의미를 갖는다. 원하지 않는 임신을 계속하라는 강요는, 의식적·무의식적으로, 여성 자신의 건강을

....

28   J. F. Smith, "Right-conflict, Pregnancy and Abortion", C. Gould, ed., *Beyond Domination*(Totowa, NJ: Roman and Allanheld, 1984), 한국여성개발원 옮김, 『지배로부터의 자유』(서울: 한국여성개발원, 1987), p. 271.

해치고 결국에는 태아에게 심각한 영향을 미친다. 산모가 태아의 행복을 진정으로 염려하고 있는 것은 사실이지만, 여성 자신의 자유를 포기한 채 양육 의무에 승복해야 하는 것은 아니다. 단순히 낳기만 하는 것이 여자가 이행해야 할 책임이 아니라, 인간답게 살아갈 수 있는 아이로 기를 수 있는지를 심사숙고한 후에 출산 여부를 결정할 의무가 여성에게 있다는 것이다.[29]

매켄지는 책임 개념에 관한 두 가지 혼동을 구분한 후, 부모 책임의 관점에서 이러한 페미니즘 입장을 옹호한다.[30] 하나는 인과적 책임(causal responsibility)과 도덕적 책임(moral responsibility)의 구분이다. 인과적 책임이란 자기 행동의 직·간접적인 인과적 결과에 책임을 지는 것을 말한다. 물론 임신은 남자와 여자의 성관계가 원인이 되어 일어난 결과이기에, 여성은 태아 존재에 대해 인과적 책임을 면할 수 없다. 반면에 도덕적 책임은 자율적인 행위자가 자신이 의도적으로 한 행위의 결과를 책임지는 것을 말한다. 이 둘을 명시적으로 구분하지는 않지만, 보수주의자는 임신의 경우 그 결과로

....

29 이러한 입장은 스미스의 다음 인용문에 잘 나타나 있다. "여성은 임신, 출산, 양육의 연속되는 과정을 끝까지 수행할 수 있는지의 여부, 그렇지 않다면 그 과정을 중단시켜야 할지의 여부를 고려할 의무가 있다. 여성은 또 하나의 인간을 세상에 내놓는다는 것의 도덕적 심각성을 충분히 인식해야 한다. 그런데 임신한 여성만이 (당사자로서) 자기 주변적 요인과 자신의 정서적, 심리적, 물리적 능력이 자녀를 아무 탈 없이 출산할 수 있는지의 여부를 평가할 수 있다. 따라서 임신중절 결정권은 성인이나 국가보다는 산모 자신에게 속해야 할 것이다. 나는 임신한 여성의 이와 같은 '숙고'의 의무가 임신 수행의 의무보다 앞선다고 주장한다. 왜냐하면 태아의 생명 유지를 위한 필수조건이 양육과 보호를 고려한 '숙고'이므로, 임신한 여성이 이 선택권을 가질 때 비로소 책임감을 갖고 '숙고'의 의무를 다할 것이다." ibid., p. 273.

30 C. Mackenzie, "Abortion and Embodiment", Australian Journal of Philosophy, vol. 70, 1992, pp. 137-142.

도덕적 지위를 지닌 존재가 발생하기 때문에 여자의 인과적 책임은 필연적으로 태아의 존재 유지에 대한 도덕적 책임을 함축한다고 주장한다. 그러면 인과적 책임은 정말로 도덕적 책임을 함의하는가? 이 둘은 논리적 필연 관계가 아니다. 즉, 인과적 책임으로부터 도덕적 책임이 논리적으로 귀결되는 것은 아니다. 실제로 인과적 책임이란 물리적 혹은 생물학적 인과관계에 그 토대를 두고 있어, 인과적 책임은 존재하지만 도덕적 책임을 물을 수 없는 몇몇 경우가 있다. 예를 들어, 무지나 강요에 의한 행위에 대해 우리는 도덕적 책임을 묻지 않는다. 톰슨은 '인간 씨앗 비유'를 들어, 이것이 임신의 경우에도 적용된다고 주장한다.[31]

> 사람이 될 수 있는 씨앗이 꽃가루처럼 공중을 날아다녀, 내가 창문을 열면 그중에 어떤 씨앗이 들어와서 양탄자나 실내 장식에 자리를 잡는다고 하자. 그런데 나는 아이를 원하지 않으므로 가느다란 그물 천으로—내가 살 수 있는 가장 촘촘한 그물 천으로—창문을 막았다. 그러나 모든 일에 흔히 있을 수 있듯이, 그 그물 천에 흠이 있어서 어느 씨앗이 들어와서 착상했다. 그러면 이렇게 들어온 "인간-식물"(인간 씨앗)은 나의 집을 사용할 권리를 지니는가?

이 경우 그물 천을 제대로 관리하지 못한 인과적 책임이 나에게 있지만, 나는 그 '인간 씨앗'이 자라도록 나의 집을 허락할 도덕

....

31   J. J. Thomson, "A Defence of Abortion", p. 121.

적 책임은 없다는 게 톰슨의 논지이다. 하지만 이 비유는 잘못된 유비추론의 오류를 범하고 있다. 왜냐하면 이는 피임 실패로 인한 임신에는 적용되나, 일상적인 임신에는 적용되기 어렵기 때문이다. 일상적인 임신의 경우 산모의 자발성으로 인해 인과적 책임이 도덕적 책임을 낳기에 충분할 정도로 강하다. 더군다나 그 행위가 인간 생명을 죽이는 결과를 야기한다면, 인과적 책임은 도덕적 책임을 함축한다고 볼 수 있다. 그럼에도 '원하지 않음'을 이유로 페미니스트들이 임신 지속의 도덕적 책임을 부인하게 되면, 이러한 논리는 남성으로 하여금 도덕적 책임을 회피할 수 있는 변명거리를 제공하게 된다. 그러니까 임신은 남자와 여자의 '합작품'임에도, 남성이 자신은 단지 성관계만을 원했지, 임신이나 아이를 원한 것이 아니라고 하면서 도덕적 책임을 회피할 때, 무슨 근거로 남성에게 태아나 아이에 대한 도덕적 책임을 요구할 수 있는가? 물론 예외는 존재하지만 인과적 책임은 대개 도덕적 책임을 함축한다. 이를 받아들이면서, 임신중절을 옹호할 수 있는 또 다른 종류의 도덕적 책임 개념을 페미니즘은 필요로 한다.

이런 비판적 논의에서 얻어진 새로운 구분이 결정 책임(decision responsibility)과 부모 책임(parental responsibility)의 구분이다. 결정 책임은 인과적 책임이 전제된 다음 태아를 낳을 것인가 아니면 임신중절을 할 것인가를 결정하는 책임을 뜻하는 반면, 부모 책임은 태아를 낳겠다고 결정할 경우 뒤따르는 양육 책임을 말한다. 그러니까 부모 책임에는 태아 유지의 책임, 태아에게 필요한 돌봄과 영양분을 제공할 책임, 그리고 미래 아이에 대한 양육 책임 모두

가 포함되어 있다. 게다가 부모 책임은 단순히 종의 보존이라는 생물학적 의미를 넘어서, 한 아이가 온전한 인격체로 자라도록 그 책임을 다하는 도덕적, 인격적 의미도 고려되어야 한다.[32] 물론 이 두 책임은 밀접하게 연관되어 있지만, 개념적으로 뿐만 아니라 실천적으로 분리할 수 있다.

그러면 결정 책임과 부모 책임의 구분은 임신중절에 관한 물음에 대해 어떤 도덕적 함의를 지니는가? 자발적 성관계의 결과인 경우, 남자와 여자는 임신에 대해 공동으로 인과적 책임과 도덕적 책임이 있음이 분명하다. 하지만 남성의 경우 적어도 임신에 대해 인과적 책임과 도덕적 책임이 생물학적으로 분리되어 있다. 즉, 남성은 임신 자체를 아예 경험하지 못할 뿐만 아니라 임신의 도덕적 책임을 지지 않는다. 한 걸음 더 나아가 여성과 달리 남자는 결정 책임과 양육 책임도 분리 수용이 가능하다. 실제로 결정 책임을 받아들이면서도 양육 책임을 회피하는 남자를 우리는 현실에서 만나게 된다. 물론 여성도 때로 결정 책임을 받아들이면서도 부모 책임을 회피하는 경우가 있다. 하지만 여성은 신체적 의존 관계로 인해 어머니와 자식이라는 심리적 유대감이 이미 형성되어 설사 아이를 입양시켜 양육하지 않는 경우에도 '심리적 어머니임'으로부터 자유롭지 못하다.

책임에 관한 남자와 여자의 이러한 근본적인 차이는 두 가지 중

....

32   S. L. Ross, "Abortion and the Death of the Fetus", *Philosophy & Public Affairs*, vol. 11, 1982, pp. 239-240.

요한 시사점을 준다. 하나는 임신은 여성 몸에서 일어나는 단순한 자연적인 사건이 아니라는 점이다. 물론 임신은 성관계의 생물학적 결과이고, 또 그 생물학적 과정은 여성의 통제를 벗어나 있음이 분명하다. 하지만 여성은 자신의 몸을 매개로 도덕적 책임을 떠안으면서 태아와 신체적 관계를 만들어 간다. 한 걸음 더 나아가 이 관계는 임신의 종료와 끝나는 것이 아니라, 출산 후에는 부모 자식이라는 새 관계로 발전하게 된다. 이런 관점에서 보면 임신은 자연적이고 수동적인 과정이 아니라, 여성이 새로운 신체적, 도덕적 관계를 형성해 가는 능동적이고 적극적인 과정이다. 이로부터 얻어지는 다른 하나는 임신중절의 결정권은 여성이 가져야 한다는 점이다. 그러면 인과적 책임을 깨닫고 부모 책임을 떠맡고자 하는 남성은 임신중절에 대해 아무런 발언권을 갖지 못하는가? 물론 남성도 유전적 측면에 있어서는 여성과 동등한 지위를 지닌다. 하지만 재거는 이 물음에 대해 자신의 아이를 갖고 싶어 하는 한 개인으로서의 남성이 아니라, 임신이 일반적으로 남성이 경험할 수 없는 방식으로 여성에게 영향을 끼친다는 사실과, 가부장제 문화에서 어머니임은 아버지임에 비해 일반적으로 그 부담이 훨씬 더 무겁다는 사실에 주목해야 한다고 답한다.[33] 즉, 여성이 임신중절에 대해 그 누구보다도 우선적인 선택권을 지닌다고 페미니스트들은 주장한다.

페미니스트들은 이러한 분석을 통해 인과적 책임으로부터 부모

....

33 A. M. Jaggar, "Abortion and a Woman's Right to Decide", *Philosophical Forum*, vol. 5, no. 1-2, 1973-74, p. 353. 여기서는 R. P. Tong, *Feminist Approach to Bioethics*, p. 145 에서 재인용.

책임이 논리적으로 귀결되지 않기에, 여성이 임신과 출산의 사회적·문화적 의미뿐만 아니라, 자기 자신의 주관적 관계마저 고려하여 부모 책임의 수용 여부를 결정하는 것은 너무나 당연한 일이라고 본다. 산모와 태아의 미래 관계에 초점을 맞추어 부모 책임이 주어져야 하기에, 여성이 자기 자신의 인생 계획이나 가치관을 고려하여 임신 여부를 결정한다고 해서 우리는 이를 도덕적으로 비난할 수 없다. 한마디로 말해, 페미니스트들은 적어도 부모 책임에 대해 과거지향적인 책임 개념이 아니라, 미래 아기의 인격적 양육이라는 미래지향적인 책임 개념을 염두에 두고, 임신중절 권리를 옹호하고 있다. 물론 여기에는 여성의 가치관이나 인생 계획도 포함된다.

신체적 자율권

임신은 여성의 몸에서 진행된다. 그것도 몸에서 일어나는 다른 현상과 달리, 임신의 경험은 도덕적으로 아주 독특하다. 즉, 임신은 단순한 생물학적 현상이 아니라, 태아와의 정서적 유대감을 형성하게 하고, 출산 후에는 부모-자녀 관계를 만들어 산모에게 부모 책임을 지우는 사회적 과정이다. 따라서 임신중절의 도덕성은 첫째, 여성의 자율적인 의사결정, 둘째, 임신, 태아, 출산의 도덕적 의미, 그리고 마지막으로 임신한 여성의 신체적, 심리적, 영적, 경제적 제반 상황과 가족 관계 등을 모두 고려해서 결정해야지 여성의 입장을 추상화한 채 논의될 수 없다고 페미니스트들은 주장한다.[34] 이러한 접근법을 매켄지는 '신체 성찰적 관점'(reflective bodily perspective)이라 부른다.[35] 이런 관점을 취하게 되면 태아의 이중성과 산모 경험의 이중성이 드러나게 된다. 즉, 태아는 유전적으로 분명 산모와 독립적인 실체이나, 여성 몸과 독립해서는 아무런 권리도 주장할 수 없는 여성 몸의 한 부분이다. 그리고 태아에 대해서 여성 자신도 자아와 타자의 신체적 구분을 찾기 어려워 때로는 타자로, 또 때로는 자아의 일부로 경험하게 된다. 태아는 여성에게 자아이면서 동시에 타자이다. 태아는 지금은 산모와 분리 불가능한 존재이나, 언젠가는 독립적인 자아동일성을 지닌 타자가 된다.[36]

이런 이중성으로 인해 여성의 신체 성찰적 관점에서 보면 태아는 이중적인 도덕적 지위를 지니게 된다. 여성 몸에 의존하고, 그리고 여성 자아의 한 부분으로 경험된다는 면에서 태아는 여성에 비해 그 도덕적 지위가 열등하다고밖에 말할 수 없다. 다른 한편으로 임신의 지속과 더불어 발달하게 되면, 태아는 여성 몸에 존재론적으로 의존하는 것에서 벗어나 독립된 실체가 될 뿐만 아니라, 여성 자신도 태아를 자아의 일부가 아닌 타자로 경험하기에 여성과 동등한 도덕적 지위를 지니게 된다. 이제까지 생명옹호론자들은 후자의

....

34 E. Porter, *Feminist Perspectives on Ethics*(New York: Pearson Education Inc., 1999), p. 133.

35 C. Mackenzie, "Abortion and Embodiment", p. 147.

36 매켄지는 태아가 발달함에 따라 세 가지 변화가 일어난다고 주장한다. 첫째는 물리적 변화로, 태아는 점점 물리적으로 여성과 구별된 존재가 되어 간다. 둘째는 정신적 변화로, 여성은 정신적으로 태아를 자아 일부가 아니라 점점 타자로 경험하게 된다. 셋째는 정서적 변화로, 산모는 태아에 대해 정서적인 유대감을 더 강하게 형성하게 된다. *ibid.*, pp. 148-149 참조.

지위에 초점을 맞추어 태아의 생명권이 우선한다고 주장하고, 선택 옹호론자들은 전자의 지위에 맞추어 산모의 신체적 자율권이 우선한다고 주장하여 왔다.

이러한 이분법에 대해 페미니스트들은 여성의 신체 성찰적 관점에서 이 두 지위를 통합해야 한다고 주장한다. 그러니까 여성의 신체적 자율성은 단순히 신체적 독립성 권리로 이해될 수 없고, 오히려 여자 스스로 통합된 신체적 관점을 형성할 수 있는 자기 결정의 권리로 이해되어야 한다. 이때 여성 스스로 임신의 사회적·문화적 의미, 자신의 개인적·사회적 배경, 삶의 방식, 인생 계획 등을 고려하여 태아에 대한 부모 책임을 떠맡을지 여부를 결정하는 것은 자율적인 도덕 행위자의 자연스러운 활동이라고 할 수 있다. 즉, 여성은 자신이 경험하는 신체적 변화에 적극적으로 반응하고, 나아가 태아에 대한 미래의 도덕적 관계를 스스로 설정해 나갈 자유를 지닌다. 태아는 단순히 여성 몸에 일정 기간 머무는 자가 아니다. 태아는 여성의 미래 자아를 송두리째 바꾸어 놓는다. 즉, 태아는 산모를 여자가 아니라 어머니로 살도록 그 존재 방식을 혁명적으로 바꾸어 놓는다. 이런 관점에서 보면 임신중절은 이미 독립적으로 존재하는 한 인간 존재를 살해하는 문제가 아니라, 오히려 자신과 밀접한 관계를 맺어 책임을 져야 하는 미래 아이가 존재하지 않기를 선택하는 문제라고 할 수 있다.[37] 따라서 임신중절과 관련된 여성의 신체적 자율성 권리는 여성의 미래에 대한 자아 결정권이라고 말할 수

....

37   S. L. Ross, "Abortion and the Death of the Fetus", pp. 232-245 참조.

있다.

실제로 체외수정을 비롯한 생식보조 의술의 발달은 이를 더욱 선명하게 보여준다. 냉동 배아 은행이 발달하면 배아는 여성의 자궁 없이도 생존할 수 있는 독립 기간이 상당히 길어질 수 있고, 또 자궁 세척을 통해 배아를 한 여자의 자궁으로부터 떼 내어 직접 다른 여자의 자궁이나 인공자궁에 착상시키는 의술이 발달하면 배아 입양이 가능해 진다. 이렇게 되면, 태아는 그 존재를 생물학적 산모의 자궁에 반드시 의존할 필요가 없게 된다. 즉, 인공자궁이 개발되고 배아 입양이 가능해 지면, 자궁으로부터의 태아 제거가 곧 태아 죽음을 야기하지 않을 것이다. 그래서 미래에는 '태아의 제거로서 임신중절'과 '태아의 죽음으로서 임신중절'로 구분해서 우리는 그 도덕성을 논해야 할 것이다.[38]

그러면 여성은 이 후자의 권리도 지니는가? 태아 제거만으로도 일상적 의미의 신체적 자율권은 충족된다. 하지만 "당신이나 태아에게 아무런 해악을 주지 않고 당신 자궁에서 태아를 끄집어 내어 다른 곳에서 9개월 동안 살게 하다가 그 아이를 당신 집으로 데려갈 수 있습니다."라는 말을 들으면, 임신중절을 원하는 산모는 대부분 이에 동의하지 않을 것이다. 이는 무엇을 말해주는가? 이는 여성이 실질적으로 바라는 바는 단순한 태아의 제거가 아니라 태아의 죽음

....

38   C. Overall, *Ethics and Human Reproduction*, pp. 68-69; N. A. Davis, "The Abortion Debate: The Search for Common Ground, Part 2", p. 755. 이에 반해 로스는 이 둘을 합한 태아 분리와 태아 죽음이 동시에 일어나는 임심중절을 하나 더 추가하여 셋으로 분류한다. 이에 관해서는 p. 323 각주 14를 참조하라.

임을 말해준다. 실제로 강간으로 임신한 여성은 단지 태아의 제거에 만족하지 않고 태아의 죽음을 바란다. 그러니까 여성이 진정으로 바라는 바는 태아의 제거를 통한 신체적 자율권 확보가 아니라 태아의 죽음을 통한 자신의 미래 운명 결정권이라고 말할 수 있다.

오버랄은 그 이유를 네 가지로 설명한다.[39] 첫째, 생물학적 어머니의 바람과는 반대로 태아를 살아 있도록 하는 것은 여성이 갖는 생식의 자유를 침해하는 일이다. 출생한 아이를 양육하는 사회적 의무로부터 생물학적 어머니를 구하는 일도 쉬운 일이 아니지만 그래도 가능하다. 하지만 생물학적 어머니가 태아 및 아이와 맺고 있는 정서적 유대감과 유전적 관계마저 단절시키는 일은 거의 불가능하다. 사회적 연결고리뿐만 아니라 유전적 연결고리를 끊을 자유를 여성은 지니는데, 태아의 죽음 외에 그 어떤 것도 이를 만족시킬 수 없다. 둘째, 산모의 의지에 반하여 태아를 살리는 것은 여성이 장기나 혈액, 혹은 생식세포를 자신의 의사에 반하여 기증하도록 강요하는 것과 같다. 그러니까 환자가 장기 제거를 선택하면서도 그 장기를 다른 목적에 이용하는 것에 동의하지 않을 권리를 지니듯이, 산모도 태아의 제거를 선택하면서 그 태아의 생존을 바라지 않을 권리를 지닌다. 즉, 산모의 의지에 반하여 태아를 살리려고 여성의 몸을 간섭하는 것은, 환자의 동의 없이 강제적으로 장기를 척출하는 것과 다를 바 없다.

....

39   C. Overall, *Human Reproduction: Principes, Practices, Politics*, pp. 67-77. 여기서는 R. P. Tong, *Feminist Approach to Bioethics*, pp. 131-132 재인용.

셋째, 그 신체적 관계로 인하여, 산모는 태아에 대해 결정할 수 있는 가장 적합한, 그리고 아마도 유일한 대리결정권자이다. 아직 태어나지 않은 태아에 대해서 이는 전적으로 타당할 뿐만 아니라, 임신중절 시술 후에도 살아 있는 태아에 대해서도 부분적으로 타당하다. 한마디로 말해, 태아에게 무엇이 최선인지를 결정할 권한은 산모에게 있다. 넷째, 생물학적 어머니로부터 태아 처분의 결정 권한을 의도적으로 빼앗는 것은 여성으로부터 생식을 인수하고자 하는 또 하나의 가부장적 이데올로기의 음모이다. 그러니까 태아 처분의 결정권을 여성에게서 빼앗는 것은 여성의 몸을 생식 기계로 간주하여, 여성을 생식으로부터 철저히 소외시키는 일이다.

물론 오버랄의 이러한 네 가지 논변이 모두 정당하다고 말하기는 어렵다. 예를 들어, 세 번째 논변은 반직관적이라는 비판을 받는다. 왜냐하면 아이를 원하지 않는다면, 그 산모는 이미 아이의 최선의 이익을 진심으로 바라지 않는다고 믿을 만한 충분한 이유가 존재하기 때문이다. 그래서 임신중절 시술 후 살아난 아이에 대해서는, 아이의 최선의 이익이 무엇인지를 결정할 대리결정권자는 어머니가 아니라 아버지라고 일부 학자들은 비판한다.[40] 하지만 오버랄이 제기한 논변의 논점은 분명하다. 임신은 여성 몸에서 일어나고, 출산 후 아이에 대한 양육 책임도 여성에게 주어지고 있기 때문에, 여성이 지닌 생식의 자유는 태아의 죽음마저 결정할 수 있는 권한으로 확대 해석되어야 한다는 것이다. 이런 맥락에서 페미니스트들

....

40   R. P. Tong, *Feminist Approach to Bioethics*, p. 132 참조.

은 신체적 자율권을 여성 몸의 자율성 확보를 넘어서 미래 자아를 자율적으로 형성할 수 있는 권리로 받아들여야 한다고 주장한다.[41] 다시 말해, 산모의 신체적 자율성 개념 속에는 자신과 신체적, 정서적, 경제적으로 밀접한 관계를 맺는 존재, 즉 태아의 운명을 결정할 권리마저도 포함되어야 한다는 것이다.[42]

임신중절 권리와 양성평등

태아가 여성의 몸에서 자란다는 사실 하나만으로도 임신중절 논의에서 여성의 입장은 당연히 존중받아야 한다. 지금까지 논의를 통해 알 수 있듯이, 페미니스트들은 태아의 생명권에서 출발하는 하향적 접근법에 반대하여, 태아가 아니라 산모의 입장에서 임신 및 출산이 갖는 사회·문화적 의미는 물론이고 산모 자신에게 미치는 영향에 초점을 맞추어 임신중절의 윤리 물음을 논해야 한다는 상향적 접근법을 따르고 있다. 상향적 접근법을 취하면서 페미니스트들이 그 토대로 삼고 있는 바는 크게 세 가지이다. 첫째는 여성 해방의 필요성, 둘째는 미래지향적인 도덕적 책임 개념, 셋째는 미래 자아를 형성할 수 있는 권리까지 포함하는 광의의 신체적 자율권

....

41   한 걸음 더 나아가 페미니스트들은, 의학적인 이유가 아닌 임신중절에 대한 공적 보험의 적용은 제한되어야 한다는 1977년 미국 연방 대법원의 판결을 비판하면서, 여성이 임신중절을 자유롭게 행할 수 있도록 그 비용을 공적 보험에서 제공해야 한다고 주장한다. 이에 관한 자세한 논의는 *ibid.*, p. 136을 참조하라.

42   C. Mackenzie, "Abortion and Embodiment", p. 155.

개념이다. 특히 페미니스트들은 미래지향적 책임 개념과 광의의 신체적 자율권 개념을 근거로 임신중절의 권리를 옹호하기에 이를 먼저 비판적으로 검토해 보자.

페미니스트들이 주장하는 미래지향적 책임 개념과 신체적 자율권 개념을 받아들이면 갓 태어난 유아에 대해서도 죽임을 요구할 권리를 지니는가? 인격적 돌봄이 필요하고, 또 여성의 미래 자아에 중대한 영향을 미친다는 점에서 유아는 태아와 아무런 도덕적 차이가 없다. 따라서 일관성의 논리에 따르면 당연히 여성은 유아의 죽임을 요구할 권리를 지닌다는 결론이 얻어진다. 하지만 이는 일상인들의 상식적 도덕과 어긋난다. 페미니스트들이 임신중절을 옹호하면서도 유아 살해에 반대하자면, 태아와 유아는 도덕적 지위에 있어서 본질적으로 다르다고 주장해야 한다. 하지만 이러한 주장은 논의의 출발점이 되는, "태아는 무고한 인간 존재이다."라는 근본 전제와 어긋난다.

이런 비난에서 벗어나자면 페미니스트들은 '부모가 되는 것을 거부할 권리'와 '부모임을 포기할 권리'는 도덕적으로 서로 다르다고 주장해야 한다.[43] 즉, 유아 살해는 부모임을 포기하는 것으로 도덕적으로 그르지만, 태아 죽임은 부모가 되는 것을 거부하는 것으로 도덕적으로 허용될 수 있다고 페미니스트들은 주장해야 한다. 물론 피임의 허용에서 알 수 있듯이, 일상적인 의미에서 이 둘은 분명 도덕적으로 구분되고, 또 부모가 되지 않을 권리를 인정하지 않

....

43   D. I. Wikler, "Ought we to try to save aborted fetuses?", *Ethics*, vol. 90, 1979, p. 64.

으면 여성이 갖는 생식의 자유는 빈껍데기에 불과하게 된다. 하지만 도덕의 관점에서 보면 임신중절은 피임과 분명 다르고, 또 사람들 대부분도 그렇게 생각한다. 피임은 인간 생명이 될 수정란의 형성을 방해하는 반면에, 임신중절은 이미 형성된 태아를 죽이기 때문이다. 이렇게 되면 '태아 임신'이 '부모임'과 어떻게 다른가라는 물음이 제기된다. 물론 법적으로는 태아를 임신한 것과 유아의 부모라는 점은 다르나, 도덕의 관점에서 이 둘이 어떻게 다른지를 해명하기란 쉽지 않다. 태아와 유아는 도덕적 지위에 차이가 존재한다는 주장을 하지 않고서는 태아 임신과 부모임의 도덕적 차이를 우리는 설명할 수 없기 때문이다. 따라서 페미니스트들이 미래지향적 책임 개념과 광의의 신체적 자율성 개념에 근거하여 임신중절 권리를 옹호하는 전략은 결국 태아의 존재론적 지위에 관한 물음에 봉착하게 된다.

이러한 반론은 페미니스트적 접근법의 한계를 잘 보여준다. 태아가 아니라 산모에서, 그것도 여성의 임신 경험에서 임신중절 논의를 출발해야 한다는 페미니스트의 접근법 자체는 하나의 방법론으로 문제가 없다. 그러나 태아가 도덕적 지위를 지닌 인간 존재라면, 아무리 태아가 산모에게 존재론적으로 의존하고 있다고 해도 태아의 권리를 배제한 채 여성의 권리만을 일방적으로 요구할 수는 없다. 여성 자신의 행위 결과로 태아가 존재하게 되고, 그리고 그 태아가 도덕적 지위를 지닌다면, 여성의 신체적 자율성이나 도덕적 책임은 태아로 인해 제한을 받을 수밖에 없기 때문이다. 임신중절이 산모만 관련된 사적인 도덕적 물음이 아니라 태아와 산모의 관계에 관한 물음이라면, 논의의 출발점을 어디로 잡든지 간에, 우리는 이 두 당사자를 모두 고려해야 할 것이다. 페미니스트들이 태아의 권리를 무시하고자 한다면, 태아가 도덕적 지위를 지니지 않는다는 것을 보여주어야 한다. 이렇게 되면 임신중절에 관한 페미니스트 접근법 역시 그 출발 전제와 달리 태아의 존재론적 지위에 관한 물음을 회피할 수 없다. '태아는 이미 인간이면서 아직 인간이 아니다.' 태아가 갖는 이러한 존재론적 이중성으로 인해, 임신중절의 도덕성은 세계관 내지 형이상학에서 독립하여 생물학적으로 혹은 철학적으로 그 해결책을 우리는 찾을 수 없다.

우리는 이제까지 임신중절의 도덕적 허용이 여성 해방에 도움이 된다고 전제하고 논의를 전개해 왔다. 하지만 '임신중절 선택권 획득이 여성에게 진정으로 유익한가?'라고 우리는 묻지 않을 수 없다. 페미니스트들은 사회가 지금과는 다르게 재구성된다면 현재 행해지는 많은 임신중절은 불필요하게 될 것이라고 본다. 그러니까 여성이 임신과 출산, 그리고 자녀 양육의 부담으로부터 자유롭도록 사회제도가 재구성된다면, 임신중절을 원하는 여성은 아마 거의 없을 것이다. 이러한 사실은 여성이 임신중절을 원하는 근본적 원인은 제도에 있음을 말해준다. 실제로 페미니스트들은 임신중절 반대자들이 임신과 양육의 비용이 너무 비싼 현실에도 불구하고 그 부담을 오로지 여성에게 떠맡기고 있다고 비난한다. 이렇게 되면 여성 억압의 근본 원인은 임신과 출산이라는 생물학적 사실이 아니라, 이러한 남녀의 생물학적 불평등을 다루는 여성 억압적인 제도이게 된다.

롤스의 주장에 따르면 자연 자체는 도덕적으로 선도 악도 아니기에, 우리는 자연적 사실과 이를 다루는 제도를 구분해야 한다.[44] 임신과 출산은 하나의 자연적 사실로, 페미니스트의 주장과 달리, 도덕적 선도 악도 아니다. 문제는 이러한 자연적 사실로부터 생겨나는 여성 차별적인 결과를 공평하게 분배하는 제도를 마련하는 일이다. 성 차별적인 제도의 개혁이 전제되지 않는 한, 여성의 임신중절 권리 획득은 여성 해방의 미봉책에 불과하다. 물론 임신중절이 허용되지 않으면, 현재의 고용 체제, 양육 관행, 사회적 의식, 사회제도, 사회보장 등으로 인해 여성은 현실적으로 감당하기 어려운 짐을 떠안게 될 것이다. 그러나 임신중절 선택권을 통해 여성 억압을 해결하고자 하는 방안은 현실과의 안일한 타협에 지나지 않아 보인다. 왜냐하면 임신중절은 여성 자신에게 신체적으로 상당한 해악을 가져다주므로, 임신중절의 허용 역시 성관계와 임신으로 야기된 결과에 대해 오로지 여성 자신이 모든 책임을 떠맡는 방안에 불과하기 때문이다.

사생활권이나 신체적 자율권에 근거한 임신중절 옹호는 이보다 더 중대한 두 가지 이론적 난점을 지닌다. 하나는 임신의 원인 제공자인 남성에게 책임을 부담시킬 수 있는 이론적 근거가 무엇이냐라는 물음이다. 그러니까 페미니즘 논리에 따르면 임신중절은 여성의 사생활권 내지 자율적 선택의 영역에 속하게 된다. 일반적으로 자

....

44 J. Rawls, *A Theory of Justice*, revised ed.(Cambridge, Mass: Harvard University Press, 1999), 황경식 옮김, 「정의론」(서울: 이학사, 2003), p. 153.

율적 선택의 경우, 그 책임은 선택한 당사자가 져야 한다. 따라서 임신 후 남성이 임신중절을 요구했음에도 여성이 자발적으로 아이를 낳았을 경우, 어떤 근거에서 남성에게 양육 책임을 부과할 수 있는가? 이처럼 임신중절 권리는 여성보다 남성에게 더 우호적으로 작용하기에, 사생활 권리에 근거한 임신중절 옹호는 도덕적으로 잘못되었다고 하겠다.

이와 연관된 또 다른 난점은 여성의 임신과 출산 및 양육을 보장할 도덕적 근거가 무엇이냐라는 물음이다. 즉, 이러한 권리 주장은 개인을 유일한 도덕적 결정권자로 인정하는 개인주의적 경향이 너무 강해, 임신중절의 도덕성과 연관된 복잡한 사회적 관계를 제대로 다루지 못한다.[45] 페미니스트들이 인정하듯이, 여성이 임신중절을 원하는 이유는 사회제도 및 관행 탓이다. 그런데 임신중절이 여성의 사생활 권리라면, 왜 정부는 개인의 사생활에 대해 사회보장제도를 마련해야 하는가? 즉, 임신중절 선택권은 실제로는 아이를 낳아 기르고 싶지만 경제적 혹은 사회적으로 그렇게 할 수 없는 여성들의 선택 폭을 제한함으로써, 여성이 지닌 생식의 자유를 신장시키는 것이 아니라 반대로 제한하게 된다. 아이 양육에 필요한 지원 시스템이나 사회구조나 제도를 만들지 않고, 임신중절 선택권을 옹호하는 사회는 여성들이 해야 할 책임 있는 일이란 고작 임신중절을 선택하는 것밖에 없다는 의식을 갖도록 조장한다. 이렇게 되면 여성이 지닌 생식의 자유는 타인의 침해를 받지 않을 소극적

....

45   E. Porter, *Feminist Perspectives on Ethics*, p. 137.

권리에 지나지 않게 되어, 여성은 생식의 자유를 적극 실현할 수 있는 적극적 권리로 주장할 도덕적 근거를 상실하게 된다. 그래서 엘리자베스 포터(E. Porter)는 권리 갈등의 차원이 아니라 책임적 돌봄의 차원에서 임신중절의 도덕성이 논의되어야 한다고 주장한다.[46]

임신과 출산은 분명 자연적 사실이다. 이 자연적 사실에서 남녀는 생물학적으로 불평등하다. 임신과 출산, 그리고 양육에서 여성은 남성에 비해 상대적 차별을 당하고 있다. 소위 재생산적 정의의 이념에 비추어 보면 이는 분명 잘못되었기에 마땅히 시정해야 한다. 이를 해결하는 방안은 두 가지다. 하나는 여성도 남성과 동등하게 자기 선택권을 행사하도록 하는 방안이고, 다른 하나는 남성이 여성과 동등하게 그 부담과 책임을 떠맡는 방안이다. 물론 오늘날 대부분의 사회에서는 전자가 손쉬운 현실적 방안이다. 하지만 윤리적인 관점, 특히 생명 존중의 관점에서 보면 후자가 더 합당한 대안이다. 생식의 생물학적 불평등은 자연적 사실이다. 이 생물학적 불평등 자체를 평등하게 만드는 전략이 아니라, 이를 있는 그대로 받아들이고 그 결과의 불평등을 공평하게 다룰 수 있는 방안을 강구해야 하지 않는가? 이제 페미니스트들은 임신중절 선택권을 주장하는 미봉책에서 벗어나, '임신중절은 도덕적으로 그르다.'라는 윤리 원칙에 근거하여, 임신과 출산 및 양육을 남녀가 평등하게 책임지는 의식 고양 및 사회제도 마련을 위해 한목소리를 내어야 하지 않을까? 이에 관해서는 맺는말에서 다시 언급하고자 한다.

....
46   *ibid.*, p. 133.

맺는말

사회적 임신중절

우리는 지금까지 임신중절의 윤리에 관한 물음에 기존의 두 입장, 즉 자유주의 입장과 보수주의 입장을 비판한 다음, 반성적 평형의 방법에 따라 숙고된 도덕 판단을 밝히고, 이러한 판단에 함의된 배경 이론들을 철학적으로 천착하여 왔다. 이러한 논의의 결론으로 숙고된 도덕 판단 및 배경 이론과 평형 상태를 이루는 도덕 원리로 필자는 수정 순간부터가 아니라 착상 순간부터 배아는 도덕적 지위를 지닌다는 '신보수주의' 입장을 제안하였다. 이를 그려서 설명하면 오른쪽 도표와 같다.

이 표에서 레벨 4 '현실적 작동 가능성'에 해당하는 의학의 발달과 도덕의 사회적 역할은 배경 이론 및 숙고된 도덕 판단의 형성에 영향을 미치는 '배경 이론의 배경 이론'에 해당한다고 볼 수 있다. 그리고 레벨 3의 '배경 이론'으로 도덕적 지위론, 죽음의 악에 관한

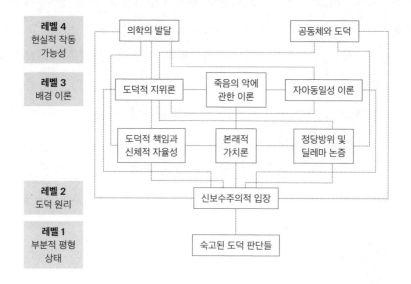

레벨 4 현실적 작동 가능성	의학의 발달		공동체와 도덕
레벨 3 배경 이론	도덕적 지위론	죽음의 악에 관한 이론	자아동일성 이론
	도덕적 책임과 신체적 자율성	본래적 가치론	정당방위 및 딜레마 논증
레벨 2 도덕 원리		신보수주의적 입장	
레벨 1 부분적 평형 상태		숙고된 도덕 판단들	

이론, 자아동일성 입론, 본래적 가치론, 정당방위 및 딜레마 논증, 도덕적 책임과 신체적 자율성 등 여섯 가지가 임신중절과 관련되어 있다고 하겠다. 일단 지금까지 고찰한 배경 이론과 신보수주의 입장이 어떻게 반성적 평형 상태를 이루는지 간략하게 해명해 보자.

반성적 평형의 방법과 신보수주의

우선 도덕적 지위론에서 필자는 쾌와 고통을 느낄 수 있는 유정성을 도덕적 지위의 기준으로 제시했다. 그런데 태아는 임신 2기 어느 시점에서 유정성을 지니기에, '수정 순간부터 태아는 인간'이라는 숙고된 도덕 판단 및 보수주의 입장과 충돌하게 된다. 이러한 상충을 해결하고자 필자는 도덕적 지위론에 수정을 가했다. 즉, 잠재성 논증을 도입하여 도덕적 지위를 잠재적으로 소유한 존재도 도덕적 지위를 지닌다고 도덕적 지위론을 수정하였다. 그러나 이러한 수정은 또 다른 편에서 반론을 받게 된다. 즉, 잠재성 논증을 수용하게 되면 "피임과 임신중절은 도덕적으로 구분된다."라는 숙고된 도덕 판단과의 상충하는 물음이 발생한다.

이 문제점을 극복하고자 필자는 '될 잠재성' 개념을 받아들여, 모든 잠재적 존재가 아니라 될 잠재성을 지닌 존재만이 도덕적 지위를 지닌다고 잠재성 논증을 발전시켰다. '될 잠재성'은 자아동일성을 전제하기에, 수정되기 전의 정자와 난자는 이런 자아동일성을 확립할 수 없기에 도덕적 지위를 지니지 못하게 된다. 따라서 우리는 두 번째 배경 이론으로 자아동일성 입론을 다루지 않을 수 없게 되었다. 자아동일성의 핵심적인 요소는 수적인 연속성과 개별성의 유지이다. 그런데 최근의 의학적 정보에 따르면, 인간의 수적인 연속성은 착상 후에 고정된다고 한다. 그래서 수정이 아니라 착상 시점이 개별성을 지닌 한 인간 존재의 시작점이 된다는 입장이 얻어진다. 즉, 도덕적 지위는 수정이 아니라 착상 순간에 얻어진다는 것이다. 따라서 '수정 순간부터 태아는 인간이다.'라는 숙고된 도덕 판단은 '착상 순간부터 태아는 인간이다.'라는 판단으로 수정될 수밖에 없게 되어 신보수주의가 설득력을 지니게 된다.

임신중절은 근본적으로 태아의 죽음을 가져다주기 때문에 도덕적 문제가 된다. 따라서 임신중절의 윤리에 관한 물음은 죽음의 악에 관한 입론이 세 번째의 배경 이론으로 작동한다. 죽음은 왜 해악이 되는가? 필자가 옹호한 미래 가치 손실 논증은 태아 역시 미래 가치를 지니므로 임신중절이 도덕적으로 그르다는 것을 대변해 준다. 하지만 미래 가치는 태아 이전의 정자나 난세포에 대해서도 적용 가능하기 때문에, 미래 가치 손실 논증은 보수주의 입장과 더 정합적인 것처럼 보인다. 그런데 죽음의 악이 성립되자면 죽음의 담지자 내지 주체가 전제되어야 한다는 점을 받아들여야 한다. 다시 말해, 죽음의 악에 관한 미래 가치 손실 논증 역시 해악의 담지자로 자아동일성을 전제하고 있기 때문에 정자나 난자에 대해서는 미래 가치를 언급하기 어렵다는 점에 있어서 신보수주의 입장을 뒷받침해 준다고 하겠다. 이러한 논의를 통해 '태아는 착상 순간부터 도덕적 지위를 지닌다.'라는 필자의 입장이 어느 정도 해명되었다.

도덕적 지위는 죽임을 당하지 않을 권리, 즉 생명권을 핵심으로 한다. 그런데 도덕적 지위에 관한 물음은 권리가 아닌 다른 관점에서도 논의가 이뤄진다. 바로 본래적 가치이다. 이미 환경윤리학에서는 본래적 가치에 근거하여 동물이나 생명체, 혹은 환경을 보호해야 한다고 주장한다. 그래서 본래적 가치에 관한 배경 이론과의 반성적 평형을 필요로 하는데, '태아는 본래적 가치를 지니는가?'라는 물음에 대한 드워킨의 가치 논변은 임신중절에 관한 물음에 대해서는 열린 대답을 제안하고 있지만, 태아는 본래적 가치를 지닌다는 점을 분명히 하고 있다. 따라서 착상 순간부터 태아는 도덕적 지위를 지닌다는 필자의 신보수주의 입장은 본래적 가치에 관한 배경 이론과도 정합적이라고 말할 수 있다.

이러한 반성적 평형 과정은 어디까지나 태아의 존재론적 지위에 관한 것이다. 그런데 임신중절에는 태아와 산모가 관련되기에, 이 두 당사자 사이의 관계에 관한 물음이 아직 해결되지 않고 있다. 그래서 우리는 다섯 번째 배경 이론으로 태아와 산모의 권리 갈등에 관한 배경 이론과 신보수주의가 어떻게 정합성을 유지하는지 해명할 필요가 있다. 다시 말해, 권리 갈등에 관한 일반 이론과 신보수주의 입장은 평형 상태를 유지해야 한다. 일반적으로 정당방위의 경우 타인을 죽일 수 있는 권리가 인정된다. 즉, 이유 없이 어떤 존재 A가 다른 존재 B의 생명을 위협하고, B가 그 위험에서 벗어날 수 없는 경우, B는 A를 죽일 권리를 지닌다는 것이 바로 정당방위의 권리이다. 얼핏 보기에 이는 산모의 생명을 구하기 위한 임신중절이 허용된다는 숙고된 도덕 판단과 정합적인 것 같다. 그러자면 태아가 산모의 생명에 직접적인 위협을 가해야 한다. 그래서 이 숙고된 판단은, 임신이 산모의 생명에 직접적인 위협이 될 경우에만 임신중절이 허용된다고 수정되어야 한다.

그러나 임신이 산모의 생명에 위협이 되지 않아도, 산모의 생명과 태아의 생명이 상충하여 둘 중 어느 하나를 선택할 수밖에 없는 경우에도 우리는 임신중절이 허용된다고 생각한다. 따라서 반성적 평형 상태를 유지하기 위해 우리는 숙고된 도덕 판단에 비추어 정당방위의 권리를 수정할 필요가 있다. 이렇게 해서 정당방위의 권리는, 두 생명 간의 선택일 경우 인간은 누구나 자신의 생명을 소중히 여기기 때문에 타인의 생명을 죽일 수 있다는 행위자 상관적 허용을 수용하도록 확대 해석되어야 한다. 따라서 '산모의 생명을 구하기 위한 임신중절은 도덕적으로 허용된다.'라는 최초의 숙고된 판단은 최종적으로 '임신이 산모의 생명에 직접적인 위협이 되거나 태아와 산모 생명 사이에 어느 하나를 선택할 수밖에 없는 경우에는 임신중절이 도덕적으로 허용된다.'의 주장으로 수정되어야 한다. 이를 필자는 딜레마 논증으로 옹호하였다.

그리고 여섯 번째의 배경 이론, 즉 도덕적 책임과 신체적 자율성에 관한 입론은 페미니즘에 초점을 맞추어 비판적으로 고찰되었다. 임신중절의 윤리 담론에서 태아와 산모의 권리 갈등은 핵심 물음 가운데 하나이다. 따라서 태아의 생명권을 옹호하는 신보주수의는 신체적 자율성에 관한 일반론 및 도덕적 책임에 관한 이론과 정합적이어야 반성적 평형 상태를 이루었다고 말할 수 있다. 다시 말해, 보수주의자들이 주장하는 태아의 생명권이 일반적으로 인정되는 신체적 자율성 원칙과 어긋나고, 산모의 태아 출산의 의무가 도덕적 책임의 영역을 벗어난 것이라면 신보수주의 입장은 그 설득력을 잃게 될 것이다. 이에 대해 필자는 신체적 자율성 역시 하나의 조건부적 권리로 그보다 상위의 권리가 존재하면 침해 가능하다고 보고, 태아의 생명권이 바로 신체적 자율성보다 우선한다는 입장을 취하고 있다. 왜냐하면 생명권을 전제하지 않고서는 신체적 자율성을 이야기할 수 없기 때문이다. 또한 이 책에서 논의한 표준적인 임신중절의 경우 태아의 존재가 산모 자신의 자발적인 성행위의 결과이고, 또 그 부모가 사회적으로 요구되는 부모로서의 역할을 부담하면 태아를 양육할 수 있기 때문에, 보수주의자들의 출산 의무 요구는 도덕적 책임을 넘어선 요구로 간주하기 어렵다고 필자는 생각한다.

이로써 수정 순간부터 임신중절은 도덕적으로 그르다고 주장하는 원래의 보수주의는 신보수주의 입장을 거쳐, 궁극적으로 '임신이 산모의 생명에 직접적인 위협이 되거나 태아와 산모 생명 사이에 어느 하나를 선택할 수밖에 없는 경우를 제외하고는, 원칙적으로 착상 이후의 임신중절은 도덕적으로 그르다.'로 귀결되었다.

이러한 입장은 생명과학 및 의학의 눈부신 발달과도 평형 상태를 유지할 수 있다. 임신중절과 관련된 의학은 크게 임신을 도와주는 의술과 임신을 방해하는 의술로 구분된다. 전자의 대표적 의술이 체외수정이고, 사후피임약이 후자의 의술이라고 말할 수 있다. 우선 일부 사후피임약은 착상된 배아가 자라나지 못하도록 하기 때문에 신보수주의 입장에서도 지지받기 어렵지만, 착상 자체를 방해하는 일부 사후피임약은 허용된다. 즉, 피임에 관한 의학적 사실로 인해 피임과 임신중절은 구분된다는 도덕적 직관에 대해 착상을 방해하는 피임약과 착상된 배아의 성장을 방해하는 피임약은 도덕적으로 구분되며, 후자는 임신중절과 도덕적으로 동등하다는 도덕 판단으로 수정해야 한다. 이러한 신보수주의 입장은 '강간이나 근친상간에 의한 임신의 경우 임신중절이 정당화된다.'라는 상식적인 도덕적 직관을 옹호해 준다. 그러니까 보수주의 입장에서는 강간이나 근친상간의 경우에도 생명과 생명의 충돌로 딜레마가 발생한다. 왜냐하면 어떤 존재가 도덕적 지위를 지니느냐의 물음은 그것이 어떻게 형성되었는가의 물음과 상관없고 단지 그 존재가 도덕적 지위의 기준이 되는 속성을 지니고 있느냐의 물음이기 때문이다. 즉, 보수주의자에 따르면 강간으로 형성된 수정란 역시 인간 존재이기 때문에, 두 생명 간의 충돌이 발생한다. 그러나 신보수주의 입장에서는 이러한 경우 착상을 방해하는 피임약을 복용하여 태아의 형성 자체를 방해할 수 있다. 즉, 필자의 입장은 불필요한 도덕적 딜레마의 발생을 예방할 수 있을 뿐만 아니라 여자의 신체에 중대한 해악을 주는 임신중절을 상당히 줄일 수 있는 이점도 있다.

한 걸음 더 나아가 체외수정 및 생명체 복제술의 발달로 인해 야기하는 여성의 자궁 밖 배아의 도덕적 지위에 관한 물음에 관해서도 신보수주의 입장은 유연한 태도를 취할 수 있다. 즉, 생식보조의술의 발달로 난세포나 정자도 잠재성 면에서 배아와 동등한 도덕적 지위를 지닌다는 주장에 대해, 신보수주의 입장은 자궁 착상 및 자아동일성에 근거하여 그 도덕적 지위의 차이를 설명할 수 있을 뿐만 아니라 치료를 목적으로 한 배아 연구에 대해서도 긍정적으로 수용할 가능성을 열어두고 있다. 또 설사 인공자궁이나 무성생식이 가능해도 착상 후 태아와 그 이전의 배아 혹은 난세포에 대해 신보수주의 입장은 도덕적 차이를 충분히 설명할 수 있다. 즉, 자아동일성이 도덕적 지위 결정에 중요한 요소이고, 착상 이후에 인간의 자아동일성이 시작된다는 점을 받아들이게 되면, 수정란, 배아, 태아에 대한 우리의 많은 도덕적 의식은 상당한 변화를 겪을 것이다. 즉, 현재 일상인들이 느끼는 체외수정이나 배아 실험에 대한 도덕적 죄책감은 불필요하게 된다. 반성적 평형의 방법을 통해 얻은 도덕 원리는 단순히 기존의 일상적인 판단을 정당화하는 것이 아니라, 반대로 일상인들의 도덕적 의식을 새롭게 형성할 것을 권고해 준다. 이로써, 도덕은 사회에서 과학기술의 발달을 가능하게 하고 나아가 사회인들의 올바른 가치관 내지 윤리 의식 형성에 기여하게 된다.

공공 정의에 관한 물음

이제 우리에게 남은 배경 이론은 하나밖에 없다. 바로 도덕과 공동체의 관계에 관한 물음이다. 도덕은 공동체를 전제한다. 그리고 도덕은 공동체의 영향을 받을 수밖에 없다. 임신중절의 윤리 역시 예외가 아니다. '임신중절'의 형용사 'abortive'는 원래 실패가 내포된 단어이다. 즉, 『옥스퍼드 영어 사전』(*Oxford English Dictionary*)에 따르면, 어떤 목적을 성취하는 데 실패하였을 경우, 사용되는 형용사가 'abortive'이다. 『네이버 어학사전』도 이 단어는 '무산된, 유산된, 수포로 돌아간' 등을 의미한다고 설명한다. 따라서 결실에 이르지 못하는 뭔가의 실패라는 직관이 영어 'abortion' 개념 속에 함의되어 있다. 실패를 원하는 사람은 아무도 없는데, 왜 우리는 스스로 실패를 선택하는가? 실제로 2023년 우리나라의 출산율은 0.8명도 안 되는 초저출산 국가인데도, 한국보건사회연구원 「2021 낙태 실태 조사」에 따르면 낙태 건수는 2019년 2만 6,985건에서 2020년 3만 2,063건으로 증가했다고 한다.[1] 그 이유는 간단하다. 그렇게 하지 않을 경우 그 실패보다 더 큰 실패가 예상되기 때문이 아닌가? 여기서 우리는 '여성은 왜 임신중절을 하고자 하느냐?'라는 물음과

....

1   주형식, "낙태 병원은 오늘도 성업중", 『조선일보』, 2024.1.5.

'여성은 어떤 근거에서 임신중절 권한을 주장하는가?'라는 물음을 구분해야 한다. 전자는 임신중절의 동기에 관한 물음이라면, 후자는 임신중절의 이유에 관한 물음이다. 아주 극단적인 경우를 제외하고는 태아 자체를 미워하는 여성은 없다. 그런데 왜 임신중절을 원하는가? 그것도 단순히 '태아 제거'로서의 임신중절이 아니라, '태아 죽임'을 원하는가? 앞서 9장에서 언급하였듯이, 산모와 태아는 상호 경쟁자가 아니다. 즉, 산모가 임신중절을 선택하는 것은 태아 생명을 경시하기 때문도, 태아를 사랑하지 않기 때문도 아니라는 사실을 우리는 인정해야 한다.

임신중절의 동기를 분석할 때 우리는 두 차원에서 동기를 구분해야 한다. 첫째, 우리는 과정적 동기와 결과적 동기를 구분해야 한다. 그러니까 임신하게 된 과정상의 이유로 중절을 원하는 여성이 있다. 예를 들어, 강간이나 근친상간과 같은 특수한 경우를 비롯하여, 피임의 실패로 인한 '원하지 않은 임신'의 경우이다. 오늘날 성교육의 공론화와 피임법에 대한 인식의 변화로 이러한 임신의 사례는 줄어들고 있다. 그래서 이러한 경우보다 결과적 동기로 임신중절을 원하는 여성이 더 많다. 그러니까 임신을 중단하지 않고 태아를 출산할 경우 따르는 결과에 대한 두려움 내지 책임으로 인해 여성은 임신중절을 원한다.

동기의 물음에서 둘째, 우리는 개인적 동기와 사회적 동기를 구분해야 한다. 이는 '어떻게 그러한 동기를 갖게 되었는가?'의 물음, 즉 동기의 원인과 관련되어 있다. 물론 그러한 동기를 갖는 것은 임신한 여성 개인임이 분명하기 때문에, 산모의 개인적인 가치관이나 인생관 혹은 세계관이 동기의 직접적 원인이 될 수 있다. 하지만 이러한 동기의 원인을 우리는 단순히 개인적인 차원에만 국한해서는 안 된다. 간접적인 동기도 중요하기 때문이다. 비유로 설명하자면, 임신중절의 동기는 자살의 동기와 흡사하다. 자살의 동기는 대개 삶에의 비관이다. 이러한 개인을 향해 혹자는 정신 상태가 잘못되었다고 혹은 의지가 약하다고 비난하지만, 사회학자 에밀 뒤르켐(E. Durkheim)이 '사회적 자살'이라는 용어를 통해 다른 설명을 내놓는다. 비록 삶을 비관하여 자살을 선택한 자는 개인이지만 그러한 선택을 하지 않을 수 없도록 사회가 강요하였다는 게 그의 지적이다. 임신중절의 경우도 똑같은 논리가 적용된다. 태아는 여성의 분신, 즉 산모에게 '또 다른 자아'라고 말할 수 있다. 물론 임신중절을 선택한 자는 여성 자신, 즉 개인이다. 하지만 그렇게 선택하도록 강요한 것은 바로 우리 사회이다. 여성은 임신을 계속하여 아이를 낳고 싶지만, 사회적 요인, 예를 들어 미혼모에 대한 경멸이나 그 자녀에 대한 손가락질 등의 사회 분위기 혹은 자녀 양육에 대한 사회 보장제도의 미흡 등이 여성으로 하여금 임신중절을 선택하도록 강요하고 있는 것이다. 따라서 이런 의미를 살려 우리는 '사회적 임신중절'(social abortion)이라는 용어를 사용하는 것이 적절해 보인다.

물론 앞서 지적하였듯이 임신중절의 물음은 공공 정책의 물음을 낳는다. 사회적 임신중절이라는 개념은 이러한 공공 정책의 중요성을 부각시켜 준다. 그렇다고 해서 임신중절을 공적 정의(public justice)의 물음으로 범주화하는 데는 어려움이 많다. 실제로 임신중절을 옹호하는 자유주의 입장이나 반대하는 보수주의 입장 모두 임신중절을 공적 정의의 문제가 아니라 개인적 도덕의 문제로 간주한다. 예를 들어, 자유주의 입장을 옹호하는 재거는 태아의 지위 및 임신중절의 허용 가능성 물음은 공공 도덕의 문제가 아니라 사적인 문제라고 주장한다. "임신중절이 공적 정의(public justice)의 문제냐 아니면 사적 도덕(private morals)의 문제냐에 관한 그 어떤 합의도 없는 경우, 임신중절 결정을 법적 규제의 적절한 대상이 되는 태아에 관한 정의(justice) 문제로 범주화하는 것은 비민주적일 뿐만 아니라 자유주의적이지 않다."[2] 이러한 논리에 따라, 즉 사적 도덕에 속하기 때문에 여성이 임신중절에 대한 선택권을 가져야 한다고 재거는 주장한다. 실제로 재거는 임신한 여성이 발을 딛고 있는 개인적 상황을 중요하게 고려해야 한다고 역설한다. 현실 세계에서 상황은 결코 똑같지 않으며, 그래서 합리적인 사람들 사이에서도 어느 고려사항이 결정적으로 중요한지에 관해 의견의 일치를 보기 어렵다. 이처럼 민감한 고려사항들이 관련되어 있는 복잡한 상황에서 자신의 임신을 지속할 것인지 중단할 것인지에 관해 도덕적으로 책임 있는 결정을 내릴 수 있는 최적의 위치에 있는 자는 바로 임산부 자신이어야 한다는 것이다. "존 스튜어트 밀이 이미 오래전에 지적했듯이, 자신의 상황을 가장 잘 아는 자는 그 당사자 개인이다. 게다가 자신의 태아에게 적절한 도덕적 가치를 부여하는 데에서도 입법가보다 임산부 자신이 더 적절한 위치에 있다."[3]

....

2   A. M. Jaggar, "Regendering the U.S. Abortion Debate", *Journal of Social Philosophy*, vol. 28, no. 1, 1997, p. 131.

3   *ibid.*, p.164.

보수주의자들은 임신중절을 이렇게 사적 도덕의 범주에 묶어두게 되면 자녀 양육에 대한 아버지의 책임을 묻기 어렵다고 지적한다. 여성에게 태아 죽임의 권한을 일의적으로 부여하는 것은 임신을 사회적 문제 내지는 적어도 한 부부가 공동 대처해야 할 문제가 아닌, 한 여성의 문제로 규정함으로써 여성을 고립화시켜 여성들의 사회적 여건을 더욱더 악화시키게 된다. 여성의 임신중절 권한은 남성으로 하여금 생식의 동반자 역할로 끌어들여 산모 및 자녀 양육에 대해 공동책임을 부담하도록 요구할 수 있는 도덕적 근거를 약화시킨다. 일부 선택옹호론자들은 임신중절 물음에 아버지가 관여되어 있다는 사실조차 부정한다.[4] 그러나, 출산 및 양육에 대한 아버지 책임을 묻도록 임신중절의 물음을 사적 도덕 영역에서 확장시키는 긍정적인 면에도 불구하고, 보수주의 입장 역시 여전히 사회적 차원으로 승화시키는 데는 실패하고 있다. 다시 말해, 그 결론은 다르지만 이러한 '사적 도덕으로 범주화하는 현상은 보수주의 입장에서도 그대로 나타나 태아의 생명권 보호를 강조하지만 정작 어떻게 보호할 것인가에 관해서는 사회가 아니라 개인에게 떠맡기고 있다.[5]

불행하게도 미국에서 '생명옹호론' 정서는 빈곤한 가정과 싱글맘

....

4   C. Wolf-Devine & P.E. Devine, "Abortion: A Communitarian Pro-life Perspective", M. Tooley et al., eds., *Abortion: Three Perspectives*(New York, NY: Oxford University Press, 2009), pp. 65-119.

5   L. Shrage, *Abortion and Social Responsibility: Depolarizing the Debate*(Oxford: Oxford University Press, 2003), p. 35.

(single mom)을 위한 더 나은 공적 지원 프로그램을 낳는 데까지 이르지 못하고 있다. 그 대신 이러한 정서는 연구를 위해 사용될 수 있는 실험실에서 만들어진 배아를 포함하여 인간 배아가 파괴되지 않도록 요구하고 있다. 이렇게 인간 생명을 보호하는 전략은 정부의 역할을 단지 개인을 공격으로부터 보호하는 데 한정지어 실질적인 개선에까지 이르지는 못하는 극단적 개인주의의 결과이다. 생명옹호론 정서가 개인 책임에 관한 자유지상주의 윤리와 결합하게 되면, 이러한 사회는 단지 인간 생명을 파괴하지 말라는 소극적 의무만을 지닐 따름이고, 그로 인해 귀결하는 부모와 자녀에 대해 최소한의 삶을 보장하는 적극적 의무를 외면하는 결과가 발생한다. 이러한 정책은 가난 및 그로 인한 비참한 삶을 살아갈 수밖에 없는 가정에 대한 사회적 책임을 인정하지 않음으로, 취약 가정을 훨씬 더 많이 양산하게 된다.

이 인용문이 말해주듯이, 보수주의자는 태아의 생명권 보호를 강조하지만 정작 어떻게 보호할 것인가에 관해서는 사회가 아니라 개인에게 떠맡기고 있다. 이러한 책임 전가는 임신중절이 갖는 양면성을 간과한 처사이다. 그러니까 설사 임신의 인과적 책임이 순전히 여성 개인에게 있다손 치더라도 태아 생명과 연관된 임신의 지속과 출산, 그리고 양육에 대한 도덕적 책임이 여성에게만 있다는 결론은 귀결되지 않는다. 즉, 임신의 지속 문제와 임신으로 인한 출산과 양육의 문제는 구분되어야 함에도 불구하고, 자유주의자들도 후자의 문제마저 사적 도덕의 문제로 여기는 경향이 강하다. 다시 말해, 임신중절은 사적 도덕 문제이면서 동시에 공적 도덕의 문제라고 말할 수 있다. 이를 좀 더 구체적으로 살펴보자.

『윤리학 백과사전』(*Encyclopedia of Ethics*)에 따르면 임신중절은 "임신 후 출생 전에 자궁 내 태아 생명을 의도적으로 종식시키는 일"로 정의된다.[6] 이 정의에서 우리는 임신중절과 관련된 몇 가지 중요한 차원을 읽어낼 수 있다. 그 키워드는 세 단어이다. 첫째는 태아 생명이요, 둘째는 의도성이요, 마지막 셋째는 종식이다. 우리는 이 세 단어를 무비판적으로 받아들이고 있지만, 르네 데카르트(R. Descartes)처럼 '방법론적 회의'의 눈으로 묻게 되면, 그 의미가 아주 난해함을 곧 깨닫게 된다. 실제로 임신중절에 관한 논쟁은 이 세 단어를 어떻게 해석하느냐에 달려 있다고 해도 과언이 아니다.

이 세 개념보다 더 중요한 물음이 이 정의에는 생략되어 있다. 그것은 바로 '누가'의 물음이다. 즉, 태아 생명을 의도적으로 종식시키는 자는 누구인가? 물론 그 직접적 행위 주체는 의사이다. 의사는 환자의 의사를 존중해야 하는가? 아니면 의사는 환자의 요구를 거절할 수 있는가? 이는 의사와 환자의 관계에 대한 윤리학적 성찰을 요구한다. 하지만 임신중절을 의도하고 요청한 자는 여성이다. 그러니까 우리는 임신중절의 물음을 논의하는 데 태아 생명을 잉태한, 그리고 그 생명의 종식을 의도한 당사자인 여성을 반드시 고려해야 한다. 그럼에도 이제까지 '임신한 자는 여성이다.'라는 사실을 도외

....

6   N. A. Davis, "Abortion", L. C. Becker & C.B. Becker, eds., *Encyclopedia of Ethics*, vol.1(New York: Routledge, 2001), p. 2.

시한 채 임신중절의 물음을 너무나 추상적인 차원에서 논의하고 있지 않았는지, 우리는 스스로에게 물어야 한다. 물론 임신한 여성의 목소리만 유일하고 절대적인 목소리로 간주해서는 안 되지만, 그렇다고 여성의 목소리를 무시하는 것은 더더욱 잘못이다. 즉, 한 여성에게 임신은 어떤 의미를 갖는지를 우리는 물어야 한다.

여성에게 임신이 갖는 의미는 두 차원을 지닌다. 하나는 역사적 차원이요, 다른 하나는 사회적 차원이다. 물론 이 두 차원은 밀접하게 연관되어 있지만, 우선 역사적인 관점에서 우리는 몇 가지를 물을 수 있다. 어떻게 임신하게 되었는가? 임신을 계속하여 출산하게 될 경우, 어떤 결과가 예상되는가? 그리고 사회적인 관점에서도 우리는 여러 가지 물음을 던질 수 있다. 누구와의 관계에서 임신하게 되었는가? 출산하게 될 경우 양육의 부담은 누가 져야 하는가? 이미 자녀가 있는가? 있다면, 새로운 아기 출산이 그 자녀에게 어떤 영향을 미치는가?

우리는 이러한 접근법이 임신중절이 갖는 본질적 성격을 왜곡한다는 우려를 표명할 수 있다. 그러니까 우리는 윤리의 문제와 실천의 문제를 구분한 다음, 실천에 대한 윤리의 우선성을 믿고 있다. 다시 말해, 윤리와 연관하여 우리가 경험하는 갈등 내지 딜레마는 크게 두 종류이다. 하나는 윤리와 실천적인 고려사항들 사이의 갈등으로 인해 발생하는 실천적 딜레마이고, 다른 하나는 윤리 원칙들이 상충하여 발생하는 윤리적 딜레마이다. 임신중절을 예로 들면, 양육의 부담과 태아 생명 보호 사이의 갈등은 실천적 딜레마인 반면에, 태아 생명과 산모 생명의 갈등은 윤리적 딜레마이다. 대개 후자의 윤리적 딜레마 관점에서 우리는 임신중절의 물음을 바라본다. 그렇다고 실천적 딜레마를 무시해야 한다거나 해도 좋다는 뜻은 아니다. 그 이유는 우리가 어떤 윤리관을 갖느냐에 따라 도덕적 고려사항이 달라질 수 있기 때문이다. 윤리를 단순히 윤리 원칙의 문제로만 파악하면 실천적 딜레마는 큰 의미가 없지만, 삶의 질이나 행복, 자아실현 등을 도덕의 한 요소로 간주하게 되면 실천적 딜레마 역시 우리에게 중요한 의미를 지니게 된다.

또 하나의 성 불평등 그리고 사회적 임신중절

페미니즘 논의에서 언급하였듯이 임신과 출산이 여성에게 갖는 의미를 여기서 우리는 좀 더 현실적으로 살펴보아야 한다. 혹자는 9개월의 자유 제약을 이유로 태아 생명을 죽이는 것은 비인도적이라고 주장한다. 하지만 이는 임신이 여성에게 의미하는 바에 대한 피상적 이해에 불과하다. 이상 세계가 아닌 현실 세계에서는 임신을 중단하지 않을 경우, 여성은 출산할 수밖에 없고, 출산 후에는 양육의 책임을 떠맡아야 한다. 따라서 여성에게 임신은 단순한 9개월의 자유 제약이 아니라, 적어도 10년, 아니면 20년 동안의 자유 제약의 의미를 지닌다. 물론 이상적으로는 남성도, 사회도 얼마든지 육아의 책임을 감당할 수 있다. 그러나 현실 세계에서 특히 개발도상국의 가난한 나라나 가부장제 체제가 견고한 사회에서 이는 정말로 그림의 떡이다. 자녀 양육의 일차적 책임은 어머니이기 때문이다. 그리고 입양도 좋은 선택지가 될 수 없다. 좋은 입양 부모를 만나도 어머니는 10개월의 임신으로 인한 자녀와의 신체적 유대감이 정서적 유대감으로 발전하여, 아이를 버렸다는 죄의식에 사로잡힐 것이기 때문이다. 즉, 아이가 어느 곳에서 자라도 여성은 모성애로부터 자유롭지 못한다. 여성의 이러한 자유 제약은 생식의 영역에만 머물지 않고 산모의 일생에 영향을 미친다. 원하지 않은 임신과 출산은 여성으로 하여금 자신의 인생 계획을 포기 내지 수정하게 만들 뿐만 아니라, 자아실현에 있어서도 엄청난 '장애'가 될 수 있다. 게다가 임신의 인과적 책임에서 공동 원인 제공자인 남자는 이러한 부담으로부터 상당히 자유롭지 않은가? 임신과 출산에서뿐만 아니라, 양육과 돌봄에서 여성과 남성은 불평등하다. 이러한 불평등이 생식의 영역에 머무르지 아니하고, 인생 전반에까지 영향을 미친다는 사실을 감안하면, 생식의 불평등은 반드시 시정되어야 한다. 이는 또 하나의 '성 불평등'(gender inequality)이며, 성차별이다. 그렇기 때문에 비록 임신중절이 태아에 대한 정의 문제는 아니라 할지라도 임신중절과 관련된 출산과 양육에 대해서는 '젠더 정의'(gender justice)의 차원에서 이 물음을 바라보아야 할 것이다.[7]

　'사회적 임신중절'이라는 개념은 이를 잘 웅변해 준다. 우리는 임신중절 물음을 공적 도덕의 차원, 즉 사회적 맥락 차원에서 접근하는 지혜가 필요하다. 그러면 생식에서의 성 불평등을 우리는 어

....

7　A. M. Jaggar, "Abortion Rights and Gender Justice Worldwide: An Essay in Political Philosophy", M. Tooley et al., eds., *Abortion: Three Perspectives*, p. 157.

떻게 해결해야 하는가? 두 가지 대안이 가능하다. 하나는 생식에서 남성이 누리는 자유를 여성들도 동등하게 누리도록 하는 방안이다. 즉, 여성에게 임신중절 권리를 부여하는 방안이다. 다른 하나는 남성으로 하여금 여성과 동등한 생식의 책임 내지 부담을 지우도록 하는 방안이다. 물론 금욕이나 피임을 통해 우리는 임신을 예방할 수 있지만, 임신과 출산은 근본적으로 '생물학적 자연'의 문제로 여성만이 가능하다는 의미에서, 생식의 자유에서 남녀평등은 원천적으로 불가능하다. 롤스의 표현을 빌리면, 이는 일종의 '자연적 운'(natural lottery)이요, 드워킨의 용어를 빌린다면, 이는 '선택적 운'(optional luck)이 아닌 '단순 운'(brute luck)이다. 자유 지상주의자인 노직은 이러한 운의 소유자에게 '도덕적 응분 자격'(moral desert)을 부여하지만, 롤스나 드워킨은 그렇지 않다. 즉, 롤스나 드워킨의 정의론에 따르면, 다른 사람보다 우월하게 가진 선한 운으로 인한 혜택에 대해 그 소유자가 응분 자격을 지니지 않듯이, 다른 사람보다 열등하게 가진 나쁜 운으로 인한 부담에 대해 그 소유자로 하여금 감당하도록 할 수 없다는 것이다. 장애와 같은 나쁜 운은 마땅히 보상받아야 한다. 그래야 진정한 평등의 이념이 실현된다. 이러한 정의론을 임신중절의 맥락에 적용시키면, 임신과 출산에서의 여성의 불이익 내지 불평등을 보상해야 하는데, 그 적절한 보상은 양육과 돌봄에서 남성이 더 많은 부담 내지 책임을 감당하게 하는 일이다.

어느 대안이 바람직한가? 아마 남성이냐 여성이냐에 따라 달라질 것이다. 그러면 자신이 남성인지 여성인지 모르는 상황이라면 당신은 어느 대안에 손을 들 것인가? 이는 롤스가 제안한 일종의 사고 실험으로 '원초적 입장'(original position)의 선택이라고 부를 수 있다. 이를 좀 더 구체화해 생각해 보자. 민주주의의 정당성은 자유로운 개인의 자발적 동의에서 얻어진다. 이를 절차적 공정성이라고 부른다. 그러니까 민주주의란 결과 내지 내용이 얼마나 정당한가가 아니라 그 결과에 이르는 과정 내지 절차가 얼마나 공정한가를 문제 삼는다. 그런데 절차적 공정성을 확보하는 일은 쉽지 않다. 왜냐하면 인간은 본래적으로 '팔이 안으로 굽는' 이기적 동물이어서 언제나 자신에게 유리한 결정을 내리려고 애쓰기 때문이다. 이기심의 노예에서 벗어나는 길이 없는가? 물론 현실 세계에서는 없지만, 이상 세계에서는 길이 있다. 바로 자신이 누구인지 모르면 된다. 자기 자신의 개인적인 특성에 대해 전혀 모른다면 우리는 자신에게 유리한 결정을 아예 내릴 수 없다. 이와 같은 자신에 관한 무지를 롤스는 '무지의 베일'(veil of ignorance)이라 부른다. 물론 원탁에서 결정을 하고 회의장 문을 나서게 되면 자신이 누구인지를 알게 된다. 이렇게 무지의 베일을 쓰고 여러 사람이 원탁에 둘러앉아 어떤 문제에 관해 하나의 결정을 내리는 상황을 롤스는 원초적 입장이라 부른다.

하지만 주어진 문제에 대해 아무것도 모르면 우리는 전혀 선택할 수 없다. 그래서 원초적 입장의 당사자들은 주어진 문제에 관한 일반적 지식은 다 알고 있다고 전제되어야 한다. 이때 우리는 어떤 대안에 대해 손을 들 것인가? 합리적인 사람이라면 '최소극대화 원칙'(maximin principle)에 따라 선택할 것이라고 롤스는 기대한다. 최소극대화 원칙이란 무지의 베일이 벗겨져 자신이 누구인지 알았을 때, 발생할 수 있는 손실을 최소로 하기 위해, 즉 가장 열악한 위치에 있을 사람에게 가장 유리하도록 한다는 원칙을 말한다. 철학적인 추상화로 인해 롤스의 이러한 방법론이 머리에 잘 들어오지 않을지 모른다. 또 롤스의 방법론을 임신중절에 원용하는 데에는 비판의 목소리도 존재한다. 예를 들어, 태아는 원초적 입장의 계약 당사자가 될 수 없기에 아예 최소 수혜자가 될 수 없다는 비판이 가능하다. 이에 관해서는 〈부록〉에서 보다 자세히 논의하기로 하고, 여기서는 원초적 입장이라는 롤스의 사고실험을 임신중절의 도덕에 확대 적용할 경우 어떤 결론을 얻게 되는지를 살펴보자.

당신은 지금 임신중절을 허용할 것인가 말 것인가를 결정하는 중요한 회의의 위원 자격으로 원탁에 앉아 있다. 그런데 당신은 자신의 개인적 신상에 대해서는 전혀 모른다. 남성인지 여성인지? 이미 태어난 자녀인지 태아인지? 임신한 여성인지 아니면 임신과 무관한 여성인지? 임신, 출산, 돌봄, 양육 등과 관련된 개인적 신상을 당신은 전혀 모른다. 하지만 임신이 어떠하고, 출산의 고통이 어떠한지에 대해서도, 돌봄이나 양육의 부담에 대해서도, 그리고 그로 인해 한 여성이 사회에서 감내해야 하는 모든 것에 대해서는 다 알고 있다. 이러한 상황이 바로 무지의 베일을 쓴 원초적 입장이다. 결정하고 나서 문을 나서면, 당신은 남자가 될 수도 있고, 이미 태어나 자라고 있는 아이도 될 수 있다. 물론 임신한 여성이 될 수도 있고, 자궁 안의 태아도 될 수 있다. 그것도 임신 후반기 태아일 수도, 수정 바로 순간의 배아일 수도 있다. 문을 나섰을 때 누가 가장 열악한 최소자인가? 임신한 여성인가 태아인가? 태아를 가장 연약한 자로 규정하는 데 우리는 주저하지 않을 것이다. 태아를 비롯하여 어느 누구도 자신의 죽임을 원하지 않을 것이다. 따라서 최소극대화 원칙에 따를 경우, 원초적 입장의 당사자들은 태아 생명을 보호하는 대안에 손을 들 것이다. 여기서 우리는 한 발 더 나아가 그러면 '태아 생명을 어떻게 보호할 것인가?'의 물음에 대해서도 원칙을 정해야 한다. 양육의 문제로 바뀌게 되면, 최소 수혜자는 달라진다. 바로 임신한 여성이 최소 수혜자이다. 무지의 베일을 벗겼을 때 내가 남성이라는 보장이 없다. 얼마든지 여성, 그것도 임신한 여성이 될 수 있다. 본인이 여성이 아니라 할지라도 임신한 딸의 아버지가 될 수도 있다. 어느 누구도 임신과 출산의 '독박'에 이어, 육아의 '독박'까지 감당하려고 하지 않을 것이다. 반대로 여성이 임신과 출산의 '독박'을, 그것도 '자연적 운'으로 감당할 수밖에 없다면, 양육은 남성이 '독박'을 감당해야 형평성의 원칙에 부합한다고 생각할 것이다. 그래서 원초적 입장의 당사자들은 임신과 출산의 불평등을 보상하는 원칙에 한 표 던질 것이다.

윤리의 상향평준화: 남성에게도 동등한 책임을

롤스의 방법론에 따른 임신중절에 관한 이러한 논변을 그의 정의 원칙을 원용하여 정리하면 다음과 같다. 잘 알다시피, 롤스는 『정의론』(*A Theory of Justice*)에서 자유 우선성의 원칙과 차등 원칙을 주장한다. 즉, 자유는 모든 개인에게 평등해야 하지만, 사회·경제적 부와 수입 등은 공정한 기회가 보장된다면 최소 수혜자에게 득이 되도록 차등 있게 분배될 수 있다는 게 롤스의 생각이다. 이를 임신중절에 적용하면, 제1원칙은 '생명 우선성'의 원칙이요, 제2원칙은 '생식의 차등 원칙'이다. 이는 앞서 지적한 대로, 생식에서의 성 평등에 관한 두 대안 가운데 후자를 지지함을 말해준다. 즉, 임신중절 권리를 여성에게 부여하는 전자의 방안은 태아 죽임이라는 윤리적인 문제를 야기하는 반면에, 생식을 두 영역으로 나누어 임신과 출산은 여성의 책임으로, 그리고 양육은 남성의 책임으로 차등 있게 분담케 하는 후자의 방안은 태아 죽임이라는 윤리적 문제를 아예 제기하지 않는다. 이런 면에서 전자가 '도덕의 하향평준화'라면, 후자는 '도덕의 상향평준화'이다. 지금 우리에게 요청되는 바는 도덕의 상향평준화이다. 상향평준화는 태아 생명이라는 도덕과 남녀 평등이라는 정의, 두 이상을 모두 충족시킨다. 지극히 작은 자는 바로 태아이다. 이제 우리 공동체는 '생명윤리'와 '작은 자의 윤리'에 우선순위를 두는 법률과 정책을 마련하는 데 지혜를 모아야 할 것이다.

집단 지성을 통해 이 두 이상을 실현하는 데 도움이 될 만한 사례가 하나 있어 결론을 대신하여 소개하고자 한다. 몇 년 전 청와대 국민청원에 올라온 미혼모를 위한 어느 청원이 바로 그것이다. 그러니까 2018년 2월 23일에 게시된 이 청원은 한 달 만에 20만 8,300여 명이 참여하였다. 다음은 이에 관한 신문 기사 내용 일부이다.[8]

내용을 살펴보면 청원인은 2005년부터 생모가 아이 생부에게 양육비를 청구할 수 있도록 법이 개정됐지만 성 정책연구원의 '미혼모의 양육 및 자립실태 조사결과' 자료에 따르면 아이 아버지로부터 양육비 지원을 받는 경우는 4.7%에 불과해 미혼모를 경제적으로 어렵게 만들고 있다고 주장했다. 전체 응답자의 26%만이 미혼부에게 양육비 지급을 요구한 적이 있었고 청구 소송 의향이 있다고 한 사람도 32.6%에 그치는 등 이러한 경제적 문제로 미혼모 중 일부는 양육을 포기하고 입양을 선택한다고 설명했다. 이러한 이유로 덴마크에서 실시하는 '히트 앤드 런 방지법'을 제정해달라고 개선 방안을 제시했다. 덴마크에서는 미혼모에게 아이의 아빠가 매달 60만 원 수준의 양육비를 보내야 하며 보내지 않을 시 아이의 엄마는 시에 보고를 하고 시에서 아이 엄마에게 상당 수준의 돈을 보내준다는 것. 또 아이 아빠는 소득에서 세금으로 원천징수 된다고 밝혔다. 만약 외국으로 도주했을 때에도 다시 덴마크로 돌아오면 환수 조치가 들어가니 아이에 대한 책임을 피하고 싶다면 평생 나라를 떠나는 방법밖에 없고 아이의 아빠가 자신의 아이가 아니라고 주장하더라도 DNA 검사를 통해 생부 여부를 밝힌다고 설명했다. 이에 여성보다 남성이 미혼부가 되지 않으려 조심하는 효과가 나타난다고. 이러한 '히트 앤드 런 방지법'이 시행됐을 경우 남성들은 책임감을 느끼고 행동을 하게 될 것이며 미혼 가족 발생 문제를 예방하는 대한민국의 첫 발걸음이 될 것이라며 청원 취지를 밝혔다.

....

8   이한솔, "미혼모 위한 생부의 양육비 지원 '히트 앤드 런 방지법'…청원 20만 명 동의 돌파", 『메디컬투데이』, 2018. 3. 26.

물론 여성이 억울한 희생자가 되어서는 안 될 뿐만 아니라 자녀 출생과 양육에서 불평등하게 대우받아서는 안 된다. 그러나 이를 이유로 임신중절 권리를 주장하는 것은 도덕의 하향평준화이다. 생명 우선성 원칙과 생식의 차등 원칙은 모순적이지 않다. 도덕의 상향평준화를 통해서도 우리는 얼마든지 출산과 양육에서 젠더 정의를 실현할 수 있다. 그것은 바로 태아 임신의 공동 원인 제공자인 남성에게도 도덕적 책임을 묻는 일이다. 생명옹호론이 어느 공동체에서든 진정으로 지지받고자 한다면 단순히 임신중절에 반대하는 목소리를 키우기보다 여성으로 하여금 임신을 지속할 수 있도록 공동체의 책임 있는 정책을 만드는 데 목소리를 더 크게 내야 할 것이다. '히트 앤드 런 방지법'이 그 좋은 예이다. 임신한 여성은 이미 임신을 하였다는 사실만으로도 책임을 다하지 않았는가? 여성이 행복하게 출산할 수 있도록 그 동반자인 남성뿐만 아니라 물적 기반을 제공하는 사회가 양육의 책임을 다할 수 있도록 사회적 인식과 제도의 혁명적 변화가 필요하다. 호모 사피엔스 유전자를 지닌 태아가 인간 존재로 성장하고 성숙하는 데는 공동체, 즉 가정과 사회가 모두 필요하기 때문이다.

　　임신중절의 도덕성 물음은 역사적으로 '오래된'(old) 논쟁이지만, 여전히 '살아 있는'(live) 논쟁으로 지금도 갑론을박이 계속되고 있다. 어느 철학자가 지적하듯이, "임신중절에 관한 서로 다른 여러 분파가 합의하고 있는 바는 임신중절 물음은 응용윤리학에서 다루기가 가장 어려운 이슈 가운데 하나라는 점과 20세기 후반 공공 정책을 입안하는 데 가장 곤혹스러운 문제라는 점이 전부라도 해도 과언이 아니다."⁹ 하지만 임신중절의 윤리에 관한 다양한 입장의 존재를 부정적으로만 볼 필요가 없다. 이것이 우리가 밟고 있는 땅의 본래 모습이기 때문이다. 특정 종교를 국교로 하지 않는 한, 생명의 신성성에 관한 단 하나의 절대적 입장은 불가능하다. 롤스가 지적하였듯이, 우리는 '합당한 다원주의'(reasonable pluralism) 사회에 살고 있지 않는가?¹⁰

그럼에도 불구하고 우리는 임신중절에 관한 법률을 필요로 한다. "법은 도덕의 최소한이다."라는 말이 있듯이, 윤리적 합의가 이루어진 부분에 대해서는 그 윤리성에 근거하여 법률이 제정되고 정책이 입안되어야 할 것이다. 여기에는 드워킨이 강조하였듯이, 임신중절에 대해 건전한 시민들이 갖고 있는 도덕적 직관이 온전히 반영되어야 할 것이다. 태아가 사람이냐 아니냐와 상관없이, 태아는 사람으로 발달할 수 있는 유일한 존재로 인위적 창조력과 자연의 창조력이 결합된 신성한 존재로서 본래적 가치를 지닌다. 따라서 인간 생명의 신성성을 모독하지 않도록 법적 안전장치를 마련해야 할 것이다. 예를 들어, 적어도 태아가 체외생존가능성을 지니는 시점 이후에는 아주 특별한 경우를 제외하고는 임신중절을 허용해서는 안 될 것이다. 무엇보다 특수하고 예외적인 경우를 일반화시켜 임신중절을 무차별적으로 허용하는 잘못을 범해서도 안 될 것이다. 그러나 윤리적 합의가 이루어지지 않은 분야에서는, 어떤 정책

....

9   N. A. Davis, "Abortion", p. 2.

10   J. Rawls, *Political Liberalism*(New York : Columbia University Press, 1993), p. 144.

이나 법률이 절차적 공정성이 확보된 가운데 제정되었다면, 우리는 그 정책이나 법률을 수용하는 것이 현실적인 대안이다. 여기서 롤스가 말하는 중첩적 합의(overlapping consensus) 개념이 도움 될 것이다. 즉, 시민들이 비록 합당하지만 서로 양립 불가능한 인생관이나 세계관 혹은 가치관을 지니고 있다손 치더라도 정치적 영역에서 특정의 정의관에 합의하게 된다는 것이 중첩적 합의의 이념이다.[11] 따라서 임신중절에 관해서도 비록 어렵더라도 중첩적 합의에 이르는 절차적 공정성을 확보하는 지혜가 필요하다.

....

11   *ibid*., pp. 179-192.

부록

임신중절과 법
: 헌법재판소 결정에 관한 '윤리 법정'

헌법재판소의 두 판결: 2010 헌바 402와 2017 헌바 127

1953년 법률 제293호로 제정된 형법의 '낙태' 조항은 2019년 헌법재판소의 헌법불합치 판결로 약 65년의 역사로 마침표를 찍었다. 이와 동시에 낙태와 관련된 법률 제2514호 모자보건법의 인공임신중절 조항도 그 빛이 바래지고 말았다.[1] 물론 태아 보호 및 여성의 자기 결정권과 관련하여 임신중절에 관한 법률 조항을 어떻게 수정 보완할 것인가의 문제는 지금까지 여전히 논의 중이지만, 헌법재판소의 판결로 임신중절에 관한 법리적 논쟁은 종결되었다

....

1   우리나라 법체계에서는 형법과 모자보건법이 말해주듯이 낙태와 임신중절은 그 의미가 구분되는 개념이지만, 여기서 필자는 형법과 직접 관련된 구절을 제외하고는 생명윤리학계에서 학문적으로 정착된 '임신중절'이라는 용어를 낙태와 같은 의미로 사용하고자 한다.

고 해도 과언이 아니다. 하지만 미국의 임신중절 역사를 봐도 그렇지만, 임신중절의 도덕에 관한 윤리학적 논쟁이나 법철학적 논쟁은 우리나라에서도 여전히 살아 있는 화두이다. 이 글은 '낙태'에 관한 헌법재판소의 판결을 윤리학적 관점에서 비판적으로 분석하는 일종의 '윤리 법정'(ethical court)에 그 목적이 있다. 이를 위해 필자는 먼저 '낙태' 관련 형법 조항에 대해 헌법재판소가 어떤 논거에서 2012년에는 합헌 결정을 내렸다가, 2019년에는 헌법불합치 판결을 내렸는지의 물음에 초점을 두고 헌재 판결문의 논거를 분석하고자 한다. 이 과정에서 우리는 임신중절에 관한 혁명적인 판결인 미국 연방 대법원의 '로 대 웨이드'(Roe v. Wade) 판례에 관한 비판적 논의를 눈여겨볼 것이다. 판결문에 대한 이러한 예비적 고찰은 헌재 판결문에 함의된 윤리학적 물음이 무엇인지 명확하게 보여줄 것이다. 즉, 헌재 판결문은 '여성이 자기 결정권을 이유로 태아의 생명권을 침해하도록 헌법이 허용하고 있는가?'라는 물음을 우리에게 던진다. 즉, 헌법은 여성의 임신중절 권리를 보장하는가?

사실 태아의 생명권과 여성의 신체적 자율권이 상충하는 물음은 임신중절에 관한 오래된 논쟁 가운데 하나이다. 필자는 이에 관한 윤리학적 논쟁을 이 글에서 다시 논의하지는 않을 것이다. 다만 여기서는 헌법과 관련하여 이 물음을 다루고자 한다. 왜냐하면 '헌법불합치' 개념은 '낙태' 관련 형법 조항이 헌법의 정신과 어긋난다는 것을 의미하기 때문이다. 그러면 헌법의 정신은 무엇인가? 헌법의 근본이념은 무엇인가? 그것은 정의(justice)이다. 따라서 헌법재판소의 판결에 대한 '윤리 법정'을 바로 세우려면 우리는 정의의 관점에서 임신중절의 물음을 천착해야 한다. 우리는 헌법의 근본이념이 정의라는 데 동의하지만, 불행하게도 그 실질적인 정의관에 대해서는 합의를 찾아보기 어렵다. 대한민국 헌법이 추구하는 정의가 구체적으로 무엇인지에 관한 법철학적 논쟁은 국가 체제에 관한 물음으로 철학이나 법학을 넘어선 '정치'의 영역에 속하기에 이 글의 논의 범위를 넘어선다. 다만 여기서 필자는 헌법이 추구해야 할 정의에 관해 체계적인 철학적 입장을 개진한 존 롤스(J. Rawls)의 '정의론'에 주목하고자 한다. 즉, 롤스는 사회제도의 제1 덕목이 정의임을 명백히 밝히면서, 헌법의 토대가 되는 '공정으로서의 정의' 원칙을 구체적으로 제시하였다. 물론 롤스의 정의론 자체에 대한 다양한 비판은 50년이 지난 지금도 계속 이어지고 있지만, '임신중절에 관한 헌법재판소의 판결에 대한 윤리 법정'을 논하는 데 그의 정의론은 좋은 시금석이 될 수 있다. 따라서 이 글에서 필자는 롤스의 정의론을 윤리 법정의 이론적 전제로 받아들인 다음, 이를 임신중절의 물음에 적용하여 '과연 임신중절의 권리가 헌법의 근본이념인 정의의 원칙과 합치하는가?'의 물음을 윤리학적으로 천착하고자 한다.

물론 모자보건법은 일부 예외를 인정하지만, 법률 제293호로 제정된 형법 제269조 제1항은 자기 낙태를, 그리고 제270조 제1항은 산모의 촉탁 또는 동의에 의한 전문가의 낙태 모두를 범죄로 규정하고 있다. 이러한 형법에 대한 위헌 소송에 대해 2012년에 다수 의견으로 합헌으로 판시한 헌법재판소는 동일 법 조항에 대해 2019년에는 다수 의견으로 헌법불합치 판결을 내렸다. 먼저 합헌 판결을 내린 헌법재판소의 '2010 헌바 402'의 결정 요지를 인용해 보자.

인간의 생명은 고귀하고, 이 세상에서 무엇과도 바꿀 수 없는 존엄한 인간 존재의 근원이며, 이러한 생명에 대한 권리는 기본권 중의 기본권이다. 태아가 비록 그 생명의 유지를 위하여 모(母)에게 의존해야 하지만, 그 자체로 모(母)와 별개의 생명체이고 특별한 사정이 없는 한 인간으로 성장할 가능성이 크므로 태아에게도 생명권이 인정되어야 하며, 태아가 독자적 생존능력을 갖추었는지 여부를 그에 대한 낙태 허용의 판단 기준으로 삼을 수는 없다. 한편, 낙태를 처벌하지 않거나 형벌보다 가벼운 제재를 가하게 된다면 현재보다도 훨씬 더 낙태가 만연하게 되어 자기낙태죄 조항의 입법목적을 달성할 수 없게 될 것이고, 성교육과 피임법의 보편적 상용, 임부에 대한 지원 등은 불법적인 낙태를 방지할 효과적인 수단이 되기에는 부족하다. 나아가 입법자는 일정한 우생학적 또는 유전학적 정신장애나 신체질환이 있는 경우와 같은 예외적인 경우에는 임신 24주 이내의 낙태를 허용하여(모자보건법 제14조, 동법 시행령 제15조), 불가피한 사정이 있는 경우에는 태아의 생명권을 제한할 수 있도록 하고 있다. 나아가 자기낙태죄 조항으로 제한되는 사익인 임부의 자기 결정권이 위 조항을 통하여 달성하려는 태아의 생명권 보호라는 공익에 비하여 결코 중하다고 볼 수 없다. 따라서 자기낙태죄 조항이 임신 초기의 낙태나 사회적·경제적 사유에 의한 낙태를 허용하고 있지 아니한 것이 임부의 자기 결정권에 대한 과도한 제한이라고 보기 어려우므로, 자기낙태죄 조항은 헌법에 위반되지 아니한다.

물론 인간 존엄 개념을 언급하고 있지만, 헌법재판소는 태아 생명 보호의 근거를 생명권에 두고 있음을 우리는 주목해야 한다. 인간 존엄성은 산모의 자기 결정권에 비해 절대적 우선성을 갖기 때문에 임신중절의 물음은 아예 법적으로 성립되지 않기 때문이다.[2] 따라서 우리는 여기서 '윤리 법정'을 중심으로 위의 결정 요지에 함의된 생명권에 관한 윤리학적 주장을 전제로 '임신중절 금지 합헌 논변'을 다음과 같이 재구성할 수 있다.

(1) 인간의 생명권은 기본권 중의 기본권이다.

(2) 태아는 생명권을 지닌다.

(3) 임산부는 자기 결정권을 지닌다.

(4) 생명권 보호가 자기 결정권보다 더 중요하다.

(5) 태아의 생명권을 보호하는 임신중절 금지는 헌법과 합치한다.

이러한 합헌 결정이 '2017 헌바 127'에서는 헌법불합치로 바뀌게 되었다. '자기낙태죄'라는 동일한 법률 조항에 대해 헌법재판소가 판결을 바꾼 이유는 무엇인가? 위의 합헌 논변의 결론을 부정하자면 우리는 적어도 네 전제 중 하나를 반박해야 한다. 결론부터 말하면 '2017 헌바 127'은 위 전제 (4)를 부정하여 임신중절 금지는 헌법과 불합치한다고 판결하였다. (4)를 부정하는 데 헌법재판소가 사용한 주요 논거는 (3)의 자기 결정권에 대한 재해석이다. 즉, 헌법

....

2   고봉진, 「태아의 헌법상 지위」, 『法과 政策』, vol. 22 no. 1, 2016, p. 16.

재판소는 자기 결정권 개념을 확대 해석하여 임신중절 금지는 자기 결정권에 대한 침해의 최소성, 법익의 균형성, 과잉 금지 원칙 등에 어긋난다는 이유로 헌법불합치 판결을 내렸다. 여기서 알 수 있듯이 헌법불합치 판결의 정당성은 '침해의 최소성', '법익의 균형성', '과잉 금지' 등을 어떻게 해석하고 규정하느냐의 법리적 논쟁에 달려 있다고 해도 과언이 아니다. 이는 법학에서 중요한 물음임이 분명하지만, '윤리 법정'과 직접적 연관성이 없기에 이 글의 범위를 넘어선다. 필자는 다만 이 판결에서 명확하게 드러났듯이, 태아의 생명권과 여성의 자기 결정권이 상충하는 물음을 해결하는 헌법재판소의 윤리학적 논거를 철학적으로 천착하고자 한다.

전제 (4)의 부정은 지금까지 언급한 여성의 자기 결정권은 물론이고 전제 (2)가 주장하는 태아의 생명권과도 밀접한 연관성을 지닌다. 따라서 우리는 앞의 합헌 논변을 윤리학적으로 면밀히 검토하지 않을 수 없다. 대전제 (1)은 모든 윤리 이론이 그리고 헌법이 인정하는 논쟁의 여지가 없는 당위 진술이다. 즉, "생명권은 비록 헌법에 명문의 규정이 없다 하더라도 인간의 생존본능과 존재목적에 바탕을 둔 선험적이고 자연법적인 권리로서 헌법에 규정된 모든 기본권의 전제로서 기능하는 기본권 중의 기본권이다."[3] 물론 이 생명권은 적극적 권리가 아니라 소극적 권리이다. 태아의 생명권을 옹

....

3   헌재 1996. 11. 28. 95 헌바 1: 480. 우리나라 대법원도 태아의 생명권을 인정한 판결을 내렸다. "인간의 생명은 잉태된 때부터 시작되는 것이고 회임된 태아는 새로운 존재와 인격의 근원으로서 존엄과 가치를 지니므로 그 자신이 이를 인식하고 있든지 또 스스로를 방어할 수 있는지에 관계없이 침해되지 않도록 보호되어야 함이 헌법 아래에서 국민 일반이 지니는 건전한 도의적 감정과 합치된다." 대법원 1985.6.11. '84도1958'.

호하는 전제 (2)에 관해 '2010 헌바 402'는 두 가지 사실을 지적한다. 하나는 태아는 모와 별개의 생명체로 인간으로 발달할 잠재성을 지닌다는 사실적 명제요, 다른 하나는 태아가 그 생존을 모에 의존한다고 해도 생명권에는 차등을 두어서는 아니 된다는 규범적 명제이다. 즉, 생명권은 체외생존가능성과 상관없이 모든 태아가 동등하게 지닌다는 것이다. 그런데 2019년 판결은 사실적 명제는 그대로 받아들이면서 규범적 명제에 대해서는 해석을 달리하고 있다. 생명윤리학계에서 인정되고 있는 소위 '유전학적 논증'과 '잠재성 논증'을 '2017 헌바 127'도 인정한다. 문제는 규범적 명제인데, 태아의 생명권을 인정하면서도 '2017 헌바 127'은 생명권 보호의 차등을 받아들인다.[4] 즉, "국가가 생명을 보호하는 입법적 조치를 취함에 있어 인간 생명의 발달 단계에 따라 그 보호 정도나 보호 수단을 달리하는 것은 불가능하지 않다."[5]

이렇게 '생명권의 차등'을 허용한 다음, 헌법재판소는 여성의 자기 결정권에 관한 '2010 헌바 402'의 결정문을 인용하여, 이를 보다 전진적으로 해석한다.

헌법 제10조는 "모든 국민은 인간으로서의 존엄과 가치를 가지며,

....

4   헌법불합치의 다수 의견보다 더 자유주의적인 '단순 위헌' 의견을 개진한 이석태, 이은애, 김기영 등의 재판관은 태아의 생명권 인정 여부에 대해서는 단언적 주장을 하지 않으면서, 생명권 여부와 상관없이 태아의 생명이 소중하고 보호할 가치가 있음을 인정하면서 헌법 10조에 따라 국가는 태아의 생명 보호라는 공익을 추구해야 한다는 점은 자명하다고 받아들인다. 2017 헌바 127, p. 31.

5   헌재 2019. 4. 11. '2017 헌바 127', p. 16. 그리고 이와 유사한 판결은 헌재 2008. 7. 31. '2004 헌바 81' 및 헌재 2012. 8. 23. '2010 헌바 402' 결정의 반대 의견을 참조하라.

행복을 추구할 권리를 가진다. 국가는 개인이 가지는 불가침의 기본적 인권을 확인하고 이를 보장할 의무를 진다."라고 규정하여 개인의 인격권과 행복추구권을 보장하고 있다. 개인의 인격권·행복추구권에는 개인의 자기운명결정권이 전제되는 것이고, 이 자기운명결정권에는 임신과 출산에 관한 결정, 즉 임신과 출산의 과정에 내재하는 특별한 희생을 강요당하지 않을 자유가 포함되어 있다.[6]

이처럼 자기 결정권은 헌법이 보장하는 인격권과 행복추구권에 바탕을 둔 인간의 기본권이라는 2012년 판결 요지를 계승하여, 헌법재판소는 2019년 판결에서 임신과 출산에 관해 다음과 같이 적시한다. "이러한 자기 결정권과 '인간과 국가의 관계'가 남녀 구별 없이 여성에게도 동일하게 적용되어야 함은 자명하다. 특히 여성은 남성과 달리 임신, 출산을 할 수 있는데 이에 관한 결정은 여성의 삶에 중대한 영향을 미친다."[7] 이 판결은 임신과 출산에 관해 두 가지 중요한 주장을 함의한다. 하나는 임신과 출산은 여성에게 중대한 영향을 미친다는 사실적 주장이요, 다른 하나는 자기 결정권에 관한 국가의 제한은 평등해야 한다는 규범적 주장이다. 이 두 주장에 근거한 헌법재판소의 2019년 판결에 대해 태아의 생명권과 여성의 자기 결정권의 조화를 위한 해결방안을 찾으려 한 점에서 그 의의를 찾고 있지만,[8] 앞으로 법률이 어떻게 개정될지 모르지만 적어도

....

6   헌재 2012. 8. 23. '2010 헌바 402', p. 480.
7   헌재 2019. 4. 11. '2017 헌바 127', p. 10.

임신 1/3기 임신중절을 전면 허용하는 방향으로 개정되리라는 점에 있어서 실질적으로는 2012년 판결과 반대로 2019년 판결은 여성의 자기 결정권의 '상대적 우선성'에 방점을 찍고 있다.

　　이러한 결정은 이미 우리보다 앞서 미국 연방 대법원의 1973년 '로 대 웨이드' 판례에서도 나타났다.[9] 이 판례는 자기 결정권의 역사적 승리의 전형이다. 이 판결에서 다수 의견을 대변하는 블랙먼(Blackmun) 대법관은 산모에게는 출산에 대한 프라이버시권이 헌법적 권리로 보장되어야 하며, 이 권리에는 임신중절 권리도 포함된다는 논변을 폈다. 사실 임신중절의 물음이 공적인 이익과 관련한 의미 있는 관심을 전혀 지니지 않는 사적인 혹은 개인적인 문제이냐의 물음은 임신중절이 비도덕적이냐의 물음만큼이나 논쟁거리이다.[10] 왜냐하면 어느 영역에 속하느냐에 따라 임신중절의 윤

....

8　　신옥주,「낙태죄 헌법불합치 결정의 의미와 합헌적 법제정비 방향」,『젠더리뷰』, vol. 53, 2019, p. 34.

9　　이 판례는 미국 텍사스주 댈러스에 살던 여성 '제인 로'(Jane Roe, 본명 Norma McCor-vey)가 강간으로 원하지 않은 임신을 하자 1970년 5월 합법적인 임신중절을 원해 텍사스 주법에 대해 위헌 소송을 제기함으로 촉발되었다. 이 소송에 대해 댈러스 카운티의 지방검사 헨리 웨이드(Henry Wade)가 정부 편에서 주법을 옹호하였는데, 이 두 사람의 성을 따라 '로 대 웨이드'(Roe v. Wade) 사건으로 명명되었다. 심리 단계에서 로가 이미 출산한 상태였지만 예외적으로 여성의 이익을 위해 심리를 계속해 대법원은 여성의 프라이버시권에는 임신중절 권리를 포함하기에 텍사스 주법에 대해 7 대 2 다수 의견으로 위헌 결정을 내리면서 3분기 체계(trimester system)에 따라 임신중절의 허용 여부를 달리 판결하였다. 즉, 이 판결에 따르면 임신중절은 체외생존가능성을 기준으로 제2분기 전에는 전면적으로 허용되는 반면에 제3분기 동안에는 산모의 건강에 위협이 되는 예외적인 상황에만 허용된다. G. E. Pence, *Classic Cases in Medical Ethics*, 4th, 2003, 김장한·이재담 옮김,『고전적 사례로 본 의료윤리』(서울: 지코하우스, 2007), pp. 147-148 및 이광진,「헌법상 태아의 보호와 임신중절」,『漢陽法學』, vol. 28, no. 4, 2017 p. 136 참조.

10　　R. P. George, "Public Reason and Political Conflict: Abortion and Homosexuality", *Yale Law Journal*, vol. 106, 1997, p. 2476.

리가 달라질 수 있기 때문이다. 그럼에도 미국 연방 대법원은 프라이버시권을 원용함으로써 임신중절의 물음은 사적 영역에 속한다고 암묵적으로 결론을 내렸다. 위헌 판결의 토대가 '사적 프라이버시권'(the right to private privacy)에서 1992년 판례에서는 '개인적인 자율의 권리'(the right to personal autonomy)로 바뀌기는 하였지만,[11] 임신중절의 물음에 관해 미국 연방 대법원은 '생명이 언제 시작되는가?'라는 어려운 물음은 해결할 필요가 없다고 하면서 자기결정권에 우선성을 두고 있다.[12] 물론 우리는 판결의 결과를 중요하게 받아들이지만, '윤리 법정'은 판결의 윤리학적 논거에 주목한다. 즉, 이 판례에 대한 비판은 크게 두 가지이다. 하나는 중대한 철학

....

11   황필홍, 「로우 케이스 사십년 평가와 전망」, 『美國學論集』, vol. 46, no. 2, 2014, p. 193.
12   소수 의견으로 렌퀴스트(Rehnquest) 대법관은 '로 대 웨이드' 판결에 대해 다음과 같은 세 가지 의문을 던진다. (1) 이전의 법률이 임신중절을 살인보다 가벼운 범죄로 취급해 왔다는 이유로 대법원이 태아의 생명을 보호할 필요가 없다는 논변은 논쟁의 여지가 많다. (2) 국가가 삼분설에 따라 마지막 기간에는 임신중절을 허용하지 않으면서 앞서 두 기간에는 허용하는 것은 자의적이다. (3) 프라이버시 권리가 임신중절에 적용된다는 전제는 의심스럽다. H. Blackmun, "Roe et al. v. Wade, District Attorney of Dallas County," *Abortion: The Supreme Court Decisions 1965-2000*, ed. by I. Shapiro, 2nd ed.(Indianapolis, IN: Hackett Publishing Company, Inc., 2002), pp. 45-46. 여기서는 D. Dreier, "Rawls on Abortion: Adapting his Theory of Justice to the Controversy," *Episteme*, vol. 20, 2009, p. 38 재인용. 특히 (3)과 관련하여 그는 여성에게는 자신의 생식 활동을 통제할 헌법적 권리가 존재하지 않고 단지 '자유 이익'(liberty interest)만 존재한다고 주장하지만, 드워킨은 "프라이버시권이 의미 있으려면, 아이를 잉태할지 또는 출산할지를 결정해야 하는 개인에게 근본적으로 영향을 주는 문제에 대한 정부의 간섭으로부터 여성은 혼인 여부와 상관없이 자유로울 권리를 가져야 한다."라고 주장하는 브레넌(Brennan) 대법관의 말에 근거하여 이러한 헌법적 권리를 인정한다. 그러나 드워킨은 이로부터 '로 대 웨이드' 판결이 옳다는 결론은 귀결되지 않는다고 주장한다. 왜냐하면 주정부는 여성의 프라이버시권을 제한할 강력한 공익을 지닐 수 있기 때문이다. R. Dworkin, *Life's Dominion: An Argument About Abortion, Euthanasia, and Individual Freedom*(New York: A Division of Random House, 1994), pp. 106-107.

적 물음에 관한 대법원의 결정이 윤리적으로 잘못되었다는, 즉 '살인 면허'(licensed murder)를 발급하였다는 비판이요, 다른 하나는 이러한 물음에 관해 법원은 결정 권한이 없는데도 불구하고 '정치적 결정'(political decision)을 내렸다는 비판이다.[13] 특히 후자의 비판은 미국 연방 대법원의 2022년 판례에서 현실화되었다. 즉, 대법원은 미시시피주 낙태 규제법에 관한 위헌 소송에 대해 합헌 결정을 내리면서 임신중절을 규제하는 권위는 국민 내지는 국민을 대표하는 의회로 돌려주어야 한다는 점을 명백하게 밝히면서 1973년의 '로 대 웨이드' 판례를 50년 만에 번복하였다.[14] 실제로 미국의 헌법이나 우리나라 헌법 어디에도 임신중절의 권리를 인정하는 조항은 없다. 심지어 임신중절 권리의 근거가 되는 프라이버시권도 헌법에 명시되어 있지 않다. 물론 우리나라 헌법재판소는 여성의 자기 결정권에 의한 임신중절의 허용 범위에 관한 구체적인 결정을 직접 내리지 않고 입법부에 요청하고 있지만, 판결의 내용은 미국의 판례와 큰 차이가 없기 때문에 이러한 비판은 '2017 헌바 127'에도 그대로 적용된다고 볼 수 있다.

롤스의 공적 이성의 이념과 임신중절

....

13   *ibid.*, pp. 102-103.
14   U.S. Supreme Court, *Dobbs v. Jackson Women's Health Organization*, No. 19-1392, 597 U.S. (2022. 6.24) 'ordered liberty'(공공질서 내의 자유).

그러면 이러한 정치적 결정의 권한은 누구에게 있는가? 일부 학자들은 미국 헌법에 따르면 임명직 재판관이 아니라 선출직 입법부가 갖는다고 주장한다. 그러면 입법부가 임신중절의 허용 여부를 결정할 권한을 갖는가? 역설적이게도 헌법재판소의 헌법불합치 판결은 입법부의 결정에도 제한이 있음을 말해준다. 즉, 헌법의 근본 정신 내지 궁극적 이념과 정합적이지 않으면, 비록 국민이 선출한 입법부의 결정이라도 정당하지 않게 된다. 이렇게 되면 임신중절의 허용 여부는 '결정 권한을 누가 갖느냐?'의 물음이 아니라 헌법의 근본이념인 '정의란 무엇인가?'의 물음으로 귀결된다. 물론 우리가 지금 묻고 있는 바는 '정의의 개념'(concept)이 아니라 '정의관'(conception)이다. 헌법이 추구하는 정의관은 무엇인가? 물론 정의관은 분배적 정의의 기준이나 정당화되는 불평등은 무엇인가 등 여러 물음에 대한 입장의 다발로 구성되지만, 지금의 임신중절 논의에서는 헌법재판소가 명시적으로 인정하고 있는 두 기본권, 즉 태아의 생명권과 여성의 자기 결정권이 상충하는 물음에 대해 해결책을 제시해야 한다.

　　기본권이 상충하는 물음에 대한 합당한 해결책은 무엇인가? 앞서 지적하였듯이 이에 관해 헌법재판소는 임신과 출산이 여성에게 갖는 전인적 의미와 자기 결정권에 관한 평등한 제한을 이유로 적어도 제1삼분기 이전까지는 여성의 자기 결정권이 태아의 생명권에 우선한다는 판결을 내렸다. 따라서 '윤리 법정'이 온전한 역할을 감당하자면 우리는 이 두 주장을 면밀히 검토해야 한다. 후자의 규범적 주장에 대해서 헌법재판소는 별다른 논변을 전개하지 않는 반면에 전자의 사실적 주장에 대해서는 페미니즘의 관점에서 강력한 논지를 펼치고 있다.

> 이처럼 임신·출산·육아는 여성의 삶에 근본적이고 결정적인 영향을 미칠 수 있는 중요한 문제이므로, 임신한 여성이 일정한 범위 내에서 자신의 몸을 임신 상태로 유지하여 출산할 것인지 여부에 대하여 결정하는 것은 자신의 생활영역을 자율적으로 형성해 나가는 것에 관한 것으로서 인간의 존엄성과 자율성에 터 잡고 있는 것이다. … 그렇기 때문에 임신한 여성이 자신의 임신을 유지 또는 종결할 것인지 여부를 결정하는 것은 스스로 선택한 인생관·사회관을 바탕으로 자신이 처한 신체적·심리적·사회적·경제적 상황에 대한 깊은 고민을 한 결과를 반영하는 전인적(全人的) 결정이다.[15]

남성과 달리 임신의 계속 및 출산이 여성에게 전인적 영향을 미친다는 점은 분명하다. 현실에서 남성에 비해 여성의 자기 결정권이 과도하게 침해받고 있고, 이러한 현실은 재생산에서 성 불평등의 물음이 발생한다는 페미니즘의 주장을 대변하는 '재생산적 정의'(reproductive justice) 내지 '젠더 정의'(gender justice)에 어긋난다고 할 수 있다. 하지만 이로부터 임신 여성의 주관적인 '인생관·사회관'에 근거하여 임신을 중단할 권리를 갖는다는 결론은 도출되지 않는다. 왜냐하면 한 개인의 이러한 결정은 임신의 독특성으로 인

....

15   헌재 2019. 4. 11. '2017 헌바 127', pp. 15-16.

해 생명권을 지닌 태아의 죽음을 결과하기 때문이다. 다시 말해, 이러한 판결에는 기본권이 상충하는 물음이 한 개인의 주관적인 '인생관·사회관'에 의해 일방적으로 해결될 수 있다는 받아들이기 어려운 윤리 원칙이 전제되어 있기 때문이다. 필자의 주된 관심은 바로 이 전제에 있다. 즉, 기본권이 서로 충돌할 경우 어느 권리가 우선하는가? 기본권 제한에 관한 물음은 개인의 인생관이나 사회관이 아니라 보편적 합의를 얻을 수 있는 합당한 기준 내지 원칙에 의해 해결되어야 한다. 미국 연방 대법원의 판례에 대해 일부 헌법학자가 그리스 신화에 등장하는 '프로크루스테스의 침대'(Procrustean bed)라고 비난하였듯이, 개인의 상황이나 여건 혹은 주관적 선호에 기본권이 제한되는 사회는 공동체의 안정을 도모할 수 없기 때문이다.[16] 특히 헌법재판소가 인정하듯이 생명권은 기본권 가운데 기본권이기에 그에 대한 제한은 원칙에 근거해야 함은 너무나 자명하다.

원칙에 근거한 기본권의 제한을 천명하면서 정의론을 개진한 대표적인 철학자가 바로 롤스이다. 즉, 롤스는 법률이나 제도의 토대가 되는 헌법이 따라야 하는 정의의 원칙은 무엇인가의 물음에

....

16 프로크루스테스(그리스어: Προκρούστης)는 그리스 신화에 나오는 인물이다. 신화에 따르면 프로크루스테스는 그리스 아티카의 강도로 아테네 교외의 언덕에 집을 짓고 살면서 강도질을 했다고 전해진다. 그의 집에는 철로 만든 침대가 있는데 프로크루스테스는 행인을 붙잡아 자신의 침대에 누이고는 행인의 키가 침대보다 크면 그만큼 잘라내고 행인의 키가 침대보다 작으면 억지로 침대 길이에 맞추어 늘여서 죽였다고 전해진다. 프로크루스테스의 침대라는 말은 바로 이 프로크루스테스의 이야기에서 유래된 말로 자기 생각에 맞추어 남의 생각을 뜯어 고치려는 행위, 남에게 해를 끼치면서까지 자신의 주장을 굽히지 않는 횡포를 말한다. 인터넷 『위키백과』, 2024.6.13. 접속. (https://ko.wikipedia.org/wiki/프로크루스테스).

관심을 갖고 '공정으로서의 정의관'을 체계적으로 제시하였다. 하지만 아쉽게도 롤스는 '성 이슈'(gender issues)를 고려하지 않았다는 비판을 페미니스트들로부터 받고 있을 뿐만 아니라, 임신중절을 비롯하여 그 어떤 생명윤리의 물음에 대해서도 체계적인 저서나 논문을 집필하지 않았다.[17] 실제로 롤스는 그의 주저 『정의론』에서 'abortion'이라는 단어를 아예 언급조차 하지 않았으며, 『정치적 자유주의』, 『만민법』 그리고 『공정으로서의 정의』 각각의 저서에서도 한두 구절의 진술이 전부이다.[18] 이처럼 롤스는 표면적으로 임신중절의 물음에 관해 침묵하고 있다고 해도 과언이 아니다. 그러면 임신중절의 물음에 관한 롤스의 해결책을 우리는 어떻게 추론할 수 있는가? 비록 대여섯 구절밖에 되지 않지만 임신중절에 관한 롤스의 직접적 진술에서 출발하는 것이 자연스러워 보인다. 우선 『정치적 자유주의』에서 임신중절의 물음에 관해 롤스가 직접 밝힌 입장을 좀 길지만 그대로 인용해 보자.

....

17 인종이나 젠더로 인한 불평등에 관한 물음을 논의하지 않는 이유에 대해 롤스는 이상론, 즉 질서정연한 사회에서의 정의 물음을 논하기 때문이라고 해명한다. J. Rawls, *Justice as Fairness: Restatement*, E. Kelly, ed.(Cambridge, MA: The Belknap Press of Harvard University Press, 2001), 김주휘 옮김, 『공정으로서의 정의: 재서술』(서울: 이학사, 2017), pp. 123-125.

18 패트릭 닐은 임신중절에 관한 롤스의 언급을 다섯 구절이라고 말한다. 『정치적 자유주의』에 두 구절(본문 1회, 각주 1회)이, 그리고 『만민법』에 재수록된 「수정된 공적 이성의 이념」이라는 논문에서 세 구절(본문 1회, 각주 2회)이 각각 언급되고 있다고 그는 지적한다. 곧이어 필자가 인용하고 있는, 『공정으로서의 정의: 재진술』에서 진술된 구절에 대해서 그는 아예 언급조차 하지 않았지만, 필자가 여기에 추가하였다. P. Neal, "Rawls, Abortion, and Public Reason", *Journal of Church and State*, vol. 56, Iss. 2, 2014, p. 324.

한 예로써, 아주 논란의 여지가 많은 임신중절의 경우를 들어 보자. 일단 당면한 사회가 질서정연하며 우리는 성숙한 성인 여자의 정상적인 경우를 다룬다고 가정하자. 먼저 이러한 이상화된 경우에 관하여 명백히 하는 것이 최선일 것이다. 이것에 관해 분명해지면, 우리는 다른 경우에 관한 생각에 도움을 줄 수 있는 지침을 얻게 되며, 이는 우리가 예외적인 상황들을 고려하도록 할 것이다. 더 나아가 우리는 다음과 같은 세 가지 중요한 정치적 가치의 견지에서 이 문제를 고려한다고 가정해 보자. 인간 생명에 대한 마땅한 존중, 특정 형태의 가족을 포함하는 장시간에 걸친 정치사회의 질서화된 재생산, 마지막으로 평등한 시민으로서의 여성의 평등. (물론, 이 외에도 다른 중요한 정치적 가치들도 있다.) 이제 나는 이러한 세 가지 가치 간의 합당한 비교 평가가 여성에게 임신 제1삼분기에 여성이 임신을 중단할 것인지 아닌지를 결정할 수 있는 정당한 자격의 권리를 주리라고 믿는다. 그 이유는 임신의 초기 단계에서는 여성의 평등이라는 정치적 가치가 우선적인 것이며, 이 권리가 이것에 실체와 힘을 부여하도록 요구한다. 다른 정치적 가치는 관련되어 있다 할지라도, 이러한 결론에 영향을 주지 못할 것이라고 생각된다. 적어도 일정한 상황에서, 합당한 비교 평가는 이것 이상의 권리를 여성에게 허용할 수도 있다. 그렇지만 나는 이 문제를 전반적으로 여기에서 논의하지 않겠다. 왜냐하면 나는 임신 제1삼분기의 정당한 자격의 권리를 배제하는 정치적 가치의 비교 평가로 유도하는 포괄적인 교설들이 그렇게 하는 한도까지는 비합당하다는 것을 말함으로써 단지 텍스트의 요점을 설명하기 원했기 때문이다. 그리고 이러한 권리 배제는 세부사항에 따라 잔인하고도 억압적일 수 있다. 예를 들어, 강간과 근친상간의 경우를 제외하고 그 권리를 완전히 거부한다면, 그렇게 될 것이다. 그래서 이 문제가 역시 헌법적인 본질적 요건이나 기본적 정의의 문제라는 것을 가정한다면, 만약 우리가 이 권리를 거부하는 포괄적인 교설에 입각하여 투표한다면, 우리는 공적 이성의 이상에 반하게 되는 것이다. 그러나 포괄적인 교설이 하나 혹은 몇 가지 경우에서 비합당한 결론으로 유도된다고 해서, 그 포괄적 교설 자체가 비합당한 것은 아니다. 이것은 여전히 대부분 합당한 것이다.[19]

일단 이 진술이 공적 이성(public reason)과 상충하는 포괄적 교설들은 정치적 가치들의 합당한 비교 평가를 지지할 수 없다는 주장에 대한 하나의 사례로 언급되고 있음에 우리는 주목해야 한다.[20] 이 진술 두 쪽 뒤에서 다시 언급되는 임신중절의 물음은 신학적 입장에서 임신중절에 반대하는 논변과 연관되어 있다. 신학적 입장은

....

19 J. Rawls, *Political Liberalism*(New York: Columbia University Press, 1993), pp. 243-244, fn. 32. 이 각주가 달린 원 문장은 다음과 같다. "The only comprehensive doctrines that run afoul of public reason are those that cannot support a reasonable balance of political values."(공적 이성과 상충하는 유일한 포괄적 교설은 정치적 가치들에 관한 합당한 비교 평가를 지지할 수 없는 교설들이다.) 장동진 옮김, 『정치적 자유주의』(서울: 동명사, 1998), pp. 302-303을 참조하여 필자가 일부 용어와 문구를 수정하였다.

20 일부 학자들은 임신중절의 물음에 관한 롤스의 이러한 진술 방식에 근거하여 롤스는 임신중절의 물음을 아예 정의의 문제로 고려하지 않았다고 주장한다. J. Seery, "Moral Perfectionism and Abortion Politics", *Polity*, vol. 33, no. 3, 2001, p. 349. 하지만 곧이어 인용하는 『공정으로서의 정의』에서 롤스는 임신중절의 물음은 헌법의 핵심 사항은 아니지만 이와 관련된 물음이라고 명백하게 진술하고 있기 때문에, 롤스에게 있어서 임신중절은 분명 정의의 물음이라고 추론할 수 있다.

포괄적 교설 가운데 하나인데, 공적 이성의 논의에서 포괄적 교설은 배제되어야 한다는 그의 주장에 비추어 보면, 『정치적 자유주의』에서 롤스는 공적 이성의 개념과 연관 지어 임신중절의 물음을 논의하고 있다는 사실을 우리는 확인할 수 있다. 이러한 논의 맥락은 『공정으로서의 정의』에서도 그대로 표출되고 있다.

> 정치적 삶의 협력적인 도덕 가운데에는 공적 시민성의 의무를 존중하는 성향이 있다. 그것은 헌법의 핵심 사항들을 포함하는 경우들 및 그러한 핵심 사항들과 관련되면서 정치적 분열을 가져오는 다른 경우들에서 우리가 정치적 가치들에 호소하도록 이끈다. 낙태가 후자의 좋은 예이다. 그것이 헌법의 핵심 사항인지는 분명하지 않을 수 있지만, 확실히 헌법의 핵심 사항과 관련되며 깊은 갈등의 원인이 될 수 있다. 만약 공적 이성의 관념을 수용한다면, 우리는 이 문제가 어떻게 해결될 수 있는지 혹은 어떻게 해결에 접근할 수 있는지 알려주는 정치적 가치들을 확인하려고 노력해야 한다. 나는 다음과 같은 가치들을 염두에 두고 있다. 즉, 공법은 인간의 생명에 대한 적절한 존중을 보여주고, 제도들—사회는 제도를 통해 스스로를 지속적으로 재생산한다—을 적절하게 규제하며, 여성의 완전한 평등을 보장한다는 것, 그리고 마지막으로 그것은, 이를테면 신학적인 그리고 다른 포괄적인 신념 체계들이 사안을 결정하는 것을 막는 공적 이성의 요구들을 따른다는 것이다. 우리의 목적은 이러한 가치들을 공적 이성의 한계 안에 있는 정치적 가치들로 정식화하는 것이다.[21]

앞의 인용문이 말해주듯이, 롤스는 임신중절의 물음이 헌법의 핵심 사항이 아니라 할지라도 이와 관련되어 있기 때문에 포괄적 교설이 아니라 공적 이성의 한계 안에 있는 공유된 정치적 가치들에 의해 해결되어야 한다고 주장한다. 여기에서는 아예 '공적 이성의 요구조건'이 하나의 정치적 가치로 언급되고 있다. 하지만 공적 이성의 요구조건은 나머지 세 정치적 가치와는 그 성격이 다르다. 공적 이성의 요구조건은 실질적 내용에 관한 가치가 아니라 논의 방식에 관한 일종의 '방법론적 규범'에 해당하기 때문이다. 즉, 임신중절과 같은, 헌법의 핵심 사항과 관련된 물음은 포괄적 교설이 아니라 공적 이성의 한계 안에서 논의되어야 한다는 것이다. 이러한 롤스의 입장을 견지하여 사무엘 프리먼(S. Freeman)은 "종교적인 이유로 인간 생명 존중이라는 정치적 가치에 절대적 우위를 부여하는 입법가나 재판관 혹은 시민은 공적 이성에 아예 참여하지 않고 있다."라고 설명한다.[22] 따라서 임신중절의 물음에 관하여 『공정으로서의 정의』에 나타난 롤스의 언급은 『정치적 자유주의』에서의 입장과 동일하다고 말할 수 있다. 모든 임신중절이 아니라 삼분설에 따른 임신 제1삼분기 내의 임신중절에 국한하여, 위 두 인용문에 나타난 롤스의 입장을 하나의 논변으로 정리하면 다음과 같다.

(1) 임신중절의 물음은 헌법과 관련되어 있다.

....

21   J. Rawls, *Justice as Fairness: A Restatement*, pp. 210-211.
22   S. Freeman, "John Rawls-An Overview", S. Freeman, ed., *The Cambridge Companion to Rawls*(Cambridge University Press, 2002), p. 42.

(2) 헌법과 관련된 물음은 공적 이성으로 해결해야 한다.

(3) 공적 이성은 정치적 가치들만을 합당하게 비교 평가해야 한다.

(4) 임신중절과 관련된 다른 가치들에 비해 여성의 평등권이 우선 한다.

(5) 따라서 여성은 임신중절 권리를 갖는다.

우리는 지금 헌법재판소의 판결에 관한 '윤리 법정'을 논의하고 있기에, 이 논변의 전제 (1)은 받아들일 수 있다. 만약 임신중절의 물음이 헌법과 관련이 없다면 아예 헌법재판소의 소관 사항이 아니기 때문이다. 임신중절의 물음은 윤리적 물음이면서 동시에 법적인 물음임이 분명하다. 그렇기 때문에 임신중절의 법적 물음은 공적 이성의 한계 내에서 다뤄져야 한다는 전제 (2)도 일단 수긍이 간다. 우리는 서로 다른 포괄적 교설을 지닌 '합당한 다원주의'(reasonable pluralism)의 사회에 살고 있다. 합당한 다원주의는 우리 사회의 항구적인 진실이다. 그러면서도 우리는 상호 협력의 질서정연한 사회를 이루어야 하기 때문에 헌법의 본질적 요소나 정치적 정의관에 관해 중첩적 합의를 이룰 수밖에 없다. 중첩적 합의를 이루자면 서로 다른 포괄적 교설에 근거한 '포괄적 이성'(comprehensive reason)이 아닌, 정치적 가치에 근거한 공적 이성에 호소하여야 한다. 물론 미국 노예제의 사례에서 알 수 있듯이, 포괄적 이성이 공적 이성과 항상 모순되는 것이 아니며, 일상적으로 우리는 포괄적 이성과 공적 이성을 잘 구분하지도 않는다.[23] 그럼에도 불구하고 포괄적 교설은 서로 상충할 수 있으므로 포괄적 이성이 개입하게 되면 합의를 이끌어 낼 수 없기 때문에, 헌법과 관련된 물음을 해결하기 위해서는 공적 이성에만 의거해야 한다. 입헌 민주주의 체제에서 '공적 이성은 대법원의 이성'이라는 의미에서 법률의 위헌 여부를 다루는 미국 연방 대법원이나 우리나라의 헌법재판소는 '공적 이성의 표본'이라고 말할 수 있다.[24] 일단 공적 이성에 관한 롤스의 이러한 이상을 받아들이자. 공적 이성은 포괄적 교설이 주장하는 선관이 아니라 정치적 가치에만 의거해야 한다.[25]

앞서 지적했듯이, 임신중절은 '공적 이성과 상충하는 포괄적 교설은 정치적 가치들을 합당하게 비교 평가할 수 없는 교설'이라는 주장을 보여주고자 롤스가 언급한 구체적인 하나의 사례이다. 이 주장에 따르면 임신중절 권리를 부정하는 포괄적 교설은 공적 이성과 상충한다고 말할 수 있다. 실제로 롤스는 이러한 권리를 부정하는 포괄적 교설에 입각하여 투표한다면 우리는 공적 이성의 이상에서 벗어나게 될 것이라고 말한다. 여기서 우리는 이러한 포괄적 교설이 왜 혹은 어떤 이유로 임신중절 권리를 부정하는지를 물을 수 있다. 두 가지 이유가 가능하다.[26] 하나는 공적 추론의 과정에 포괄적 교설을 은근슬쩍 끌어들여 헌법과 관련된 물음을 결정하는 경우이고, 다른 하나는 세 가지 정치적 가치를 합당하게 비교 평가하지

....

23   J. Rawls, *Political Liberalism*, p. 251.

24   *ibid.*, p. 216.

25   롤스는 공적 이성의 관념은 헌법의 핵심 사항들과 기본적 정의의 문제에만 관여하고, 개인들이나 결사체에서는 비공적 이성(nonpublic reason)이 서로 다르게 적용될 수 있음을 인정한다. J. Rawls, *Justice as Fairness: A Restatement*, pp. 169-170.

26   P. Neal, "Rawls, Abortion, and Public Reason", pp. 328-329.

않는 경우이다. 이 두 이유 가운데 전자는 공적 이성에 처음부터 충실하지 않았기에 임신중절의 합법성 물음과 아무런 상관성을 지니지 않는다고 하겠다. 하지만 후자의 이유는 임신중절의 권리 여부와 밀접한 연관성을 지님에도 불구하고, 롤스는 왜 정치적 가치에 대한 이러한 비교 평가가 합당하지 않은지를 전혀 설명하고 있지 않다. 이러한 비판이 설득력을 지니는 이유는 바로 전제 (3)과 (4)에 대한 롤스의 설명이 충분하지 않기 때문이다. 사실 전제 (3)은 논쟁의 소지가 많은 복합 주장이다. 즉, 전제 (3)에 대해 우리는 다음과 같은 몇 가지 물음을 던질 수 있다.

(3-1) 임신중절과 관련된 정치적 가치는 무엇인가?
(3-2) 정치적 가치들의 비교 평가는 어떻게 하는가?
(3-3) 비교 평가의 합당성 기준은 무엇인가?

이 세 물음에 대해 롤스는 (3-1)에 대해서만 비교적 명확하게 입장을 밝히고 있다. 즉, '인간 생명에 대한 존중'(respect for human life), '정치 사회의 재생산'(reproduction of political society), 그리고 '여성의 평등'(equality of women) 등 3가지 정치적 가치를 그는 언급한다. 하지만 (3-2)와 (3-3)에 대해서는 명확한 답변이나 논증을 제공하지 않는다. 이러한 사실은 논리적으로 전제 (4)에 의문을 던진다. 전제 (3)과 (4)가 참임을 입증하지 못하면, 롤스의 궁극적 결론 (5)는 당연히 의문시될 수밖에 없다. 롤스는 '정치적 가치들에 대한 합당한 비교 평가'를 공적 이성의 잣대로 여기면서도 이에 대해

그 어떤 구체적인 설명도 하지 않고 있다.[27]

이러한 비판에 대해 롤스는 1996년 『정치적 자유주의』 개정판 서문에서 자신의 진술은 임신중절을 옹호하는 '논증'(argument)이 아니라 하나의 '의견'(opinion)이며, 그러한 논증을 전개할 의도조차 없었다고 해명한다.[28] 그런데 개정판 서문에서 롤스는 가장 합당한 논변 혹은 결정적 논변이 어떠한지는 알지 못한다고 고백하면서, 임신중절의 권리를 부정하는 자들에 관해 초판 각주와는 다른 논변으로 해석될 수 있는 구절을 언급하고 있다.

> 예시를 목적으로, 공적 이성의 한계 내에서 임신중절 권리를 옹호하는 합당한 논증은 있으나, 그러한 권리의 부정을 논증하는 정치적 가치들에 대해서 이와 동등하게 합당한 비교 평가 내지 순서 매김(no equally reasonable balance or ordering)은 존재하지 않는다고 가정하자. 즉, 오직 이러한 경우에만 임신중절 권리를 부정하는 포괄적 교설은 공적 이성과 상충한다.[29]

이 구절에서 롤스는 포괄적 교설과 공적 이성의 상충 여부를 '동등하게 합당한 비교 평가'에 근거하여 설명하고 있다. 이는 무엇

....
27   ibid., p. 337.
28   J. Rawls, *Political Liberalism*, p. liv, fn. 32. 이러한 해명은 1997년 발표한 논문 "The Idea of Public Reason Revisited", *The University of Chicago Law Review*, vol. 64, no. 3, 1997, pp. 765-807에 그대로 인용되었으며, 이 논문은 1999년에 출간된 J. Rawls, *The Law of Peoples with "The Idea of Public Reason Revisited"*(Cambridge, MA: Harvard University Press, 1999)에 부록으로 재수록되었다.
29   J. Rawls, *Political Liberalism*, p. lvi, fn. 31.

을 말하는가? 공적 이성의 영역 내에서 정치적 가치를 비교 평가하는 데 임신중절 권리를 부정하는 논변이 그 권리를 옹호하는 논변보다 동등하게 합당하지 않다면, 후자의 입장이 공적 이성의 이념과 부합한다는 것이다. 실제로 롤스는 재판 서문에서 임신중절 권리를 부정하는 베르나딘(Bernadin) 추기경의 논변을 소개하면서 "그의 논변 자체가 합당한지 아닌지 혹은 다른 논증에 비해 더 합당한지의 물음은 서로 다른 문제다."[30]라고 말하면서도 그의 논증이 공적 이성에 토대를 두고 있음은 받아들인다. 그러니까 베르나딘 추기경은 롤스와는 다른 세 가지 정치적 가치 ─공공의 평화(public peace), 인권의 본질적 보호(essential protection of human rights) 및 법치 공동체에서 일반적으로 받아들여지고 있는 도덕적 행동의 표준들(the commonly accepted standards of moral behavior in a community of law) ─에 의거하여 임신중절 권리를 부정하는 논변을 폈는데, 이 역시 공적 이성의 한계 내에 있음을 그리고 정치적 가치들에 관한 합당한 비교 평가임을 롤스는 인정한다.

그렇지만 이러한 논변이 임신중절 권리를 옹호하는 논변보다 더 합당한지는 별개의 문제이기 때문에 롤스는 초판의 입장을 고수하고 있다. 이렇게 되면 공적 이성과의 상충 여부를 판별하는 표준이 하나 더 더해지게 된다. 이를 두고 패트릭 닐(P. Neal)은 공적 이성과의 상충을 판가름하는 롤스의 표준이 『정치적 자유주의』 개정판에서는 바뀌고 있음을 보여준다고 지적한다. 그러면서 그는 공적

....

30   *ibid.*, p. lvi, fn. 32.

이성과 상충하는 3가지 방식을 다음의 표와 같이 정리한다.[31]

오류의 차원(error level)	오류의 본성(nature of the error)
약한 기준 (weak criterion)	공적 이성의 영역 밖에 위치함.
강한 기준 (stronger criterion)	공적 이성의 영역 내에 위치하지만, 정치적 가치들을 합당하게 비교 평가하지 못함.
가장 강한 기준 (strongest criterion)	공적 이성의 영역 내에 위치하고 정치적 가치들을 합당하게 비교 평가하고 있지만, 대안적 설명이 제공하는 평가와 동등하리만큼 합당하게 평가하지는 못함.

『정치적 자유주의』 초판 각주에서는 약한 기준과 강한 기준만이 언급된 반면에, 개정판에서는 가장 강한 기준을 롤스는 추가하고 있다. 이 세 기준에 따르면 임신중절 권리를 부정하는 자들이 공적 이성의 이념과 상충할 개연성은 크게 네 가지이다. 논리적으로는 세 가지이지만, 강한 기준은 다시 둘로 생각할 수 있기 때문이다. 왜 우리는 정치적 가치들을 합당하게 비교 평가하지 못하는가? 하나는 정치적 가치를 고려하면서도 포괄적 교설의 가치마저 끌어들여 비교 평가하는 경우이고, 다른 하나는 정치적 가치들만 고려하면서도 그 가중치를 다르게 부여하여 평가하는 경우이다. 따라서 임신중절 권리를 부정하는 논변은 공적 이성의 이 네 표준 가운데 적어도 어느 하나와 상충한다고 말할 수 있다. 태아는 도덕적 지위를 지닌다는 윤리적 주장에 근거한 임신중절 반대 논변이 공적 이성의 이념과 상충한다고는 분명하게 말하지만, 롤스는 개정판에서

....

31 P. Neal, "Rawls, Abortion, and Public Reason", p. 335.

도 가장 강한 기준은 물론이거니와 강한 기준에 근거해서도 임신중절 권리를 부정하는 논변이 구체적으로 어떻게 공적 이성과 상충하는지를 설명하지 않는다. 물론 출산 및 양육과 관련된 여성의 평등에 관심을 갖지만, 왜 앞서 언급한 세 정치적 가치만이 임신중절의 물음에 관련되는지, 한 걸음 더 나아가 여성의 평등이 인간 생명의 존중에 비해 그 가치의 비교 평가에서 합당한 우위를 차지하는지에 관해 그는 실질적인 논변을 제시하지 않는다.[32] 이뿐만 아니라 임신중절 권리를 옹호하는 논변이 자신이 제안한 가장 강한 기준과 구체적으로 어떻게 부합하는지에 대해서도 그는 침묵한다. 다만 그는 이러한 논변의 예로써 주디스 톰슨(J. J. Thomson)의 임신중절 옹호 논변을 참조하라고 말한다.

톰슨의 논변을 직접 논하기에 앞서 포괄적 교설을 배제하는 롤스의 입장에서 톰슨의 논변이 차지하는 위치를 간략하게 살펴보자. 공적 이성의 한계 내에서 정치적 가치에 근거하여 임신중절의 합법성 물음을 논해야 한다는 롤스의 입장은 태아의 도덕적 지위나 생명권의 물음은 배제되어야 한다는 뜻이다. 배제되어야 하는 이유는 물론 분명하다. 태아의 도덕적 지위나 생명권 물음은 윤리 형이상학적이기에, 포괄적 교설이 개입할 수밖에 없기 때문이다. 롤스의 이러한 '회피의 방법'(method of avoidance)은 태아의 생명권이 임

....

32 예를 들어, 롤스 편에 서서 공적 이성의 이념을 엄격하게 적용하여 임신 전 기간 여성의 임신중절 권리는 보장되어야 한다는 입장을 적극 옹호하는 제러미 윌리엄스는 롤스가 인정한 '인간 생명의 존중 가치'는 정치적 가치가 아니라고 주장한다. J. Williams, "Public Reason and Prenatal Moral Status", *The Journal of Ethics*, vol. 19, 2015, p. 25.

신중절의 합법성과 어떤 관련성을 갖는지에 관해 다음 두 입장 중 어느 하나를 따르고 있다. 하나는 태아의 도덕적 지위를 알지 못하기 때문에 여성의 자유가 우선한다는 '불가지론 입장'(the agnostic position)이요, 다른 하나는 태아의 도덕적 지위가 어떠하든지 상관없이 여성의 자유가 우선한다는 '무관련성 입장'(the irrelevance position)이다.[33] 전자는 태아의 도덕적 지위를 알 수 없기 때문에 여성의 자유권이 우선한다는 입장이고, 태아의 도덕적 지위는 공적 이성의 한계를 넘어서 포괄적 이성과 관련되기 때문에 임신중절의 합법성 논의와 아예 관련이 없다는 것이 후자의 입장이다. 『정치적 자유주의』에서 롤스의 입장은 두 입장 모두로 해석이 가능하지만 후자에 가깝다.

톰슨의 임신중절 권리 옹호도 무관련성 입장으로 해석할 수 있다. 즉, 톰슨은 「임신중절: 누구의 권리?」(Abortion: Whose Right?)라는 논문에서 생명옹호론의 근본 주장들이 잘못되었다는 이유에서가 아니라, 이러한 주장들의 진위는 임신중절의 물음에 관한 정치적 해결과는 무관하다는 이유에서 임신중절 권리를 주장한다.[34] 하지만 임신중절 권리를 옹호하는 톰슨의 논변은 불가지론 입장에 가깝다. 일단 그녀가 요약하여 정리하고 있는 임신중절 옹호 논변을 살펴보자.[35]

....

33   H. Friberg-Fernros, "Abortion and the Limits of Political Liberalism", *Public Reason*, vol. 2, no. 1, 2010, pp. 27-42.

34   R. P George, "Public Reason and Political Conflict: Abortion and Homosexuality", p. 2489.

35   J. J. Thomson, "Abortion: Whose Right?", *Boston Review*, vol. 20, 1995, p. 12.

(1) 임신중절을 제한하는 규제는 여성의 자유를 중대하게 제한한다.

(2) 자유에 대한 중대한 제한은 그 제한의 부정이 합당하다면 강요
될 수 없다.

(3) 임신 순간부터 태아는 생명권을 갖는다는 주장에 대한 여성들
의 부정은 합당하지 않다고 말할 수 없다.

톰슨 논변의 핵심은 '비합당성'(unreasonableness) 개념에 달려 있다. 즉, 톰슨의 이러한 논변에는 대전제에 해당하는 '여성의 자유에 대한 중대한 제한은 합당하지 않다.'라는 근본 원칙이 생략되어 있다. 여성의 자유는 정치적 가치임에 분명하다. 그리고 임신중절에 대한 규제가 여성의 자유를 중대하게 제한한다는 전제 (1)은 인정된다. 전제 (2) 역시 정의의 형식적 요구사항으로 우리는 받아들일 수 있다. 이렇게 되면 문제는 (3)이다. 즉, 톰슨의 임신중절 권리 옹호는 '태아는 생명권을 갖는다.'라는 명제의 부정이 합당하느냐 그렇지 않느냐에 달려 있다. 물론 톰슨은 이 명제의 부정이 비합당적이지 않는 이유로서 임신중절에 관한 각국의 법률을 든다. 일반적으로 임신중절 권리 옹호자들은 두 가지 사실을 지적한다. 하나는 임신중절 반대자들도 강간, 근친상간, 산모의 생명 위독 등의 이유로 인한 임신중절을 예외로 인정한다는 사실이요, 다른 하나는 임신중절을 불법으로 규정한 나라에서도 임신중절의 죄를 살인죄와 동등하게 취급하지 않는다는 사실이다. 톰슨의 이러한 근거는 틀린 주장이 아니다.

하지만 이는 태아의 생명권을 부정하는 결정적 이유가 되지 못한다. 임신중절 권리를 반박하는 법 조항도 발견되기 때문이다. 즉, 산모의 요구에 따라 의료인이 시술한 임신중절에 의해 태아가 죽임을 당하는 경우를 제외하고, 즉 제삼자의 폭력에 의한 태아 죽음에 대해서는 살인죄와 동등하게 취급하는 법 조항도 존재한다. 예를 들어, 2004년에 제정된 미국의 '태어나지 않은 희생자에 관한 폭행 법률'(Unborn Victims of Violence Act)은 '자궁 내 아이'(child in utero)를 '자궁 내에 잉태되어 있는, 모든 발달 단계의 호모 사피엔스 종의 구성원'으로 규정한다. 그래서 이 법률에 따르면 산모에 대한 폭행죄에는 두 명의 희생자—그 여성과 태중 아이—가 발생한 것으로 간주된다.[36] 이는 태아는 산모와 독립된 별개의 희생자라는 일종의 '이중 희생자 법률'(the double-victims law)이다. 이러한 연방법을 미국의 36개 주에서 채택하고 있다.[37] 우리나라 헌법재판소 역시 발달 단계와 상관없이 모든 태아를 독립된 인간 생명으로 인정하고 있다. 이처럼 임신중절에 관한 현행 법률은 어느 한쪽을 옹호하는 논증을 결정적으로 제공하지는 않는다.

이러한 사실을 염두에 두었는지는 알 수 없지만, 실제로 톰슨은 수정란이 생명권을 지닌다는 것을 부정할 결정적 이유를 알지 못할 뿐만 아니라 이를 긍정할 결정적 이유도 알지 못한다고 시인한다.[38]

....

36 L. M. Milligan, "A Theory of Stability: John Rawls, Fetal Homicide, and Substantive Due Process", *Boston University Law Review*, vol. 87, 2007, pp. 1183-1184.

37 D. M. Shaw, "Justice and the Fetus: Rawls, Children, and Abortion", *Cambridge Quarterly Healthcare Ethics*, vol. 20, no. 1. 2011, p. 99. fn. 24.

38 J. J. Thomson, "Abortion: Whose Right?", p. 9.

이처럼 톰슨은 태아의 생명권에 관한 물음에 대해 '불가지론 입장'을 명확히 보여주고 있다. 윌리엄 로스(W.D. Ross)의 표현을 빌리면, 톰슨은 여성의 자유 보장은 일종의 조건부적 의무인데, 이 의무에 제한을 가하자면 그에 상응하는 결정적 이유가 존재해야 한다는 것이다. 다시 말해, 임신중절 금지는 여성의 자유에 대한 제한이기에, 자유를 제한하는 편에서 그 결정적 이유를 제공해야 할 증명의 부담을 져야 한다는 것이 톰슨의 주장이다. 이러한 논변의 연속선상에서 제프리 라이먼(J. Reiman)은 태아의 도덕적 지위는 논쟁적인 반면에, 여성에게 그 의사에 반한 임신의 지속 강요는 논쟁의 여지가 없는 악이기 때문에, 태아의 도덕적 지위를 이유로 임신중절 권리를 부정해서는 안 된다고 주장한다.[39] 이는 불확실한 선을 이유로 확실한 악을 행해서는 안 된다는 일종의 '메타 규범적 윤리 원칙'(meta-normative ethical principle)이다.

하지만 이러한 논변이 과연 임신중절 물음에 그대로 적용될 수 있는지는 의문스럽다. 그 이유는 간단하다. 여성에게 그 의사에 반하여 임신의 지속을 강요하는 일이 악이라는 것은 의심의 여지가 없는 사실이라고 그는 전제하는데, 이 전제 자체가 입증되기 어렵기 때문이다. 물론 여성이 자기 신체에 대한 자율권을 갖는다는 것은 논쟁의 여지가 없다. 이 논변이 임신중절의 맥락에 그대로 적용되려면, 태아도 여성의 신체 일부라는 사실이 밝혀져야 한다. 태아

....

39   J. Reiman, "Abortion, Natural Law and Liberal Discourse: A Response to John Finn-is", R.P. George & C. Wolfe, eds., *Natural Law and Public Reason*(Washington: Georgetown University Press, 2000), p. 112.

가 마치 여성 자궁에 자라고 있는 종양처럼 단지 여성 신체의 일부에 지나지 않는다면 임신중절 물음은 법적으로도 또 윤리적으로도 아예 제기조차 되지 않았을 것이다. 즉, 임신의 강요가 악이냐 아니냐의 물음은 태아가 여성 신체의 일부인가 아닌가, 다시 말해 태아의 도덕적 지위에 의존한다고 말할 수 있다. 따라서 임신의 강요가 악인가의 물음은 태아의 도덕적 지위만큼이나 논쟁의 여지가 많은 주장이다.[40]

한 걸음 더 나아가 우리는 증명의 부담에 대해 그 반대의 주장을 할 수 있다. 생명권은 인간의 자유권보다 더 근본적인 권리이다. 설사 양보하여 생명권 보호를 조건부적 의무로 간주해도, 이를 빼앗는 자가 그 결정적 이유를 제공해야 한다고 우리는 얼마든지 주장할 수 있다. 즉, 태어나지 않은 태아가 신생아와 전혀 다르다는 것을 입증하는 결정적 논증이 제시되지 않는 한, 태아는 생명권을 지닌다는 주장을 부인하는 많은 여성들의 입장은 진정으로 합당하다고 인정할 수 없기 때문이다.[41] 결국 톰슨의 논변이 설득력을 지니려면 두 주장에 대한 합당성 여부를 톰슨은 해명해야 한다. 하나는 '태아는 생명권을 갖는다.'라는 주장이 합당하느냐의 물음이고, 다른 하나는 임신중절 권리 부정이 여성의 자유에 가하는 제한이 합당하느냐의 물음이다. 그런데 이 두 물음은 태아의 도덕적 지위에 관한 물음에 답하지 않고서는 풀 수 없다. 하지만 태아가 언제 인간

....

40 D. M. Shaw, "Justice and the Fetus: Rawls, Children, and Abortion", p. 94.
41 J. Finnis, "Public Reason, Abortion, and Cloning", *Valparaiso University Law Review*, vol. 32, no. 2, Spring, 1998, p. 375.

이 되느냐, 그래서 도덕적 지위를 지니느냐의 물음은 윤리 형이상학의 영역에 속하며, 이는 정치적이지 않고 형이상학적이다. 이렇게 되면 합당성 물음은 정치적 가치를 넘어 포괄적 교설에 의거하게 되고, 이는 곧 공적 이성의 이념과 정면으로 어긋나게 된다. 공적 이성만으로는 임신중절의 합법성 물음을 해결할 수 없다는 이러한 비판은 공적 이성에 관한 '불완전성 반론'(the incompleteness objection)이라 불린다.[42]

임신중절에 관한 롤스의 이러한 분석은 정치적 자유주의가 배제하고 있는 포괄적인 자유주의적 선관으로부터 도출되는 도덕적 신념들, 즉 태아는 도덕적 지위를 지니지 않으며, 그렇기 때문에 여성과 동등한 생명권이나 평등한 존중을 받을 자격을 지니지 않는다는 도덕적 신념을 암묵적으로 전제한다는 비판을 받고 있다.[43] 마이클 샌델(M. J. Sandel)도 이와 유사한 비판을 제기한다. 그는 임신중절의 법적 권리에 관한 논변을 임신중절의 도덕에 토대를 둔 '소박한'(naive) 논변과 특정의 도덕과는 중립적인 민주주의 국가에서의

....

42 R. Arrell, "Public Reason and Abortion: Was Rawls Right After All?", *The Journal of Ethics*, vol. 23, 2019, p. 42. 롤스는 이러한 반론을 의식하고, 1995년『정치적 자유주의』 개정판,「제9장 하버마스에 대한 응답, 2절 중첩적 합의와 정당화」에서 이렇게 대답한다. "공적 이성에 있어서, 정치적 입장의 정당화는 오직 정치적 가치만을 고려하며, 올바르게 개진된 정치적 입장은 완전하다고 나는 가정한다. 즉, 정치적 입장에 의해 규정된 정치적 가치들은 올바르게 순서가 매겨질 수 있거나 혹은 비교 평가될 수 있기 때문에, 공적 이성은 헌법의 본질적 구성요소와 기본적 정의에 관한 모든 혹은 거의 모든 문제에 관해 정치적 가치들에만 의거해서 합당한 대답을 제공한다." J. Rawls, *Political Liberalism*(New York: Columbia University Press, 2005), p. 396. 이 구절에서도 롤스는 공적 이성의 완전성을 가정하고 있을 따름이지, 구체적으로 어떻게 이러한 모든 문제를 해결할 수 있는지에 대해서는 구체적인 해명을 하고 있지 않다.

43 R. P. George, "Public Reason and Political Conflict: Abortion and Homosexuality", p.

개인의 권리 내지 자유에 토대를 둔 '세련된'(sophisticated) 논변으로 구분한 다음, 후자의 논변이 정당성을 얻자면 전자의 논변을 끌어들일 수밖에 없다고 주장한다. 즉, 임신중절에 관한 윤리 내지 종교적 신념과 같은 포괄적 교설에 중립적인 정치적 가치에 근거한 공적 이성의 논변만으로는 임신중절의 법적 권리 물음을 해결할 수 없다는 게 샌델의 지적이다.[44] 이런 면에서 보면 여성의 평등권이 태아의 생명을 종식할 권리를 부여한다는 롤스의 주장은 일종의 선결문제 요구의 오류를 범하고 있다고 하겠다.[45]

공정으로서의 정의

이러한 비판을 견지하면서 닐은 공적 이성과 임신중절 물음의

....

2488.

44 M. J. Sandel, "Moral Argument and Liberal Toleration: Abortion and Homosexuality", *California Law Review*, vol. 77, No. 3, 1989, pp. 521-538 참조. 샌델은 정의와 권리에 관한 공적 담론에서는 도덕적·종교적 신념을 배제하고 대법관과 같은 시민적 정체성에만 충실해야 한다는 롤스의 자유주의적 정치철학에 대해 '벌거벗은 공공 영역'(naked public square)의 비유를 인용하여 잘못되었다고 비판한다. 즉, 실질적인 도덕적 물음을 해결하지 않고서는 정의와 권리의 문제를 해결하는 것이 항상 가능한 것이 아닐 뿐만 아니라, 설사 그렇게 하는 것이 가능하다 해도 이는 바람직하지 않을 수 있다는 게 그의 지적이다. 이러한 정치철학에 근거하여 그는 임신중절 물음에 대해서도 이렇게 말한다. "법은 도덕적·종교적 물음에 대해 중립을 유지해야 한다고 말하는 것만으로 충분하지 않다. 임신중절의 허용을 주장하는 논거는 이의 금지를 주장하는 논거만큼이나 중립적이지 않다. 두 입장 모두 그 바탕이 되는(underlying) 도덕적·종교적 논쟁에 대한 나름대로의 대답을 전제하고 있다.", M. J. Sandel, *Justice: What's the Right Thing to Do?*(New York: Farrar, Straus and Giroux, 2009), p. 252.

45 D. M. Shaw, "Justice and the Fetus: Rawls, Children, and Abortion", p. 94.

상관성에 관해 이렇게 결론을 내린다.

> 공적 이성 자체는 임신중절의 권리 물음에 관해 정확한 정치적 입
> 장을 결정할 수 없다. 그 이유는 두 가지이다. (1) 임신중절 권리에
> 관한 찬반 논변 모두 공적 이성의 한계 내에서 전개될 수 있다. (2)
> 공적 이성 자체의 조건은 찬반의 두 논변 사이의 이슈를 결정짓기
> 에는 충분하지 않다.[46]

간단히 말해, 공적 이성만으로는 임신중절 물음은 해결되지 않
는다는 것이 그의 지적이다. 그러면 헌법과 관련된 임신중절의 권
리 물음에 대해 롤스의 정의론은 아무런 해결책을 제시할 수 없는
가? 크리스토퍼 헤어(C. D. Hare)는 공적 이성의 이러한 불완전성
을 인정하고, 공정으로서의 정의가 임신중절이라는 생명윤리 물음
을 다루는 데 더 적절하다고 주장한다. 따라서 우리는 공적 이성에
서 공정으로서의 정의로 눈을 돌려 그 함의를 모색할 수 있다.[47] 공
정으로서의 정의에서 롤스가 임신중절 물음을 가장 손쉽게 해결하
는 방안은 기본적 자유의 목록에 임신중절 권리를 포함하는 일이
다. 롤스의 입장에서는 사회적, 경제적 이익을 이유로 기본적 자유
를 제한하는 일은 결코 정당화될 수 없기 때문이다. 하지만 그는 기
본적 자유의 목록에 임신중절 권리를 포함하지는 않았다.[48] 다만 그

....

46   P. Neal, "Rawls, Abortion, and Public Reason", p. 346.
47   C. D. Hare, "At the Original Position as a Fetus: Rawlsian Political Theory and Catho-
      lic Bioethics", *The National Catholic Bioethics Quarterly*, vol. 10, Iss. 4, 2010, p. 678.

는 다른 기본적 자유가 이러한 목록에 포함될 개연성을 열어두고 있기에 일단 임신중절 권리는 기본적 자유의 후보가 될 수 있다.

그런데 『정치적 자유주의』에서 그는 기본적 자유의 외연이 확장되면 가장 본질적인 기본적 자유에 대한 보호가 약화될 위험이 있다고 지적한다.[49] 이러한 언급과 페미니즘 이슈에 관한 롤스의 침묵을 고려하여 볼 때, 임신중절 권리가 롤스의 기본적 자유 목록에 포함되지 않을 것이라는 추론은 합당해 보인다.[50] 게다가 임신중절 권리가 기본적 자유 목록에 포함된다는 전제에서 임신중절 권리는 합법화되어야 한다는 결론이 곧바로 도출되지는 않는다. 왜냐하면 그는 기본적 자유들은 절대적이지 않아 이들 상호 간에 충돌이 발생할 경우에는 기본적 자유의 제한이 가능하다고 생각하기 때문이다. 정의의 제1원칙은 이러한 제한은 모든 시민에게 평등해야 한다고만 규정하지, 제한의 합당한 기준이나 방법을 말하고 있지 않기 때문에 임신중절 권리의 합법화를 정의의 제1원칙으로 해결하기에는 여전히 충분하지 않다.

그러면 임신중절 물음에 대한 해결의 실마리를 우리는 그의 정

....

48 기본적 자유를 그는 『정의론』에서 다음과 같이 구체적으로 열거하고 있다. "그 가운데서도 중요한 것은 정치적 자유(투표의 자유와 공직을 가질 자유)와 언론과 결사의 자유, 양심의 자유와 사상의 자유, 심리적 억압과 신체적 폭행 및 절단을 포함하는 인신의 자유(인신의 온전성), 사유 재산을 소유할 권리와 법의 지배라는 개념이 규정하는 이유 없는 체포와 구금으로부터의 자유이다." J. Rawls, *A Theory of Justice*, revised ed.(Cambridge, MA: Harvard University Press, 1999), 황경식 옮김, 『정의론』(서울: 이학사, 2003), p. 106.

49 J. Rawls, *Political Liberalism*, p. 296.

50 D. Dreier, "Rawls on Abortion: Adapting his Theory of Justice to the Controversy," p. 39.

의론 어디에서 찾아야 하는가? 잘 알다시피 롤스의 공정으로서의 정의는 두 원칙으로 구성되어 있다. 제1원칙으로 해결할 수 없다면, 우리는 제2원칙에 눈을 돌릴 수밖에 없다. 제2원칙은 공정한 기회 균등의 원칙과 차등 원칙으로 구성되어 있다. 전자의 원칙을 여성에게도 남성과 균등한 기회가 보장되어야 한다는 원칙으로 넓게 해석하면, 임신과 출산이 여성에게 불공정하다고 말할 수 있다. 즉, 남성과 균등한 공정한 기회를 보장하자면 여성은 남성과 마찬가지로 자신의 몸에 대해 자기 결정권을 가져야 한다고 우리는 주장할 수 있다. 또 여성은, 특히 임신한 여성은 사회적 약자로 최소 수혜자에 해당되기 때문에 임신중절 물음은 여성에게 이득이 가는 방향으로 해결되어야 한다고 우리는 역설할 수 있다. 이러한 이유로 정의의 제2원칙은 임신중절 권리를 옹호한다고 우리는 추론할 수 있다. 실제로 롤스는 정의의 원칙은 가족에게 적용되지 않는다는 일부 주장에 대해 반대하면서 가족은 사회의 기본 구조에 속하기 때문에 가족 내의 여성이나 아이들에게도 정의의 원칙이 적용되어야 함을 역설한다. 특히 재생산에서의 남녀 불평등을 우려하면서 "만약 여성 불평등의 기본적 원인이 ─비록 주요한 원인은 아니라 할지라도─ 가족 내의 전통적인 분업에서 여성이 아이의 출산, 양육, 돌봄 등을 더 많이 분담하는 것이라면, 여성의 분담 몫을 평등하게 하거나 혹은 그에 대해 보상해 주는 조치들이 필요하다."라고 말한다.[51]

하지만 정의의 제2원칙이 임신중절 권리를 옹호하는 함의를 지

....

51 J. Rawls, *Justice as Fairness: Restatement*, p. 291.

닌다는 주장은 받아들이기가 쉽지 않다. 우선 공정한 기회균등의 원칙은 사회의 직위 및 직책과 관련되어 있지 신체적 자율권과는 아무런 연관성이 없다. 그리고 롤스는 여성이 최소 수혜자라고 결코 말하지 않는다. 최소 수혜자는 부와 수입에 의해 결정되는데, 여성이, 임신한 여성이 사회적 약자라 할지라도 부와 수입이 가장 낮은 계층에 속한다고 단언할 수 없기 때문이다. 무엇보다 정의의 제2원칙은 사회적, 경제적 재화의 불평등한 분배를 정당화하는 조건과 관련되어 있지 태아를 의도적으로 죽게 하는 임신중절의 문제와는 전혀 관련성이 없다. 따라서 정의의 제2원칙은 임신중절 물음과 직접적 상관성을 갖지 않는다고 추론하는 것이 오히려 더 합리적이다. 그럼에도 불구하고 차등 원칙은 임신중절의 합법화 물음에 간접적 관련성을 갖는다. 왜냐하면 태아를 유아와 동등한 미래 시민의 범주에 포함하면, 부와 수입의 차원이 아니라 '침해에 대한 연약성'(vulnerability to infringement) 차원이 기준으로 작용하여, 태아가 최소 수혜자가 되어 태아에게 이익이 가지 않는 한 생명권 보호의 불평등은 정당화될 수 없기 때문이다. 하지만 이는 태아가 정의의 원칙의 보호 대상이 되느냐의 물음에 달려 있기에 뒤에 가서 다시 논의하고자 한다.

이처럼 정의의 원칙들에 의해서는 임신중절의 법적 물음을 해결할 수 없다. 이제 남은 선택지는 롤스의 방법론이다. 즉, 우리는 정의의 원칙이 아니라 이를 도출하는 롤스의 방법론이 임신중절의 물음에 어떤 법적인 함의를 지니는지 고찰하지 않을 수 없다. 롤스의 정의론은 크게 세 부분으로 구성되어 있다. 첫째는 정의의 원칙이 무엇인가에 관한 논의이고, 둘째는 정의의 원칙을 어떻게 도출하는가에 관한 방법론적 논의이고, 마지막 셋째는 정의의 원칙의 윤리적 정당화에 관한 논의이다. 이제까지 우리는 첫 번째의 정의 원칙에 근거해서는 임신중절의 법적 정당성 물음을 해결할 수 없다고 논의하였다. 그리고 정당화 물음과 관련하여 롤스는 반성적 평형의 방법을 원용하고 있다. 간단히 설명하면, 이는 일종의 정합론적 정당화로 해당 물음과 관련된 '숙고된 도덕 판단-도덕 원리-배경 이론'이 조화로운 평형 상태를 이룰 때 그 물음에 관한 입장이 윤리적으로 정당화된다는 입론이다. 이러한 설명에서 알 수 있듯이, 반성적 평형의 방법은 숙고된 도덕 판단에서 출발한다.

그런데 앞서 공적 이성에 관한 논의에서 밝혔듯이, 우리는 지금 임신중절의 합법성 물음을 다루고 있다. 이는 형이상학적 물음이 아니라 정치적 물음으로, 포괄적 교설이 아닌 정치적 정의관에 근거해서 해결되어야 한다. 따라서 반성적 평형의 방법이 임신중절의 도덕성 물음을 해결하는 데는 적절하지만, 임신중절의 합법성 물음을 해결하는 데 적절한지는 더 많은 논의가 필요하다. 다만 합법성 물음에 적용하고자 숙고된 도덕 판단이 아니라 정치적 가치를 끌어들이게 되면, 반성적 평형의 방법은 롤스가 주장하는 공적 이성의 이념으로 귀결되기에 여기서는 더 이상의 논의가 필요하지 않다.

그래서 우리에게 남은 선택지는 방법론 하나밖에 없다. 롤스의 방법론은 무엇이며, 그것은 임신중절의 합법성에 대해 어떤 함의를 지니는가? 롤스의 방법론은 한마디로 사회계약론이다. 그런데 그의 계약론은 일종의 사유 실험으로 독특하다. 실제적인 계약이 아니라, 사유의 산물인 원초적 입장에서의 가상적 계약을 롤스는 주장한다. 그의 가상적 계약에는 '무지의 베일'이라는 제약 조건이 적용된다. 무지의 베일이란 자기 자신에 관한 개인적 정보를 전혀 알지 못하는 조건을 말한다. 개인 정보를 알게 되면, 이기적인 인간은 누구나 자신에게 유리한 원칙을 고집하여 계약 자체가 성립되기 어렵기 때문이다. 한마디로 말해, 원초적 입장에서 자기 자신이 누구인지에 대해 전혀 알지 못하는 계약 당사자들의 합의로 얻어진 것이 바로 정의의 두 원칙이라는 게 롤스의 주장이다.

그러면 원초적 입장의 당사자들은 임신중절에 관해 어떠한 입장에 합의할까? 합법성 물음과 관련한 대안은 크게 세 가지이다. 첫째는 임신중절의 불법화요, 둘째는 임신중절의 강제화요, 그리고 셋째는 임신중절의 합법화이다. 이 물음에 답하자면 우리는 원초적 입장의 당사자들에 대한 제약 조건인 무지의 베일에 대한 좀 더 명확하고도 구체적인 해명이 필요하다. 왜냐하면 무지의 베일로 가려지는 정보의 내용에 따라 이 물음에 대한 선택이 달라질 수 있기 때문이다.

이러한 상황이 갖는 본질적 특성 중에는 아무도 자신의 사회적 지위나 계층상의 위치를 모르며, 누구도 자기가 어떠한 소질이나 능력, 지능, 체력 등을 천부적으로 타고났는지를 모른다는 점이다. 심지어 당사자들은 자신의 가치관이나 특수한 심리적 성향까지도 모른다고 가정된다.[52]

『정의론』의 이 구절에는 무지의 베일에 대한 롤스의 기본 입장이 고스란히 담겨 있다. 간단히 말하면, 당사자들은 크게 세 가지에 대해 무지의 베일을 쓴다. 즉, 당사자들은 (1) 사회에서의 자신의 지위를, (2) 자신의 개인적인 천부적 자산을, 그리고 (3) 자신의 가치관이나 심리적 성향을 알지 못한다. 그런데 이러한 무지의 베일만으로는 임신중절 물음에 대한 대안을 선택하기에는 충분하지 못하다. 임신중절 물음과 연관된 정보에 관한 무지의 베일이 필요하다. 우선 계약 당사자는 자신의 성, 즉 남자인지 여자인지를 몰라야 한다. '사회적 지위', '개인의 천부적 자산', 그리고 '심리적 성향' 등의 개념에서 당사자는 자신의 성을 모른다고 추론할 수는 있지만, 위 인용문은 이에 대해 명확하게 말하지 않는다. 실제로 롤스가 계약 당사자에 대해 초지일관 남성 인칭대명사 'He'를 사용하고 있다는 점에 있어서, 적어도 『정의론』에서는 계약 당사자가 자신의 성에 대해 무지의 베일을 쓰고 있는지의 물음은 명확하지 않다고 말할 수 있다. 하지만 후기 논문과 저서에서 롤스는 원초적 입장의 당사자들은 자신이 어떤 성(sex)을 가졌는지에 대해서도 무지의 베일을 쓰게 된다는 점을 인정한다.[53] 따라서 계약 당사자는 자신이 남성인지 여성인지에 관해 무지의 베일을 쓰고 임신중절에 관한 선택지를 결정해야 한다.

이러한 전제를 받아들일 경우 당사자들은 임신중절의 합법화에

....

52   J. Rawls, *A Theory of Justice*, p. 46.
53   J. Rawls, "Fairness to Goodness", *Philosophical Review*, vol. 84, no. 4, 1975, p. 537. 이 점은 J. Rawls, *Justice as Fairness: A Restatement*, p. 44에서도 확인되고 있다.

손을 들어줄 것이라고 더글라스 드라이어(D. Dreier)는 결론을 내린다.[54] 그는 롤스의 무지의 베일 이념을 확장시켜 계약 당사자는 자신의 성에 대해서뿐만 아니라 자신이 임신하였는지 하지 않았는지에 대해서도 모를 뿐만 아니라, 자신의 종교는 물론이거니와 자신의 가치관조차 모르기 때문에 임신중절의 윤리에 대해서도 자신이 어떠한 입장을 갖고 있는지에 대해서도 무지하다고 전제한다. 하지만 롤스의 당사자들이 수요와 공급의 법칙과 같은 계약에 필수적인 일반 지식을 갖고 있듯이, 임신중절 물음에 관해서도 임신과 출산, 그리고 양육이 여성에게 얼마나 무거운 짐을 지우는지에 대해서도 알고 있다고 전제한다. 이러한 전제를 받아들인다면 당사자들은 자신을 최소 수혜자의 위치에 두고 '최소 극대화 원칙'에 따라 임신중절 권리를 인정하는 임신중절 합법화 선택지에 투표하지 않을 수 없게 된다는 것이 그의 논변이다. 첫째와 둘째 대안을 받아들일 수 없는 이유를 그는 예를 들어 다음과 같이 설명한다.

만약 원초적 입장에서 어떤 사람 A가 임신중절 불법화에 합의했는데 베일이 벗겨져 임신한 여성이고 또 선택론자로 밝혀지면, A는 과연 그러한 사회에서 법을 준수하면서 자존감 있는 삶을 살아갈 수 있을까? 그 대답은 분명 '아니요'이다. 반대로 어떤 사람 B가 임신중절의 합법화 차원을 넘어 임신중절의 강제화에 합의했는데 베일이 벗겨져 임신하였고 또 생명옹호자로 태아를 출산하여 양육하

....

54 D. Dreier, "Rawls on Abortion: Adapting his Theory of Justice to the Controversy,", p. 42.

기를 소망하는 여성으로 밝혀지면, B는 과연 그러한 사회에서 법을 준수하면서 자존감 있는 삶을 살아갈 수 있을까? 그 대답은 분명 '아니요'이다.[55]

이러한 드라이어의 논변은 무지의 베일에 충실한 임신중절 합법화 옹호론으로 상당한 설득력을 지님에 분명하다. 즉, 롤스의 정의론은 임신중절의 도덕성 물음에 대해서는 비록 괄호치고 있지만 임신중절의 합법성 물음은 온전히 해결해 준다고 그는 주장한다. 특히 원초적 입장의 당사자가 개인이 아니라 집단의 대표자이기 때문에, 임신한 여성의 이익을 대변한다고 전제할 경우 이러한 추론은 합리적이라고 말할 수 있다. 하지만 그는 원초적 입장에 관한 보다 근본적인 물음을 간과하고 있다. 계약 당사자의 성에 대한 무지의 베일보다 '누가 계약 당사자인가?'의 물음을 우리는 묻지 않을 수 없기 때문이다. 당사자의 성 물음보다 당사자의 범위 물음이 더 중요하다. 다시 말해, 그는 '태아'를 아예 계약 당사자에서 제외하고, 이미 현존하는 성인들만을 고려하고 있다. 실제로 원초적 입장에서의 선택이라는 롤스의 공정으로서의 정의가 임신중절 물음에 어떤 함의를 지닌다고 지적한 최초의 학자는 윌리암슨 에버스(W. Evers)인데, 그는 "원초적 입장에 서 있는 당사자들은 (마땅한 이유가 없는 한) 자신의 처형을 명령할 것 같지는 않아 보인다."라고 주장한다.[56] 무슨 말인가? 태아가 계약 당사자의 외연에 포함되면, 당사자

....

55   *ibid.*, pp. 42-43.

들은 무지의 베일이 벗겨졌을 때 자신이 태아로 판명될 수 있기 때문에 태아의 입장에서 임신중절 물음에 접근할 수밖에 없게 된다. 다시 말해, 무지의 베일 논리에 따르면 공정으로서의 정의가 노예제를 금지하는 합리적 근거를 제공하듯이, 임신중절의 금지를 합법화하는 합리적 이유를 제공한다고 추론할 수 있다. 하지만 이러한 논리가 설득력을 지니려면 태아도 원초적 입장의 계약 당사자이여야 한다. 따라서 우리는 과연 공정으로서의 정의에서 태아가 원초적 입장의 당사자가 될 수 있는지의 물음을 묻지 않을 수 없다.

『정의론』에서 롤스는 원초적 입장의 당사자를 자신의 선관을 갖고 정의감을 발휘할 수 있는 도덕적 인격체(moral persons)로 규정한다.[57] 이 점에 있어서 어린이는 아직 합리적이지 않기 때문에 계약 당사자가 될 수 없고 오직 성인만이 당사자가 될 수 있다. 그런데 롤스는 도덕적 인격을 현실태가 아닌 잠재태로 이해한다.

나는 도덕적 인격을 규정하는 최소한의 요구조건이 능력에 관한 것이지 그 실현에 관한 것이 아니라고 말해왔다. 개발되었든 아직되지 않았든 간에 그러한 능력을 갖는 자는 정의의 원칙들의 완전한 보호를 받게 되어 있다. 유아와 어린이도 (보통은 그들 대신에 부모나 보호자에 의해 행사되는) 기본권을 갖는다고 생각되는 까닭에, 요구조건에 대한 이러한 해석은 반드시 우리의 숙고된 판단에도

....

56 W. Evers, "Rawls and Children", *Journal of Libertarian Studies*, vol. 2, no. 2, 1978, p. 111.

57 J. Rawls, *A Theory of Justice*, p. 55.

부합될 것으로 보인다. 나아가서 가능성만으로 충분하다고 생각하는 것은 원초적 입장의 가상적 성격과 가능한 한 원칙들이 임의적인 우연성에 영향을 받지 않아야 한다는 관념에도 부합한다. 따라서 최초의 합의에 가담할 수 있는 사람들에게는 의외의 상황이 벌어지지 않는 한 평등한 정의가 보장된다고 하는 것이 합당하다.[58]

이 구절에서 롤스는 아주 분명하게 유아와 어린이도 기본권을 갖기에 정의의 원칙들에 의해 완전한 보호를 받을 자격이 있다고 말한다. 롤스에 따르면 어린이는 미래 시민으로서 그 자체 기본권을 가지며, 이러한 기본권은 정치적 가치 가운데 하나임에 분명하다.[59] 즉, "여성의 평등권과 미래 시민으로서의 어린이의 기본권은 양도 불가능하며, 그들이 어디에 있든지 간에 보호받아야 한다."[60] 이들은 현재 도덕적 인격체이기 때문이 아니라 도덕적 인격체가 될 잠재성을 지니고 있기 때문에 기본권을 갖는다. 물론 이 구절로부터 "유아도 원초적 입장의 계약 당사자이다."라는 결론은 귀결되지 않지만, 적어도 "유아는 정의의 원칙에 의해 보호받아야 한다."라는 결론은 얻어진다. 그러면 유아의 이러한 기본권은 원초적 입장에서 어떻게 보호받는가? 비록 유아가 원초적 입장의 당사자가 아니라 할지라도, 계약 당사자들은 정의의 원칙이 적용되는 범주에 유아가

....

58 *ibid.*, p. 652.
59 J. Rawls, *The Law of Peoples with "The Idea of Public Reason Revisited"*, pp. 160-163 참조.
60 *ibid.*, p. 161.

포함된다는 데 합의해야 한다. 롤스는 유아와 마찬가지로 태아 역시 원초적 입장의 계약 당사자로 고려하지는 않았다.[61] 그러면 잠재성 논변이 태아에게도 확대 적용될 수 있는가? 존 피니스(J. Finnis)는 롤스의 이 구절을 인용하면서 태아와 배아는 도덕적 인격의 잠재성 범주에 포함되어야 한다고 주장한다.[62]

그런데 롤스는 "우리는 타인들을 위해서 그들이 이성을 갖추어 합리적으로 결정할 수 있는 나이가 되면 그들 스스로 택하리라고 믿을 만한 이유에 따라 택해야만 한다."[63]라고 말하지, 태아가 이러한 타인(others)의 범주에 포함되어 정의의 원칙에 의해 보호를 받을 수 있는지에 대해서는 더 이상 논하지 않는다. 실제로 '잠재적인 도덕적 인격'의 범위를 롤스는 『정치적 자유주의』에서 다음과 같이 제한하고 있다. "그 구성원은 출생에 의해서만(only by birth) 사회에 들어가고, 죽음에 의해서만(only by death) 사회를 떠나게 된다."[64] 이는 『정치적 자유주의』 개정판 서문에서 이렇게 부연 설명되고 있다. "시민성의 근본적인 정치적 관계는 두 가지 특징을 지닌다. 첫째, 이는 사회의 기본 구조 내에서의 시민들의 관계인데, 우리는 출생에 의해서만 이 사회 구조에 들어가고 오직 죽음에 의해서만 이 사회 구조에서 나오게 된다. 둘째, 이는 자유롭고 평등한 시민

....

61   J. Seery, "Moral Perfectionism and Abortion Politics", p. 350.
62   J. Finnis, "Abortion, Natural Law and Public Reason", R. P. George & C. Wolfe, eds., *Natural Law and Public Reason*(Washington: Georgetown University Press, 2000), p. 99, fn. 37.
63   J. Rawls, *A Theory of Justice*, pp.284-285.
64   J. Rawls, *Political Liberalism*, p. 12.

들의 관계인데, 시민들은 하나의 집합체로서 궁극적인 정치적 힘을 행사한다."[65] 그리고 『공정으로서의 정의: 재서술』에서도 그는 "정 치적 관계는 사회의 기본 구조, 즉 태어남으로써만 들어가고 죽음 으로써만 빠져나오는 구조 내의 사람들의 관계이다."라고 주장한 다.[66] 이러한 구절에 근거하여 제레미 윌리엄스(J. Williams)는 유아 에게 적용되는 잠재성 논변은 태아에게까지 확대 적용될 수 없다고 결론짓는다.[67]

그러나 출생에 의해 도덕적 지위가 결정된다는 주장은 '도덕적 임의성'이라는 비판에서 자유로울 수 없다. 왜냐하면 출생이 기준 이 되면 태아의 생명권이 도덕적 운에 의해 좌우된다는 것이 명확 하기 때문이다. 다음 세 사례는 이를 잘 보여준다.

(1) 태아 A는 정확히 임신 9개월 후 예정일에 태어나 유아 A가 되 었다.
(2) 태아 B는 임신 22주 조숙아로 태어나 유아 B가 되어 생명보조 장치의 도움을 받아 건강한 아이로 성장하였다.
(3) 태아 C는 산모가 원하지 않아 임신 23주에 중절되었다.[68]

출생을 기준으로 삼을 경우, 정의의 원칙에 의해 B는 보호를 받

....

65   *ibid.*, p. xliii.
66   J. Rawls, *Justice as Fairness: A Restatement*, p. 85와 p. 108 참조.
67   J. Williams, "Public Reason and Prenatal Moral Status", p. 34.
68   D. M. Shaw, "Justice and the Fetus: Rawls, Children, and Abortion", p. 98.

지만 C는 그렇지 못하다. B는 개체 발생의 관점에서 보면 C보다 성숙하지 않은 것이 분명하지만, 그 존재 위치가 단지 여성의 몸 밖이라는 우연성을 이유로 정의의 원칙에 의해 보호받고 있다. 특히 의학의 발달에 따라 체외생존가능성이 현재 22주에서 점점 앞으로 당겨지고 있는 현실을 감안하면, 산모로부터의 독립을 롤스가 단지 물리적인 위치로 받아들인 이유는 합리적 설명이 어렵다. 어린이의 기본권에 대해 롤스는 아주 분명하게 '어디에 있든지'라는 구절을 사용하여 보호되어야 한다고 주장하는데, 이 구절은 여성의 자궁 '밖'이나 '안'이냐와 같은 존재 위치는 기본권 보호에서 중요하지 않다는 의미로 충분히 해석될 수 있기 때문이다.

그리고 롤스가 천부적 자산은 도덕적으로 임의적이기 때문에 응분 자격이 될 수 없다고 분명하게 주장하면서, 미래 시민의 기준으로 이러한 임의적 기준을 설정하였다는 것은 논리적 일관성의 결여라고밖에 설명되지 않는다. 물론 우리는 지금 합리적 성인이고, 그래서 태아가 될 개연성이 전혀 없다. 만약 이러한 사실을 이유로 태아를 배제하였다면, 이러한 논리는 유아에게도 적용되어야 하는데 롤스는 이들은 미래 시민으로 인정하고 있다. 우리 모두는 한때 유아였으며, 또 태아였다. 그가 삼분설에 따라 제1삼분기에서만 여성의 임신중절 권리를 옹호한 것도 출생의 기준을 엄밀하게 적용할 수 없음을 간접적으로 말해준다. 즉, 그가 출생을 미래 시민의 시작점으로 정말로 믿었다면 출생 전의 모든 임신중절에 대해 여성의 권리를 옹호해야 하는데, 제2삼분기 이후에 대해서는 임신중절 권리 옹호를 적극적으로 주장하지 않은 것은 출생의 기준을 그 역시 탐탁지 않게 여기고 있다는 반증이다.

일부 태아는 미래 시민인 일부 유아에 비해 분명 개체발생학적으로 더 발달하였다. 그렇기 때문에 미래 시민의 범주에서 태아를 배제하고자 하는 구분은 임의적이라는 비난으로부터 자유로울 수 없다. 즉, 도덕적 인격의 잠재성이 정의의 원칙에 의해 평등한 보호를 받을 충분조건이 되기 때문에, 우리는 롤스의 이러한 논리를 태아에까지 확대 적용할 수 있다. 이런 논리에서 헤어는 "무지의 베일을 쓰게 되면 우리는 누구나 태아의 위치에 있을 수 있기 때문에, 원초적 입장에 앉아 있는 당사자가 합리적이라면, 누구든지 정의로운 사회는 태아를 모든 인격에게 마땅히 부여되는 온전한 도덕적, 법적 지위를 갖는 존재로 대우해야 한다는 결론을 내릴 것이다."라고 주장한다.[69] 이렇게 되면 정의의 두 원칙은 태아의 생명권을 보호하는 법률의 제정을 촉구할 것이다. 우선 태아도 유아처럼 미래 시민으로서 기본적 권리와 자유를 지닌다. 이러한 태아의 권리는 다른 기본적 자유와의 상충하지 않는 한 결코 제한될 수 없다. 상충하여 제한될 경우에도 모든 개인에게 평등하게 제한되어야 한다. 설사 여성의 평등권과 상충하여도 생명권은 기본권 중의 기본권이기 때문에, 가치 비교에 있어서 여성의 평등권이 우선한다는 결론은 특별한 예외적인 경우를 제외하고는 거의 불가능하다. 롤스가 『정치적 자유주의』에서 명시적으로 밝힌 '질서정연한 사회에서의 성

....

69   C. D. Hare, "At the Original Position as a Fetus: Rawlsian Political Theory and Catholic Bioethics", p. 685.

숙한 성인 여자의 정상적인 경우'에는 임신중절이 합법화되기 어렵다. 한 걸음 더 나아가 유아의 경우 생명권을 제한하지 않으면서 태아에게만 제한하는 것은 합당하다고 말할 수 없다. 또 태아야말로 사회의 최소 수혜자이기에 차등 원칙이 적용되어야 한다. 그러니까 앞서 언급한 '침해에 대한 연약성' 기준에 따르면, 태아는 사회의 최소 수혜자이기 때문에 태아에게 이익이 가지 않는 한 차등 원칙은 생명권의 불평등한 분배를 결코 옹호할 수 없다.

임신중절 권리와 정의

우리는 지금까지『정치적 자유주의』에서 언급된 임신중절에 관한 롤스의 명시적 언급을 출발점으로 삼아 그의 정치적 정의관이 임신중절의 합법화에 어떤 함의를 지니는지를 논의하였다. 이를 요약하면 다음과 같다.『정치적 자유주의』에서 그는 공적 이성의 이념에 의거하여 여성의 평등이라는 정치적 가치에 우선성을 두고 초기 임신중절을 옹호하는 입장을 명확하게 밝혔다. 하지만 그의 주장은 공적 이성의 한계 내에서는 입증이 어렵다는 불완전성 반론에서 자유롭지 못하다. 즉, 그 역시 생명옹호론자들과 마찬가지로 태아의 도덕적 지위를 부인하는 포괄적 교설을 암묵적으로 전제하고 있다. 그래서 우리는 공적 이성이 아니라 공정으로서의 정의로 눈을 돌려 임신중절의 합법화에 대한 그 함의를 천착하였다.『정의론』에서 롤스는 원초적 입장의 계약 당사자는 도덕적 인격체로 규정한다. 이 기준에 따르면 태아는 물론 유아도 정의의 원칙으로부터 보호받지 못한다. 롤스는 도덕적 인격체를 현실태가 아닌 잠재태로 해석하여 유아는 미래 시민으로서 정의의 보호를 받는다고 주장하지만 태아가 유아와 마찬가지로 미래 시민으로서 자격을 갖는지에 대해서는 침묵한다. 다만 그는 미래 시민의 시작과 끝을 출생과 죽음으로 규정함으로써 태아를 미래 시민의 범주에서 배제한다.

하지만 이러한 롤스의 입장은 도덕적으로 임의적일 뿐만 아니라 논리적으로도 일관적이지 않다. 우선 현대 의학에서 출생은 일종의 도덕적 운이다. 따라서 미래 시민의 기준으로서 출생은 도덕적으로 자의적이다. 그리고 그는 출생을 정의의 원칙이 보호하는 시민의 기준으로 정하면서 정작 초기의 임신중절 권리만 옹호하고, 또 도덕적 인격체의 잠재성 개념을 일부 갓 태어난 유아보다 더 발달한 여성의 자궁 내 태아에는 적용하지 않는다는 점에서 논리적 비일관성으로부터 자유롭지 못하다. 원초적 입장에서의 무지의 베일 논리를 엄격하게 적용하면 우리는 차등 원칙에 따라 최소 수혜자인 태아의 생명권을 보호하는 정의의 원칙을, 즉 임신중절을 규제하는 법률에 합의하는 게 합리적이다. 그럼에도 불구하고 후기 저술에서 그는 '공적 이성의 이념'과 미래 시민의 기준으로 출생을 주장함으로써, 임신중절의 합법화에 관해 초기 입장과 양립 불가능한 임신중절 권리를 옹호하고 있다.

임신중절 권리에 관한 롤스의 이러한 비판적 고찰은 낙태 관련 형법에 대한 헌재의 헌법불합치 판결이 윤리학적 정당성을 얻기가 어렵다는 것을 말해준다. 임신중절의 권리가 헌법에 명문화되어 있지 않기 때문에, 헌재가 이러한 판결을 내리자면 헌법의 구체적인 조문 내지 헌법의 근본정신에 근거하여 임신중절 권리가 추론된다는 것을 입증해야 한다. 하지만 헌재는 임신중절과 관련된 태아의 생명권과 여성의 자기 결정권이 상충하는 물음에 대해 윤리학적 논거 없이 임신과 출산에서의 평등 이념을 이유로 여성의 자기 결정권이 우선한다고 주장한다. 이러한 주장이 설득력을 지니려면 적어도 헌법의 근본이념인 정의 개념에 근거하여 태아의 생명권보다 여성의 자기 결정권이 윤리학적으로 더 중요하다는 것을 해명해야 하는데 헌재는 그렇게 하지 못하고 있다. 물론 헌법재판관 각자의 정의관은 다를 수 있지만, 적어도 우리는 지금까지 논의한 롤스의 자유주의적 평등주의 정의관에 따르면 여성의 자기 결정권이 태아의 생명권에 우선한다는 결론은 얻어지지 않는다.

참고문헌

고봉진, 「태아의 헌법상 지위」, 『法과 政策』, vol. 22, no. 1, 2016, pp. 1-23.

김나경, 「R. Dworkin과 R. Merkel의 생명철학과 법」, 『성신법학』, vol. 12, 2013, pp. 177-196.

김미영, 「낙태논쟁의 권리 프레임에 대한 공동체주의적 여성주의의 비판」, 『한국여성학』, vol. 27, no. 4, 2011, pp. 1-35.

김상기, "서울 대학생 80% '사후 피임약' 시판찬성", 『데일리메디』, 2001.10.12. (https://www.dailymedi.com/news/news_view.php?wr_id=618736).

김상득, 「도덕적 딜레마와 도덕 실재론」, 『철학연구』, vol. 34, 1994, pp. 305-328.

김상득, 「정당방위와 임신중절」, 『철학』, vol. 54, 1998, pp. 291-317.

김상득, 『생명의료윤리학』, 서울: 철학과현실사, 2000.

김상득, 「복제배아의 도덕적 지위 물음」, 『철학연구』, vol. 57, 2002, pp. 321-340.

김상득, 『유전자 윤리학』, 서울: 철학과현실사, 2009.

김상득, 「페미니즘 입장에서 본 임신중절」, 『범한철학』, vol. 67, no. 4, 2012, pp. 287-313.

김상득, 『알기쉬운 윤리학』, 서울: 철학과현실사, 2013.

김상득, 「임신중절에 관한 드워킨의 가치 논변 연구」, 『한국의료윤리학회지』, vol. 21, no. 3, 2018, pp. 179-198.

김상득, 「낙태법 관련 헌법재판소 결정에 관한 '윤리 법정'」, 『생명윤리정책연구』, vol. 16, no. 3. 2023, pp. 79-112.

김지은, "불임치료의 새 장… 英서 세계 첫 시험관 아기 탄생", 『문화일보』, 2023.7.24.

김철중, "낙태/ '뱃속 살인' 年150만 건", 『조선일보』, 2001.4.30.

문신용, 「임신과 분만」, 박재갑 엮음, 『인간생명과학』, 서울: 서울대학교출판부, 1993.

박은정, 『생명공학 시대의 법과 윤리』, 서울: 이화여자대학교출판부, 2000.

신옥주, 「낙태죄 헌법불합치 결정의 의미와 합헌적 법제정비 방향」, 『젠더리뷰』, vol. 53, 2019, pp. 26-41.

신태선·박영우, 『인체발생학』, 서울: 아카데믹서적, 1987.

염현주, "美 루이지애나 주, 낙태약 2종 위험물질로 규정 대선 앞두고 '낙태금지법' 뜨거운 이슈로 떠올라", 『바이오타임즈』, 2024.5.27. (https://www.biotimes.co.kr/news/articleView.html?idxno=15374).

이한솔, "미혼모 위한 생부의 양육비 지원 '히트 앤드 런 방지법'…청원 20만명 동의 돌파", 『메디컬투데이』, 2018.3.26.

이혜정, 「도덕 이론과 임신중절」, 『철학』, vol. 78, 2004, pp. 291-317.

주형식, "낙태 병원은 오늘도 성업중", 『조선일보』, 2024. 1.05.

황필홍, 「로우 케이스 사십년 평가와 전망」, 『美國學論集』, vol. 46, no. 2, 2014, pp. 181-222.

헌법재판소, 「사건번호 2005헌마346: 생명윤리 및 안전에 관한 법률 제13조 제1항 등 위헌 확인」, 2010.5.27.

헌법재판소, 「2010헌바402 형법 제270조 제1항 위헌 소원」, 2012.8.23.
헌법재판소, 「2017헌바127 형법 제269조 제1항 등 위헌 소원」, 2019.4.11.

Alexander, L., "Self-Defense, Justification, and Excuse", *Philosophy & Public Affairs*, vol. 22, 1993, pp. 53-66.

Arrell, R., "Public Reason and Abortion: Was Rawls Right After All?", *The Journal of Ethics*, vol. 23, 2019, p. 42.

Baumrin, B. H., "Toward Unraveling the Abortion". 여기서는 김일순·N. 포션, 『의료윤리: 삶과 죽음, 그 영원한 숙제』, 서울: 연세대학교출판부, 1982, pp. 167-173.

Beauchamp, T. L. & Childress, J. F., *Principles of Biomedical Ethics*, 5th ed., New York, Oxford: Oxford University Press, 2001.

Bok, S., "Ethical Problems of Abortion", *The Hastings Center Studies*, vol. 2, no. 1, 1974, pp. 33-52. 여기서는 T. A. Shannon, ed., *Bioethics*, New Jersey: Paulist Press, 1976, pp. 45-71.

Brink, D. O., *Moral Realism and the Foundation of Ethics*, Cambridge: Cambridge University Press, 1989.

Brody, B., "Thomson on Abortion", *Philosophy & Public Affairs*, vol. 1, no. 3, 1972, pp. 335-340. 여기서는 황필호, 『산아제한과 낙태와 여성해방』, 서울: 종로서적, 1990, pp. 132-139.

Brody, B., *Abortion and the Sanctity of Human Life: A Philosophical View*, Massachusetts: The MIT Press, 1975.

Brody, B., "On the Humanity of the Fetus", 1978. 여기서는 Dawson, "Segmentation and Moral Status: A Scientific Perspective", P. Singer et al., *Embryo Experimentation*, Cambridge: Cambridge University Press, 1990, pp. 53-64에서 재인용.

Buckle, S., "Arguing from Potential", P. Singer et al., *Embryo Experimentation*, Cambridge: Cambridge University Press, 1990, pp. 90-108.

Callahan, D., *Abortion: Law, Choice, and Morality*, London: The Macmillan Company, 1970.

Callahan, D., "Religion and the Secularization of Bioethics", *Hasting Center Report*, 1990, vol. 20, no. 4, 1990, pp. 2-4.

Chandler, J., "Killing and Letting Die-Putting the Debate Context", *Australasian Journal of Philosophy*, vol. 68, 1990, pp. 420-431.

Cisler, L., "Unfinished Business: Birth Control and Women's Liberation", R. Morgan, ed., *Sisterhood is Powerful: An Anthology of Writings from the Women's Liberation Movement*, New York: Vintage Books, 1970, pp. 245-289.

Crosthwaite, J., "Gender and Bioethics", H. Kuhse, & P. Singer, eds., *A Compapnion to Bioethics*, Oxford: Blackwell Publishers Ltd., 2001, pp. 32-42.

Davis, N. A., "Abortion and Self-Defense", *Philosophy & Public Affairs*, vol. 13, 1984, pp.

175-207.

Davis, N. A., "The Abortion Debate: The Search for Common Ground, Part 1", *Ethics*, vol. 103, 1993.

Davis, N. A., "Abortion", L. C. Becker, & C. B. Becker, eds., *Encyclopedia of Ethics*, vol. 2, 2nd ed., New York & London: Routledge, 2001, pp. 2-6.

Dawson, D., "Fertilization and Moral Status: A Scientific Perspective", P. Singer et al., *Embryo Experimentation*, Cambridge: Cambridge University Press, 1990, pp. 43-52.

Dawson, D., "Segmentation and Moral Status: A Scientific Perspective", P. Singer et al., *Embryo Experimentation*, Cambridge: Cambridge University Press, 1990, pp. 53-64.

DeCew, J. W., "Moral Conflicts and Ethical Relativism", *Ethics*, vol. 84, 1990, pp. 27-41.

Devine, P. E., *The Ethics of Homicide*, Ithaca & London: Cornell University Press, 1978. 여기서는 L. W. Sumner, *Abortion and Moral Theory*, New Jersey: Princeton University Press, 1981에서 재인용.

Donagan, A., *The Theory of Morality*, Chicago & London: University of Chicago Press, 1977. 여기서는 L. W. Sumner, *Abortion and Moral Theory*, New Jersey: Princeton University Press, 1981에서 재인용.

Dore, C., "Abortion, Some Slippery Slope Arguments and Identity over Time", *Philosophical Studies*, vol. 55, 1989, pp. 279-291.

Dreier, D., "Rawls on Abortion: Adapting his Theory of Justice to the Controversy," *Episteme*, vol. 20, 2009, pp. 36-49.

Dworkin, R., *Life's Dominion*, New York: A Division of Random House, 1994, 박경신·김지미 옮김, 『생명의 지배영역: 낙태, 안락사 그리고 개인의 자유』, 서울: 로도스, 2014.

Dworkin, R., *Sovereign Virtue*, 2000, 염수균 옮김, 『자유주의적 평등』, 서울: 한길사, 2005.

Engelhardt, H. T. Jr., "Viability and the Use of the Fetus", W.B. Bondeson et al., eds., *Abortion and the Status of the Fetus*, Dordrecht, Holland: D. Redel Publishing Company, 1983, pp. 183-208.

Engelhardt. H. T., "The Ontology of Abortion", *Ethics*, vol. 84, 1974, pp. 318-334.

English, J., "Abortion and the Concept of a Person", 1975. 여기서는 김일순·N. 포션, 『의료윤리: 삶과 죽음, 그 영원한 숙제』, 서울:연세대학교출판부, 1982, pp. 152-166.

Evers, W. M., "Rawls and Children", *Journal of Libertarian Studies*, vol. 2, no. 2, 1978, pp. 109-114.

Feinberg, J., *Social Philosophy*, Englewood Cliffs: Prentice-Hall, 1973.

Feinberg, J., "Abortion", Regan, T., ed, *Matters of Life and Death: New Introductory Essays on Moral Philosophy*, New York: Random House, 1980, pp. 183-217.

Finnis, J., "Abortion, Natural Law and Public Reason", R. P. George, & C. Wolfe, eds., *Natural Law and Public Reason*, Washington: Georgetown University Press, 2000, pp. 75-105.

Firestone, S., *The Dialectic of Sex*, 1970, 김예숙 옮김, 『성의 변증법』, 서울: 풀빛, 1983.

Fisk, M., *The State and Justice*, Cambridge: Cambridge University Press, 1989.

Foot. P., "The Problem of Abortion and the Doctrine of the Double Effect", *Oxford Review*, vol. 5, 1967, pp. 5-15. 여기서는 S. Gorovitz, ed., *Moral Problems in Medicine*, New Jersey: Prentice-Hall, 1976, pp. 267-276.

Freeman, S., "John Rawls-An Overview", S. Freeman, ed., *The Cambridge Companion to Rawls*, Cambridge University Press, 2002, pp. 1-61.

Friberg-Fernros, H., "Abortion and the Limits of Political Liberalism", *Public Reason*, vol. 2, no. 1, 2010, pp. 27–42.

Gensler, H.J., "A Kantian Argument Against Abortion", *Philosophical Studies*, vol. 49, 1986, pp. 85-98.

George, R. P., "Public Reason and Political Conflict: Abortion and Homosexuality", *Yale Law Journal*, vol. 106, 1997, pp. 2475-2504.

Gibson, S., "Abortion", R. Chadwick, ed., *Encyclopedia of Applied Ethics*, vol. 2, New York: Academic Press, 1998, pp. 1-8.

Goodpaster, K. E., "On Being Morally Considerable", *Journal of Philosophy*, vol. 75, no. 6, 1978, pp. 308-325.

Granfield, D., *The Abortion Decision*, Garden City: Doubleday and Company, 1969.

Grisez, G. G., *Abortion: The Myths, the Realities and the Arguments*, New York: Corpus Books, 1970.

Hare, C. D., "At the Original Position as a Fetus: Rawlsian Political Theory and Catholic Bioethics", *The National Catholic Bioethics Quarterly*, vol. 10, Iss. 4, 2010, pp. 677-686.

Hare, R. M., "Abortion and Golden Rule", *Philosophy & Public Affairs*, vol. 4, no. 3, 1975, pp. 201-222. 여기서는 황필호, 『산아제한과 낙태와 여성해방』, 서울: 종로서적, pp. 171-193.

Harris, J., "In vitro Fertilization: the Ethical Issues", *Philosophical Quarterly*, vol. 33, 1983, pp. 217-237.

Jaggar, A. M., "Abortion and a Woman's Right to Decide", *Philosophical Forum*, vol. 5, no. 1-2, 1973-74, pp. 347-360.

Jaggar, A. M., *Feminist Politics and Human Nature*, 1983, 공미혜·이한옥 옮김, 『여성해방론과 인간본성』, 서울: 이론과실천, 1999.

Jaggar, A. M., "Regendering the U.S. Abortion Debate", *Journal of Social Philosophy*, vol. 28, no. 1, 1997, pp. 127-140.

Jaggar, A. M., "Abortion Rights and Gender Justice Worldwide: An Essay in Political Philosophy", M. Tooley et al., eds., *Abortion: Three Perspectives*, New York, NY: Oxford University Press, 2009, pp. 120-179.

Kim, J., "Concepts of Supervenience", *Philosophy and Phenomenological Research*, vol. 45, 1984, pp. 153-76.

Kuse, H. & Singer, P., "Individuals, Humans and Persons: The Issue of Moral Status", P. Singer et al., *Embryo Experimentation*, Cambridge: Cambridge University Press, 1990, pp. 65-75.

Lebacqz, K., "Feminism", *Encyclopedia of Bioethics*, vol. 2, New York: Simon & Schuster Macmilan, 1995, pp. 808-816.

Little, M. O., "The Moral Permissibility of Abortion", C.H. Welman, & A. Cohen, eds., *Contemporary Debates in Applied Ethics*, London: Basil Blackwell Publishing, 2005, pp. 51-62.

Mackenzie, C., "Abortion and Embodiment," *Australian Journal of Philosophy*, vol. 70, 1992, pp. 136-156.

Mackinnon, C. A., "Reflection on Sex Equality under Law", *The Yale Law Journal*, vol. 100, no. 5, 1991, pp. 1281-1328.

Macklin, R., "Abortion. Ⅱ. A. Contemporary Ethical Perspectives", W. T. Reich, ed., *Encyclopedia of Bioethics*, vol. 1, New York: Simon & Schuster Macmillan, 1995, pp. 6-16.

Marcus, R. B., "Moral Dilemmas and Consistency", *The Journal of Philosophy*, vol. 77, 1980, pp. 121-136.

Margolis. J., "Abortion", *Ethics*, vol. 84, no. 1, 1974, pp. 51-61.

Marquis. D., "Why Abortion is Immoral", *The Journal of Philosopy*, vol. 86, no. 4, 1989, pp. 183-202.

McLachlan. H., "Must We Accept Either the Conservative or the Liberal View on Abortion", *Analysis*, vol. 37, no. 4, 1977, pp. 197-204.

McLaren, A., "Why Study Early Human Development?", 1986. 여기서는 Buckle, "Arguing from Potential" 재인용.

McMahan, J., "Death and the Value of Life", *Ethics*, vol. 99, 1988, pp. 32-61.

McNaughton, D., *Moral Vision: An Introduction to Ethics*, Oxford: Basil Blackwell, 1988.

Melden, A. I., *Rights and Persons*, Oxford: Basil Blackwell, 1977.

Mill, J. S., *On Liberty, in Utilitarianism, Liberty and Representative Goverment*, London & New York: Everyman's Library, 1950.

Milligan, L. M., "A Theory of Stability: John Rawls, Fetal Homicide, and Substantive Due Process", *Boston University Law Review*, vol. 87, 2007, pp. 1178-1229.

Morgan, R., ed., *Sisterhood is Powerful: An Anthology of Writings from the Women's Liberation Movement*, New York: Vintage Books, 1970. 여기서는 L. W. Sumner, *Abortion and Moral Theory*, New Jersey: Princeton University Press, 1981 재인용.

Nagel, T., *Mortal Questions*, London: Canto, 1979.

Neal, P., "Rawls, Abortion, and Public Reason", *Journal of Church and State*, vol. 56, Iss. 2, 2014, pp. 323–346.

Noonan, J. T. Jr., "An Almost Absolute value in History", J. T. Noonan Jr., ed., *The Morality of Abortion: Legal and Historical Perspectives*, Cambridge, Mass.: Harvard University press, 1970, pp. 146-147.

Norcross. A., "Killing, Abortion, and Contraception: A Reply to Marquis", *The Journal of Philosophy*, vol. 87, Iss. 5, 1990, pp. 268-77.

Nozick, R., *Anarchy, State, and Utopia*, New York: Basic Books, 1974.

Otsuka, M., "Killing the Innocent in Self-Defense", *Philosophy & Public Affairs*, vol. 23, 1994, pp. 74-93.

Overall, C., *Ethics and Human Reproduction*, Boston: Allen & Unwin, 1987.

Parfit, D., *Reasons and Persons*, Oxford: Clarendon Press, 1984.

Parliament of Australia, *Senate Select Committee on the Human Embryo Experimentation Bill*, 1985.

Pence, G. E., *Classic Cases in Medical Ethics*, 4th, 2003, 김장한·이재담 옮김, 『고전적 사례로 본 의료윤리』, 서울: 지코하우스, 2007.

Pluhar. W., "Abortion and Simple Consciousness", *The Journal of Philosophy*, vol. 74, 1977, pp. 159-172.

Porter, E., *Feminist Perspectives on Ethics*, New York: Pearson Education Inc., 1999.

Purdy, L. M., "Are Pregnant Women Fetal Containers?", H. Kuse, & P. Singer, eds., *Bioethics: An Anthology*, Oxford: Blackwell Publishers Ltd, 2001, pp. 71-81.

Quinn. W., "Abortion: Identity and Loss", *Philosophy & Public Affairs*, vol. 13, 1984, pp. 24-54.

Ramsy. P., "The Morality of Abortion", 1968. 여기서는 황경식 외 옮김, 『사회윤리의 제문제』, 서울: 서광사, 1983, pp. 60-84.

Ramsy. P., *The Patient as Person*, New haven: Yale University press, 1970.

Rawls, J., "Fairness to Goodness", *Philosophical Review*, vol. 84, no. 4, 1975, pp. 536-554.

Rawls, J., *Political Liberalism*, New York: Columbia University Press, 1993, 장동진 옮김, 『정치적 자유주의』, 서울: 동명사, 1999.

Rawls, J., *Political Liberalism*, New York: Columbia University Press, 2005.

Rawls, J., *A Theory of Justice*, revised ed., Cambridge, MA: Harvard University Press, 1999, 황경식 옮김, 『정의론』, 서울: 이학사, 2003.

Rawls, J., *Justice as Fairness: A Restatement*, E. Kelly, ed., The Belknap Press of Harvard University Press, 2001, 김주휘 옮김, 『공정으로서의 정의: 재진술』, 서울: 이학사, 2017.

Rawls, J., *The Law of Peoples with "The Idea of Public Reason Revisited"*, Cambridge, MA: Harvard University Press, 1999, 장동진 외 옮김, 『만민법』, 서울: 이끌리오, 2000.

Regan, D. H., "Rewriting Roe v. Wade", *Michigan Law Review*, vol. 77, 1979, pp. 1569-1646.

Reiman, J., "Abortion, Natural Law and Liberal Discourse: A Response to John Finnis", R. P. George & C. Wolfe, eds., *Natural Law and Public Reason*, Washington: Georgetown University Press, 2000, p. 107-124.

Rescher, N., *Ethical Idealism: An Inquiring into the Nature and Function of Ideals*, California: University of California Press, 1987.

Ross, S. L., "Abortion and the Death of the Fetus", *Philosophy & Public Affairs*, vol. 11, 1982, pp. 232-245.

Sandel, M. J., "Moral Argument and Liberal Toleration: Abortion and Homosexuality", *Cali-*

fornia Law Review, vol. 77, no. 3, 1989, pp. 521-538.

Sandel, M. J., *Justice: What's the Right Thing to Do?*, New York: Farrar, Straus and Giroux, 2009.

Seery, J., "Moral Perfectionism and Abortion Politics", *Polity*, vol. 33, no. 3, 2001, pp. 345-364.

Shannon, T. A. & Digiacomo, J. D., *An Introduction to Bioethics*, New York: Paulist Press, 1979, 황경식·김상득 옮김, 『생의윤리학이란?』, 서울: 서광사, 1988.

Shannon, T. A. & Wolter. A., "Reflections on the Moral Status of Pre-embryo", *Theological Studies*, vol. 51, 1990.

Shaw, D. M., "Justice and the Fetus: Rawls, Children, and Abortion", *Cambridge Quarterly Healthcare Ethics*, vol. 20, no. 1. 2011, pp. 93-101.

Shrage, L., *Abortion and Social Responsibility: Depolarizing the Debate*, Oxford: Oxford University Press, 2003.

Singer, P. & Dawson, K., "IVF Technology and the Argument for Potential", *Philosophy & Public Affairs*, vol. 17, 1988, pp. 87-104.

Singer, P., *Animal Liberation: A New Ethics for Our Treatment of Animals*, 4th ed., 2009, 김성환 옮김, 『동물해방』, 고양시: 연암서가, 2012.

Sinnott-Armstrong, W., "Moral Realism and Moral Dilemmas", *The Journal of Philosophy*, vol. 84, 1987, pp. 263-276, *Moral Dilemmas*, New York: Basil Blackwell. 1988.

Smith, J. F., "Right-conflict, Pregnance and Abortion", C. Gould, ed., *Beyond Domination*, Totowa, NJ: Roman and Allanheld, 1984. 여기서는 한국여성개발원 옮김, 『지배로부터의 자유』, 서울: 한국여성개발원, 1987, pp. 266-273.

Steinbock, B., "Mother-fetus Conflict", H. Kuhse, & P. Singer, eds., *A Companion to Bioethics*, Oxford, UK: Blackwell Publishers, 1998, pp. 135-146.

Strasser. M., "Noonan on Contraception and Abortion", *Bioethics*, vol. 1, no. 2, 1987, pp. 199-205.

Summer, L. W., "A Matter of Life and Death", *Nous*, vol. 10, 1976, pp. 145-171.

Summer, L. W., *Abortion and Moral Theory*, New Jersey: Princeton University Press, 1981.

Teo, W., "Abortion and the Husband's Constitutional Right", *Ethics*, vol. 85, no. 4, 1975, pp. 337-342.

Thomson, J. J., "A Defence of Abortion", *Philosophy & Public Affairs*, vol. 1, no. 1, 1971, pp. 47-66. 여기서는 황필호 편저, 『산아제한과 낙태와 여성해방』, pp. 107-131.

Thomson, J. J., "Rights and Death", *Philosophy & Public Affairs*, vol. 2, no. 2, 1973, pp. 146-159. 여기서는 W. Parent, ed., *Rights, Restitution, & Risk*, Cambridge: Harvard University Press, 1986, pp. 33-48.

Thomson, J. J., "Self-Defense", *Philosophy & Public Affairs*, vol. 20, 1991, pp. 283-310.

Thomson, J. J., "Abortion: Whose Right?", Boston Review, vol. 20, 1995, pp. 1-15.

Tong, R. P., *Feminist Approach to Bioethics: Theoretical Reflection and Practical Application*, Colorado: Westviewpress, 1997.

Tong, R. P., *Feminist Thought*, 1998, 이소영 옮김, 『페미니즘 사상-종합적 접근』, 서울: 한신문화사, 2000.

Tooley, M., "A Defense of Abortion and Infanticide", J. Feinberg, *The Problem of Abortion, Belmont*, Calif: Wadsworth Publishing Company, 1973. pp. 51-91.

Tooley, M., "Abortion and Infanticide", 1972, P. Singer, ed., *Applied Ethics*, Oxford: Oxford University Press, 1986, pp. 57-86.

Tooley, M., "Abortion: Why a Liberal View Is Correct", M. Tooley et al., eds., *Abortion: Three Perspectives*, New York, NY: Oxford University Press, 2009, pp. 3-64.

Tribe, H., *Abortion: The Clash of Absolutes*, New York: Norton, 1992.

Tushnet. M. & Seidman. L. M., "A Comment on Tooley's Abortion and Infanticide", *Ethics*, vol. 96, 1986, pp. 350-355.

U.S. Supreme Court, *Dobbs v. Jackson Women's Health Organization*, No. 19-1392, 597 U.S., 2022. 6. 24.

Warren, M. A., "On the Moral and Legal Status of Abortion", *The Monist*, vol. 57, no. 1, 1973, pp. 43-61. 여기서는 J. P. Sterba, ed., *Morality in Practice*, California: Wadworth Publishing Company, 1984, pp. 144-153.

Warren, M. A., "The Moral Significance of Birth", *Hypatia*, vol. 4, 1989, pp. 46-65.

Wertheimer. R., "Understanding the Abortion Argument", *Philosophy & Public Affairs*, vol. 1, no. 1, 1971, pp. 67-95. 여기서는 황경식 외 옮김, 『사회윤리의 제문제』, 서울: 서광사, 1983, pp. 101-119.

Wibren van der Burg, "The Slippery Slope Argument", *Ethics*, vol. 102, 1991, pp. 42-65.

Wiggins, D., "Truth, Invention and the Meaning of Life", D. Wiggins, ed., *Needs, Values, Truth*, Oxford: Basil Blackwell, 1987, pp. 87-138.

Wikler. D. I., "Ought We to Try to Save Aborted Fetuses?", *Ethics*, vol. 90, 1979, pp. 58-65.

Williams, J., "Public Reason and Prenatal Moral Status", *The Journal of Ethics*, vol. 19, 2015, pp. 23-52.

Willis, E., "Abortion: Is a Women a Person", J. A. Kourany et al, eds., *Feminist Philosophers*, New Jersey: Prentice Hall, 1992, pp. 83-86.

Wittgenstein, L., *Tractacus Logico-Philosophicus*, New York: The Humanist Press, 1921.

Wolf-Devine, C. & Devine, P. E., "Abortion: A Communitarian Pro-life Perspective", M. Tooley et al., eds., *Abortion: Three Perspectives*, New York, NY: Oxford University Press, 2009, pp. 65-119.

찾아보기

김상득

서울대학교 철학과를 졸업하고 동 대학원에서 「응용윤리학 방법론 연구」로 철학 박사학위를 받았다. 서울대학교, 연세대학교, 서울교육대학교 등에서 강의하였으며, 연세대학교 의과대학에서 Post-Doc. 과정과 연구강사를 역임하였고, 미국 조지타운대학교 케네디윤리학 연구소(Kennedy Institute of Ethics)에서 객원 연구원으로 활동한 바 있다. 현재 전북대학교 철학과 교수로 재직 중이며, 생명윤리, AI 로봇의 윤리, 사회정의 등에 관심을 두고 연구한다. 저서로 『AI 로봇 윤리』(2024), 『알기 쉬운 윤리학』(2013), 『유전자윤리학』(2009), 『생명의료윤리학』(2000) 등이 있으며, 논문으로 「AI 로봇의 책임 공백에 관한 윤리학적 연구」(2024), 「Gen AI와 연구윤리」(2024), 「낙태법 관련 헌법재판소 결정에 관한 '윤리 법정'」(2023), 「기계의 메타 윤리학」(2020), 「소수집단 우대조치에 관한 윤리학적 연구」(2017) 등이 있다.